Luciano De Crescenzo

*Geschichte
der griechischen
Philosophie*

Aus dem Italienischen
von Linde Birk

Diogenes

Diese Ausgabe enthält die beiden 1985 und 1988
als deutsche Erstausgaben im Diogenes Verlag erschienenen Bände
›Geschichte der griechischen Philosophie. Die Vorsokratiker‹
und ›Geschichte der griechischen Philosophie. Von Sokrates bis Plotin‹
Titel der 1983 und 1986 bei
Arnoldo Mondadori Editore S.p.A., Mailand,
erschienenen Originalausgaben:
›Storia della Filosofia Greca. I Presocratici‹
und ›Storia della Filosofia Greca. Da Socrate in poi‹
Copyright © by Arnoldo Mondadori Editore S.p.A.,
Mailand
Umschlagillustration: ›Dionysos‹,
Darstellung auf einer Spitzamphora,
um 500/490 v. Chr.

Alle deutschen Rechte vorbehalten
Copyright © 1985, 1988
Diogenes Verlag AG Zürich
150/98/8/1
ISBN 3 257 06165 X

Inhalt

Vorwort 9
Warnung 19

Die Vorsokratiker
 I Die Sieben Weisen 23
 II Milet 31
 III Thales 35
 IV Anaximander 41
 V Anaximenes 49
 VI Peppino Russo 57
 VII Pythagoras Superstar 63
 VIII Heraklit der Dunkle 81
 IX Tonino Capone 91
 X Elea 99
 XI Xenophanes 105
 XII Parmenides 111
 XIII Zenon 119
 XIV Melissos 129
 XV Agrigent 135
 XVI Empedokles 141
 XVII Gennaro Bellavista 155
 XVIII Athen im 5. Jahrhundert v. Chr. 163
 XIX Anaxagoras 179
 XX Leukipp 191
 XXI Demokrit 195
 XXII Die Sophisten 205
 XXIII Protagoras 211
 XXIV Gorgias von Leontinoi 217
 XXV Anwalt Tanucci 223

Von Sokrates bis Plotin
   I Sokrates 233
  II Die Sokratiker 277
 III Sisciò 299
 IV Platon 303
  V Alfonso Carotenuto 341
 VI Aristoteles 347
VII Salvatore Palumbo 375
VIII Epikur 383
 IX Die Stoiker 405
  X Die Skeptiker 429
 XI Der Lehrer Riccardo Colella 439
XII Die Neoplatoniker 447
XIII Renato Caccioppoli 455

Namenregister 463

*Diese Dinge schreibe ich nur,
insoweit sie mir wahr erscheinen.
Aber die Erzählungen der Griechen
sind so vielfältig und manchmal
auch lächerlich.*

             Hekateios Milesius

*Apollo habe ich gefragt:
»Was soll ich tun?«
Und Apollos Antwort lautete:
»Lache, und du bildest eine
grosse Menge.«
Anfangs verstand ich nicht.
Dann versuchte ich es mit einem
Anagramm.
Und daraus wurde die ›Geschichte
der griechischen Philosophie‹.*

      Delphi, 11. September 1986

Abb. 1 Magna Graecia, das von den Griechen kolonisierte Unteritalien.

Vorwort

Lieber Salvatore[1],

Du bist ein Philosoph, und weißt es nicht; Du bist ein Philosoph, weil Du die Probleme des Lebens auf ganz persönliche Art angehst. So kam ich auf die Idee, daß Dich eine Beschäftigung mit der griechischen Philosophie besonders interessieren müßte. Deshalb habe ich mich entschlossen, meinen Versuch, Leben und Denken der ersten Philosophen in möglichst leicht verständlicher Form darzustellen, Dir zu widmen.

Warum die Griechen? Da muß ich Dir als erstes einmal sagen, lieber Salvatore, daß Du gar kein Italiener bist, sondern ein Grieche. Ja mein Lieber, Grieche, fast möchte ich sogar noch hinzufügen: Athener! Setzt man nämlich Griechenland mit einer bestimmten Lebensart gleich, so ist es ein riesiges Mittelmeerland, das aus Sonne und Geselligkeit gemacht ist und sich auf der italienischen Halbinsel etwa bis an die Ufer des Volturno erstreckt (vgl. Abb. 1). Außerhalb dieser geographischen Grenze, an der sich auch die Lebensform verändert, leben die Römer, Etrusker, Mitteleuropäer, alles Leute, die ganz anders sind als wir und mit denen man oft nur schwer auskommen kann. Willst Du etwas besser verstehen, wodurch wir uns eigentlich von den andern unterscheiden, möchte ich Dir vorschlagen, einmal über ein Verb nachzudenken, das es in der griechischen Sprache gibt, für das sich aber in keiner anderen Sprache eine Entsprechung findet und das daher wirklich unübersetzbar ist, wenn man es nicht mit ganzen Sätzen umschreiben will. Dieses Verb heißt *agorazein*.

Agorazein bedeutet: ›auf den Markt gehen und hören, was es Neues gibt‹ – also reden, kaufen, verkaufen und seine Freunde treffen; es bedeutet aber auch, ohne genaue Vorstellungen aus dem Haus zu gehen, sich in der Sonne herumzutreiben, bis es Zeit ist zum Mittagessen, oder so lange zu trödeln, bis man Teil eines menschlichen Magmas aus Gesten, Blicken und Geräuschen geworden ist. *Agorazonta*, das Partizip dieses Verbs, bezeichnet die Fortbewegungsart dessen, der sich dem *agorazein* hingibt. Er schlendert, die Hände auf dem Rücken, ziellos dahin, wobei er fast nie eine gerade Strecke verfolgt. Ein Fremder, der aus geschäftlichen Gründen oder als Tourist in eine griechische Stadt kommt, egal ob Korinth oder Pozzuoli, kann diese Menschenmenge nur staunend betrachten, die da auf den Straßen hin- und hergeht, alle paar Schritte stehenbleibt, laut redet und redet, weitergeht und wieder stehenbleibt. Vielleicht glaubt er dann, an einem besonderen Festtag hierher geraten zu sein, dabei hat er nur eine gewöhnliche Szene des *agorazein* miterlebt. Nun, dieser Gewohnheit des Umherwandelns in südlichen Gefilden verdankt die griechische Philosophie sehr viel.

»Mein lieber Phaidros«, sagt Sokrates, »wohin des Wegs und woher?«

»Von Lysias, dem Sohn des Kephalos, lieber Sokrates! Und ich mache mich auf zu einem Spaziergang außerhalb der Mauer; denn ich habe geraume Zeit dort verweilt – vom frühen Morgen an saß ich da. Ich folge dem Rat deines und meines Freundes Akumenos, wenn ich meine Spaziergänge an die frische Luft verlege; denn sie seien weniger ermüdend, sagt er, als in den Hallen der Gymnasien.«

So nämlich beginnt einer der schönsten Dialoge Platons: der *Phaidros*. Tatsache ist, daß diese Athener nichts Produktives machten: sie gingen spazieren, schwatzten über Gott und die Welt, aber daß sie einmal einen Finger gerührt und etwas Praktisches zum Verkaufen oder Gebrauchen hergestellt hätten, keine Rede davon! Aber vergessen wir nicht, daß Athen damals 20 000 Bürger hatte, auf die die stolze Zahl von 200 000 Individuen zweiter Klasse, nämlich Sklaven und Metöken[2], kamen. Genug Leute also, die die Arbeit machten und das Ganze in Gang hielten. Andererseits waren die Athener ja auch noch unberührt vom Konsumzwang, sie lebten genügsam und widmeten sich ganz den Freuden des Geistes und des Gespräches.

Aber zurück zur Philosophie und meinen Absichten.

Die Philosophie ist eine lebenswichtige Praxis, auch im Alltag sehr nützlich, leider aber wurde ihr Studium nie zwangsweise eingeführt wie etwa die allgemeine Wehrpflicht. Wenn es nach mir ginge, würde ich sie in den Lehrplan jeder Schule aufnehmen; doch fürchte ich, man sieht sie heute als eine überholte Materie an und will sie durch die modernen ›Human- und Sozialwissenschaften‹ ersetzen – was ungefähr auf das gleiche herauskommt, wie wenn man das Studium der Arithmetik abschaffte, nachdem die Grünkramhändler ja jetzt mit dem Computer rechnen.

Aber was ist das überhaupt, die Philosophie? Wenn das so schnell und einfach zu definieren wäre! Der Mensch hat die höchsten Gipfel der Kultur vor allem auf dem Weg über zwei Disziplinen erreicht: die Wissenschaft und die Religion. Während die Wissenschaft Naturerscheinungen mit Hilfe des Verstandes untersucht, forscht die Religion, um ein inneres Bedürfnis des Menschen zu befriedigen, nach etwas Absolutem, etwas, das über die rein sinnesmäßige und intellektuelle Erkenntnisfähigkeit hinausgeht. Die Philosophie wiederum bewegt sich in einem Bereich zwischen der Wissenschaft und der Religion, kann sich aber, je nachdem, ob man es mit sogenannten rationalistischen oder mit Philosophen zu tun hat, die von einer mystischen Sicht der Dinge ausgehen, mal der einen und mal der anderen dieser Disziplinen mehr annähern. Für Bertrand Russell, den englischen Philosophen rationalistischer Schule, ist die Philosophie eine Art Niemandsland zwischen der Wissenschaft und der Theologie, und damit den Angriffen beider ausgesetzt.

Du, mein lieber Salvatore, hast keine höhere Schule besucht und daher wirklich keine Ahnung von Philosophie. Aber mach Dir nichts draus: Du bist nicht der einzige. Tatsache ist, daß kein Mensch eine Ahnung von Philosophie hat. Von unseren 56 Millionen Landsleuten könnten, um nur einmal ein Beispiel zu nennen, bestenfalls 150000 (also die Philosophieprofessoren und die Studenten, die gerade ihre Prüfung ablegen) einen halben Satz über die grundlegenden Unterschiede zwischen dem Denken Platons und jenem des Aristoteles zusammenbekommen. Die humanistisch Gebildeten würden sich fast alle darauf beschränken, über die platonische Liebe zu faseln und sagen, daß es sich hierbei um jene Art von Beziehung zwischen Mann und Frau handelt, bei der man leider nicht miteinander ins Bett geht – wo doch der gute Platon zu diesem Thema weiß Gott großzügige Vorstellungen hatte.

Wenn also der Normalbürger solche ›Bildungslücken‹ in Philosophie hat, muß ja auch irgend jemand dafür verantwortlich sein; an der Materie selber kann es meiner Meinung nach nicht nur liegen, auch wenn sie manchmal schwierig und unverständlich ist, vielmehr sind die betreffenden Spezialisten ganz bewußt übereingekommen, ihr Wissen möglichst nicht unter die Leute zu bringen. Nun habe ich natürlich nicht jede Philosophiegeschichte gelesen, aber von all jenen, die ich in die Hand bekam, war Bertrand Russells *Philosophie des Abendlandes* die einzige, bei der ich keine Schwierigkeiten hatte, spezialisierte Professorenprosa zu entziffern. Manchmal kommt mir der Verdacht, daß die Autoren eher für ihre Kollegen geschrieben haben als für Philosophiestudenten.

Diese Spezialistensprache ist ein altes Übel, sie grassiert in jedem Wissensgebiet (ich wollte schon schreiben »in jedem Erkenntniszweig der Menschheit«, dachte aber dann, daß Du diese Ausdrucksweise ja auch ziemlich geschwollen finden könntest). Seit die Welt besteht, hat es Leute gegeben, die versuchten, Nichteingeweihte mit ihrem ›Abrakadabra‹ zu beeindrucken: Angefangen hat es bei den ägyptischen Priestern vor 5000 Jahren und reicht über alle möglichen Hexenmeister und Rechtsverdreher bis zu unseren Chefärzten in den Krankenhäusern, die, wenn sie im Fernsehen interviewt werden, auch nicht einfach von ›Fieber‹ reden, sondern gewählter ›erhöhte Körpertemperatur‹ sagen.

Die Spezialistensprache zahlt sich aus, sie läßt einen bedeutend erscheinen und verschafft demjenigen, der sie gebraucht, mehr Macht. Heute gibt es keine Gruppe, keinen Verband und keine Bruderschaft mehr, die ohne ihre eigne technische Sprache auskommt. Der Unfug kennt keine Grenzen. Auf dem Flughafen hörte ich zum Beispiel folgende Durchsage: »Aufgrund der verspäteten Ankunft der Verkehrsmaschine... Flug AZ 642...« usw. Da möchte ich von dem Angestellten, der diese Durchsage stilistisch gestaltet hat, ganz gern wissen, ob er vor der Abreise zu Hause bei seiner Frau auch diese Sprache benutzt: »Catrin, morgen früh muß ich nach Mailand, ich werde die Verkehrsmaschine um 9.55 nehmen.« Doch ganz bestimmt nicht; seiner Frau wird er einfach sagen, daß er nach Mailand fliegt und den Ausdruck ›Verkehrsmaschine‹ uns armen Kunden vorbehalten, weil man ja weiß, daß der gewöhnliche Reisende in einen Zustand totaler Unterwürfigkeit gerät und gar nicht mehr wagt, wegen der Verspätung zu protestieren; sie könnten auch gleich zu ihm sagen: »Was verstehst denn du von Verspätungen, du hast doch keine Ahnung! Du weißt doch nicht einmal, wie eine Verkehrsmaschine überhaupt aussieht! Also sei ruhig und danke Gott, daß wir überhaupt das Wort an dich richten!«

Oder als in Neapel die Cholera ausbrach, wußte man bald, daß die Muscheln daran schuld waren; nun redete man im

Fernsehen aber nicht einfach von Muscheln, sondern von Bivalven. Kein Mensch in Neapel wußte natürlich, was Bivalven sind, und alle aßen fröhlich ihre Muscheln weiter. Einmal war ich bei meinem Schneider Saverio Guardascione und sah gemeinsam mit ihm und mit Papiluccio, einem kleinen Köter, den er am Tag nach dem Erdbeben in Arenaccia gefunden hatte, die Fernsehnachrichten an. Der Sprecher sagte: »... der Entflohene wurde unter Einsatz von Polizeistaffeln festgenommen...«, woraufhin Saverio mich fragte: »Was'n das, Polizeistaffeln?« »Der meint die Hunde«, sagte ich, um die Sache zu vereinfachen. »O Gott«, rief Saverio aus, »da habe ich schon über ein Jahr eine Polizeistaffel im Haus und wußte es gar nicht!« Papiluccio kapierte, daß wir über ihn redeten und wedelte dankbar mit dem Schwanz.

Und erst die Politiker! Sie überbieten alle, wenn es darum geht, sich kompliziert auszudrücken, um dadurch die Macht zu behalten. Einmal hörte ich einen im Fernsehen sagen, daß »wir in Italien zweifellos vor einem Scheidemünze-Problem stehen, das teilweise gelöst wurde durch eine ersatzweise Papieremission.« Er meinte schlicht, daß es kein Kleingeld gab, und man sich mit Minischecks half. Wie gern hätte ich den mitten in der Life-Sendung bloßgestellt und ihn so lange beschimpft, bis er diesen Satz richtig gesagt hätte! Das Schlimme ist, die Spezialisten des Wissens haben Angst, einfache Ausdrucksweise könnte mit Unwissenheit verwechselt werden. Vor allem, wenn sie dann merken, daß man ihre Materie etwas zwanglos behandeln will: dann drücken sie einem sofort den Stempel eines ›Populärwissenschaftlers‹ auf, ziehen den Mund schief, rümpfen die Nase, als hätte das Wort ›populär‹ wer weiß was für einen unerträglichen Gestank. In Wahrheit können alle diese Leute ihre Mitmenschen nicht leiden, und ihr eignes Image ist ihnen mehr wert als die Verbreitung von Wissen.

Bei uns versteht man es meisterhaft, Kultur möglichst langweilig zu machen; das sieht man schon, wenn man einmal eines unserer Museen besucht: riesige Säle, alle gleich und alle leer, Skulpturen und Bilder ohne ein Wort der Erklärung, verdrossene Wärter, die ihrer Pensionierung entgegenharren, Grabesstille, aber eher wie in einer Krypta als auf einem Friedhof. Wenn man daneben die amerikanischen sieht, zum Beispiel das Naturgeschichtliche Museum in New York! Da amüsieren sich alle, groß und klein, Gelehrte und Analphabeten. Da gibt es Bars, Restaurants, Videos, die Dir das Drum und Dran erklären, Dioramas mit Rekonstruktionen vorgeschichtlicher Landschaften, in denen sich zähnefletschende Dinosaurier tummeln und Häuptling Sitting Bull im Kanu paddelt. Zugegeben, ein solches Museum ist Walt Disney näher als Darwin, aber warum nicht, der Besucher verbringt da seinen Tag, und wenn er wieder geht, hat er schließlich etwas gelernt.

Auf eine ähnliche Weise möchte ich nun hier allen gelehrten und seriösen Menschen zum Trotz versuchen, Dir zu beweisen, daß auch die griechische Philosophie unterhaltsam und leichtverständlich sein kann. Einige Philosophen werden Dir nach einiger Zeit so vertraut vorkommen, daß Du Ähnlichkeiten mit ihnen sogar bei Deinen Bekannten erkennst. Und wenn Du dann die geistige Haltung Deiner Mitmenschen siehst als die eines Aristotelikers, Platonikers, Sophisten, Skeptikers, Epikureers, Kynikers, Kyrenaikers, sagt das bestimmt mehr über sie aus, als wenn Du die Sternzeichen zu Hilfe nimmst. Ja, es läßt sich nicht leugnen, wir sind die direkten Nachfahren dieser Herren! Als der Trojanische Krieg im Jahre 1184 v. Chr. zu Ende war,[3] wurden die griechischen Helden und trojanischen Flüchtlinge durch Stürme auf dem Heimweg oder von der Angst in alle Winde verstreut und gründeten überall an den Küsten des Mittelmeers Dörfer und Weiler, die Voraussetzung für unsere Abstammung. Als der Peloponnes und Attika in den folgenden Jahrhunderten immer häufiger von barbarischen Horden aus dem Norden ›heimgesucht‹ wurden, fühlten sich die

Griechen allmählich etwas beengt zu Hause und beschlossen, übers Meer zu fahren, um andernorts nach heimatlichem Vorbild weitere *poleis*, also Städte, zu gründen, die alle mit einem Tempel, der *agora* (dem Hauptplatz), einem *prytaneum* (Rathaus), einem Theater, einem Gymnasium usw. versehen waren. Aus all dem können wir schon jetzt schließen: das alte Griechenland war für das abendländische Denken etwa gleichbedeutend wie der *Big bang*, der Urknall, durch den sich die Galaxien und Konstellationen gebildet haben sollen, für das Universum. Ohne diese griechische Kultur wären wir unweigerlich unter den Einfluß der orientalischen Doktrinen geraten, und da, mein lieber Salvatore, hätten wir wenig zu lachen gehabt, das kannst Du mir glauben! Sieh Dir doch nur einmal die Landkarte an, gleich unterhalb von Griechenland, rechts, wenn man das Mittelmeer vor sich hat, liegt der Mittlere Orient, eine merkwürdige Gegend, in der die Menschen von klein auf Religion als besonderes Hobby betreiben. Ja, und wenn da nicht zwei Schlachten gewesen wären, die zum Glück von den unseren gewonnen wurden (die Schlacht von Plataä gegen die Perser und die Schlacht von Tours und Poitiers gegen die Mohammedaner)[4], und ohne den starken Widerstand der griechischen Rationalität, die ein Erbe der alten vorsokratischen Philosophen ist, hätte sich keiner von uns vor der asiatischen Offensive retten können, und wir würden heute zur Mittagsstunde vielleicht Richtung Mekka am Boden liegen und das Gesicht in den Staub drücken. Gottseidank aber waren die antiken *poleis* nicht von Priestern regiert, wie das vorher bei den Ägyptern und Babyloniern der Fall gewesen war, sondern von Aristokratengruppen, die für Gebet und Mystizismus wenig Sinn hatten. Da wir gerade bei der Religion sind, gleich auch ein Blick auf das Verhältnis der Griechen zu ihren Göttern.

Erster Punkt: die Götter waren nicht allmächtig. Nicht einmal Zeus, der Große Alte, durfte alles tun, was er wollte.

Über ihn, wie auch über alle anderen Götter, herrschte nämlich das Schicksal oder, wie wir von Homer erfahren, *ananke*, die Notwendigkeit. Diese Idee einer beschränkten Macht der Götter und der Tyrannen allgemein ist die große Lektion in Demokratie, die wir unseren Vorfahren zu verdanken haben. Für den griechischen Philosophen ist das Gute gleichzusetzen mit Maßhalten.

Zweiter Punkt: die Religion in Griechenland war nicht sehr religiös. Die Götter hatten fast alle Laster der Sterblichen; sie stritten sich, tranken, logen, setzten sich gegenseitig Hörner auf usw. Man darf sich also nicht wundern, wenn sich der Respekt des Volkes vor diesen Göttern in Grenzen hielt; sie ehrten sie, gut, aber doch ohne zu übertreiben. Also überhaupt kein Vergleich zu dem Schrecken, den Jahwe einflößte, der furchtbare Gott der Juden. Man braucht nur eines zu wissen: der Sitz der Götter, der Olymp, befand sich auf dem Gipfel eines Berges und nicht im Himmel wie bei jeder Religion, die auf sich hält; sie hatten also wohl keine Angst, daß jemand dort hinaufsteigen und sich alles genau ansehen könnte.

Der religiöse Aspekt im antiken Griechenland ist meiner Meinung nach deshalb so wichtig, weil die Geburtsstunde der Philosophie gerade am Übergang von der abergläubischen Welt der orphischen Riten zu jener wissenschaftlichen der ersten Naturbeobachter liegt. Nicht umsonst war der erste Philosoph der Geschichte, Thales von Milet, ein Astronom, der sich besonders für das Phänomen der Sonnenfinsternis interessierte. Aber das trifft natürlich nur zu, wenn wir nicht schon jeden als Philosophen bezeichnen wollen, der einen Gedanken formuliert und sich damit über die unmittelbaren materiellen Bedürfnisse erhoben hat. Sonst müßten wir das Entstehungsdatum der Philosophie mindestens 40 000 Jahre früher ansetzen, nämlich in der Altsteinzeit.

Ich könnte mir die Szene etwa so vorstellen: Hunu fühlte sich in jener Nacht glücklich, alles war nach Wunsch verlaufen; er hatte ein Hirschkalb gefangen, es mit seiner Steinaxt zerlegt und das zarte feste Fleisch langsam auf dem Feuer gebraten. Auch Hana, sein Weib, hatte sich satt gegessen. Dann hatten sie miteinander geschlafen, und Hana hatte sich in die Höhle zurückgezogen. Er aber war draußen geblieben um nachzudenken. Es war sehr warm, und er fühlte keine Müdigkeit. Er streckte sich im Gras aus und sah in den Himmel. Es war eine mondlose Augustnacht. Tausende von leuchtenden Pünktchen glitzerten über seinem Kopf. Was waren das für Feuer? fragte sich Hunu. Wer hatte sie da oben am Himmel angezündet? Ein riesiger Riese? Ein Gott? Ja, und so entstand alles auf einmal, die Religion und die Wissenschaft, die Angst vor dem Unbekannten und die Wißbegier – und damit die Philosophie.

L. De Crescenzo

---

[1] Salvatore ist »Vize-Ersatz-Portier« in Neapel, Via Petrarca 58, wo Prof. Gennaro Bellavista wohnt (der Held meines Buches *Così parlò Bellavista*, Mailand 1977).
[2] Metöken: Fremde mit festem Wohnsitz in Athen.
[3] Der in Wahrheit sehr ungewisse Zeitpunkt der Zerstörung Trojas wurde nach einer undurchschaubaren Berechnung des Eratosthenes angenommen.
[4] Für alle, die es unbedingt genau wissen wollen: die Schlacht von Plataä war 479 v. Chr. und wurde von einem griechischen Bund unter Führung des Pausanias gewonnen, während die von Tours und Poitiers 732 n. Chr. stattfand und mit einem Triumph Karl Martells endete.

Warnung

Schon in der Grundschule war mir die große Pause sehr wichtig. Im Gymnasium konnte ich es kaum erwarten, bis die Turn- oder die Religionsstunde anfing. Später, als ich an Versammlungen und Sitzungen teilnehmen mußte, begrüßte ich die Kaffeepause um zehn stets mit einem Seufzer der Erleichterung. Deshalb fand ich auch die Idee nicht schlecht, unter die griechischen Philosophen hin und wieder einen von ›meinen Philosophen‹ einzuschmuggeln, Leute mit so ungewöhnlichen Namen wie Peppino Russo oder Tonino Capone, um eben auch dem Leser mal eine Pause zu gönnen. Der Verleger befürchtete allerdings, der eine oder andere ein wenig unbedachte Leser könnte sie für echte Philosophen halten, also bestand er darauf, für diese Kapitel eine andere Schrift zu verwenden.

Die Vorsokratiker

I

Die Sieben Weisen

Die Sieben Weisen waren zweiundzwanzig, nämlich: Thales, Pittakos, Bias, Solon, Kleobulos, Chilon, Periandros, Myson, Aristodemos, Epimenides, Leophantos, Pythagoras, Anacharsis, Epicharm, Akusilaos, Orpheus, Peisistratos, Pherekydes, Hermioneos, Lasos, Pamphilos und Anaxagoras.

Das braucht uns nicht besonders zu wundern. Die in den heiligen Texten überlieferten Weisen waren so zahlreich, weil die Verfasser der Philosophiegeschichten sich über die Namen nie einigen konnten, oder besser gesagt, sie konnten es nur, was die ersten vier betrifft, also Thales, Pittakos, Bias und Solon (die daher als so etwas wie die Spieler der Nationalmannschaft der Philosophen angesehen werden können), während sie die übrigen drei Mitglieder von der ›Reservebank‹ holten, auf der gut und gern achtzehn Mann zur Auswahl saßen. Im übrigen wurde der Ball gelegentlich auch ins Abseits gelenkt und ein Freund, ja sogar eine herausragende politische Persönlichkeit, mit aufgenommen, nicht anders, als wenn ich heute eine Liste der Sieben Weisen aufstellte und, um mich einzuschmeicheln, den Ministerpräsidenten mit einschmuggelte.

Aber Spaß beiseite, ich habe einmal wirklich einen Weisen kennengelernt. Er hieß Alfonso, genauer Donn'Alfonso, und betrieb einen Billard-Spielsaal in Fuorigrotta. Schon äußerlich erfüllte der Mann alle Voraussetzungen für die Rolle: höheres Lebensalter, Bart, weißes Haar und Wortkargheit.

Er redete nie, und wenn er es tat, sagte er nur ganz wenige Worte: kühl, knapp und unanfechtbar. Immer wenn die Spieler ihn riefen, um zu entscheiden, wem der Punkt gehörte, trat er an den Billardtisch, sah sich die Bälle an, als hätte er die Position schon einmal gesehen, und sagte dann einfach »Weiß« oder »Rot« – kein Wort mehr. Woher ich weiß, daß das ein Weiser ist, nachdem ich ihn doch nie habe reden hören? Nun, ich weiß es eben, oder besser gesagt, ich fühle es. Aus Donn'Alfonsos Augen sprach so große Lebenserfahrung, ihm war gewiß nichts im Leben fremd geblieben. Ich bin überzeugt, daß er mir in jeder schwierigen Lage hätte weiterhelfen können. Möglich, daß er auch dann, wie bei dem Billardspiel, zuerst einmal ein paar Sekunden geschwiegen hätte, um mich dann aber mit einem einzigen Wort zu erleuchten.

Auch die Weisen machten nicht viel Worte, sie waren lakonisch, wie man das nennt. »Der Wissende schweigt« (Solon); »Verabscheue Schwatzhaftigkeit« (Bias); »Sei begierig zu lernen und nicht zu reden« (Kleobulos); »Deine Zunge eile nicht deinen Gedanken voraus« (Chilon); – man sieht, auch für die Weisen damals war Schweigen Gold. Dank ihrer Fähigkeit, alles bündig zusammenzufassen, dürfen sie als die Erfinder der Sprichwörter gelten. Einige ihrer Maximen sind auch heute noch in Umlauf. Wenn wir zum Beispiel »Kaufe Nachbars Rind und freie Nachbars Kind« sagen, so entspricht das durchaus dem Rat des Kleobulos »Heirate nach deinem Stande«, und »Gehe mit denen um, die zu dir passen« ist das Äquivalent zu dem neapolitanischen Sprichwort »Hast du Umgang mit einem, der etwas Besseres ist als du, so mußt du die Folgen auch tragen.«

Dank der Maximen, also der Sprichwörter, drang der Ruf der Sieben Weisen von Stadt zu Stadt, und obwohl es damals noch keine Massenmedien gab, wußte in der griechischen Welt wirklich jeder über Leben, Tod und Wundertaten des Thales und seiner Gefährten Bescheid. Ihre Worte dienten den Vätern zur Erziehung ihrer Söhne, und sie wurden von den Rednern in der Politik wie auch vor Gericht stets zitiert; ihre Lieder erklangen rundum bei Gastmählern, und im Unterschied zu manchen heutigen Schlagern waren sie gespickt mit moralischen Grundsätzen. Ich erinnere mich da vor allem an einen Gesang von Chilon, in dessen Kehrreim es heißt: »An Schleifsteinen prüft man das Gold..., am Gold aber zeigt sich die Sinnesart der Männer, ob sie gut sind oder schlecht.«[1]

Der Sympathischste von allen zweiundzwanzig ist meiner Meinung nach Pittakos von Mitylene. Diogenes Laertios erzählt, daß er nicht nur ein Weiser, sondern auch ein geschickter Feldherr war, dem seine Mitbürger, als er in Rente ging, zum Dank für alles, was er fürs Vaterland geleistet hatte, ein großes Stück Land schenkten, das aus gegebenem Anlaß ›das Pittakische‹ genannt wurde. Aber Pittakos wollte kein Großgrundbesitzer werden und nahm nur gerade das an, was seiner Meinung nach für seine persönlichen Bedürfnisse reichte. Dafür rechtfertigte er sich mit den Worten, »die Hälfte sei mehr als das Ganze«.[2]

Ich zitiere hier nur einige der eindringlichsten Maximen des Pittakos von Mitylene: »Verzeihung ist besser als Reue«; »Schwer ist es, tüchtig zu sein«; »Zuverlässig die Erde, unzuverlässig das Meer«; und vor allem »Mache den Freund nicht schlecht, ja selbst auch den Feind nicht«.[3] Dieser letzte Satz könnte als elftes Gebot des Volkes von Neapel gelten, preist er doch dessen größte Tugend: die Toleranz. Denn nur dank der Toleranz ist es ihm möglich, auch das Gegenprinzip zu akzeptieren, nämlich: »Störe deinen Nächsten ruhig ein wenig«, was allerdings keine Maxime ist, sondern einfach ein ernsthaftes Übel für jeden, der in unseren Breiten leben muß.

Über die Sieben Weisen gibt es eine Anekdote, die so aufschlußreich und amüsant ist, daß man nicht nachprüfen mag, ob sie auf Wahrheit beruht. Die sieben Tabellenführer der Weisheit wollten anscheinend einmal einen Ausflug machen und verabredeten sich in Delphi beim Orakel des Apollo, wo sie dann vom ältesten Priester mit allen Ehren empfangen wurden. Als dieser nun die Spitzen der griechischen Weisheit so um sich versammelt sah, ließ er sich die Gelegenheit nicht entgehen und bat jeden einzelnen, eine Maxime in die Tempelwand zu schlagen. Als erster erklärte sich Chilon von Sparta bereit und schrieb, nachdem er sich eine Leiter hatte bringen lassen, auf das Frontispiz über dem Eingang den berühmten Spruch: »Erkenne dich selbst.«[4] Der Reihe nach taten es ihm die anderen gleich. Kleobulos und Periandros schlugen, der eine rechts, der andere links vom Portal, ihre berühmten Motti »Alles mit Maß« und »Das Schönste auf der Welt ist die Ruhe« ein. Solon wählte aus Bescheidenheit ein halbdunkles Eckchen des Prostylos und schrieb: »Lerne zu gehorchen, und du wirst lernen zu befehlen.« Thales hinterließ sein Zeugnis an der Außenmauer des Tempels, so daß alle Pilger, die zum Heiligtum heraufkamen, gleich, nachdem sie beim Altar der Kios um die Ecke gebogen waren, die Inschrift »Gedenke der Freunde« vor sich sahen. Pittakos, exzentrisch wie immer, kniete vor dem Dreifuß der Pythia nieder und meißelte den unverständlichen Satz »Gib das Verwahrte zurück« in den Fußboden. Zu guter Letzt war da noch Bias von Priene, der zur großen Verwunder aller Anwesenden sagte, daß er sich nicht dazu aufgelegt fühle und, naja..., nicht so recht wisse, was er schreiben solle. Da redeten alle auf ihn ein und versuchten der Reihe nach, ihm einen wirkungsvollen Satz einzusagen; aber trotz aller Anregungen der Kollegen wollte sich Bias nicht bewegen lassen. Je mehr sie ihn drängten und sagten: »O Bias, Sohn des Teuthamos, der du der Weiseste unter uns bist, hinterlasse künftigen Besuchern dieses Tempels ein Zeichen deiner Erleuchtung!«, desto mehr wehrte er ab. »Hört zu, meine Freunde, es ist besser für alle, wenn ich nichts schreibe.« Nach all dem langen Hin und Her konnte sich der arme Weise aber dann doch nicht entziehen, mit zitternder Hand ergriff er einen kleinen Meißel und schrieb: »Die meisten sind schlecht.«[5]

Auf den ersten Blick scheint das ein harmloses Sätzchen, in Wirklichkeit ist diese Maxime des Bias aber das dramatischste Urteil, das in der griechischen Philosophie je ausgesprochen worden ist. »Die meisten sind schlecht«, das ist ein Satz, der einschlägt wie eine Bombe und jede Ideologie zerstört. Geht man etwa in einen Supermarkt und zieht aus einer riesigen Pyramide von Marmeladengläsern ein Glas von ganz unten heraus, passiert das Gleiche, alles bricht zusammen. Es bricht das Prinzip der Demokratie zusammen, das allgemeine Wahlrecht, der Marxismus, das Christentum und jede andere Doktrin, die sich auf Nächstenliebe gründet. Jean-Jacques Rousseau, der die Theorie vertrat, daß der Mensch »von Natur aus gut« ist, verliert, und Thomas Hobbes mit seinem Slogan *homo homini lupus* (Der Mensch ist des Menschen Wolf) gewinnt.

Ich weiß, daß unser edles Herz sich weigert, Bias' Pessimismus zu teilen, obwohl wir ja im Innersten doch irgendwo denken, daß der verrückte Alte vielleicht recht hatte. Wer je einmal während eines Fußballspiels in ein Stadion geraten ist, der kennt das wahre Gesicht der Menge. Nicht zufällig hoffte der besiegte Gladiator im alten Rom nur auf die Gnade des Imperators und niemals auf die des Publikums, das immer für den nach unten weisenden Daumen war. Der *cives romanus* ging mit der ganzen Familie ins Kolosseum und wollte dort sehen, wie möglichst viele Leute umgebracht wurden, und viel hat sich an dieser Einstellung bis heute nicht geändert. Daß der Mensch das grausamste Geschöpf dieser Welt ist, wird niemand bezweifeln wollen. Den einzigen Hoffnungsschimmer läßt uns Bergson, der sagt, daß die Menschheit langsam aber unausweichlich immer besser wird. Machen wir uns also seine Vorahnung dankbar zu eigen und vertrauen wir auf das Jahr 3000.

Man könnte die Maxime des Bias natürlich auch so auslegen: die meisten sind schlecht, aber nur, solange sie die Mehrheit bilden. Mit anderen Worten, als einzelner ist jeder Mensch gut, nur in der Masse verwandeln sich alle in wilde Tiere. Nun weiß ich nicht, wie das bei meinen Lesern ist, ich jedenfalls hatte immer eine Neigung, mich unter die Minderheiten zu mischen, und daher muß ich mich fragen, habe ich die Massen gemieden, um mich nicht von der kollektiven Bösartigkeit anstecken zu lassen, oder wollte ich nur meine Quote an Bösartigkeit auch gegenüber dem Volk besser ausüben können? War das nun reiner Snobismus von mir? Angst, zum Herdentier gemacht zu werden? Antidemokratischer Rassismus eines Menschen, der sich einbildet, einer Gruppe der ›Wenigen, aber Guten‹ anzugehören? Vor den möglichen Antworten könnte mir angst werden.

Im 5. Jahrhundert v. Chr. schrieb ein anonymer Athener, vermutlich ein Emigrant, ein Büchlein.[6] Es handelt sich um ein langes Gespräch zwischen zwei Bürgern, die das neu errichtete demokratische Regime in Athen von A bis Z verurteilen. Der eine sagt: »... bei den Besten sind Zügellosigkeit und Ungerechtigkeit nur in einem Mindestmaß zu finden, dagegen sind die Anlagen zum Guten am höchsten entwickelt; im Volk dagegen sind Unwissenheit, Unordnung und Bösartigkeit am stärksten verbreitet, da die Armut es zur Schändlichkeit treibt, und daher sind mangelnde Erziehung und Roheit in einigen Fällen durch Not bedingt.«[7]

Dies ist vermutlich die älteste Kritik am demokratischen Modell, und bezeichnenderweise legt sich ihr Autor, obwohl ein Reaktionär reinsten Wassers, weniger mit dem Volk an, denn es »versucht, sich selbst zu helfen«, wie er sagt, als mit jenen, die »obwohl sie nicht aus dem Volke stammen, lieber in einer Stadt wirken, die anstatt von den Besten vom Volk beherrscht wird, weil sie genau wissen, daß sie ihre eigne Schurkerei in einer demokratischen Umgebung besser verstecken können, als in einer oligarchischen«.[8]

Um auf die Sieben Weisen zurückzukommen: ein bißchen

Mißtrauen der Weisheit gegenüber kann vielleicht nicht schaden, sie bildet nämlich oft und gern den Gegenpol zum Idealismus. Weisheit ist nichts anderes als gesunder Menschenverstand oder vielmehr reiche Lebenserfahrung, während Idealismus der unwiderstehliche Wille ist, an eine bessere Zukunft zu glauben. Die Weisheit spricht über die Menschen, wie sie wirklich sind, während der Idealismus sie sich lieber vorstellt, wie sie sein sollten. Und hier muß sich nun jeder selbst zwischen diesen beiden Lebenseinstellungen entscheiden.

---

[1] Diogenes Laertios, *De clarorum philosophorum vitis,* Dt. *Leben und Meinungen berühmter Philosophen,* übers. von O. Apelt, Hamburg 1967², 1 71

[2] ebd., 1 75

[3] ebd., 1 76–78

[4] Anderen Quellen zufolge stammt die Maxime ›Erkenne dich selbst‹ von Thales.

[5] Diogenes Laertios, *a. a. O.,* 1 88

[6] Pseudo-Xenophon, *Athenaion Politeia,* übers. von Kalinka; Lpz, Bln 1913. Die Schrift wurde bei den Werken Xenophons gefunden, der ein Freund der Dreißig Tyrannen und also ein Feind der athenischen Demokratie war.

[7] Pseudo-Xenophon, *a. a. O.,* I, 5

[8] ebd., II, 20

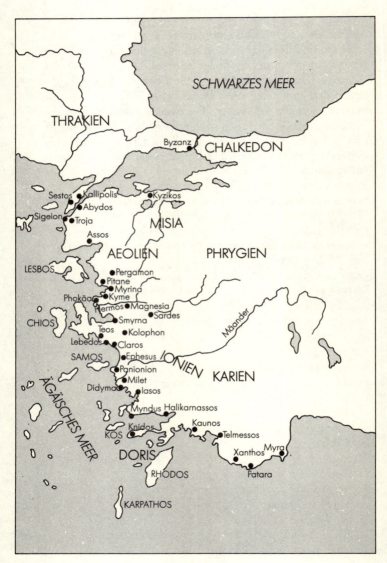

Abb. 2 Die Küste Ioniens

II

Milet

Milet, ein türkisches Städtchen, ist etwas südlich der Insel Samos gelegen. Damals, im 7. und 6. Jahrhundert v. Chr., war es die wichtigste Stadt Ioniens, ja vielleicht der ganzen Welt. Wem ist nicht schon aufgefallen, daß der Brennpunkt der Geschichte und damit auch der Kunst, Literatur und der militärischen Macht auf unserem Erdball stets in Bewegung war. Mehr oder weniger dem Lauf der Sonne folgend, lag er ganz am Anfang an den westlichen Küsten Asiens und verlagerte sich dann für eine gute Weile nach Griechenland. Danach kam Rom an die Reihe, das mit römischem Imperium und Papsttum bis zur Reformation reichen Nährboden bot, später Frankreich, England, bis sich Amerika an die Spitze setzte, woran sich auch vorläufig nichts zu ändern scheint. Vielleicht wird er sich morgen nach Japan verlagern und nach einem weiteren Jahrtausend sogar auch einmal wieder in unsere Breiten.

Milet wurde vor dem Jahre 1000 von Kolonisatoren gegründet, die etwa aus Kreta oder aus Kontinentalgriechenland oder gar aus dem gerade abgebrannten Troja kamen. Herodot zufolge, dem epischsten unter den griechischen Geschichtsschreibern, brachten die Eindringlinge »keine Ehefrauen mit, sondern nahmen die Frauen von Karien, nachdem sie deren Verwandte umgebracht hatten«,[1] sie begingen also den üblichen ›Raub der Sabinerinnen‹, dem wer weiß welche und wieviele Völker ihre Entstehung verdanken. Es heißt, daß der Anführer der Schänder kein Geringerer war als Neleus, der Sohn des Gottes Poseidon. Dies braucht uns nicht zu verwundern, im Altertum war es üblich, alle Schweinereien, die sich die Vorfahren zuschulden kommen ließen, den Göttern in die Schuhe zu schieben. Schade, daß Amerika und Rußland für ihre Heldentaten in Chile und Afghanistan nicht ebensolche Sündenböcke haben.

Um meine Geschichte hier zu verstehen, muß man wissen, daß Milet eine moderne, sehr lebendige Handelsstadt war, wo der einzige Gott, der wirklich etwas zählte, der Gott Mammon war. Also ungefähr so, wie heute in New York.

Die Küste Ioniens (vgl. Abb. 2), dieser Grenzstreifen, der wie der Schinken in einem Sandwich zwischen der griechischen Welt und dem persischen Reich lag, war übersät mit Dörfern und Städten, die ihre Lage für den Handel mit beiden Seiten nutzten. An erster Stelle stand Milet. In seinen Häfen wurden alle Güter der Welt umgeschlagen: Getreide, Öl, Metalle, Papyrus, Wein und Parfüm. Und wie immer, wenn die Geschäfte blühen, hatten sich auch im Fall der Milesier die Seelen so weit von den mystischen Fesseln der Religion befreit, daß sie sich voll und ganz praktischeren und rationaleren Tätigkeiten zuwenden konnten. Auf diese Weise wurden die ersten Untersuchungen der Natur, der Astronomie und der Navigationskunst angestellt. Wir müssen uns diese Stadt wie eine riesige sonnenbeschienene Wegkreuzung vorstellen, auf der es von Seeleuten, Händlern und Geschäftsleuten nur so wimmelt.

Machen wir doch einmal ein paar Schritte durch das alte Milet. Gehen wir gemeinsam den Hügel Kebalak Tepe hinauf, bis wir einen Überblick über die ganze Stadt haben.

Sie erstreckt sich auf einer kleinen Halbinsel zu unseren Füßen (vgl. Abb. 3). Die Straßen sind eng und verlaufen alle im rechten Winkel zueinander: in entsprechend kleinerem Maßstab meint man hier fast, in Manhattan zu sein. Unten links erkennt man den Theater-Hafen und etwas weiter entfernt den Löwen-Hafen. Eine lange Reihe phrygischer

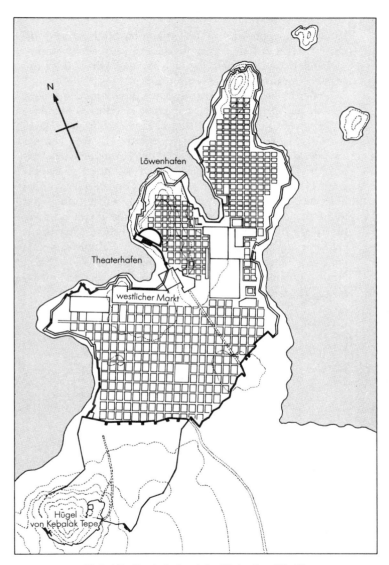

Abb. 3   Milet: Plan der Stadt nach dem Wiederaufbau 479 v. Chr.

Sklaven schleppt Papyrus-Ballen auf der Straße des westlichen Marktes. Dort wird diskutiert, mit lauter Stimme verhandelt und gelacht. Es ist klar, daß wir es hier mit reichen, sorglosen Leuten zu tun haben.

Leider blieben die Zeiten für Milet nicht immer so rosig. Gerade seine Lage an einem Schnittpunkt wichtiger Handelswege wurde ihm zum Schicksal. Eines schlimmen Tages wurde es trotz seines Bündnisses mit den Lydern von der Soldateska des Darius belagert und dem Erdboden gleichgemacht. »Die meisten Milesier wurden von den Persern, die lange Haare haben, getötet, ihre Weiber und Kinder wurden Sklaven...«, berichtet uns Herodot und erzählt auch von den Athenern, »die auf mannigfache Weise ihrem Schmerz über den Fall Milets Ausdruck gaben. So dichtete Phrynichos ein Drama ›Der Fall Milets‹, und als er es aufführte, weinte das ganze Theater, und Phrynichos mußte 1000 Drachmen Strafe bezahlen, weil er das Unglück ihrer Brüder wieder aufgeführt habe.«[2]

---

[1] Herodot, *Historien*, Deutsche Gesamtausgabe, übers. v. A. Horneffer, Stuttgart, 1971⁴, I 146
[2] *ebd.*, VI 18–21

III

Thales

Thales war ein Ingenieur aus Milet. Er wurde in der zweiten Hälfte des 7. Jahrhunderts v. Chr. als Sohn phönizischer Eltern geboren.[1] Sobald er das Alter der Vernunft erreicht hatte, schiffte er sich ein und brach zu einer langen Reise nach Ägypten und in den Mittleren Orient auf, wo er von den ägyptischen und chaldäischen Priestern alles erlernte, was man damals über Astronomie, Mathematik und Navigationskunst wußte.

Als er wieder in seine Heimat zurückgekehrt war, versuchte seine Mutter, Kleobulina, ihn gleich zu verheiraten und begann, wie alle Mütter, nach einer Braut für ihn zu suchen. Aber er wollte davon nichts hören; Thales war anders als die andern jungen Männer. Auf die Frage, warum er denn nicht heirate, antwortete er stets: »Noch ist nicht Zeit dazu«, und zwar solange, bis er eines schönen Tages dann eine andere Antwort geben konnte, nämlich: »Nun ist die Zeit dazu vorüber.« Und wenn ihn jemand fragte, warum er keine Kinder habe, entschuldigte er sich mit den Worten: »Aus Liebe zu den Kindern.«[2] Thales war also ganz das, was man einen Philosophen nennt, auch wenn diese Gattung damals noch gar nicht erfunden war. Erst mit Pythagoras bekam der Begriff ›Philosoph‹ seine Bedeutung und erst mit Platon gewann der Philosophenberuf auch Prestige. So war Thales für die Milesier einfach ein seltsamer Kauz, der mit dem Kopf immer in den Wolken steckte. »So ein anständiger Mensch«, sagten sie über ihn, »aber mit der Praxis kommt er nicht zurecht«; oder: »Wozu nützt ihm all seine Bildung, wenn er nie eine Drachme hat?« Sogar seine Sklavin machte sich anscheinend über ihn lustig; als sie einmal beobachtete, wie er beim Sternengucken in einen Brunnen fiel, lachte sie ihn einen ganzen Tag lang aus.[3] »O Thales«, sagte sie zu ihm, »du bist immer mit den Dingen am Himmel beschäftigt und siehst nicht, was vor deinen Füßen liegt!« Nun weiß man nicht genau, ob zu den Dingen, die vor seinen Füßen lagen, auch eine hübsche junge Magd gehörte, gewiß ist nur, daß unser Philosoph nie großes Interesse für Alltagsprobleme und erst recht nicht für Frauen gezeigt hatte. Er war also der typische zerstreute Professor, der es mit der Körperpflege nicht so genau nahm, jederzeit fünf geometrische Lehrsätze aufstellen konnte, sein Privatleben aber nie in den Griff bekam. Aristoteles berichtet allerdings eine Anekdote über Thales, die beweist, daß sein praktischer Sinn keineswegs so schwach entwickelt war. Des ewigen Gespötts überdrüssig, rief er eines Tages aus: »Euch werde ich es zeigen!«[4] Da er nämlich eine reiche Olivenernte kommen sah, mietete er ganz billig alle verfügbaren Ölpressen weit und breit, und als diese dann gebraucht wurden, vermietete er sie zu Höchstpreisen weiter. Eine typische Spekulation also und nicht sehr reinlich, ihm hatte sie aber nur zum Beweis dafür gedient, daß auch ein Philosoph jederzeit reich werden konnte, wenn er nur wollte. In Wahrheit war unser Thales ein ganz gerissener Kerl, und Platon nannte ihn nicht umsonst einen »einfallsreichen Erfinder von Techniken«. Als die Lyder einmal Krieg gegen die Perser führten und es den Truppen des Krösos nicht gelang, den Fluß Halys zu durchwaten, leitete er als guter Wasserbauingenieur einfach einen Teil des Flusses ab, so daß »beide Arme gangbar« wurden.[5]

Endgültig wurde sein Ruf als Wissenschaftler aber dann durch die Vorhersage der Sonnenfinsternis des Jahres 585 v. Chr. gefestigt. Ehrlich gesagt hatte er eher einen Glückstreffer gelandet, als diese Sonnenfinsternis exakt berechnet. Thales hatte von den chaldäischen Priestern gelernt, daß mehr oder weniger alle 90 Jahre eine Sonnenfinsternis auftritt, und so brauchte er nur ein wenig nachzurechnen, um das Phänomen voraussagen zu können. Wir wissen aber heute, daß die Vorherberechnung einer Sonnenfinsternis sehr viel komplizierter ist. Eine totale Überlagerung der Sonne durch den Mond kann nämlich auch nur in Chaldäa sichtbar sein, im 2000 Kilometer davon entfernten Anatolien aber nicht. Also hätte Thales bei den Daten, die ihm zur Verfügung standen, bestenfalls zu seinen Mitbürgern sagen können: »He, Leute, seht von Zeit zu Zeit mal zum Fenster hinaus, es könnte jeden Augenblick zu einer Sonnenfinsternis kommen.« Aber er hatte eben Glück, es trat eine totale Sonnenfinsternis ein, die die ganze Gegend in Todesangst versetzte und sogar bewirkte, daß der zwischen Lydern und Persern begonnene Krieg unterbrochen wurde.[6] Von dem Tag an gab es für sein Ansehen keine Grenzen mehr, und er konnte sich endlich ungestört seinen Studien widmen. Er berechnete die Höhe der Pyramiden, indem er die Schattenlänge einer Pyramide an derjenigen eines anderen Objektes maß, dessen Höhe er kannte.[7] Ebenso gelang es ihm, mit geometrischen Beweisen den Abstand der Schiffe von der Küste zu berechnen. Er teilte das Jahr in 365 Tage ein[8] und entdeckte das Sternbild des Kleinen Bären und dessen Bedeutung für die Navigation. Kallimachos widmete ihm diese Verse:

> *Und es hieß, er habe festgehalten*
> *das Sternenbild des Wagens*
> *mit dem die Phönizier die Schiffe lenkten.*[9]

Er hinterließ keine Schriften. Man schrieb ihm eine *nautische Astronomie* zu, die sich aber später als ein Werk des Phokos von Samos erwies. Sein Tod erfolgte im Stadion, wo er einem Athletik-Wettkampf beiwohnte. Er starb an Hitze, Durst, vor allem aber daran, daß die Menschenmenge zu groß war. Als das Publikum das Stadion verlassen hatte, fanden sie ihn wie schlafend auf den Stufen liegen. Er war sehr alt geworden. Diogenes Laertios beschreibt seinen Tod mit einem Epigramm:

> *Aus der Bahn entriß den Weisen der große Kronide*
> *Da er den gymnischen Kampf der Hellenen ansah.*
> *Ihn den Sternen zu nähern, die sein hochstrebendes Auge*
> *Von der Erde nicht mehr sah am hohen Olymp.*[10]

In der Schule hatte ich natürlich wie alle ein offizielles Philosophie-Lehrbuch. Da ich dieses aber zu schwierig fand, behalf ich mich, wie alle meine Schulkameraden, mit den Repetitorien. Für alle, die es nicht wissen sollten: Repetitorien sind Heftchen, die in Stichworten den wichtigsten Lehrstoff enthalten, sozusagen eine Art *Reader's Digest* der Schulbildung. Solche Repetitorien, die natürlich bei den Lehrkräften verpönt sind, gibt es für Philosophie, Geschichte, Chemie, einfach für alles. Ich meine, die arbeitsscheuen Schüler hier in Italien sollten dem Verfasser dieser Repetitorien, Professor Ernesto Bignami, doch einmal aus Dankbarkeit ein Denkmal errichten.[11]

Als ich vor der Reifeprüfung stand (ich spreche von einer Prüfung, wie sie früher üblich war), mußte ich in allen Fächern den Stoff der ganzen letzten drei Jahre vorbereiten; da schienen mir selbst die winzigen Repetitorien noch zu umfassend, so daß ich auf das übliche System der kleinen graphischen Darstellungen und Notizen zurückgriff. In ein kariertes Heft mit schwarzem Umschlag schrieb ich eine Zusammenfassung dessen, was ich kapiert hatte, als ich das Repetitorium durchlas, und erhielt somit eine Kurzfassung der Kurzfassungen des Stoffes, an den ich mich erinnern mußte. Den ganzen Vorspruch habe ich nur gemacht, um sagen zu können, daß ich in jenem alten Schulheft, das ich liebevoll aufbewahrt habe, beim Stichwort Thales nur einen einzigen Satz fand: »Thales – der mit dem Wasser.« Dabei wird man Thales und seiner Bedeutung für die Philosophiegeschichte wirklich nicht gerecht, wenn man ihn darauf reduzieren will, daß er das Wasser als den Urstoff ansah. Versuchen wir, das etwas genauer zu erklären.

Thales hatte erkannt, daß alles Lebendige in der Natur feucht ist. Zum Beispiel: die Pflanzen sind feucht, die Lebensmittel sind feucht, der Samen ist feucht, während die Felsen trocken sind und die Leichen schnell austrocknen.[12] Sein Lieblingssatz war: »Das Wasser ist das schönste Ding der Welt.« Vergessen wir im übrigen auch nicht, daß Thales seine Geistesbildung in trockenen Gebieten wie Ägypten und Mesopotamien erhalten hatte, wo der Wasserkult besonders verbreitet war, vor allem auch, weil die Entwicklung der Landwirtschaft und damit das Überleben der Bevölkerung in jenen Ländern den Überschwemmungen zu verdanken war. Nicht umsonst wurde der Nil in Ägypten wie ein Gott verehrt. Thales wollte aber mit seiner Gleichung »Wasser gleich Leben« gewiß ein höheres Konzept ausdrücken und nicht einfach nur feststellen, daß in jedem lebendigen Wesen der Erde Wasser enthalten ist. Das Wasser, oder besser gesagt die Feuchtigkeit, war für ihn die Seele der Dinge, das Wesen der Schöpfung. Bei Aetios steht, daß Thales glaubte, daß »der elementaren Feuchtigkeit eine göttliche Kraft innewohnt, die es in Bewegung setzt«.[13]

Diese Suche nach dem Urstoff, nach der *arche*, wie es die Griechen nannten, aus dem sich alle anderen Dinge entwickelt haben, ist für die gesamte milesische Schule kennzeichnend, deren frühester Vertreter Thales war. Für ihn galt die Feuchtigkeit, also das Wasser, als *arche*, das sich, je nachdem, ob es erstarrt oder kocht, in Eis oder in Dampf verwandelt.

Die Erde stellte er sich wie ein großes, auf einer riesigen Wasserfläche schwimmendes Floß vor,[14] dessen Stampfen hin und wieder Erdbeben auslöste.[15] Diese Vorstellung, daß die Erde auf einem Untergrund ruht, ist nicht neu in der Volksmythologie. Die Griechen dachten sie sich auf den Schultern des Atlas liegend, die Hindu auf dem Rücken eines Elefanten, der sich seinerseits auf eine Schildkröte stützt. Aber wehe, man fragt die Hindu, worauf denn dann die Schildkröte ruht; entweder, sie werden ernstlich böse oder sie hören einfach weg.

Thales glaubte aber auch, daß alle Dinge beseelt, also »voll von Göttern«[16] seien. Wenn die Rede darauf kam, zog er gewöhnlich einen Nagel und einen Magneten aus der Tasche, um seinen staunenden Mitbürgern zu zeigen, daß auch »der Stein Eisen bewegen« konnte.[17].

Alles in allem hat Thales eine sehr wichtige Stellung in der Philosophiegeschichte, und zwar weniger, weil er bestimmte Antworten auf bestimmte Fragen gefunden hat, sondern weil er diese Fragen überhaupt einmal gestellt hat. Sich umzusehen und nachzudenken und die Lösung aller Geheimnisse nicht mehr einfach den Göttern zu überlassen, war der Anfang des abendländischen Denkens und seines Versuches, das Universum zu deuten.

[1] Diogenes Laertios, a. a. O., I 22
[2] ebd., I 26
[3] Platon, Theaitetos, 174 A
[4] Aristoteles, Politik I 4, 1259a 6–18 (dt. Hamburg 1958, S. 25)
[5] Herodot, a. a. O., I 75
[6] ebd., I 74
[7] Plinius d. Ä., Naturalis historia, XXXVI 82
[8] Diogenes Laertios, a. a. O., I 27
[9] Kallimachos, Jamben I, v. 54–55
[10] Diogenes Laertios, a. a. O., I 39
[11] In Italien nennt man diese Repetitorien ›Bignamis‹ nach Prof. Ernesto Bignami. Die Herausgeber der bei uns bekannten ›Präparations-Heftchen‹ sind anonym. Es heißt da, »von einem Schulmann...«.
[12] Aristoteles, Metaphysik I 3, 983b 21–8 (dt. Reinbek 1966, S. 16)
[13] Aetios, I 7, 11
[14] Aristoteles, De caelo II, 13, 294a 30–3
[15] Seneca d. J., Naturales quaestiones, III 14
[16] Aristoteles, De anima I 5, 411 a 8
[17] ebd., I 2, 405 a 20–2

IV

Anaximander

Anaximander war Schüler, vielleicht sogar Verwandter des Thales. Er wurde im Jahre 610 v. Chr. in Milet geboren, war also etwa 20 Jahre jünger als sein Meister. In die Kulturgeschichte ging er ein als der Urheber der ersten Erdkarte.[1] Wer damals zur See fuhr, brauchte nämlich vor allem viel Mut, denn es gab noch keine Hilfsmittel wie Kompaß, Sextanten oder Handbücher. Man hatte kaum andere Möglichkeiten, als darauf zu achten, daß das Wetter gut war, zumindest am Tag der Abfahrt, und daß das Orakel von Didyma nicht dagegen sprach. Daran gemessen waren die Seekarten des Anaximander in den Augen der Kaufleute natürlich der Inbegriff des Fortschritts, vor allem auch, nachdem der Philosoph sie mit Ratschlägen und Anmerkungen über die Völker, denen man auf der Reise begegnete, reich gespickt hatte.

Anaximander soll auch den Gnomon, also die Sonnenuhr, erfunden,[2] sowie ein Erdbeben in der Gegend von Sparta vorausgesagt und auf diese Weise vielen Lakedämoniern das Leben gerettet haben.[3] Über sein Leben ist nur wenig bekannt; sein kartographisches Geschick läßt auf eine rege Reisetätigkeit schließen, wie die vorsokratischen Philosophen überhaupt viel gereist sind. Xenophanes etwa versichert, 67 Jahre lang durch die Welt gezogen zu sein, und Demokrit rühmte sich, mehr unerforschte Völker und Gebiete gesehen zu haben, als jeder seiner Zeitgenossen.[4] Anaximander scheint als junger Mann am Schwarzen Meer eine Kolonie gegründet zu haben, die zu Ehren des Gottes Apollonia genannt wurde.[5] Eine ›Kolonie‹ im damaligen Sinne braucht uns im übrigen nicht gleich an unseren Begriff von Kolonialismus denken zu lassen. Es waren nicht militärische Eroberungen einer imperialen Macht, sondern einfach Ansiedlungen von Menschen, die mit ihren Geräten in eine unbewohnte Bucht zogen. Mehr als 1500 solcher Kolonien wurden von den Griechen im ganzen Mittelmeerraum gegründet, wodurch sich ihre Gewohnheiten und ihre Mentalität bis an die Küsten Frankreichs und Spaniens verbreiteten. Ein gewisser Kolaios scheint sogar vom Sturm über die Säulen des Herkules hinausgetrieben worden zu sein und sich an der Atlantikküste niedergelassen zu haben.[6]

Leider gibt es über Anaximander keine Anekdoten wie über Thales. Nur eine Episode ist überliefert, in der er als Sänger auftrat. Anscheinend hörten ihn einmal Kinder in einem Chor singen und lachten ihn aus, weil er falsch sang. Da wandte sich der Philosoph an seine Gefährten und sagte etwa: »Aber bitte, meine Herren, bleiben wir doch im Takt, hier äffen uns schon die Rotznasen nach!«[7]

Anaximander verfaßte Schriften über die Natur, den Umlauf der Erde, über die Fixsterne, die Sphäre und vieles andere.[8] Von all diesen Werken ist fast nichts mehr erhalten, nur vier Fragmente aus jeweils einem oder zwei Wörtern und ein einziger Satz, dessen Interpretation wohl schon manchem Gelehrten der Philosophiegeschichte Kopfzerbrechen bereitet hat. Hier also der Satz: »Der Ursprung der Dinge ist das Grenzenlose. Woraus sie entstehen, darein vergehen sie auch mit Notwendigkeit. Denn sie leisten einander Buße und Vergeltung nach der Ordnung der Zeit.«[9]

Mit dieser Aussage meint Anaximander nicht, wie Thales geglaubt hatte, das Wasser, sondern vielmehr eine unbestimmte Substanz, von ihm *apeiron* genannt, sei der Urstoff des Universums, aus dem alle Dinge entstehen und in den sie wieder eingehen. Zum Beweis dieser These und im Widerspruch zu der seines Meisters, behauptete der Philosoph, keines der vier Elemente Wasser, Luft, Erde und Feuer könne die Uressenz des Universums sein, weil ja die Überlegenheit eines Elementes das Verschwinden der anderen bedeuten würde. Kurz, Anaximander war überzeugt, daß Wasser, Luft, Erde und Feuer nur begrenzte Entitäten sein konnten, über die ein im natürlichen Zustand unsichtbares allmächtiges Superelement herrschte.

So wird auch der zweite Teil des Satzes verständlicher: sobald eine dieser Wesenheiten einer anderen Unrecht tut oder aber in ihr Gebiet einbricht, jagt das Superelement, das *apeiron*, es in seine natürlichen Grenzen zurück. Anaximander sieht die Elemente also wie Götter, die jederzeit bereit sind, ihre Gegenelemente anzugreifen; die Wärme versucht, die Kälte zu unterdrücken, Trockenheit das Feuchte und umgekehrt, aber sie sind alle der Notwendigkeit untergeordnet, die sie zwingt, gewisse Proportionen bestehen zu lassen. Unter Gerechtigkeit ist hier eigentlich nichts anderes zu verstehen, als daß die zugewiesenen Grenzen eingehalten werden müssen, aber etwas irgendwie Poetisches läßt die Annahme zu, daß er nicht nur an ein einfaches Gleichgewicht zwischen den verschiedenen Elementen gedacht hat; vor allem einige Wörter wie ›Notwendigkeit‹ und ›Buße‹ verraten einen mystischen Wunsch nach einer höheren Ordnung im Denken des Philosophen.

Am eindrucksvollsten ist Anaximanders Hypothese über die Entstehung des Universums. Plutarch erzählt sie uns auf folgende Weise:

»Er sagt, daß sich vom Ewigen das Warme und das Kalte abtrennten und daß sich eine Feuersphäre um die Erde ausbreitete, die die Erde umhüllte wie die Rinde einen Baum; nachdem dann diese Sphäre zerriß und sie sich in einige Kreise geteilt hatte, bildeten sich die Sonne, der Mond und die Sterne.«[10]

Also, um es noch einmal genau zu sagen: am Anfang gab es

nur das *apeiron*, die unendliche Substanz, dann trennten sich das Warme und das Kalte ab, das eine bewegte sich an die Außenseite, das andere ins Zentrum des Universums, und so entstanden die Trockenheit, beziehungsweise die Feuchtigkeit. Die beiden bekämpften sich nach alter Sitte immer weiter; im Sommer schaffte es die Trockenheit, große Meeresmengen an sich zu reißen und in Wasserdampf zu verwandeln, und im Winter eroberte sich die Feuchtigkeit die verlorenen Stellungen zurück, nahm sich die Wolken wieder und ließ sie in Form von Regen oder Schnee niedergehen. Das *apeiron* beobachtete alles von oben und sorgte dafür, daß keiner von beiden die Oberhand bekam;[11] und hoffen wir, meine ich nun, daß es in alle Ewigkeit so weitergeht und nicht eines Tages die Wärme, nämlich die Atombombe, die Kälte endgültig zum Schmelzen bringt, was in dem Fall dann nämlich wir und unsere Häuser wären.

Das abwechselnde Vorherrschen von Warm und Kalt ist aber nicht nur ein jahreszeitliches Phänomen: fast alle Äußerungen des menschlichen Geistes schwanken zwischen Augenblicken der Erregung und langen Pausen der Reflexion. Kunst, Musik, Mode und viele andere Ausdrucksformen der Kreativität unterliegen der Herrschaft des Wechsels, wobei sich regelmäßig ›ruhige‹ und ›wilde‹ Phasen ablösen. Wie die Röcke der Frauen einmal kurz und einmal lang sind, steigt und fällt auch die Temperatur der aufeinanderfolgenden Generationen. Wenn wir nur unser Jahrhundert als Beispiel nehmen: auf die ›heiße‹ Generation des Faschismus folgte eine kühle, ruhige und arbeitsame Generation, diejenige des Wiederaufbaus, der anzugehören ich die Ehre habe. Kaum konnten wir uns ein wenig ausruhen, trat schon die 68er-Generation auf den Plan, die gelinde gesagt kochend heiß war! Heute erleben wir wieder eine Ruhepause, eine Ebbe, aber ich habe schon Angst vor dem nächsten Sturm. Hoffentlich hat der liebe Gott ein Einsehen!

Aber zurück zu Anaximander. Wie also stellte sich der

Philosoph des *apeiron* die Welt vor? Die Erde, sagt er, ist eine große flache und breite zylindrische Säule (eine Art Torte), die in der Mitte des Weltraums hängt.[12] Sie kann nach keiner Seite fallen, da sie sich ganz im Mittelpunkt befindet und daher nicht den geringsten Grund hat, sich in eine bestimmte Richtung mehr zu neigen als in eine andere. Die Höhe dieser Torte beträgt ein Drittel ihres Durchmessers, und sie besteht aus Stein.[13] Rings um die Erde drehen sich gewaltige Feuerräder, die mit einer Druckluftschicht überzogen sind. Am Innenrand dieser Räder, wo eigentlich die Strahlen vermutet werden sollten, befinden sich vielmehr Löcher (oder röhrenförmige Öffnungen wie Flöten), durch die hindurch man auf das blendende Licht des glühenden Mantels blicken kann, der über der Druckluftschicht liegt. Die Gestirne sind also nicht Feuerkörper, wie es uns erscheint, sondern nur zuckende Flammen jenes großen Feuers, das sich außerhalb des Himmelsgewölbes befindet und durch diese ›Löcher‹ in den Feuerrädern durchscheint. Das Sonnenrad ist 27mal größer als der Durchmesser der Erde, während das Mondrad nur 19mal größer ist.

Anaximander erzählt auch, daß der Mensch mit Schuppen bedeckt in einer wässerigen Substanz, einer Art Erdschlamm, geboren wurde, da aber die klimatischen Bedingungen anfangs so waren, daß ein Mensch nicht überleben konnte, wurde der Ärmste seine ganze Kindheit hindurch im Maul gewisser fischähnlicher Tiere herumgetragen und ausgebrütet, bis er dann herausschlüpfte, sich von seinen Schuppen befreite und es endlich schaffte, aus eigener Kraft zu leben.[14] Dies und anderes mehr berichten die Geschichtsschreiber über seine Theorien. Richtungweisend aber war Anaximander in seinem Glauben an eine bald *apeiron*, bald Notwendigkeit genannte höhere Kraft, die »alle Dinge umfaßt und alle lenkt«,[15] durch den er sich als ein mystischer und kosmologischer Philosoph zu erkennen gibt.

Am schönsten finde ich aber seine Geschichte von den

Sternen, die man durch die Löcher der Feuerräder sehen kann. Dabei fällt mir ein alter Freund meines Vaters ein, ein gewisser Alberto Cammarano, der sich auf die Herstellung von Heiligenfiguren, Engelsköpfen und Weihnachtskrippen spezialisiert hatte. Don Alberto produzierte sie das ganze Jahr über und verkaufte sie an Weihnachten im Erdgeschoß seines Hauses an der Via San Gregorio Armeno. Er hat mir alle Tricks seines Gewerbes verraten.

»Also paß auf, wenn du einen Himmel machen willst, prachtvoll wie damals, als das Jesuskind geboren wurde, dann mußt du dir Bristolkarton kaufen, so einen ganz dicken Karton, durch den wirklich kein Licht durchscheint. Den streichst du dann blau an, aber daß wir uns recht verstehn, so dunkelblau wie die Makkaroni-Packungen! Hinter dem Karton hängst du Glühbirnen an die Wand, drei oder vier, je nachdem, wie groß der Hintergrund ist, es müssen aber unbedingt matte Glühbirnen sein, die geben ein diffuseres Licht. Dann, und das ist jetzt die Kunst, machst du mit einer Nadelspitze lauter kleine Löcher in den angemalten Karton, so viele eben, wie du Sterne haben willst. Aber gib acht: es ist ganz wichtig, daß diese Löcher winzig klein, praktisch unsichtbar sind. Dann nämlich bricht sich das Licht der Glühbirnen an den Rändern der Löcher und kommt auf der anderen Seite zerteilt in einer Unmenge von Strahlen wieder heraus. Und da glaubst du dann wirklich, du bist in Bethlehem in der Weihnachtsnacht, und es ist kalt, und du hörst von ferne die Dudelsackpfeifen.«

---

[1] Diogenes Laertios, *a. a. O.*, II 2
[2] Favorinus von Arelate berichtet, Anaximander habe auf der *agora* von Sparta einen Quadranten gezeichnet und in seine Mitte einen Stab gesteckt, dessen Schatten im Verlauf der Stunden auf dem Boden vorwärtsrückte.
[3] Cicero, *De divinatione*, I 50, 112
[4] J. Burckhardt, *Griechische Kulturgeschichte*, Lpz. 1929, Bd. II, S. 443, Kap. »Die wissenschaftliche Forschung«
[5] Aelianus, *Historiae Variae*, III 17
[6] Herodot, *a. a. O.*, IV 152

7 Diogenes Laertios, a. a. O., II 2
8 G. Giannantoni Hg., *I Presocratici*, Bari 1975⁶, Bd. 1, S. 96 ff.
9 Simplicius, *Komm. zu Aristoteles*, 24, 13. Anaximander fr. 1 Nestle
10 Pseudo-Plutarch, *Stromata*, 2
11 Aristoteles, *Meteorologika*, II, 359b 6–11
12 Hippolytos von Rom, *Refutatio omnium haeresium*, I 6, 1–7
13 Aetios, III 10,2
14 *ebd.*, V 19,4
15 Aristoteles, *Physik*, IV 203b 4–15

V

Anaximenes

Anaximenes, ebenfalls aus Milet, steht an Bedeutung seinen beiden Vorgängern nach, was im übrigen auch schon aus seinem Namen hervorgeht, der eine Verkleinerungsform des Namens von Anaximander ist. Zu seiner Rechtfertigung läßt sich aber sagen, daß sich die Lebensbedingungen in Milet zu seiner Zeit sehr verschlechtert hatten. Er selber schrieb in einem Brief an Pythagoras: »Wie gut hast du daran getan – weit klüger als wir –, daß du deinen Wohnsitz von Samos nach Kroton verlegt hast, wo du in Ruhe lebst. Die Söhne des Aiakes richten unsägliches Unheil an, und die Milesier müssen sich nach wie vor von Tyrannen beherrschen lassen. Ein furchtbarer Gegner ist uns auch der Perserkönig... Wie könnte es sich also Anaximenes noch in den Sinn kommen lassen, die Himmelsgeheimnisse zu erforschen, er, der angsterfüllt nur noch die Wahl sieht zwischen Tod und Knechtschaft? Du dagegen erfreust dich der herzlichen Verehrung der Krotoniaten und nicht minder der übrigen Italioten. Ja auch aus Sizilien strömen dir Schüler zu.«[1]

Er verfaßte eine Abhandlung *Von der Natur*, von der uns auch nur ein Fragment erhalten geblieben ist, nämlich: »Wie unsere Seele, die aus Luft besteht, uns zusammenhält, so umschließt auch der Lufthauch das ganze Weltall.«[2]

In Wirklichkeit wollte es sich Anaximenes wohl weder mit Thales noch mit Anaximander verderben und entwickelte daher eine Theorie, die nur dem Anschein nach etwas Neues war, denn im wesentlichen glich sie ziemlich genau den

Theorien seiner Vorgänger. Urstoff ist für ihn die Luft, ein natürliches Element wie das Wasser bei Thales, das gleichzeitig aber unsichtbar ist wie das *apeiron* Anaximanders.

Die wichtigsten Behauptungen des Anaximenes sind folgende:
- Das Weltall besteht aus Luft und ist zwei mechanischen Phänomenen unterworfen, der Verdünnung und der Verdichtung.
- Das Feuer ist Luft in besonders verdünnter Form; die Wolken, das Wasser, der Schlamm, die Erde und sogar die Steine sind Luft, die sich immer mehr verdichtet hat.[3]
- Die verschiedenen Naturelemente unterscheiden sich nur quantitativ und nicht qualitativ voneinander, da sie alle aus ein und demselben Urstoff gebildet sind.
- Die Verdünnung bringt Wärme (das Feuer) hervor und die Verdichtung die Kälte (das Wasser), also sind Wärme und Kälte nicht Ursache, sondern Wirkung der Veränderung der Luft.[4]

Für uns ist nun weniger bedeutsam, daß dem Philosophen die Luft besser gefiel als das Wasser, entscheidend bleibt, daß er dieser Luft alle Eigenschaften des Lebens und des Göttlichen zuschrieb. Anaximenes sagte nämlich:

»Die Luft ist Gott.«[5] Und in dem bereits zitierten Fragment hatte er das Wort ›Lufthauch‹ (auf griechisch: *pneuma*) benutzt, eben um zu betonen, daß die ganze Natur von diesem Hauch durchdrungen war.

Wie seine Vorgänger, beschäftigte sich Anaximenes vor allem mit der Beobachtung der Naturerscheinungen und dem Studium der Astronomie. Vielleicht sollten wir einfach einmal an einer seiner berühmten Lektionen teilnehmen?

Es ist der 7. Juli des Jahres 526 v. Chr., Mitternacht. Die Bürger Milets schlafen schon seit mehr als drei Stunden. Anaximenes hat hier auf dem Hügel von Kebalak Tepe all jene zusammengerufen, die, wie er sagt, »Hunger nach himmlischen Dingen haben«. Er hat eine mondlose Nacht gewählt, weil sie für Himmelsbeobachtungen gut geeignet ist.

Das Meer liegt schwarz und ruhig da. Wenn man tief Luft holt, kann man die Düfte der Gärten von Samos wahrnehmen, die von der Meeresbrise bis hierher getragen werden. Zwei Jünglinge beleuchten die Szene mit Harzfackeln, sie stehen zu beiden Seiten des Meisters, dessen Gesicht im Feuerschein noch würdevoller aussieht. Keiner wagt zu reden. Endlich tritt der greise Philosoph in die Mitte der Versammelten und befiehlt, die Fackeln zu löschen. Es wird vollkommen dunkel, wir können nichts mehr sehen, allmählich aber läßt die Dunkelheit nach, und wir erkennen die weißen Tuniken der Schüler im schwachen Sternenlicht. Es könnte auch eine Gespensterversammlung sein.

Anaximenes richtet den Blick zum Himmel, dann auf uns, und schließlich fängt er an zu reden. Seine Stimme ist leise und ruhig, als wäre er im Tempel.

»Meine jungen Freunde, ich bin jetzt alt und sehe die Gestirne mehr mit den Augen des Geistes als mit jenen des Gesichtes. Ihr jedoch, die ihr den Apoll von Delphi an eurer Seite habt, nutzt die Schärfe eures Blickes, um die Seele mit den Schönheiten des Himmels zu füllen. Auch ich kam vor vielen Jahren als Jüngling hier herauf und hörte dem großen Thales zu, und damals vernahm ich, wie er sagte: ›Auch in den Sternen kann man einen Weg finden, um sich selbst zu erkennen.‹«

»Aber war es nicht Chilon, der Sohn des Damagetes, der als erster sagte ›Erkenne dich selbst‹?«

Diese Frage hat einer der Jüngsten, ein Junge mit Lockenhaar, gestellt. Die Versammelten verwundern sich; in der griechischen Welt hält man viel auf *aidos*, die Achtung vor den Alten, es kommt also kaum einmal vor, daß ein Schüler seinen Lehrer mitten im Unterricht unterbricht.

Anaximenes wendet sich langsam nach dem Jungen um, hebt kaum merklich die Stimme und erwidert:

»Thales, der Sohn des Hexamias, war der erste, der sagte, ›Erkenne dich selbst‹, und dafür wurde ihm nach übereinstimmender Meinung der goldne Dreifuß überreicht. Chilon von Sparta stahl ihm nur aus Ruhmsucht die Maxime; daran sehen wir, daß auch die Weisheit zuweilen aus den Quellen des Dionysos schöpft. Aber besinnen wir uns jetzt auf den Zweck unserer Zusammenkunft.«

Der Philosoph macht noch eine Pause wie eine stumme Bitte um Aufmerksamkeit und fährt dann im gleichen Ton wie zuvor fort: »Über uns öffnet sich das Himmelsgewölbe; es bedeckt die Erde wie ein *pileos*, die Wollmütze, die den Seemann wärmt, wenn er bei Nacht hinaus aufs Meer fährt, und wie man einen *pileos* um das Haupt seines Besitzers drehen kann, so dreht sich auch das Himmelsgewölbe um unsere Köpfe.[6] Die Erde ist flach, sie ist wie eine runde Tischplatte, ein flacher Schild, der genau in der Mitte des Weltalls auf dem Luftmeer schwimmt; sie zerschneidet die Luft nicht, sondern legt sich wie ein Siegel, wie ein Deckel auf sie ...«[7]

»Verzeih, Anaximenes«, unterbricht ihn aufs neue der Junge mit dem Lockenhaar, »du hast gesagt, die Erde sei ein Deckel, der die Luft versiegelt, aber die Luft ist doch auch über ihr, obwohl sie genausogut auch nicht da sein könnte, nachdem es nicht möglich ist, sie zu sehen und zu berühren, so wie man deine Tunika sehen und berühren kann.«

»Wer bist du, Junge?« fragt Anaximenes.

»Ich bin Hekateios, Sohn des Melantos.«

»Also höre, Hekateios, ich werde deine Frage beantworten. Die Luft ist über uns, sie ist unter uns und in uns. Du kannst sie nicht sehen, da sie, um sichtbar zu werden, der Wärme oder der Kälte, der Trockenheit oder der Feuchtigkeit bedarf. Zuweilen wird sie von Blitzen erhellt, so wie das Meer, wenn die Ruder es zerteilen,[8] und dieses geschieht, wenn der Wind die Wolken zerreißt; zuweilen färbt sie sich in den Farben des Regenbogens, und dieses geschieht nach

Gewittern, wenn die Sonnenstrahlen ihre dichtesten Schichten erreichen.[9] Alles, was du siehst, ist Luft und auch alles, was du nicht siehst. Und Luft ist auch Hekateios.«

»Ich verstehe«, erwidert der Junge. »Hekateios ist Luft, und Luft ist auch Anaximenes; aber jetzt sprich uns über die Sonne und den Mond.«

»Die Sonne ist eine runde Scheibe, die am Himmel flammt, weil ihre äußersten Schichten durch die zu schnelle Bewegung ins Glühen kamen.[10] Aber Vorsicht: die Sonne dreht sich um die Erde, doch niemals unter ihr durch...«

»Aber warum verschwindet sie dann über Nacht?« fragt Hekateios weiter, der jetzt jede Scheu vor dem Meister verloren hat.

»Weil sie auf ihrer nächtlichen Bahn weit über die Länder der Thraker und Odrysen hinauswandert, wo riesige Eisgebirge sie unseren Blicken entziehen,[11] bis sie die grünen Ebenen von Ninive und Babylonien erreicht und über den beiden Strömen[12] strahlender denn zuvor erglänzt. Dies ist zu tief gelegen, so daß wir es nicht sehen können, nicht so aber für den Mond, der ja sein Licht von der Sonne erhält und wie eine bemalte Scheibe über den Himmel zieht.[13] Wenn sich das Leuchtgestirn hingegen, wie mein Meister und Freund Anaximander behauptet, unter der Erde hindurchdrehen würde, müßten wir doch den Mond jede Nacht Stück um Stück verschwinden sehen, als wäre er eine Blume, der ein unruhiges Mädchen ein buntes Blütenblatt nach dem anderen auszupft.«

»Und die Sterne?«

»Einige ziehen umher wie feurige Blätter; ihr Ursprung war auf der Erde wegen der Feuchtigkeit, aber im Verlaufe immer stärkerer Verdünnung wurden sie glühend;[14] wir nennen diese die ›Planeten‹. Die anderen, und das sind fast alle, hängen wie mit Nägeln eingeschlagen am Himmelsgewölbe fest,[15] das, wie wir von den Chaldäern wissen, eine kristallene, ganz mit Eis bedeckte Halbkugel ist.[16] Doch nun, meine lieben Freunde, bin ich am Ende meiner Lektion. Kehrt nach Milet zurück und laßt euch vom Schlaf für euren Wissensdurst belohnen.«

Man zündet die Fackeln wieder an. Der Abstieg zur Stadt beginnt, und unterwegs diskutieren alle eifrig über die Dinge, die der Meister gesagt hat. Wenn ich Anaximenes recht verstanden habe, ist das Universum wie eine jener Glaskugeln, die man in Souvenirläden findet: wenn man sie auf den Kopf stellt, rieselt der Schnee. Also in einer solchen Glaskugel muß man sich die Erde als eine flache Scheibe, genau in der Mitte zwischen den beiden Halbkugeln, denken, wobei die untere ganz voll mit Luft wäre und die obere Sonne, Mond und die anderen Sterne enthielte. Auch ich diskutiere mit den Schülern, und dabei bemerke ich, daß der Weg noch steiler und gefährlicher geworden ist. Es ist dunkel, und das Fackellicht reicht nicht für alle. Wer weiß, wohin sich der Mond verkrochen hat? Hinter welchem Berg hält er sich versteckt? Ich würde gern Anaximenes fragen, traue mich aber doch nicht. Der Philosoph spricht kein Wort mehr, auch er ist ganz damit beschäftigt, auf den Weg zu achten und klammert sich von Zeit zu Zeit an Hekateios, der an seiner Seite geht.

---

[1] Diogenes Laertios, a.a.O., II 5
[2] Aetios, I 3, 4, Anaximenes fr. 2 Nestle
[3] Simplicius, a.a.O., 24, 26
[4] Die moderne Physik widerlegt diese Behauptung des Anaximenes: Gasförmiges kühlt bei Verdünnung ab, während seine Temperatur durch Kompression steigt.
[5] Cicero, De natura deorum, I 10, 26
[6] Hippolytos von Rom, a.a.O., I 7, 1–8
[7] Aristoteles, De caelo, II 294b 13–21
[8] Aetios, III 5, 10
[9] Aratos, Phainomena, 455, 1
[10] Pseudo-Plutarch, a.a.O., 3
[11] Hippolytos von Rom, a.a.O., I 7, 1–8
[12] Euphrat und Tigris
[13] Theon von Smyrna, Expositio rerum mathematicarum, S. 199, 1–2 Hiller

[14] Hippolytos von Rom, a.a. O., I 7, 1–8
[15] Aetios, II 14,3
[16] P. Tannery, *Pour l'histoire de la science hellène. De Thalès à Empédocle*, Paris 1930², S. 154

VI

Peppino Russo

Nach Thales, Anaximander und Anaximenes haben wir nun Peppino Russo aus Neapel, geboren im Jahre 1921 n.Chr., gestorben 1972. Für mich ist Russo der letzte milesische Philosoph, was ich ganz leicht beweisen kann, wenn ich mir auch bewußt bin, daß die Aufnahme eines Denkers mit Namen Peppino in die Geschichte der griechischen Philosophie manch einem als Provokation erscheinen mag. Aber sehen wir ihn uns zuerst einmal näher an.

Thales sagte, alles sei voll von Göttern, Anaximander verstand die Naturelemente als Gottheiten, die ständig miteinander kämpften, und Anaximenes glaubte, daß selbst die Steine eine Seele hätten; nun, und ganz im Sinne dieser Behauptungen versicherte Peppino Russo: alle Dinge der Welt haben eine Seele, die sie den Menschen im Verlaufe ihres Lebens entlockten. Damit könnte ich nun auf den Hylozoismus und den pantheistischen Immanentismus zu sprechen kommen, aber ich habe Angst, daß der Leser einen Schreck bekommt und das Studium der Philosophie für immer aufgibt. Daher beschränke ich mich darauf zu erzählen, daß unter den antiken Philosophen[1] immer wieder mal einer glaubte, daß alle Dinge der Welt beseelt seien. Diese Denkweise wurde als ›Hylozoismus‹ bezeichnet, ein griechischer Begriff, der aus *hyle* gleich ›Materie‹ und *zoe* gleich ›Leben‹ gebildet ist.

Meine Begegnung mit Peppino Russo geschah ganz zufällig; im Jahre 70 lebte Don Peppino in einem Häuschen am Stadtrand von Rom, Richtung Vigna Stelluti. Als ich eines Tages einem Stau auf der Via Cassia antica ausweichen wollte, bog ich in eine Seitengasse ab, und nach ein paar Kurven, gerade als ich am wenigsten darauf gefaßt war, bot sich mir ein unglaublicher Anblick: vielleicht 100 Meter weit waren sämtliche auf die Straße überhängenden Bäume über und über mit Puppen und alten Spielsachen behängt. Obwohl ich es eilig hatte, stoppte ich und bat den einzigen Passanten, den ich in der Gegend sah, um eine Erklärung. Ich hatte kein Glück, der Mann wurde sofort ärgerlich bei meiner Frage und sagte, er könne nichts mehr davon hören und der ganze Zauber sei Werk des Bambolaro, aber auf den bräuchte ich nicht erst zu warten, der wühle sowieso nur den ganzen Tag irgendwo im Abfall und suche nach Puppen!

An den darauffolgenden Tagen fuhr ich noch mehrmals durch die ›Straße der Puppen‹, bekam aber den berühmten Bambolaro nie zu Gesicht; statt dessen wurde mir der Anblick immer vertrauter; tagsüber kam man sich vor wie an Weihnachten und nachts wie in einem Film von Dario Argento. Ja, ich vergaß zu sagen, daß der Bambolaro auch immer große Schilder mit Aufschriften an die Bäume hängte, nicht unähnlich jenen der Weisen beim Orakel von Delphi. Ich versuche mal eine aus dem Gedächtnis zu zitieren:

»Mensch, du bist die Natur, wenn du sie zerstörst, zerstörst du dich selbst.« Oder »Gestern abend hat die Welt mir angst gemacht.« Oder auch »Du bist groß und kannst doch nicht leben, ohne Krieg zu führen.«

Aber dann tauchte eines Tages hinter einer Hecke ein Mann mit einem kahlen Teddybären in den Händen auf. Ich blieb stehen.

»Guten Tag«, grüßte ich aus dem Auto.

»Guten Tag«, grüßte er zurück.

»Entschuldigen Sie, es würde mich wirklich interessieren... ich möchte natürlich nicht indiskret sein, aber warum...«

»...warum ich die Puppen an die Bäume hänge?« fragte Don Peppino und ersparte mir damit die direkte Frage.

»Sie wissen, wie das so geht, manchmal ist man einfach neugierig...«

»Hat man Ihnen schon erzählt, daß ich verrückt bin?«
»Eigentlich nicht«, antwortete ich ausweichend. »Sagen wir, ich bin einem begegnet, dem Sie wohl nicht besonders sympathisch sind.«
»Glauben Sie, daß es eine Seele gibt?«
»Natürlich!« rief ich aus. »Das heißt... ich meine... eigentlich glaube ich daran.«
»So überzeugt scheinen Sie aber nicht zu sein.«
»Doch, doch, ich glaube daran.«
»Gut, aber wenn Sie erlauben, ich glaube, daß ich vielleicht doch ein wenig mehr daran glaube«, erklärte er und fing an zu lachen. Dann wurde er plötzlich ganz ernst und starrte mir in die Augen, als wollte er herausbekommen, was für einen Menschen er da vor sich hatte.
»Wissen Sie was, stellen Sie Ihr Auto dort auf den Platz und kommen Sie auf einen Kaffee mit herein.«
In Wirklichkeit setzte er mir dann Brot, Käse und Bohnen vor, weshalb ich an Epikur und seine Genügsamkeit denken mußte. Bei einem Glas Weißen und einer Scheibe Schafskäse erzählte er mir alles, was ich über sein Leben und seine Seelentheorie wissen wollte.
Don Peppino war Unteroffizier bei der Luftwaffe gewesen, Unterfeldwebel, wenn ich mich recht erinnere, er konnte Geige spielen, und in seiner Freizeit malte er auch. Wie alle Philosophen der milesischen Schule war er viel gereist; er war in Amerika gewesen, in Australien, Frankreich, vor allem aber, was für unsere Geschichte ganz wichtig ist, in Rhodos, wo er 1942 als Kriegsgefangener gelandet und dann neun Jahre geblieben war. Und die Insel Rhodos liegt ja nur wenige Kilometer südlich von Milet! Da soll noch einer sagen, es gäbe keine Zufälle im Leben!
»Also, Sie sagten gerade, Don Peppino, daß Ihrer Meinung nach alle Puppen eine Seele haben.«
»Langsam, langsam, so einfach ist das nicht«, erklärte mein Philosoph, während er mit einem Messer Käse absäbelte. »Die Spielsachen haben nicht schon wenn sie aus der Fabrik kommen

eine Seele. Nein, nein, da sind sie ganz gewöhnliche Gegenstände. Sobald jedoch ein Kind sie liebt, schlüpft ein Stückchen seiner Seele in das Plastikmaterial und verwandelt es in lebendige Materie. Ja, und von dem Augenblick an kann man ein Spielzeug nicht mehr einfach wegwerfen, auch wenn es in der Zwischenzeit kaputtgegangen und verbeult ist. Deswegen gehe ich überall herum und sammle die Sachen ein und lasse sie auf den Bäumen, inmitten von Blumen, in Regen und Sonne weiterleben.«

»Sie haben jetzt über Puppen gesprochen, aber ich kann mir denken, daß das gleiche auch bei jedem anderen Objekt geschieht?«

»Logisch. Man muß sich nur einmal eine klare Vorstellung von dem machen, was ›Leben‹ oder ›Tod‹ für uns bedeutet. Dazu möchte ich Sie gern etwas ganz Persönliches fragen: Haben Sie je die Leiche eines Menschen gesehen, den Sie sehr gern hatten?« Don Peppino wartete einen Augenblick meine Antwort ab, dann rückte er mit dem Stuhl nahe an mich heran und fuhr nun mit leiserer Stimme fort. »Ich habe das bei meinem Vater erlebt. Vorher dachte ich immer, wenn er mal stirbt, drehe ich durch, da bin ich vor Schmerz ganz zerstört. Aber ob Sie's glauben oder nicht: als es dann wirklich passierte, habe ich überhaupt keine Gefühlsregung gespürt, ja es gelang mir nicht einmal, ein bißchen zu weinen. Ich stand einfach nur da und sagte gar nichts, gleichzeitig versuchte ich mich aber innerlich irgendwie zu rechtfertigen. Ich sagte mir: ich weine nicht, weil ich ganz betäubt bin, ich weine nicht, weil ich gar nicht nachdenken kann. Alles falsch. Mein Verhalten ließ sich viel einfacher erklären: ich weigerte mich schlicht, den Leichnam zu erkennen! Diese Hülle, die da auf dem Totenbett lag, war nur ein Ding, das ganz offenbar keine Seele mehr und mit meinem Vater nichts zu tun hatte.«

Er unterbrach sich, sprang auf, verließ das Zimmer und kam gleich darauf mit ein paar Gegenständen in der Hand zurück; mit einer Brille, einer Eisenbahneruhr, deren Glas gesprungen war, einem kleinen Telefonverzeichnis, einer Pfeife, einem marmornen Briefbeschwerer in Form eines Löwen.

»Erst am nächsten Tag, als ich sein Zimmer betrat, um Dokumente zu suchen, sah ich einige Sachen von der Art, die man gewöhnlich persönliche Gegenstände nennt. Die sehen und von Gefühlen übermannt werden, war eines: endlich konnte ich weinen. Jetzt wußte ich, wo mein Vater sich versteckt hatte: in der karierten Wolldecke, in dem Füllfederhalter mit der Goldkappe, im Ledersessel mit den abgegriffenen Armlehnen, in den vielen Dingen, die er in seiner Einsamkeit täglich benutzt hatte.«

Ich hätte gern etwas dazu gesagt, aber mir fiel nichts Passendes ein. Im übrigen hatte der Anblick all des Plunders bei mir ein Unbehagen ausgelöst, gerade so, als wäre der Vater Don Peppinos tatsächlich im Raum gewesen. Ich fragte dann irgend etwas, um das Schweigen zu brechen.

»Hat auch dieses Messer eine Seele?«

»Und ob«, erwiderte er ohne Zögern, ergriff das Messerchen an der Klinge und ließ es vor meinen Augen hin- und herpendeln, »da ist ein Stück meiner Seele drin und, wie ich hinzufüge, auch meines Charakters. Heute ist dieses Messer dank des Einflusses einer friedliebenden Person ein Hausgerät ohne jede Aggressivität geworden, mit dem man gerade nur noch Käse schneiden kann. Aber es gibt da auch noch die Seele dieses Zimmers, diejenige des Stadtviertels und der ganzen Stadt. Und das ist eine sehr vielschichtige Seele, die durch immer neue Überlagerungen einflußreicher Seelen entstanden ist.«

»Meinen Sie damit eine Art rechnerischen Durchschnitt der Seelen all jener, die an einem Ort leben?«

»Nicht genau. Die Seele einer Stadt ist eine selbständige Einheit, eine Präsenz, die sich im Laufe der Zeit entwickelt hat und von Individuen gebildet worden ist, die darin in all den Jahrhunderten in Freud und Leid gelebt haben. Je älter eine Stadt ist, desto weniger können ihre letzten Bewohner ihre Seele verändern. Nehmen wir nur einmal Rom: jahrhundertelang war es das Ziel eines jeden, der etwas zu sagen hatte! Michelangelo, Caravaggio, Bernini, Horaz, Giordano Bruno und Tausende anderer Künstler und Denker sind hierhergekommen, um hier zu leben und zu sterben. Wie sollten da die Steine Roms austauschbar sein mit jenen von Los Angeles? Also wenn mich jemand kidnappen und, nachdem er mir die Augen zugebunden hat, in einer mir unbekannten Straße von Mailand oder Bologna freilassen würde, hätte ich bestimmt keine Schwierigkeiten, nach meiner Befreiung zu erkennen, in welcher Stadt ich mich befinde. Ich würde sagen: dies hier ist Mailand, oder dies hier ist Bologna! Da könnte man mich dann fragen: woher willst du das wissen? Hast du vielleicht kurz den Dom oder den Asinelli-Turm gesehen? Nein, nein, würde ich da antworten, ich habe die Seele der Luft, der Dächer und des Verputzes der Stadt auf meiner Haut gespürt.«

Da er mir noch keinen Kaffee angeboten hatte, dachte ich, es wäre vielleicht das beste, in die Küche zu gehen und ihn selber zu machen. Don Peppino hatte sich zu sehr in Hitze geredet, um sich um solche Kleinigkeiten zu kümmern, er beschränkte sich darauf, mir das Nötige zu reichen.

»So hat auch diese Küche eine Seele, aber natürlich nicht nur meine. Da frage ich mich also: wer hat in früheren Jahren in diesem Haus gewohnt? Ein Bauer? Ein Schneider? Ein Mörder? Nur unsere Gefühle können uns darauf antworten.«

Ich sah mich um und hatte das Gefühl, daß tausend Augen mich beobachteten, während ich den Kaffee machte.

---

[1] Von den anderen Philosophen, die als Hylozoiker definiert werden können, nenne ich die Stoiker, die das Feuer als belebendes Prinzip ansehen, sowie Straton, Telesio, Giordano Bruno, Campanella und vor allem Spinoza, der der Materie verschiedene Lebensstufen zuerkennt.

VII

Pythagoras Superstar

Gott Hermes wollte seinem Sohn Aithalides[1] ein Geschenk machen und versprach ihm alles, außer Unsterblichkeit. Aithalides überlegte es sich gut und bat um ewiges Gedächtnis, nämlich um die Fähigkeit, sich auch nach dem Tode an alle vorigen Leben erinnern zu können. Dank dieser Fähigkeit also behauptete Pythagoras, schon vier Leben gelebt zu haben[2], zuerst als Aithalides, dann als Euphorbos, in dessen Gestalt er in Troja von Menelaos verletzt worden sei – zum Beweise dessen habe er in einem Tempel den Schild des Menelaos wiedererkannt –, dann als Hermotimos und schließlich als Pyrrhos, der ein armer Fischer von der Insel Delos war. Zwischen diesen Reinkarnationen war seine Seele in zahlreichen Tierarten und sogar in einigen Pflanzen weitergewandert. Andere Male dagegen war er auch in den Hades geraten[3], wo er Homer an einem Baum hängen und Hesiod an einer Säule festgekettet sah, beide schuldig, die Götter allzu vertraulich behandelt zu haben. Die Reihe der Erscheinungen des Pythagoras endet aber nicht mit ihm; einige spätere Biographen[4] erzählen, daß sich der Philosoph in einem gewissen Periandros wieder verkörpert habe, danach in einem Manne, der ebenfalls Aithalides hieß, und schließlich in der duftenden liebreizenden Gestalt der Alco, einer schönen Frau, die dem Gewerbe einer Hure nachging. Wenn man nachrechnet, scheint der Reinkarnationszyklus 216 Jahre[5] gedauert zu haben, so daß seine letzte Erscheinung auf Erden um das Jahr 1810 gewesen sein muß. In Anbetracht seiner politischen Neigungen ist nicht undenkbar, daß er die Gestalt des Camillo Benso, Graf von Cavour, annahm, der gerade in jenem Jahr geboren wurde.

Herodot erzählt, daß Pythagoras einen Gott, einen gewissen Zamolxis, als Sklaven hatte.[6] Dieser Sklave erbaute sich, nachdem er frei und sehr reich geworden war, eine prächtige Villa und lud ›die vornehmsten Mitbürger‹ seines Heimatortes zum Abendessen ein. Während des Mahles teilte Zamolxis seinen Gästen mit, daß sie niemals sterben würden und daß auch er selber ein Unsterblicher sei, der nach Belieben im Hades aus- und eingehe. Nach diesen Worten verschwand er plötzlich und schloß sich in einem unterirdischen Gemach ein, das er sich hatte bauen lassen. Darin blieb er über drei Jahre und kam dann eines Tages, als alle ihn schon für tot hielten, springlebendig wieder hervor, worauf er vom Volk der Geten wie ein Gott verehrt wurde.

Daraus erkennen wir, wie schön sich die Legenden um Pythagoras rankten und wie ihm alles mögliche angedichtet wurde. Zu Recht haben sich ernsthafte Geschichtsschreiber stets geweigert, die überlieferten Anekdoten einfach weiterzuerzählen. De Ruggiero zum Beispiel meint, daß »all dieses Material für eine historische Rekonstruktion des Pythagoreismus keinerlei Wert hat«, und Francesco Adorno bestätigt, daß »man wenig oder nichts historisch Belegbares weiß«. Ich aber stand mit der Ernsthaftigkeit schon immer auf Kriegsfuß und habe daher nicht die geringsten Skrupel, all das weiter zu verbreiten, was ich gelesen habe, vor allem die Dinge, die ich lustig fand.

Ich hoffe, daß jemand eines Tages einmal ein Loblied auf die Lüge schreiben wird, hat sie doch durchaus auch historischen Wert. Ich meine, wenn Iamblichos und Porphyrios, die beiden wichtigsten Biographen des Pythagoras, gewisse Episoden aus dem Leben des Philosophen für berichtenswert hielten, so doch wohl deshalb, weil diese zu seinem Charakter paßten und also Aufschluß über seine Person gaben. Und selbst wenn eines schönen Tages der Nachweis gelänge, daß eine bestimmte Anekdote falsch ist, wäre das ein trauriger Sieg der Wahrheit, die neben der Phantasie sehr armselig wirken würde.

Pythagoras, Sohn des Goldschmieds Mnesarchos, wurde 570 v. Chr. auf der Insel Samos, wenige Meilen von der Stadt Milet entfernt, geboren. Dank einer Empfehlung seines Onkels Zoïlos[7] durchlief er die Grundschule bei dem großen Pherekydes, der ihm, wie Apollonios[8] erzählt, vor allem einmal beibrachte, wie man Wunder macht. Nachdem Pherekydes gestorben war und Pythagoras sich in der Mathematik vervollkommnen wollte, wandte er sich klugerweise gleich an die berühmtesten Lehrmeister seiner Zeit, nämlich an die ägyptischen Priester. Er packte drei silberne Pokale aus dem Geschäft seines Vaters sowie ein Empfehlungsschreiben des Tyrannen Polykrates an den Pharaonen Amasis ein und fuhr mit dem nächsten Schiff ab. Nebenbei bemerkt, auch damals lief schon alles nur mit Schmiergeld und Empfehlungsschreiben! Allerdings klappte es in Ägypten zunächst doch nicht so gut. Die Priester von Heliopolis erklärten, obwohl sie ja einen Silberkelch erhalten hatten und Pythagoras *persona* des Pharaos war, scheinheilig, sie seien eines so illustren Schülers unwürdig und schickten ihn zu den ältesten und ehrwürdigsten Priestern von Memphis; diese wiederum schoben ihn unter dem gleichen Vorwand zu den Priestern von Theben ab, den furchtbaren Diopolithen, die ihn als letzte nicht mehr einfach weiterschicken konnten und ihn daher zuerst einmal außerordentlich harten Prüfungen unterwarfen. Aber sie hatten nicht mit dem zähen Charakter des Pythagoras gerechnet: unser Philosoph überwand brillant jedes Hindernis und gewann schließlich die Bewunderung seiner Peiniger, die nun gar nicht mehr anders konnten, als ihn wie einen Bruder aufzunehmen und ihn in alle Mysterien einzuweihen.[9]

Nachdem seine ägyptischen Lehrjahre beendet waren,

vervollkommnete Pythagoras seine Ausbildung durch Reisen.[10] Er wird in den Schriften erwähnt als Schüler der Chaldäer in Astronomie, der Phönizier in Logistik und Geometrie und der Magier[11] in den mystischen Riten. Seine Begegnungen mit den großen Persönlichkeiten seines Jahrhunderts sollen so zahlreich gewesen sein, daß wir nur staunen können: ich habe sogar von einem Höflichkeitsbesuch bei Numa Pompilius gelesen, der immerhin schon hundert Jahre vor der Geburt des Pythagoras gestorben war. Zu den entscheidenden Begegnungen zählt diejenige mit dem Perser Zarathustra[12], der ihn mit der Theorie der Gegensätze vertraut machte. Alles entsteht aus dem Kampf der Kräfte des Guten und des Bösen, sagte Zarathustra, zu den ersteren zählen das Licht und der Mann, zu den letzteren die Finsternis und die Frau. Es ist doch seltsam, daß kein einziger der großen geistigen Propheten der Menschheit (Zarathustra, Jesaja, Konfuzius, Mohammed, Paulus von Tarsus usw.) auch einmal die Frau mit dem Guten identifiziert hat. Wer weiß, warum?

Aber kehren wir zu Pythagoras zurück. Nachdem er also seine Studien beendet hatte, zog er wieder in die Heimat und wurde Lehrer des Sohnes von Polykrates, des Tyrannen von Samos. Auf diesen Polykrates, der einer der größten Schurken des 6. Jahrhunderts war, möchte ich hier zwei Worte verschwenden.[13] Er war nämlich nicht, was wir uns unter einem König vorstellen, sondern ein echter Pirat: mit seinen Schiffen überfiel er jeden, der es wagte, sich den ionischen Küsten zu nähern. In der Außenpolitik verbündete er sich stets mit den Schlimmsten, wechselte aber immer rechtzeitig die Fahne, wenn er merkte, daß der Wind drehte. Ein Charaktermensch eben. Auch an seinem Hofe ging es entsprechend zu, er praßte immer nur mit ein paar Intellektuellen wie Ibykos und Anakreon und hundert jungen Mädchen und anmutigen Knaben.[14] Pythagoras, wie alle Weltverbesserer ein Moralist, gefiel dieses ausschweifende Leben natürlich nicht; so beschloß er im stolzen Alter von 40 Jahren, sich noch einmal einzuschiffen und nach Kroton an der italienischen Küste überzusetzen.[15] Dort bot ihm die Ältestenversammlung an, der Jugend griechische Weisheit zu lehren, und er nutzte die Chance, eine Kaste von 300 Schülern aufzuziehen, mit deren Hilfe er allmählich alle Hebel der Macht in die Hand bekam.

Pythagoras gründete eine Schule oder besser gesagt eine Sekte, in der eine Reihe von sehr merkwürdigen Regeln galten, z. B.:
- Sich der Bohnen zu enthalten
- Brot nicht zu brechen
- Das Feuer nicht mit Eisen zu schüren
- Keinen weißen Hahn anzurühren
- Nicht das Herz zu essen
- Sich nicht neben einem Lichte im Spiegel anzusehen
- Nach dem Aufstehen im Bett keinen Eindruck des Körpers zu hinterlassen
- Die Spur des Topfes nicht in der Asche zu lassen, wenn er herausgenommen wird, sondern die Asche durcheinanderzurühren.

Vielleicht ist es ganz sinnlos, daraus klug werden zu wollen: oft dienen Gebote bei Religionen nur zur Disziplin, um den Gruppengeist zu stärken. Im vorliegenden Fall können wir darin vielleicht eine gewisse metaphorische Bedeutung erkennen. ›Das Brot nicht zu brechen‹ könnte beispielsweise bedeuten ›trenne dich nicht von den Freunden‹ und ›Feuer nicht mit Eisen zu schüren‹ könnte heißen ›sei immer bereit zu verzeihen‹. Am merkwürdigsten von allen Geboten des pythagoreischen Katechismus klingt mir jedenfalls das mit den Bohnen.[16] Gott weiß, warum Pythagoras dieses unschädliche Gemüse so haßte! Aristoteles meint, weil es entfernt an die Form des männlichen Geschlechtsorgans erinnert; andere wiederum glauben, er habe schon als Kind eine Allergie dagegen gehabt. Gut und schön, aber daß man sie in seiner Gegenwart nicht einmal beim Namen nennen durfte!

Die Eingeweihten lebten in Gütergemeinschaft. Bei Sonnenuntergang mußten sie sich stets drei Fragen stellen: a) was habe ich Schlechtes getan, b) was habe ich Gutes getan, c) was habe ich versäumt zu tun? Danach mußten sie den folgenden Satz aussprechen: »Ich schwöre es auf Jenen, der unserer Seele die göttliche *tetraktys* offenbart hat.«[17]

Nacht für Nacht ließ sich der Meister vernehmen. Aus allen Teilen der Welt kamen Leute, um ihm zuzuhören, aber er zeigte sich nie, sondern verbarg sich hinter einem Vorhang. Wenn es jemandem aber doch gelang, ihn wenigstens ganz kurz zu sehen, rühmte er sich dessen sein Leben lang.[18]

»Majestätischen Ansehens, mit herrlichem Antlitz und wallenden Locken, in weiße Gewänder gehüllt, trat er auf. Dabei leuchtete aus seinem Wesen eine milde Freundlichkeit ohne jede mürrische Zutat.«[19] Er begann seine Reden stets mit dem Satz: »Nein, bei der Luft, die ich atme, nein, bei dem Wasser, das ich trinke, ich gestatte keinen Widerspruch zu dem, was ich sage«[20], was schöne Rückschlüsse auf sein Demokratieverständnis zuläßt.

Nur wenige Glückliche durften in seiner Gegenwart erscheinen. Seinen Schülern wurde nach fünf Studienjahren die Gunst seines Anblickes zuteil. Eines Tages gelang es einem Neuling, sich in seine Wohnung einzuschleichen und ihn beim Bad in einem Zuber zu erspähen; er erzählte dann herum, er habe eine »goldene Hüfte«[21] gesehen; Aelianus dagegen berichtet, der Meister habe im Olympischen Theater selbst seinen goldnen Oberschenkel gezeigt.[22]

Pythagoras teilte seine Mitmenschen gewöhnlich in zwei Kategorien ein: die Mathematiker waren jene, die das Recht hatten, Wissen, *mathematha*, zu erwerben, während die Akusmatiker nur zuhören durften.[23] Um zu verhindern, daß die beiden Gruppen sich vermischten, entwickelte er eine Sprache, die nur Eingeweihten verständlich war, nämlich

Zahlencodes, Symbole und andere Teufeleien, die nur dazu dienten, die Macht der Information in Händen zu behalten. Genau besehen hat Pythagoras die Freimaurerei erfunden, zumindest war er ein Vorläufer der Geheimbündler. Sein Orden, den wir P 1 nennen könnten, besaß bereits alle Kennzeichen einer Freimaurerloge: Geheimhaltung, Initiationsritus, den Großmeister, die gegenseitige Hilfe unter Brüdern, Symbole, Zirkel, Winkeldreiecke usw. Was die Geheimhaltung betraf, gab es keine Gnade für Gesetzesbrecher. Ein Schüler, ein gewisser Hippasos von Metapont, soll eines Tages vor aller Welt die Existenz der irrationalen Zahlen zugegeben haben, was den Einsturz der Zahlenharmonie bedeutete, auf der das ganze Theoriengebäude des Pythagoras beruhte;[24] damit hatte sich der Verräter sein eignes Grab gegraben. Vom Fluch des Meisters verfolgt, erlitt er wenige Meilen vor Kroton Schiffbruch, als er verzweifelt versuchte, übers Meer zu fliehen.

Pythagoras wurden zahlreiche Wundertaten zugeschrieben. Hier einige der glaubwürdigsten: Er tötete eine Giftschlange mit einem Biß.[25] Er unterhielt sich viele Jahre lang mit einer Bärin.[26] Er überredete eine Färse, keine Saubohnen mehr zu fressen.[27] Er streichelte einen weißen Adler, der vom Himmel herabgestoßen war, nur um ihn zu begrüßen.[28] Er wurde im selben Augenblick sowohl in Kroton als auch in Metapont gesehen.[29] Er wurde mit lauter Stimme von dem Fluß Nessos gegrüßt, dieser floß neben ihm her und rief anscheinend aus: »Sei gegrüßt, o Pythagoras«.[30] [31]

Die Übernatürlichkeit seines Wesens wurde von seinen Schülern noch dadurch besonders hervorgehoben, daß sie ihn als Angehörigen einer ganz eigenen Rasse ansahen. Sie sagten über ihn: »Es gibt Menschen und Götter und Wesen wie Pythagoras«.[32] Sein Name wurde in Gesprächen nie ausdrücklich genannt; entweder nannte man ihn einfach ›jenen Mann‹, oder man sagte dogmatischer *autos epha* (er selbst hat gesagt). Dieser Ausdruck diente in seiner lateinischen Form *ipse dixit* noch jahrhundertelang dazu, jedwede Diskussion autoritär im Keim zu ersticken.[33]

Die Ordensregeln, die Geheimbündelei und die ganze dogmatische Art seiner Lehre erregten Mißfallen in den demokratischeren Kreisen Krotons. Auf die Dauer konnte das nicht gutgehen. Im übrigen taten die Pythagoreer ja auch wirklich nichts dazu, sich Sympathien zu erwerben. Sie sahen auf alle herab, reichten nur einem Kollegen die Hand und versuchten, jedermann ihren Katechismus aufzuzwingen. Nun kann man Mächtigen wohl so ziemlich alles nachsehen, solange sie nicht versuchen, einen mit aller Gewalt umzumodeln. Jedenfalls veranlaßte dieser bigotte Integralismus der Pythagoreer Kroton eines schönen Tages dazu, den Sybariten den Krieg zu erklären, weil diese laut Pythagoras das Leben allzu sorglos genossen und sich daher schuldig gemacht hatten. Wie immer, wenn an der Spitze der Siegerpartei ein religiöser Reformator steht, gab es keine Gnade für die Besiegten: das vornehme Sybaris wurde dem Erdboden gleichgemacht, alle seine Bürger mit dem Schwert getötet.[34]

Darauf bildete sich aber in Kroton eine Partei gegen Pythagoras. Kopf dieser Opposition war ein gewisser Kylon, ein junger Mann aus guter Familie, der zu Gewalttätigkeiten neigte. Nachdem sein Antrag auf Aufnahme in den Club der Pythagoreer abgelehnt worden war, fand er keine Ruhe, bis er sich rächen konnte.[35] Eines Nachts umzingelte er an der Spitze von ungefähr 100 Rowdys das Hauptquartier der Pythagoreer, nämlich die Villa des Athleten Milon, und nachdem er die Philosophen vergebens aufgefordert hatte herauszukommen, steckte er das Haus in Brand. Nur ganz wenigen gelang die Flucht, unter anderem Archippos, Lysis und Pythagoras selbst. Jedoch lag ausgerechnet hinter Milons Haus ein großes Bohnenfeld, und der alte Meister wollte sich lieber von den Verschwörern umbringen lassen, als dieses Feld zu durchqueren. Porphyrios zufolge[36] waren dagegen die Kyloneer brave Burschen: sie nahmen ihn zwar fest, ließen ihn aber sofort wieder frei und sagten zu ihm: »Lieber Pythagoras, du bist sehr gescheit, aber wir sind zufrieden mit den Gesetzen, die wir haben, und möchten nicht, daß du sie änderst. Geh also und laß uns in Frieden!« Dikäarchos schließlich berichtet,[37] der Philosoph sei in den Musentempel von Metapont geflüchtet, nachdem er aber dann nicht mehr habe leben wollen, habe er das Essen verweigert und sei Hungers gestorben. Die einen sagen, er sei 70 Jahre alt geworden, die anderen geben 90, 107, ja sogar mehr als 150 Jahre an.[38]

Einmal hatte Leon, der Tyrann von Phlius, Pythagoras gefragt: »Wer bist du?« und dieser hatte geantwortet: »Ich bin ein Philosoph.«[39] So kam dieser Begriff in die Welt, der wörtlich übersetzt ›Liebhaber der Weisheit‹ heißt. Pythagoras, der erste Philosoph der Geschichte, der sich mit diesem Titel schmückte, hat aber eine Schule gegründet, die in ihrem Machtstreben bald mehr einer politischen Sekte ähnelte als einer Universität für philosophische Studien. An verschiedener Stelle ist zu lesen, der Pythagoreismus sei vielleicht ein Ableger des Orphismus gewesen, jener religiösen Bewegung, die im 7. Jahrhundert in Griechenland ihre Blütezeit hatte und deren Anhänger unter dem Vorwand, es Gott Dionysos gleichtun zu müssen, pausenlos Orgien und Bacchanale feierten. Aber bei all meinem Mißtrauen gegenüber Pythagoras: die Pythagoreer mit den Orphikern in einen Topf zu werfen, wäre etwa so, als wollte man die Krishna-Jünger mit den italienischen Fußballfans eine Stunde nach dem Weltmeisterschaftssieg über Brasilien vergleichen: so kontemplativ die einen, so dionysisch die andern! Schließlich verfügte Pythagoras über eine gigantische Intelligenz, nicht nur in der Mathematik, und war ständig auf der Suche nach einem mystisch-rationalen Weg.

Da Pythagoras kein einziges Buch verfaßt hat, müssen wir uns, um etwas über sein Denken zu erfahren, an das halten, was seine verschiedenen Schüler berichtet haben, vor allem Alkmeon, sein Leibarzt, Archytas, der Tyrann von Samos, und Philolaos, ein junger Mann aus Kroton. Schließlich hinterließ uns auch Aristoteles einige schriftliche Anmerkungen, er scheint aber, unter uns gesagt, Pythagoras nicht gerade hold gewesen zu sein: er erwähnt ihn nur fünfmal und kommt im übrigen mit Wendungen wie »die sogenannten Pythagoreer sagen...« aus.

Will man die Lehre des Pythagoras darstellen, ohne dabei unter jener Flut von Nachrichten begraben zu werden, die über ihn überliefert sind, beschränkt man sich am besten auf die drei grundlegenden Themen: Seelenwanderung, Zahl und Weltsicht.

Über die Seelenwanderung habe ich schon zu Beginn dieses Kapitels gesprochen: Pythagoras behauptete, früher schon viermal gelebt und in den Zwischenzeiten verschiedene Tier- und Pflanzenkörper ›besucht‹ zu haben. Es darf als sicher gelten, daß unser Philosoph diese Theorie aus dem Fernen Osten mitgebracht hatte, schließlich wird in Indien auch heute noch daran geglaubt. Die Seele also wandert von einem Körper zum anderen und erreicht dabei, je nachdem, wie sie sich auf der Erde verhalten hat, eine höhere Stufe (so wird sie Kaufmann, Athlet oder Zuschauer[40]), oder aber sie fällt zurück in eine niederere Spezies (Baum, Hund, Schaf, Schwein usw.). Alkmeon[41] erklärt, daß beim Tod ein ›Ende‹ und ein anderer ›Anfang‹ aneinandergeknüpft werden, während ein Körper stirbt, bewegt sich die Seele, da sie unsterblich ist, auf einer kreisförmigen Umlaufbahn weiter, etwa so wie die Sterne am Himmel. Der Körper, meint Philolaos[42] weiter, ist nichts anderes als ein Grab, ein Gefängnis, in dem die Seele für ihre Schuld büßt. So erklärt sich also die Pythagoreische Moral: Immer schön brav, sonst geht's mit der Beförderung nicht weiter!

Wegen dieser Seelenwanderungstheorie wurde Pythagoras sowohl von seinen Zeitgenossen als auch von den berühmtesten Dramatikern verspottet. Xenophanes schildert ihn uns in einer Elegie, wie er einem Mann, der einen Hund prügelt, in den Arm fällt:

»Höre doch auf, und schlage nicht mehr, ich erkenne die Stimme eines Freundes, es wohnt seine Seele in ihm.«[43]

Und Shakespeare steht ihm nicht nach. In *Was Ihr wollt* kommt dieser Dialog über die Seelenwanderung vor:

NARR: Was ist des Pythagoras Lehre, wildes Geflügel anlangend?
MALVOLIO: Daß die Seele unserer Großmutter vielleicht in einem Vogel wohnen kann.
NARR: Was hältst du von seiner Lehre?
MALVOLIO: Ich denke würdig von der Seele und billige seine Lehre keineswegs.
NARR: Gehab dich wohl! Verharre du immer in Finsternis.

Ehe ich dir deinen gesunden Verstand zugestehe, sollst du die Lehre des Pythagoras bekennen.

Wichtiger als der Seelenwanderungsgedanke ist für Pythagoras allerdings die Überzeugung, daß das Wesen aller Dinge, die *arche*, die Zahl sei. So wie für Thales das Wasser und für Anaximenes die Luft der Urstoff des Weltalls war, ist es für Pythagoras die Zahl, und hier wird es für mich nun schwierig: während ich mir einen Tisch durchaus als ein Ding vorstellen kann, das aus so und so vielen mehr oder weniger verdichteten Wasser- oder Luftmolekülen besteht, fällt es mir schwer, ihn mir als ein Gebilde aus übereinander plattgedrückten Zahlen zu denken; Pythagoras stellte sich nämlich die Zahlen mit einer bestimmten Dicke vor. Speusippos[44] erklärt in einem Fragment über die platonischen Zahlen, daß man sich die Zahl Eins als einen Punkt zu denken hat (eine Art Atom), die Zwei als eine Gerade, die Drei als eine Ebene und die Vier als einen festen Körper. Und nachdem alle Dinge dieser Welt, wir eingeschlossen, eine Form haben, läßt sich diese Form in Punkte und Linien und damit letzten Endes in Zahlen zerlegen. Aristoteles[45] berichtet, Eurytos, ein Pythagoreer der zweiten Generation, Schüler des Philolaos, habe unbedingt die charakteristische Zahl eines jeden Lebewesens herausfinden wollen und zu diesem Zweck begonnen, die Zahl all der Bausteinchen zu zählen, die nötig sind, um das Bild des Menschen und des Pferdes zusammenzusetzen.

Abgesehen von den physikalischen Eigenschaften der Zahlen war Pythagoras besonders von der Beobachtung fasziniert, daß alle Naturerscheinungen von einer höheren Logik gesteuert scheinen. Vor allem die Entdeckung eines konstanten Verhältnisses zwischen der Länge der Saiten einer Leier und den Grundakkorden der Musik (1:2 für die Oktave, 2:3 für die Quint und 3:4 für die Quart) beeindruckte ihn so stark, daß er sich Gott als großartigen Ingenieur vorstellte und glaubte, ein mathematisches Gesetz, nämlich die Harmonie, bestimme die ganze Natur.

Die Pythagoreer sagten: »Welches Ding ist am weisesten? Die Zahl. Und welches Ding ist am schönsten? Die Harmonie.« Am Anfang der Zeiten herrschte natürlich das Chaos, dann hatte die Monade (die Zahl Eins) die Zahlen hervorgebracht, aus denen Punkte und Linien entstanden, schließlich kam die Harmonie hinzu und schuf das richtige Verhältnis zwischen den Dingen: so entstand der Kosmos oder die Weltordnung.[46]

Gesundheit, Tugend, Freundschaft, Kunst, Musik waren nichts anderes als eine Form der Harmonie. Gesundheit war Alkmeon[47] zufolge das richtige Gleichgewicht zwischen Warm und Kalt in einem Lebewesen, Tugend die Kontrolle der Leidenschaften usw. Sogar soziale Gerechtigkeit, sagte Archytas, war nur ein Problem der Harmonie. Allerdings müssen wir hier, um keine Verwirrung zu stiften, zuerst einmal klären, daß soziale Gerechtigkeit für die Fortschrittlichen des 5. Jahrhunderts etwas ganz anderes war als das, was unsere heutigen Gewerkschaftler anstreben: für Archytas war soziale Gerechtigkeit nur dann erreicht, wenn jeder Arbeiter nach seinen Verdiensten bezahlt wurde. Praktisch heißt das, daß er an die Akkordarbeit glaubte; viel Geld für die Tüchtigsten und keinen Heller für die, die keine Lust hatten zu arbeiten.

Da ich Archytas hier schon erwähnt habe, vielleicht noch ein, zwei Worte über diesen bemerkenswerten Mann. In Tarent geboren, war Archytas Philosoph, Mathematiker und ein großer Staatsmann.[48] Da er Ende des 5., Anfang des 4. Jahrhunderts gelebt hat, wird er Pythagoras kaum noch kennengelernt haben; bester pythagoreischer Tradition gemäß schlug er aber die politische Laufbahn ein und wurde in kürzester Zeit Anführer seiner Stadt. Was wir über ihn wissen, ist, daß er Platon das Leben rettete, als dieser von Dionysios, dem Tyrannen von Syrakus, zum Tode verurteilt worden war[49], daß er die Klapper erfand, um damit die Kinder zu beschäftigen und zu verhindern, daß sie etwas Wertvolleres kaputtmachten[50], und daß er als ein leidenschaftlicher Flugmodellbauer eine Holztaube entwarf, die auch tatsächlich fliegen konnte.[51]

Aber zurück zu Pythagoras und seiner Leidenschaft für die Mathematik. Offenbar gab es auch bei den Zahlen aristokratische und plebejische. Neben der Zahl Zehn, der *tetraktys*, die für die Pythagoreer eine göttliche Einheit darstellte, waren die Eins, die Zwei, die Drei und die Vier die edelsten unter allen Zahlen; ihre Summe war gleich zehn, und alle gemeinsam bildeten das göttliche Dreieck:

```
      *
     * *
    * * *
   * * * *
```

»Alles, was man erkennen kann, läßt sich auf eine Zahl zurückführen.«[52] Und jede Zahl hat ihre besondere Bedeutung. Liest man die Texte von Speusippos, Archytas und Philolaos aufmerksam, läßt sich aus ihnen eine Art pythagoreisches Traumbuch ableiten, in dem die Eins für Intelligenz steht, die Zwei für die Meinung (die immer doppelseitig ist), die Vier für Gerechtigkeit, die Fünf für die Ehe, die Sieben für die kritische Zeit (vielleicht weil die Wochentage sieben an der Zahl sind) und so weiter. Die Zahlen, so meinen die Pythagoreer, haben aber auch therapeutische Kraft: auf Silberplättchen eingeritzte magische Quadrate zum Beispiel, die im übrigen auch im Mittelalter und in der Renaissance verbreitet waren, sollten gegen die Pest, gegen Cholera und Geschlechtskrankheiten schützen. Nicht daß ich nun glaubte, man könnte heute auf dem Flughafen einfach ein magisches Quadrat statt eines Impfpasses vorweisen –, aber eines der einfachsten Quadrate möchte ich hier doch vorstellen:

13	3	2	16
8	10	11	5
12	6	7	9
1	15	14	4

Zählt man bei diesem Schema die Zahlen jeder Reihe oder jeder Kolonne oder jeder Diagonale zusammen, erhält man stets die Summe 34.[53] Zum gleichen Ergebnis kommt man aber auch beim Zusammenzählen der vier Zahlen in der Mitte und sogar der Zahlen der kleinen Quadrate.

13	3	2	16
8	10	11	5
12	6	7	9
1	15	14	4

All diese verborgenen Wechselbeziehungen sowohl zwischen den Zahlen als auch bei den Naturphänomenen versetzten Pythagoras gewiß in wahre Freudentaumel. Wir können uns daher vorstellen, welche Enttäuschung es für unseren Philosophen bedeutete, als er eines Tages das Verhältnis zwischen der Diagonale und der Seite eines Quadrates berechnete und entdeckte, daß das Ergebnis keineswegs eine ganze oder eine Dezimalzahl ergab. Wie war das möglich? Wenn bisher alles den Gesetzen der Harmonie zu gehorchen schien, wie konnten da nun plötzlich so unverständliche Zahlen zum Vorschein kommen! Dabei hatte er doch in bezug auf die Diagonale selber entdeckt, daß das Quadrat über der Hypothenuse gleich der Summe der beiden Kathetenquadrate ist.[54] Und nun sträubte sich ausgerechnet diese Hypothenuse, sich durch eine ihrer Seiten teilen zu lassen! Die Entdeckung der irrationalen Zahlen war ein schwerer Schlag für die Pythagoreer: ihr ganzes Theoriengebäude brach zusammen. Und um das Unglück voll zu machen, erzählte einer der Schüler, der Verräter Hippasos, die Nachricht überall herum, nur um der Schule zu schaden.

Schließen wir unsere Ausführungen über Pythagoras mit einem kurzen Blick auf seine Kosmologie. Zum erstenmal in der Philosophiegeschichte befinden wir uns nicht mehr im Mittelpunkt des Universums, an der Stelle brennt nun ein nicht näher definiertes Feuer, das die Pythagoreer die Mutter der Götter nannten. Um dieses Feuer drehen sich zehn Himmelskörper: Erde, Mond, Sonne, die fünf damals bekannten Planeten, der Himmel der Fixsterne, und um auf die hochheilige Zahl Zehn zu kommen, die den Pythagoreern so wichtig war – ein ›Gegenwelt‹ genannter Planet,[55] der der Erde vollkommen gleicht und sich auch auf der gleichen Umlaufbahn bewegt, ihr nur im Verhältnis zum zentralen Feuer diametral entgegengesetzt ist, so daß er für uns unsichtbar bleibt.

Die zehn Himmelskörper folgen einer kreisförmigen Umlaufbahn und senden dabei süße Klänge aus, die sogenannte Sphärenharmonie.[56] Leider aber können wir diese wunderbaren Klänge nicht vernehmen, da sie fortgesetzt auf uns einwirken und unser Ohr Geräusche nur wahrnehmen kann, wenn sie sich von der Stille abheben.[57]

Außerhalb der zehn himmlischen Umlaufbahnen befindet sich der unendliche Raum. Archytas wollte einmal die Existenz des Unendlichen beweisen und erklärte: Wenn ich mich an den äußersten Rand des Universums setze, kann ich dann eine Hand ausstrecken oder nicht? Wenn ich es kann, so heißt das, daß es außerhalb dieses Randes noch ein wenig Raum gibt.[58]

---

[1] Anderen Überlieferungen zufolge war der Vater Aithalides' Apollo.
[2] Diogenes Laertios, a.a.O., VIII 4
[3] ebd., VIII 21
[4] Aulus Gellius, *Noctes Atticae* IV 11, 14 (dt. Attische Nächte, Darmst. 1965)
[5] 216 ist eine der magischen Zahlen der pythagoreischen Schule, da sie die Kubikzahl von 6 ist.
[6] Herodot, a.a.O., IV 95
[7] Diogenes Laertios, a.a.O., VIII 2
[8] ebd.
[9] Porphyrios, *Vita Pythagorae*, 7
[10] ebd., 6
[11] Die Magier waren einer der sechs Stämme, die das Volk der Meder in Kleinasien bildeten. Sie waren berühmt für ihre Erfahrungen mit der Magie, die nach ihnen benannt wurde.
[12] Hippolytos von Rom, a.a.O. I 2, 12
[13] B. Russell, *Philosophie des Abendlandes*, Wien, München, Zürich, 1978³, S. 51 ff.
[14] Herodot, a.a.O., III 39–46, 121
[15] Diogenes Laertios, a.a.O., VIII 3
[16] Aulus Gellius, a.a.O., IV 11, 1–2

[17] *tetraktys*, die Zahl Zehn, war für die Pythagoreer die göttlichste Zahl.
[18] Diogenes Laertios, a.a.O., VIII 15
[19] Jakob Burckhardt, a.a.O., Bd. II, S. 369, Kap. »Bruch mit dem Mythos«
[20] Diogenes Laertios, a.a.O., VIII 6
[21] *ebd.*, VIII 11
[22] Aelianus, a.a.O., II 26
[23] A. Plebe, *Storia del pensiero*, Rom 1979, Bd. I, S. 22
[24] L. Robin, *La pensée grecque*, Paris 1963, S. 66
[25] Iamblichos, *Vita Pythagorae*, 142
[26] Aelianus, a.a.O., IV 17
[27] Iamblichos, a.a.O., 60.1, 142
[28] Aelianus, a.a.O., IV 17
[29] *ebd.*, II 26
[30] Iamblichos, a.a.O., 134
[31] Dabei habe ich hier noch nicht von Pythagoras als dem Erfinder der Röntgenstrahlen und der pythagoreischen Orangeade gesprochen, von dem Francesco Grillo in seiner *Vita di Pitagora* berichtet.
[32] Iamblichos, a.a.O., 31
[33] L. Robin, a.a.O., S. 55
[34] Diodoros Siculus, *De antiquorum gestis fabulosis*, XII, 9, 2-10, 1
[35] Iamblichos, a.a.O., 248 f.
[36] Porphyrios, a.a.O., 56
[37] Dikäarchos, fr. 34 Wehrli
[38] Iamblichos, a.a.O., 265
[39] Diogenes Laertios, a.a.O., VIII 8
[40] »In diesem Leben gibt es drei Arten von Menschen, geradeso wie es drei Arten von Leuten gibt, die zu den olympischen Spielen kommen. Die niederste Klasse besteht aus jenen, welche kommen, um zu kaufen und zu verkaufen, und die nächst höhere Klasse sind jene, die kommen, um an den Wettkämpfen teilzunehmen. Die besten von allen aber sind jene, die nur einfach kommen, um zuzusehen. Die größte von allen Reinigungen ist deshalb uneigennützige Wissenschaft, und der Mensch, welcher sich dieser hingibt, der wahre Philosoph, ist es, der sich am gründlichsten vom ›Rade der Geburt‹ gelöst hat.« Diese Apologie des Zuschauers ist wiedergegeben bei B. Russell, a.a.O., S. 54 ff.
[41] Alkmeon, fr. 3 Nestle
[42] Philolaos, fr. 14 Nestle
[43] Diogenes Laertios, a.a.O., VIII 36,
Xenophanes, fr. 3 Nestle
[44] Speusippos, fr. 4 Lang
[45] Aristoteles, *Metaphysik*, XIV 5, 1092 b 8, S. 335
[46] Diogenes Laertios, a.a.O., VIII 25
[47] Alkmeon, fr. 4 Nestle
[48] G. Giannantoni, Hg., a.a.O., Bd. I, S. 479 ff.
[49] Diogenes Laertios, a.a.O., VIII 79
[50] Aristoteles, *Politik*, VIII 6, 1340b 27-30, S. 29
[51] Aulus Gellius, a.a.O., X 12,9
[52] Philolaos, fr. 3 Nestle

⁵³ Dieses magische Quadrat erscheint auf einem berühmten Kupferstich Albrecht Dürers: *Melancholia*. Die mittleren Zahlen der unteren Reihe, 15 und 14, bezeichnen das Entstehungsjahr 1514.
⁵⁴ Apollodor berichtet, daß Pythagoras den Göttern 100 Ochsen opferte, als er sein berühmtes Theorem entdeckt hatte, und dies muß einen bei einem Mann verwundern, der sich weigerte, Fleisch zu essen, um keine Tiere töten zu müssen. Vgl. Diogenes Laertios, *a.a.O.*, VIII 12
⁵⁵ Aristoteles, *De caelo*, II 13, 293a 18
⁵⁶ Simplicius, *a.a.O.*, 732, 26
⁵⁷ Aristoteles, *De caelo*, II 9, 290b 12
⁵⁸ Simplicius, *a.a.O.*, 467, 26

VIII

Heraklit der Dunkle

Heraklit wurde in Ephesos an der ionischen Küste, wenige Kilometer nördlich des Strandes von Kusadasi, geboren, wo heute ein Feriendorf des Club Méditerranée liegt. Das ausgelassene Clubleben, die mächtig aktiven Betreuer, die wie Pfeile übers Wasser schießenden Windsurfer, die Strandfeuer sind vielleicht der Philosophie des Werdens angemessen. Etwas weniger heraklitisch mag die von den Gästen verlangte Bereitschaft zur Geselligkeit sein; Heraklit war ein Aristokrat reinsten Wassers, und als solcher hatte er nicht die geringste Lust, mit seinen Mitmenschen zu reden.

Das Geburtsdatum des Philosophen ist höchst ungewiß: manche lassen ihn im Jahre 540 v. Chr. das Licht der Welt erblicken, andere gar erst im darauffolgenden Jahrhundert. Diese Ungenauigkeit erklärt sich durch das laue Interesse der antiken Geschichtsschreiber am Geburtsdatum eines berühmten Mannes; sie beziehen sich lieber auf das Jahr seiner höchsten Reife, die sogenannte *akme*, und beschreiben diesen Zustand mit dem so suggestiven Verb ›blühen‹. So erfahren wir über Heraklit, daß er während der 69. Olympiade ›blühte‹, also ungefähr um das Jahr 500 v. Chr.[1]

Der Vater, Bloson oder Blison, war ein direkter Nachfahre des Gründers der Kolonie, Androklos, der seinerseits ein Sohn des athenischen Tyrannen Kodros war.[2] Dank dieser vornehmen Herkunft trug seine Familie von alters her den schmückenden Titel *basileus*, der sie zum Amt des höchsten Opferpriesters der *poleis* berechtigte. Heraklit war der

Erstgeborene und demnach dazu bestimmt, ein Würdenträger seines Landes zu werden; als aber die Reihe an ihn kam, verzichtete er auf das Privileg zugunsten seines Bruders.[3] Ich erzähle diese Dinge deshalb so ausführlich, weil ich überzeugt bin, daß der verschlossene, mürrische Charakter Heraklits ein Schlüssel zum Verständnis seines Denkens ist. Heraklit war eben ein Aristokrat und Intellektueller, mit anderen Worten, ein Snob hoch zwei: für seine Mitmenschen, insbesondere für die unwissenden und abergläubischen, hatte er nur Verachtung übrig. Man lese dazu diese Urteile, die ihm zugeschrieben werden:

- »Die meisten Menschen (sind) schlecht und nur wenige taugen etwas.«[4]
- »Die meisten denken nur daran, sich wie die Herdentiere satt zu essen.«[5]
- »Die andern Menschen aber sind sich so wenig bewußt, was sie wach tun, als sie ein Bewußtsein davon haben, was sie im Schlafe tun.«[6]

Er rühmte sich, nie Lehrer gehabt zu haben. Wenn er das Bedürfnis hatte, sich mit jemandem zu beraten, sagte er gewöhnlich: »Wartet einen Augenblick, ich will gehen und mich selbst befragen.«[7] Der einzige unter seinen Vorgängern, den er schätzte, war der alte Bias, den wir im ersten Kapitel behandelt haben: das war der, der die meisten Menschen für schlecht hielt. Für die übrigen hatte er nur Worte der Verachtung: »Vielwisserei verleiht nicht Verstand; sonst hätte sie dem Hesiod und Pythagoras solchen verliehen und ebenso dem Xenophanes und Hekateios.«[8]

Nach dem großen Verzicht zugunsten seines Bruders ließ er sich mit ein paar kleinen Jungen im Artemisheiligtum zum Würfelspiel nieder. Auf Vorhaltungen seiner Mitbürger sagte er nur: »Nichtswürdige, was wundert ihr euch? Ist's nicht besser, dies zu tun, als mit euch das Ruder des Staats zu führen?«[9] Bei all dieser Überheblichkeit aber war er frei von Machtgelüsten. Eines Tages lud ihn der König der Perser,

Darius, der bestrebt war, Intellektuelle um sich zu scharen, mit einem langen Brief an seinen Hof ein, wo er ihn offenbar mit lauterem Gold überhäufen wollte. Auch diesmal lehnte der Philosoph den ›sicheren Posten‹ ab und antwortete: »Ich fliehe die Sättigung alles angebornen Neides..., da ich mit wenigem, was mir gefällig ist, zufrieden bin.«[10] Dies entsprach ganz seinem Wesen. Von anderem Schlage waren dagegen seine Mitbürger. In Ephesos galt die Moral, sich seines Lebens zu freuen und möglichst wenig an die Zukunft zu denken. Die Geschichtsschreiber berichten, daß die Stadt einmal eine lange Belagerung durch die Perser ertragen mußte, wovon sich aber die Epheser, als hätten sie unerschöpfliche Vorräte gehabt, in ihrem Wohlleben nicht stören ließen. Als dann die Belagerung immer länger dauerte und die Lebensmittel immer knapper geworden waren, »kam ein Mann mit Namen Heraklit in die Volksversammlung, nahm wortlos zerstoßene Gerste, mischte sie mit Wasser und aß sie mitten unter ihnen sitzend.«[11] Die Bürger verstanden den stummen Tadel und ergriffen Sparmaßnahmen, durch die sich die Perser schließlich entmutigen ließen. Sollte man da nicht auch heutige Wirtschaftskrisen mit einer solch einfachen Geste lösen können? Ein allseits ob seiner Klugheit geschätzter Mann könnte doch einmal vor den Fernsehkameras ein, zwei Hackklöße essen, wer weiß, ob sich die Zuschauer von so viel Bescheidenheit nicht doch beeindrucken ließen und künftig nicht mehr immer nur Lendensteaks verlangten!

Da Heraklit ein ›Volksverächter‹[12] war, stand er politisch immer auf der Seite des Tyrannen. Gewöhnlich sagte er: »Gesetz kann es auch sein, dem Willen eines Mannes zu gehorchen.«[13] Zu seiner Entschuldigung müssen wir allerdings anmerken, daß damals in Ephesos ein gewisser Hermodor herrschte, ein Mann von außergewöhnlichen Tugenden und alter Familienfreund unseres Philosophen. Wir können uns also leicht vorstellen, wie erbittert er wütete, als die Bürger beschlossen, Hermodor mit folgender Begründung zu verjagen: »Unter uns soll keiner der Beste sein, und wenn einer das ist, der sei an einem andern Orte und bei andern Leuten.«[14] Heraklit verfluchte die Epheser und forderte sie auf, sich Mann für Mann zu erhängen und die Herrschaft den Kindern zu überlassen. Dann verließ er die Stadt und zog sich als Eremit zurück.

Seine letzte Lebensphase war die schwerste: ganz in den Urzustand zurückversetzt, ernährte er sich nur von Kräutern und Wildpflanzen. Er verfaßte eine Schrift mit dem Titel *Von der Natur*, die er im Artemisheiligtum niederlegte, damit niemand damit Mißbrauch treiben konnte.[15] Aber was darin stand, kapierte nach einmütiger Überlieferung keiner, so daß das Werk als ›dunkel‹ und er selbst als *ho skoteinos*, der ›Dunkle‹, in die Geschichte einging.

Sokrates, einer der ersten, der einen Blick hineinwarf, redete sich so heraus: »Was ich verstanden habe, ist edel gedacht, und ich glaube, auch das, was ich nicht verstand. Man müßte dazu ein delischer Taucher sein.«[16] Mit anderen Worten, nur ein an das Dunkel der Meerestiefe gewohnter Taucher hätte etwas davon verstehen können. Und Aristoteles beklagte sich über die schlechte Zeichensetzung und die abgehackten Sätze.

In Wahrheit war der alte und, sagen wir es ruhig, an Arteriosklerose leidende Philosoph der erste, der gar nicht verstanden werden wollte; er schrieb im Stil eines Orakels, und wie er selber sagte: »das Orakel von Delphi... spricht nichts aus und verbirgt nichts, sondern macht Andeutungen.«[17] Andererseits lag ihm wirklich nicht das Geringste daran, mit den Massen zu kommunizieren, denn, wie er sagte: »Sie fassen es nicht, auch wenn sie davon gehört haben, und so sind sie wie Taube. Von ihnen gilt der Spruch: ›Sie sind da und sind doch nicht da.‹«[18]

Im Alter von 60 Jahren erkrankte er an Wassersucht: sein Körper wurde immer stärker aufgeschwemmt, so daß er gezwungen war, in die Stadt zurückzukehren und sich behandeln zu lassen. Sagen wir gleich, daß der alte Heraklit nie besondere Sympathien für die Ärzte gehabt hatte. In einem seiner Fragmente wundert er sich, daß »die Ärzte, die überall schneiden und brennen«, auch noch Lohn beanspruchen.[19] Außerdem war er es nach so langen Jahren der Einsamkeit nicht mehr gewohnt, mit anderen Menschen zu sprechen. So redete er nun auch in Gegenwart der Ärzte in Rätseln. Er fragte, ob einer von ihnen in der Lage wäre, eine Überschwemmung in Trockenheit zu verwandeln. Keiner verstand ihn, und er verwünschte sie alle.

Diese Erkrankung an Wassersucht möchte man fast als eine weitere Rache des Schicksals an einem griechischen Philosophen deuten. Wie Pythagoras, der Bohnen haßte, ausgerechnet in einem Bohnenfeld ermordet worden war, wurde nun Heraklit vom Wasser verfolgt. Denn der Philosoph hatte in seinem Werk *Von der Natur* das Wasser als den übelsten Teil des menschlichen Wesens verdammt. Die Seele, sagte er, ist aus Anteilen von Wasser und Feuer gebildet, die bei jedem einzelnen verschieden groß sind. Vom Feuer wird sie zu immer edleren Zielen emporgetragen, während das Wasser sie in immer schändlichere Tiefen der Leidenschaften hinabzieht. »Einen trunkenen Mann kann ein kleines Kind leiten und irreführen; denn er merkt nicht, wohin er geht, weil seine Seele feucht ist.«[20]

Einsam und krank, versuchte Heraklit, sich auf seine Weise zu kurieren: »Er vergrub sich in einem Kuhstall und glaubte, durch die Hitze des Mistes austrocknen zu können.«[21] Neanth von Kyzikos zufolge aber ließ er sich von ein paar Sklaven mit Mist einreiben, und »da er den Kuhmist nicht wieder von sich habe abwerfen können, sei er liegengeblieben und durch diese Veränderung so unkenntlich geworden, daß ihn die Hunde gefressen hätten.«[22]

Er war ein Pessimist. In einem der dramatischsten Fragmente heißt es: »Sie werden geboren, um zu leben und dem Tode zu verfallen oder vielmehr zur Ruhe einzugehen, und sie hinterlassen Kinder, daß sie auch dem Tode verfallen.«[23] Hinter diesen Worten scheint zum erstenmal im abendländischen Denken durch, was Freud später auf den Begriff Todestrieb gebracht hat.

Der ›schwarzgallige‹ Heraklit, wie ihn Theophrast nannte,[24] gehört zweifellos in die Kategorie der rationalistischen Philosophen. Seine Verachtung für die Massen kommt erst an zweiter Stelle, nach jener, die er für Zeus und die ganze Gesellschaft im Olymp übrig hatte. »Diese Welt«, sagte er, »hat weder ein Gott noch ein Mensch erschaffen.«[25] Er kritisierte offen jene, die beteten (»zu diesen Götterbildern beten sie, wie wenn jemand mit Häusern schwatzte, ohne eine Ahnung vom Wesen der Götter und Heroen zu haben«[26]), und jene, die in den Tempeln Tiere opferten, um sich von ihren Sünden zu reinigen (»sie reinigen sich vergeblich, indem sie sich mit Blut beflecken, wie wenn jemand, der in den Schmutz getreten ist, sich mit Schmutz abwaschen wollte«[27]). Zu seinem Glück predigte er diese Dinge in Ephesos und nicht in Athen, wo man ihm mit tödlicher Sicherheit einen Prozeß wegen Gottlosigkeit gemacht hätte. Auch über die Schöpfung lesen wir bei Heraklit solch freundliche Gedanken wie: »Die schönste Welt ist wie ein planlos aufgeschütteter Kehrichthaufen.«[28] »Die Zeit ist ein spielendes, Brettsteine setzendes Kind; ein Kind ist König.«[29] Nur 60 Jahre später mußte Sokrates für weit harmlosere Worte den Schierlingsbecher leeren.

In der Deutung des heraklitischen Denkens herrscht Uneinigkeit. Für die einen ist er der ›Philosoph des Feuers‹, wobei dieses als der Urstoff verstanden wird, Anfang und Ende aller Dinge. Für andere hingegen ist er der ›Philosoph des Werdens‹ oder des Kampfes zwischen den Gegensätzen. Der entscheidende Unterschied zwischen diesen beiden Interpretationen ist der, daß bei der ersten am Schluß ein Sieger vorgesehen ist, nämlich das Feuer, während es bei der zweiten auf ein Unentschieden hinausläuft, da es für keine der beiden beteiligten Parteien von Vorteil ist, Oberhand über die andere zu bekommen. Um hier einmal Stellung zu beziehen, erkläre ich sofort, daß ich ein Anhänger der These des ›Werdens‹ bin.

Die Wirklichkeit ist nach Meinung Heraklits ein ständiges Fließen und Sichverändern der Dinge. Jedes Objekt, ob belebt oder unbelebt, befindet sich in einem fortwährenden Verwandlungsprozeß. Auch jene stofflichen Dinge, die auf den ersten Blick bewegungslos erscheinen, verwandeln sich, wenn man sie genauer untersucht, eben doch: eine eiserne Glocke rostet, und ein Fels unterliegt der Korrosion, ebenso wächst ein Baum und altert ein Körper. *Panta rhei*, alles ist in Bewegung, »man kann nicht zweimal in den gleichen Fluß steigen«.[30] Symbol dieses ewigen Wechsels ist das Feuer, das Heraklit zum Urstoff erhebt. »Das Feuer verwandelt sich in das All und das All in Feuer, wie das Gold in Münze und die Münze in Gold.«[31]

Wenn Ephesos auch kaum mehr als 40 Kilometer von Milet entfernt liegt und die Vorliebe für das Feuer überdeutlich an die kosmologischen Theorien von Thales, Anaximander und Anaximenes erinnert, wäre es ein Fehler, Heraklit unter die Philosophen der milesischen Schule einreihen zu wollen. Unser mürrischer Philosoph hatte nämlich – außer, was seinen Charakter betrifft – im Vergleich zu seinen Vorgängern einen gewaltigen qualitativen Sprung gemacht.

Das wirklich Neue an Heraklits Vorstellung ist, daß er die Welt als ein gewaltiges Kampffeld sah, auf dem sich mehr oder weniger gleich starke Kräfte begegnen. Der Kampf ist also nicht die Ausnahme, sondern die Gesetzmäßigkeit des Lebens, ja er ist das Leben selbst, und die Menschen müssen ihn als eine Form der natürlichen Gerechtigkeit annehmen. »Das Entgegengesetzte paßt zusammen, aus dem Verschiedenen ergibt sich die schönste Harmonie, und alles entsteht auf dem Wege des Streites.«[32] »Der Krieg ist der Vater aller Dinge.«[33]

Der Philosoph haßte Homer tödlich, weil der Dichter in einem Vers der *Ilias* ausgerufen hatte: »Möchte doch schwinden der Streit aus der Welt der Götter und Menschen!«[34] Was wäre die Welt, fragt sich Heraklit, wenn es den Kampf nicht gäbe? Ein grauenhafter verlassener Ort des Todes. »Krankheit macht die Gesundheit angenehm, Schlimmes das Gute, Hunger die Sättigung, Anstrengung die Ruhe.«[35] Im merkwürdigsten, vielleicht aber auch bezeichnendsten Fragment Heraklits heißt es: »Des Bogens Name ist Leben, seine Wirkung Tod.«[36] Erklärung: Im Griechischen heißt das Wort *bios* sowohl Bogen als auch Leben, und das ist auch kein Zufall, denn der gespannte Bogen symbolisiert trotz der scheinbaren Unbeweglichkeit das Leben, das heißt den Kampf zwischen dem sich biegenden Holz und der dieses Holz spannenden Sehne, die Funktion aber, zu der der Bogen bestimmt ist, heißt Tod. Wehe, wenn eines dieser miteinander kämpfenden Elemente siegt: dieser Sieg würde gleichzeitig den Selbstmord des Siegers bedeuten. Wenn Heraklit heute lebte, würde er den Politikern dringend raten, niemals das politische Gewicht ihrer Gegner zu schwächen, denn das Ende der einen Partei würde gleichzeitig auch das Verschwinden der anderen bedeuten.

Für Heraklit verbirgt sich hinter dem scheinbar so chaotischen kosmischen Kampf eine Rationalität, die er am liebsten mit einem einzigen Wort definiert: *logos*. Bei diesem Begriff kommen wir jetzt allerdings in die Bredouille, denn er läßt sich auf die verschiedenste Weise deuten. Für die einen bedeutet *logos* einfach nur Sprache, für andere hingegen: Wahrheit, Vernunft, Gedanke, Wirklichkeit, sogar Gott. Meiner Überzeugung nach verstand Heraklit *logos* als ein einfaches Naturgesetz, das den Kampf zwischen den Elementen regelt, wobei dieses Wort für ihn aber überhaupt keine metaphysische Bedeutung hatte. Für die Stoiker hingegen und insbesondere für all jene, die der Philosophie Heraklits eine religiöse Färbung zu geben versuchten, bedeutet *logos* ewige Weltvernunft, Wille des Schöpfers. Leider konnte sich die stoische und danach die christliche Philosophie nicht enthalten, sich als Belohnung für die zahllosen Leiden, die uns im irdischen Leben beschert werden, ein ›glückliches Ende‹ auszumalen, und das hat sie nicht wenig geprägt. Mich überzeugt die naturalistische These deshalb, weil keiner der vorsokratischen Philosophen sich je etwas nicht Materielles hat vorstellen können. Anaximander zum Beispiel meinte mit seinem *apeiron* keine immaterielle Entität, womöglich gar die Seele, sondern eine unendliche Materie von feinerer Struktur als die Luft, und sogar Pythagoras verstand die Zahlen als kleine Objekte mit einer bestimmten Dicke.

Heraklit hat durch seine ›dunkle Art‹ selber nicht wenig dazu beigetragen, daß eine solche Vielfalt von Deutungen möglich war: da seine Fragmente so schwer entzifferbar sind, konnte nahezu jeder Heraklit als Garanten für seine eignen Theorien benutzen. Er war sozusagen Wasser auf jedermanns Mühle. Ich rate deshalb jedem dazu, immer erst einmal Heraklit zu nennen, wenn er das Denken eines Philosophen beschreibt: ob von Hobbes, Spencer, Hegel, Bergson, Heidegger oder Nietzsche die Rede ist –, der ›Dunkle‹ paßt immer, denn er hat immer alles gesagt und gleichzeitig auch das Gegenteil von allem; man macht einen guten Eindruck, und man riskiert nicht viel.

Auch Heraklit hatte seine Fans, und wie so oft, waren auch sie noch sturer als der Meister; wenn Heraklit also zum Beispiel gesagt hatte, daß man nicht zweimal im gleichen Fluß baden könne, behauptete sein Lieblingsschüler Kratylos, daß dieses auch ein einziges Mal nicht möglich sei. Und nachdem Kommunikation mit den Mitmenschen doch zu nichts führte, hüllte er sich gleich in vollkommenes Schweigen. Fragte man ihn etwas, rührte er nur ein wenig den kleinen Finger.

ÜBUNG: Meditieren Sie über folgendes Fragment: »Die Sonne ist so breit wie der Fuß eines Menschen.«[37]

[1] Diogenes Laertios, a.a.O., IX 1
[2] Strabon, *Geographika*, XIV 632–33
[3] Diogenes Laertios, a.a.O., IX 6
[4] Heraklit, fr. 26 Nestle
[5] *ebd.*, fr. 113
[6] *ebd.*, fr. 1
[7] Diogenes Laertios, a.a.O., IX 5
[8] Heraklit, fr. 19 Nestle
[9] Diogenes Laertios, a.a.O., IX 3
[10] *ebd.*, IX 14
[11] Plutarch, *Über die Geschwätzigkeit*, 17, 511B (Moralische Schriften, Stgt. 1835 10. Bd.)
[12] Diogenes Laertios, a.a.O., IX 6
[13] Heraklit, fr. 120 Nestle
[14] Diogenes Laertios, a.a.O., IX 2
[15] *ebd.*, IX 6
[16] *ebd.*, II 22
[17] Heraklit, fr. 36 Nestle
[18] *ebd.*, fr. 2
[19] *ebd.*, fr. 69
[20] *ebd.*, fr. 99
[21] Diogenes Laertios, a.a.O., IX 3
[22] *ebd.*, IX 4
[23] Heraklit, fr. 100 Nestle
[24] Diogenes Laertios, a.a.O., IX 6
[25] Heraklit, fr. 50 Nestle
[26] *ebd.*, fr. 30
[27] *ebd.*, fr. 30
[28] *ebd.*, fr. 87
[29] *ebd.*, fr. 80
[30] *ebd.*, fr. 58 a
[31] *ebd.*, fr. 54
[32] *ebd.*, fr. 63
[33] *ebd.*, fr. 60
[34] *ebd.*, fr. 63 a
[35] *ebd.*, fr. 67
[36] *ebd.*, fr. 75
[37] *ebd.*, fr. 83

IX

Tonino Capone

Einer der scheußlichsten Gemeinplätze unserer Umgangssprache lautet, man solle das Leben ›philosophisch‹ nehmen. Klar, daß einer, der eine Stunde lang in einem defekten Aufzug steckt, eine philosophische Haltung braucht, um die Zeit des Wartens auszufüllen, aber es widerstrebt mir, Philosophie einfach mit Resignation gleichzusetzen. Wer eine philosophische Einstellung hat, verfügt vor allem über Wertmaßstäbe, die er seinen Entscheidungen zugrunde legt.

Nehmen wir den Fall des Tonino Capone. Wir sind in Neapel, Juli, Mittagszeit, die Temperatur hat Höchstwerte erreicht, mein Fiat steht in der Sonne. Ich setze mich in das glühendheiße Auto, lasse an und merke, daß die Batterie leer ist; ich fluche laut und gehe zur nächsten Werkstatt. Dort ist der Rolladen herabgelassen, daran hängt ein Schild mit der Aufschrift: TONINO HAT GENUG VERDIENT, ER IST ANS MEER.

Zu einem solchen Entschluß konnte Tonino natürlich nicht ohne eine Lebensphilosophie kommen. Aber wie sieht die aus?

Ich lernte Antonio Capone im Jahre 1948 in einem Internat der Salesianer kennen. Er war dort Schüler, während ich nur zum Ballspielen hinging. Damals war Tonino zweifellos ein Junge der Tat und nicht des Gedankens, nichts deutete darauf hin, daß er eines Tages ein Philosoph werden sollte.

Nachdem er die kirchliche Laufbahn schon aufgegeben hatte, bevor sie so recht begann, interessierte er sich nur noch für Fußball und Motoren. Autos, Motorräder, Motorboote, Mopeds, alles, was mit Motoren zu tun hatte, faszinierte ihn. Er ging von der

Universität ab und präparierte nun Rennwagen, er war ständig ölverschmiert und stank nach Rizinus. Er heiratete ganz jung und fand Arbeit als Testfahrer bei Fiat Neapel, aber Ehe wie Arbeit hielten nicht lange: mit 24 war er wieder Junggeselle und arbeitslos. 1955 nahm er beim Großen Preis von Posillipo mit einem Prototyp eigner Bauart teil. Ascari gewann das Rennen, und Tonino geriet schon in der ersten Kurve, der von Tretaremi, von der Piste; wären da nicht ein Dutzend Strohballen und eine Magnolie gewesen, hätte man ihn 200 Meter tief ins Meer fliegen sehen können. Unter den Zuschauern gab es zum Glück keine Verletzten, aber er hatte sich beide Beine gebrochen. Als er nun so in Gips lag und zur Ruhe gezwungen war, besann er sich auf seine bei den Salesianern erworbenen Latein- und Griechischkenntnisse; er las die Klassiker und begann, sich für Philosophie zu interessieren. Heute ist Tonino wohl der einzige italienische Intellektuelle, der fähig ist, die Unterbrecherkontakte eines Zündverteilers genau einzustellen.

»Der Alltag«, sagt Tonino, »ist wie ein Monopoli: am Anfang bekommt jeder Spieler von der Bank 24 Freiheitsjetons, einen Jeton pro Tagesstunde. Man muß sie eben dann nur gut ausspielen.«

Wir sitzen in einer Pizzeria am Vomero, ein Uhr nachts, kein Gast mehr da, das Lokal schließt gleich. Der Besitzer, genannt der ›Maresciallo‹, rechnet hinter der Kasse ab. Zwei Kellner räumen die Tische ab und werfen die schmutzigen Tischtücher für die Wäscherei auf Haufen. An einem Ecktisch sitze ich mit Tonino und Carmine, dem alten Kellner, der in der Pizzeria bedient, vor einem Kaffee.

»Zwei Dinge brauchen wir zum Leben«, fährt Tonino fort, »ein bißchen Geld, um unabhängig zu sein und ein bißchen Liebe, um über die einsamen Augenblicke hinwegzukommen. Aber diese zwei Dinge schenkt uns keiner, man muß sie teuer mit Freiheit bezahlen. Der Mensch möchte immer am liebsten eine feste Anstellung mit regelmäßigem Einkommen am 27. des Monats.

Nicht, daß er sich dafür krummlegen müßte, ganz im Gegenteil, aber in Freiheitseinheiten gemessen, ist das Angestelltendasein mit am teuersten: für acht Arbeitsstunden gehen acht Jetons weg, Überstunden und eventuelle Schwarzarbeit nicht gerechnet. Und wie ist es mit der Liebe? Auch da möchte der Mensch am liebsten eine ruhige Dauerlösung, er sucht sich also eine Frau und hofft, von ihr als Gegenleistung die Liebe zu erhalten, die er braucht. Aber auch diese Lösung kommt ihn teuer zu stehen: wenigstens sechs weitere Stunden Freiheit gehen dafür drauf. Die Ehefrau wartet auf den Ehemann, der gerade erst seine Bürozeit hinter sich gebracht hat, und will ihn mit Beschlag belegen. Und nun rechnen wir einmal nach: acht Stunden für die Arbeit, sechs für die Ehefrau, bleiben noch zehn, und man muß ja auch schlafen, sich waschen, essen und zwischen Wohnung und Arbeitsplatz hin- und herfahren.«

»Donn'Antonio«, wirft Carmine ein, der nicht zum engsten Freundeskreis Toninos gehört und ihn daher mit Sie und Donn'Antonio anredet, »was ich nicht verstanden habe, ist die Sache mit den Jetons. Sie sagen, daß einer, um Geld zu verdienen, anderes Geld hinlegen muß...«

»Gewiß«, unterbricht ihn Tonino, »aber imaginäres Geld, Banknoten, die Stunden der Freizeit entsprechen. Wenn du alle Tagesstunden für deine Arbeit und deine Frau opferst, hast du nicht einmal mehr eine Minute für dich selber.«

»Stimmt«, räumt Carmine nicht besonders überzeugt ein. »Aber sehen Sie mal; wenn ich arbeite, langweile ich mich nie; wenn ich mit meiner Frau zusammen bin, langweile ich mich, naja, etwas; aber wenn ich ganz allein bin, langweile ich mich schrecklich, und da frage ich Sie, ist es nicht besser, daß ich meine Arbeit habe?«

»Nur deshalb, weil kein Mensch dir beigebracht hat, wie du allein leben kannst. Weißt du, was einmal ein deutscher Philosoph, Nietzsche hieß er, gesagt hat? Er sagte: ›O Einsamkeit, o mein Vaterland!‹«

»Kann sein, daß das in Deutschland so ist«, entgegnet Carmine, »aber für uns Neapolitaner war Einsamkeit immer etwas Schlimmes.«

»Einsamkeit als solche ist weder schlimm noch schön«, erklärt Tonino. »Einsamkeit vergrößert nur alles wie eine Lupe: geht es dir schlecht, und du bist allein, geht es dir doppelt schlecht, geht es dir aber gut, fühlst du dich allein doppelt gut.«

»Blöd ist nur, daß es einem öfter schlecht geht als gut«, murmelt Carmine.

»Aber ich wollte auch gar nicht über die Einsamkeit reden, sondern über die Freizeit. Und eines sage ich gleich: jeder Mensch ist frei, seine eigne Freizeit so zu verbringen, wie es ihm paßt. Der eine möchte allein zu Hause sitzen und lesen oder nachdenken, der andere geht lieber mit seinen Freunden gut essen, und für manche ist es sogar ein Vergnügen, mit dem Auto im Verkehr herumzufahren. Wichtig ist nur, daß jeder seinen Winkel hat und sich mit einer Sache beschäftigen kann, die nichts mit Geldverdienen und Ausgeben zu tun hat. In unserer Konsumwelt heute sind doch die Ansprüche so hochgeschraubt, daß wir uns viel mehr abrackern müssen, als es in Wirklichkeit nötig wäre. Warum verzichten wir nicht einfach auf Überflüssiges und befreien uns damit ein für allemal von der Qual zu vieler Arbeit?«

»Donn'Antonio«, ruft Carmine aus, »wovon reden Sie eigentlich? Was für überflüssige Ausgaben meinen Sie denn? Sie sind alleinstehend, aber ich habe eine Frau und drei Kinder; Sie nehmen für ein neues Rücklicht 20 000 Lire, aber ich muß für meine 600 000 Lire einen ganzen Monat arbeiten und auch noch auf die Trinkgelder der Gäste hoffen!«

»Hast du ein Auto?« fragt Tonino unvermittelt.

»Was heißt, ein Auto? Ich habe einen ganz ramponierten 127er«, antwortet Carmine und senkt wie schuldbewußt die Stimme.

»Und du meinst, ein Auto wäre keine überflüssige Ausgabe? Dein Vater hatte kein Auto und war auch nicht unglücklicher als du. Gib's doch zu: du hast es gekauft, weil du gesehen hast, daß die anderen auch eines haben, und nicht, weil du es wirklich brauchst!«

»Wie soll man denn in Neapel ohne Auto leben! Öffentliche Verkehrsmittel gibt's ja praktisch nicht.«

»Was glaubst du, wer ein reicher Mann ist?«

»Einer, der viel Geld verdient.«

»Wieviel Geld?«

»Woher soll ich das wissen... vielleicht drei Millionen Lire im Monat.«

»Reichtum, mein lieber Carmine, ist nicht irgendeine bestimmte Summe, und wenn man mehr verdient, ist man reich, beziehungsweise arm, wenn man weniger hat, Reichtum ist etwas sehr Relatives: reich ist, wer mehr verdient, als er ausgibt, und arm ist umgekehrt der, dessen Ansprüche höher sind als sein Verdienst.«

»Das kapiere ich nicht«, mischt sich jetzt der ›Maresciallo‹ ein, der mit den Abrechnungen fertig ist und sich zu uns an den Tisch gesetzt hat.

»Ich meine, Reichtum ist nur ein seelischer Zustand; einer kann sich auch dann reich fühlen, wenn er nicht viel Geld hat, entscheidend ist, daß er weniger ausgibt, als er verdient und daß er keine Bedürfnisse hat.«

»Da liegt doch der Hase im Pfeffer, Donn'Antonio, die Bedürfnisse!« platzt Carmine heraus. »Ich zum Beispiel wünsche mir brennend einen Farbfernseher, aber der kostet fast eine Million. Das ist doch eine Summe! Wie soll ich je eine Million zusammenkriegen? Letzten Sonntag habe ich getippt, und was passiert; zehn Minuten vor Spielende schießt die Fiorentina das 3:1, und ich mit meinem Unentschieden!!! Warum sagt man mir dann nicht lieber gleich klipp und klar: ›Mein lieber Carmine, einen Farbfernseher kannst du dir nicht leisten‹, dann hat die arme Seele Ruh.«

»Sicher«, sagt Tonino, »einen Farbfernseher braucht man heute einfach.«

»Nein, man kann auch sehr gut ohne auskommen, nur habe ich für meine Person eben großes Pech gehabt«, erwidert Carmine. »Sie müssen wissen, daß genau gegenüber von meinem Haus ein

Benedetto-Croce-Kulturzirkel ist, wo es einen Farbfernseher mit 23 Kanälen gibt. Und da nun meine Frau, sagen wir, für die Ordnung dieser Räume verantwortlich war, konnte ich dort jeden Sonntag nachmittag hin und die Pippo-Baudo-Show und Fußball sehen. Dann hatte der Kulturzirkel aber plötzlich kein Geld mehr und konnte nicht nur die Miete nicht bezahlen, sondern mußte sogar die gemieteten Billardspiele verkaufen. Das war das Ende; die Flipperfabrik hat geklagt, und vorgestern kam der Gerichtsvollzieher und hat alles versiegelt. Aber ich habe mich so an den Farbfernseher gewöhnt, daß ich mit Schwarzweiß nichts mehr anfangen kann, deshalb muß ich mir jetzt einfach einen kaufen.«

»Also an deiner Stelle würde ich eben auch gegen Benedetto Croce klagen«, schlägt der ›Maresciallo‹ vor und versucht, ernst zu bleiben. »Die haben es mit dir doch auch nicht anders gemacht als Rauschgifthändler; zuerst geben sie dir die Droge gratis, und jetzt lassen sie dich zahlen.«

»Maresciallo, Sie machen sich lustig, dabei hat Carminiello doch ganz recht«, erwidert Tonino. »Na ja, weil ihm doch der Kulturzirkel mit seiner verantwortungslosen Erlaubnis zu einem Lebensstandard verholfen hat, der zu Lasten seines relativen Reichtums geht. Es wäre zum Beispiel auch nicht anders, wenn Sie jetzt in den nächsten Tagen Carmine entlassen würden...«

»Was gar nicht undenkbar ist«, wirft der ›Maresciallo‹ ein, »er schwatzt ja mehr mit den Gästen herum, als daß er sie mit Pizzas bedient.«

»... und nehmen wir an, der arme Carmine kommt dann zu mir und will Arbeit...«, fährt Tonino fort, als habe er den Einwurf nicht gehört.

»Donn'Antonio, damit Sie's wissen«, warnt Carmine, »von Elektrizität und von Autos verstehe ich nichts.«

»... da könnte es sein, daß ich in Anbetracht unserer alten Freundschaft folgendes zu ihm sagte: ›Lieber Carmine, da ich einen persönlichen Sekretär brauche, stelle ich dich an und zahle dir ein Monatsgehalt von anderthalb Millionen...‹«

»Heilige Jungfrau!« seufzt Carmine.

»... aber nur im ersten Jahr, ab dem zweiten Jahr sehe ich mich aus persönlichen Gründen gezwungen, das Gehalt auf eine Million monatlich zu kürzen.«

»Was?« protestiert Carmine. »Im ersten Jahr anderthalb Millionen und im zweiten nur eine Million! Was soll denn das bedeuten, anstatt aufwärts geht's abwärts? Das hätte ich nicht von Ihnen gedacht. Ein guter Angestellter hat nach einem Jahr ein Anrecht auf eine angemessene Erhöhung.«

»Gut, aber ich bin verrückt, ich zahle mehr am Anfang und weniger im darauffolgenden Jahr«, fährt Tonino fort. »Damit hätte ich dich aber bereits ruiniert, mein lieber Carmine; na klar, weil du dich im ersten Jahr daran gewöhnt hättest, mit einem Gehalt von anderthalb Millionen zu leben und dich dann dein ganzes Leben lang unterbezahlt fühlen würdest. Wenn du aber gescheit bist, was machst du dann? Dann nimmst du im ersten Jahr die halbe Million mehr und schenkst sie dem armen Kerl, der da immer im Kirchenwinkel steht. Auf diese Weise passiert dir nach einem Jahr gar nichts, denn du mußt dich ja nicht umstellen. Beschissen ist nur der arme Kerl im Kirchenwinkel dran. Der sagt: ›Was ist bloß mit diesem freundlichen Herrn passiert, der mir jeden Monat eine halbe Million gebracht hat?‹«

»Richtig«, räumt Carmine ein, »der Ärmste hätte über seine Verhältnisse gelebt. Wer weiß, vielleicht hätte er sich sogar eine Geliebte angeschafft!«

»Woran man sieht, daß die Parabel vom armen Beschenkten das Geheimnis des Wohlstandes verständlich macht«, schließt Tonino triumphierend. »Reichtum ist nur ein seelischer Zustand, man braucht nur keine Bedürfnisse zu haben, und schon fühlt man sich überreich. Willst du Glück? Kein Problem, du brauchst dich nur daran zu erinnern, daß es von deiner persönlichen Freiheit abhängt. Ich selber habe meinen Lebensstandard bereits auf ein Minimum beschränkt. Auf diese Weise brauche ich nur den halben Tag zu arbeiten und kann die übrige Zeit den Freunden widmen und die Welt kennenlernen.«

Tonino Capone hat nie ein Buch verfaßt. Die einzigen Fragmente, die von ihm überliefert sind, hat er in sein Notizbuch geschrieben. So kann man etwa zwischen den Einträgen ›Dienstag 18.30 Diebstahlsicherung Rechtsanwalt Pittalà‹ und ›Tudor-Batterien bestellen‹ den Satz lesen: ›Viele studieren, wie man das Leben verlängern kann, dabei müßte man es doch vertiefen!‹

X
Elea

Liebe Leser, anstatt mit euren Autos zur Verkehrsverstopfung auf der Insel Ischia beizutragen, solltet ihr eines Tages einmal ein wenig südlicher fahren und die ganz unbekannte italienische Küste zwischen Punta Licosa und Capo Palinuro erkunden. So würdet ihr in ein Fischerdorf namens Marina di Ascea gelangen, wo nicht nur das Meer noch rein ist wie zu Großvaters Zeiten, sondern sich in majestätischer Ruhe die Mauern der antiken Stadt Elea erheben.

Als die phokäischen Siedler diesen Ort im längst vergangenen Jahr 540 v. Chr. erblickten, erschien er ihnen gewiß als der beste, den sie sich je von den Göttern hätten erbitten können; der Fluß Alento war breit und tief genug, um ihren Schiffen sicheren Ankerplatz zu bieten, zwei kleine Inseln, Pontia und Isacia,[1] lagen an idealer Stelle zur Überwachung der Flußmündung, und ein von drei Seiten vom Meer umgebenes Vorgebirge schien als Standort einer Akropolis wie geschaffen. Die Phokäer begriffen sofort, daß sie am Ort ihrer Bestimmung angekommen waren.

Vielleicht ist es an dieser Stelle nicht uninteressant, eine jener Odysseen zu verfolgen, schon um die Gründe zu verstehen, die unsere Vorfahren veranlaßten, sich so vielen Gefahren auszusetzen. Man stelle sich nur einmal vor, was es im 6. Jahrhundert vor Christus bedeutete, das Mittelmeer mit einem Ruderboot zu überqueren. Ich habe nicht zufällig Elea, eine Siedlung der Phokäer, gewählt, denn dieses Volk hat mehr Kolonien als jedes andere in der damals bekannten

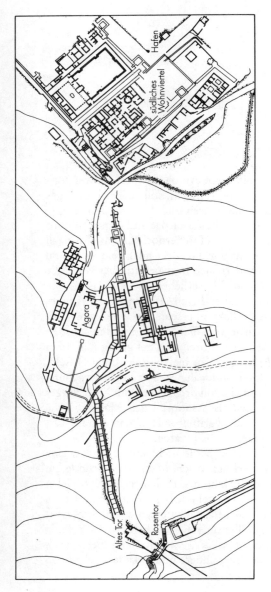

Abb. 4 Elea: die untere Stadt

Welt gegründet. Über die Phokäer lesen wir, daß sie das Adriatische Meer erforschten, die spanischen Küsten besiedelten und sogar auf den Spuren des Kolaios die Säulen des Herkules überwanden und eine Stippvisite an die Atlantikküste machten.[2]

Alles begann eines schlimmen Tages im Jahre 545 v. Chr. – vielleicht auch ein Jahr früher oder ein Jahr später –, als der persische General Harpagos im Namen des Großen Kyros beschloß, die ionische Küste zu besetzen und die Stadt Phokäa zu belagern. (Vgl. Abb. 2.)

Vor Beginn der Luftfahrt war die Geschichte der Menschheit eine einzige Belagerungsgeschichte. Bevor sich ein Volk an einem bestimmten Ort niederließ, erkundete es zuerst eine günstige, auf einem Hügel gelegene Stelle, von der aus der heranrückende Feind beobachtet werden konnte, und erbaute dann die Befestigungsmauern. Die Angst, seine Tage als Sklave beenden zu müssen, war so groß, daß zum Beispiel die Bewohner von Agbatana (heute Hamadan) ihre Stadt mit nicht weniger als sieben Mauerringen umgaben.[3] Phokäa besaß außerdem noch einen wichtigen Fluchtweg: das Meer. Die Phokäer waren nämlich hervorragende Seeleute, und ihre Schiffe ›mit fünfzig Rudern‹ konnten schwer eingeholt werden, wenn sie erst einmal auf hoher See waren.

Aber zurück zur Belagerung. Wie Herodot erzählt,[4] hat Harpagos die Belagerten nach unzähligen Angriffen wissen lassen, die Eroberung von Phokäa sei für ihn nur eine Prestigefrage, und man könne sich ohne weiteres einigen; es genüge durchaus, nur ein einziges Bollwerk zu schleifen, um sagen zu können, auch Phokäa habe sich der Macht des Kyros unterworfen. Die Phokäer forderten einen Tag Bedenkzeit und verlangten, daß sich die persischen Truppen unterdessen mindestens einen Kilometer zurückzögen. Harpagos erfüllte die Forderung, und die Belagerten nutzten die Gelegenheit, um sich mit allen ihren Schätzen, Götterbilder inbegriffen, einzuschiffen.

Die Flucht war in aller Eile beschlossen worden, und mit den Persern auf den Fersen konnte die Reise nicht weit führen. So landeten die Phokäer noch in derselben Nacht im nahen Chios und versuchten den Chioten die Oinussen-Inseln abzukaufen. Diese befürchteten aber Konkurrenz im Handel und ließen sie abblitzen. So mußten die Flüchtlinge wieder in See stechen. Einige kehrten aus Heimweh zurück, die übrigen entschlossen sich zum großen Sprung und nahmen Kurs auf die ferne Insel Kyrnos (heute Korsika), wo eine Gruppe von Landsleuten angeblich schon vor Jahren die Kolonie von Alalia (heute Aleria) gegründet hatte.

Die Ankunft der Phokäer war den Karthagern und Etruskern keine Freude, und da sie sich vom Vordringen ionischer Emigranten immer mehr bedroht fühlten, beschlossen sie, diese ein für allemal zu vertreiben. Es kam zu einer Seeschlacht gewaltigen Ausmaßes, bei der es weder Sieger noch Besiegte gab; eine kadmeische Schlacht,[5] wie man das damals nannte. Die Phokäer verloren 40 Schiffe, viele von ihnen fielen im Kampf, einige konnten sich schwimmend retten, wurden aber von den Korsen, die auch damals schon kurzen Prozeß machten, sofort gesteinigt. Herodot erzählt: »Wenn einer an der Stätte vorüberkam, wo die Leichen der gesteinigten Phokäer lagen, traf ihn eine Verstümmelung oder ein Schlagfluß. So erging es den Schafen und Zugtieren, so gut wie den Menschen.«[6]

Die Überlebenden dieser vernichtenden Schlacht teilten sich in zwei Gruppen, die einen gründeten Massalia (heute Marseille),[7] und die anderen wandten sich nach Süden, Richtung Reggio Calabria. In dieser Stadt erreichte sie dann eine Botschaft der Pythia, die ihnen riet, unverzüglich die kalabrische Küste bis zur Mündung des Flusses Alento hinaufzuziehen. Die Kolonie hieß anfangs Hyele[8] nach einer Quelle, die sich an diesem Ort befand, danach Elea und unter den alten Römern Velia – unter diesem Namen ist sie auch jetzt noch auf den Touring-Karten zu finden.

Heute liegt das Vorgebirge mit der Akropolis nicht mehr direkt am Meer. Durch Anschwemmungen verlagerte sich die Flußmündung um einige Kilometer,[9] auch die beiden kleinen Inseln, Pontia und Isacia, wurden so Teil des Mündungsgebietes, man erkennt sie noch, da sie die einzigen Kalksteinfelsen in dem weiten Schwemmland sind. Wer auf der Provinzialstraße von Casal Velino kommt, findet links einen Wegweiser nach Velia und nur wenige hundert Meter davon entfernt die Mauern der Unterstadt. Man begegnet dort Deutschen, Franzosen, auch Japanern, alle natürlich mit Fotoapparat ausgerüstet; italienische Touristen aber sieht man nur selten. Läge Elea auf den Seychellen, wäre es in gewissen Kreisen Italiens wahrscheinlich besser bekannt; ihr aber, meine lieben Neapolitaner, die ihr bekanntlich nicht zum Jet-Set gehört, dürft hier nicht fehlen. Kommt einfach einmal an einem Sonntag mit euren Familien hierher, und wenn ihr an der Porta Marina angelangt seid, zieht euch die Schuhe aus und geht barfuß bis zur Akropolis. Wenn ihr dann durch die Porta Rosa kommt, berühren eure Füße dieselben Steine, über die vor 2500 Jahren Xenophanes von Kolophon wandelte.

In Elea herrschen heute Ruhe und Frieden; streckt euch im Gras aus und eßt, was ihr als Verpflegung für euer Picknick mitgebracht habt; nehmt schließlich ein Sonnenbad auf den Stufen des Großen Tempels und betrachtet in aller Ruhe den Ort, an dem Parmenides jeden Morgen Zenon lehrte, daß »das Seiende ist« und »Nichtsein unmöglich ist«; wer weiß, vielleicht erschließt sich die Philosophie des Seienden in dieser schönen Landschaft viel leichter als durch jedes Lehrbuch.

Der Verlauf der Verteidigungsmauern läßt erkennen, daß Elea auch zur Zeit seiner Hochblüte nie eine große Metropole gewesen ist; und doch entstand in diesem kleinen Dorf Kampaniens eine Denkschule, die von großer Bedeutung für die abendländische Philosophiegeschichte war.

[1] Plinius d. Ä., *Naturalis historia*, III 85
[2] Herodot, a. a. O., IV 152
[3] ebd., I 98
[4] ebd., I 167
[5] Der griechische Ausdruck entspricht unserem ›Pyrrhussieg‹. Kadmos war ein Vorfahre des Ödipus, Vater von Eteokles und Polyneikes, einem Zwillingspaar, das sich während des Krieges der Sieben gegen Theben im Duell bekämpfte und gegenseitig tötete.
[6] Herodot, a. a. O., I 167
[8] Strabon, *Geographika*, IV 179
[8] ebd., VI 252
[9] M. Napoli, *Civiltà della Magna Grecia*, Rom 1969

XI

Xenophanes

Xenophanes war Rhapsode und Liedermacher; sein Repertoire umfaßte die Gesänge Homers und gewisse Satiren, Sillen genannt, die er selber komponierte, um sich über seine Kollegen lustig zu machen. Wo immer ein Fest, ein Gelage stattfand, wurde er als erster eingeladen, und regelmäßig bat ihn am Ende des Banketts irgend jemand um ein Lied. »Xeno« hieß es dann, »sing uns doch vor, wie Agamemnon Achilles die Sklavin wegschnappte.« Weil er auf diese Weise immer wieder dieselben Episoden vortragen mußte, hing ihm Homer bald zum Halse heraus, und von da an ließ er kein gutes Haar mehr an ihm. Den Griechen aber war Homer ihr ein und alles: ein Junge mußte ihn von A bis Z kennen, bevor er aus der Schule entlassen wurde. Alkinoos zum Beispiel glaubte sogar, daß die Götter die Zerstörung Trojas nur beschlossen hätten, um Homer die Gelegenheit zu geben, »daß er würd' ein Gesang der Enkelgeschlechter«[1] darüber schreiben können.

Xenophanes war ein Moralist, aber er hatte auch Sinn für Humor, neben dem Laster besaß er also auch eine Tugend. Er war mit niemandem zufrieden; außer auf Homer schimpfte er auch auf Hesiod, Thales, Pythagoras, Epimenides, kurz, auf jeden, der berühmter war als er. Einmal beklagte er sich sogar über die Sportler: »Wer einen Sieg sich erringt«, sagte er, »im Lauf mit hurtigen Füßen/ Oder im Fünfkampf dort, wo am Pisäischen Quell/ Liegt Zeus' heil'ger Bezirk, in Olympia, oder im Ringkampf/ Oder im Faustkampf, der schmerzende

Wunden oft schlägt,/ Oder im Allkampf gar dem gefährlichen, wie sie ihn nennen:/ Höher steht er an Ruhm dann in den Augen des Volks./ Auf dem Ehrensitz thront er beim Festspiel, von allen gesehen.../ Doch wer solches gewinnt, selbst mit der Rosse Gespann,/ dennoch verdient er es so nicht wie ich. Denn unsere Weisheit,/ Edler als Stärke fürwahr ist sie von Mann und von Roß.«[2] Dabei waren die Spitzensportler damals noch nicht einmal von der Werbung finanziert!

Was seinen Humor betrifft, habe ich doch gewisse Zweifel. Mag sein, er ist in den inzwischen verflossenen 25 Jahrhunderten etwas verblaßt, aber ich könnte mir Lustigeres denken. Einem, der ihm erzählte, daß er in warmem Wasser lebende Aale gesehen habe, entgegnete er: »Also werden wir sie in kaltem Wasser kochen«.[3] Nun, ich weiß nicht. Vielleicht studieren die Gelehrten in 2500 Jahren die Fragmente meines Werkes *Così parlò Bellavista*[4] ebenso gewissenhaft!

Xenophanes, Sohn des Dexios oder des Orthomenes, wurde, wo sonst, an der ionischen Küste geboren, in Kolophon. Nachdem wir schon nicht genau wissen, wer sein Vater ist, wird es bei seinem Geburtsdatum erst recht schwierig. Die einen sehen ihn als Zeitgenossen des Anaximander[5] (geboren 610), die anderen als jenen Hierons (der 470 Tyrann von Gela war).[6] Um allen gerecht zu werden, hätte er über 100 Jahre alt werden müssen, und wer weiß, vielleicht hat er sogar ein so hohes Alter erreicht. Sicher wissen wir nur, was er selber in einer Elegie sagt: »Siebenundsechzig Jahre schon sind bis heute entschwunden,/ Seit es mein sinnend Gemüt treibt durchs hellenische Land./ Damals waren es fünfundzwanzig, seit ich geboren.«[7] Das läßt sich leicht nachrechnen: 67 + 25 = 92, wenn wir noch ein paar Jährchen zugeben, sind wir schon bei 100. Interessanter ist aber, daß er sagt, seine »leidvolle Seele« sei seit seinem 25. Lebensjahr umhergetrieben worden. Rechnet man zurück, daß die Invasion der Meder 540 erfolgte und setzt sein Exil um dieses Jahr an, läßt sich sein Geburtsdatum um das Jahr 565 v. Chr. festlegen.

Er scheint keine Lehrer gehabt zu haben. Die Nachricht, er sei Schüler des Anaximander gewesen,[8] erscheint uns unglaubwürdig, dazu müßte Anaximander nicht nur Philosoph, sondern auch Babysitter gewesen sein.

Xenophanes begann gegen die Welt zu wüten, sobald sein Verstand erwachte. Kolophon wurde in der ersten Hälfte des 6. Jahrhunderts von der Oligarchie der sogenannten tausend Reiter beherrscht und gehörte zu einem Gebiet, das unter der Oberhoheit der Lyder stand – ganz normale Verhältnisse also für die damalige Zeit, doch der junge Xenophanes lehnte sich gegen die durchaus milde Herrschaft der Lyder auf. Er beschimpfte die Soldaten des Krösos als Playboys, die die Sitten seiner Landsleute verdarben. Als aber dann der medische General Harpagos, ein Soldat alter Schule, die ganze ionische Küste in Schrecken versetzte, weinte auch er den Lydern nach. Der Philosoph erkannte schnell, daß es sich nicht empfahl, auf die neuen Besatzungstruppen Satiren zu schreiben, und machte sich lieber aus dem Staub.

Von nun an blieb ihm nichts erspart; er wurde von Piraten gekapert und als Sklave verkauft, dann von den Pythagoreern Parmeniskos und Orestades losgekauft,[9] er begrub seine Söhne,[10] lebte in Zankle (heute Messina), Catania,[11] auf Malta, in Syrakus,[12] Agrigent und auf Lipari,[13] wo ihn ein Vulkanausbruch tief beeindruckte (Welchen Vulkan meint er aber? Wahrscheinlich verwechselte er Stromboli mit Lipari). Schließlich gelangte er nach Elea, beschloß, sich endgültig niederzulassen und am Aufbau der eleatischen Schule mitzuwirken.

Er starb alt und verarmt, doch hielt sich seine Armut wohl in Grenzen, wenn er sich noch darüber beklagte, nicht einmal mehr zwei Sklaven unterhalten zu können.[14]

Außer Sillen und Elegien verfaßte er *Über die Natur*, ein Werk in Hexametern, sowie zwei Gedichte historischen

Inhalts in Versform, *Die Gründung Kolophons* und *Die Kolonisation von Elea.*

Gelegentlich wird Xenophanes als der erste eleatische Philosoph angesehen. Nun besteht kein Zweifel, daß er in Elea gelebt hat, und auch daß er älter war als Parmenides, ist unbestritten, nur beweist dies noch nicht, daß die eleatische Schule wirklich von ihm begründet wurde. Möglicherweise war der Dichter von Kolophon kein Philosoph, sondern eher ein Theologe, eben sieben Jahrhunderte zu früh geboren. Zumindest aber hat er den Satz »Das Eine ist Alles« geprägt, der gewissermaßen das Denken des Parmenides vorwegnimmt.

Xenophanes ist vor allem überzeugt, daß man sich Gott nicht als einen jener komischen Käuze vorstellen kann, die Homer und Hesiod in ihren Dichtungen beschrieben haben.[15] »Alles haben sie auf die Götter geschoben«, sagte er, »was bei den Menschen als Schimpf und Schande betrachtet wird; Diebstahl und Ehebruch und auch gegenseitige Täuschung.«[16] Gott ist ein höheres Wesen, er ist Alles und ist einzig. Doch dürfen wir uns hier nicht einen einzigen Gott vorstellen wie in unserem monotheistischen christlichen Glauben, Xenophanes hat vielmehr eine pantheistische Weltsicht, die mehr an Thales erinnert. Jedes Ding ist Gott, die Gesamtheit aller Dinge bildet ein einziges Ganzes von göttlichem Charakter. Die Unwissenden dagegen stellen sich die Götter eher wie Supermenschen nach eigenem Abbild vor. »Schwarz, stumpfnasig: so stellt die Götter sich vor der Äthiope;/ Aber blauäugig und blond malt sich der Thraker die seinen«,[17] sagt er und weiter: »Hätten die Rinder und Rosse und Löwen Hände wie Menschen,/ ... Als dann malten die Rosse gleich Rossen, gleich Rindern die Rinder/ Auch die Bilder der Götter und je nach dem eignen Ausseh'n/ Würden die leibliche Form sie ihrer Götter gestalten.«[18]

Von Gott kann man nicht einmal sagen, daß er geboren ist,

meint Xenophanes, denn das Vollkommene kann nicht aus dem Unvollkommenen geboren werden; Gott ist also nicht erschaffen und ewig. Schließlich kann es auch nicht eine Vielzahl von Göttern geben, weil dann einige von ihnen überlegen und andere unterlegen wären, und eine unterlegene Gottheit ist nicht vorstellbar. Gleich können sie ebensowenig sein, denn das widerspräche der Haupteigenschaft des Göttlichen, nämlich überlegen zu sein. Gott ist also einzig, allmächtig, sowie sphärisch und darin weder unendlich noch begrenzt.

Allerdings wendet Aristoteles ein, sich Gott in Kugelgestalt vorzustellen, würde doch bedeuten, ihm Grenzen zu setzen.[19] Um dieses Problem zu lösen und allen recht zu geben, müßten wir Einsteins Theorie des vierdimensionalen gekrümmten Raumes, der gleichzeitig begrenzt und unbegrenzt ist, heranziehen. Doch wie soll ich da mein Versprechen halten, die Materie möglichst leicht verständlich darzustellen! Ich überlasse es lieber der Phantasie des Lesers, diese Überlegungen weiterzuführen.

Wenn man also sagen kann, daß Xenophanes mit seiner Vorstellung vom Einzigen die parmenidischen Theorien vorwegnahm, so läßt sich seine Physik eher von den milesischen Philosophen herleiten. Die Welt hat sich seiner Meinung nach aus der Erde entwickelt, und Erde wird sie auch wieder werden.[20] Gegenwärtig besteht sie aus Erde und Wasser und in Zwischenformen aus Schlamm. Beweise für das Vordringen eines dieser Elemente in Bereiche des anderen sind für ihn die fossilen Fische, Pflanzen und Muscheln, die er in den Steinbrüchen von Syrakus fand.[21] Bemerkenswert ist auch seine Hypothese, daß die Erde unter unseren Füßen »im Unendlichen wurzelt«,[22] also nicht auf Wasser schwimmt, wie Thales behauptete, und auch nicht im Leeren hängt, wie Anaximander glaubte.

Am eindrucksvollsten ist Xenophanes meiner Meinung nach aber in seiner Dichtung. Lesen wir hier eine seiner

Elegien, versetzen wir uns im Geiste ins 5. Jahrhundert vor Christus und nehmen an einem Gelage teil.

»... *Wein ist in Fülle zur Hand, der niemals droht zu versiegen,/ Der uns mit duftiger Blum' locket im tönernem Krug./ Heiligen Wohlgeruch läßt in der Mitte der Weihrauch entströmen,/ Kühlendes Wasser ist da, süßes aus lauterem Quell./ Weißbrot gibt es und Käse, dazu dickflüssigen Honig,/ Unter der Speisen Gewicht beugt sich der stattliche Tisch./ Ganz mit Blumen bedeckt, so steht der Altar in der Mitte,/ Und vom Reigengetön hallet in Festlust das Haus./ Gott erklinge zuerst der Gesang verständiger Männer,/ Ihn erhebe Gebet, Worte andächtig und rein./ Hat man die Spende gebracht und gebetet um Kraft und Vermögen,/ Recht zu handeln.../ Dann ist's Übermut nicht, so viel dem Becher zu huld'gen,/ Daß, wer vom Alter nicht schwach, ungeführt komme nach Haus...*«[23]

---

[1] Homer, *Odyssee*, VIII 578 (dt. Johann Heinrich Voss, detebe 20779)
[2] Xenophanes, fr. 2 Nestle
[3] Plutarch *De communibus notitiis adversus stoicos*, 1084f.
[4] De Crescenzo, *Così parlò Bellavista*, Mailand 1977
[5] Diogenes Laertios, a.a.O., IX 18
[6] Clemens Alexandrinus, *Stromata*, I 64
[7] Xenophanes, fr. 5 Nestle
[8] Diogenes Laertios, a.a.O., IX 21
[9] ebd., IX 20
[10] ebd.
[11] ebd., IX 18
[12] Hippolytos von Rom, a.a.O., I 14
[13] Aristoteles, *Mirabilia*, 833a, 15 (dt. Berlin-Ost 1972)
[14] Plutarch, *Denksprüche von Königen und Feldherrn*, 175 c (dt. Stgt. 1822)
[15] Das Urteil stammt von Xenophanes; uns gefallen die menschlichen Götter Homers wie sie sind.
[16] Xenophanes, fr. 8 Nestle
[17] ebd., fr. 11
[18] ebd., fr. 12
[19] Pseudo-Aristoteles
[20] Xenophanes, fr. 22 Nestle
[21] Hippolytos, a.a.O., I 14
[22] Xenophanes, fr. 21 Nestle
[23] ebd., fr. 1

XII

Parmenides

Parmenides, Sohn des Peirethos, wurde zwischen 520 und 510 v. Chr. in Elea geboren. Diogenes Laertios berichtet, seine Meister seien Xenophanes, Anaximander und der Pythagoreer Ameinias gewesen.[1] Daß er ein Schüler des Xenophanes war, möchte ich nicht in Frage stellen: beide lebten an ein und demselben kleinen Ort mit weniger als 1000 Einwohnern, wo es kaum Abwechslung gab, wie hätten sie sich da nicht begegnen sollen. Anders bei Anaximander; zwischen ihm und Parmenides lagen immerhin 2000 Seemeilen und vor allem über 100 Jahre Altersunterschied, kann man sich da einen Kontakt vorstellen? Und was den Eleaten mit dem Pythagoreer Ameinias verband, war wohl auch etwas anderes als das reine Lehrer-Schüler-Verhältnis. Ich habe genau nachgelesen, was bei Sotion darüber steht: während es in Zusammenhang mit Xenophanes und Anaximander einfach heißt »er war Schüler«, gebrauchet der Geschichtsschreiber bei Ameinias die zweideutige Formulierung »er hatte Beziehungen«,[2] in einer anderen Übersetzung »er hatte Umgang«,[3] ja sogar »vertrauten Umgang«.[4] Daß Parmenides homosexuell war, bestätigt uns sogar Platon, der uns in dem nach Parmenides benannten Dialog[5] offiziell Zenon als Liebhaber des Philosophen vorstellt. Aber das braucht uns nicht zu wundern, Homosexualität war damals sehr verbreitet, und fast alle Philosophen hatten einen Boyfriend. Der Unterschied war nur der, daß diese Denker damals auch die schönen Hetären aufzusuchen pflegten.

Parmenides entstammt einer reichen, vornehmen Familie, und er zeigt sich seinen Freunden gegenüber großzügig. Als Ameinias, der sehr arm war, stirbt, läßt er ihm auf eigne Kosten eine prächtige Grabkapelle errichten.[6]

Plutarch zufolge war er ein bedeutender Gesetzgeber, und seine Mitbürger leisteten, wenn sie volljährig geworden waren, den Treueschwur auf die parmenidischen Gesetze.[7]

Zu seinen Schülern zählten Zenon und Empedokles,[8] und sehr viel mehr ist über sein Leben auch nicht bekannt – außer, daß er einmal im Jahre 450 eine Reise nach Athen machte. Offenbar handelte es sich dabei um eine diplomatische Mission im Auftrag der Eleaten, mit der Perikles bewogen werden sollte, ein Bündnis zwischen den beiden Städten zu schließen. Anscheinend aber verbrachten Parmenides und Zenon die meiste Zeit nicht mit den Staatsmännern, sondern mit ihren Athener Kollegen. Es kam praktisch zu einem Gipfeltreffen der Philosophen; auf der einen Seite standen die Eleaten, die natürlich darauf brannten, ihren Kollegen zu zeigen, daß die Denker der Provinz es mit ihnen aufnehmen konnten, und auf der anderen Seite Sokrates, der, obwohl erst 25 Jahre alt, schon ein gefürchteter Dialektiker war. Hieraus entwickelte sich das langweiligste und komplizierteste Gespräch der ganzen Philosophiegeschichte. Platon läßt uns in seinem *Parmenides* ausführlich daran teilhaben, und bei aller Schreibkunst des Verfassers – ich glaube nicht, daß je ein Mensch diesen Dialog von Anfang bis Ende gelesen hat, vielleicht nicht einmal der Lektor der Buchausgabe. Mit ›Mensch‹ meine ich natürlich normale Sterbliche.

Nur um eine Vorstellung von dem zu geben, was sich die Philosophen bei dieser historischen Begegnung zu sagen hatten, hier der Anfang von Sokrates' Widerlegung:[9] »Wie, o Zenon, meinst du dieses? Wenn das Seiende Vieles wäre, so müßte es auch ähnlich sein und unähnlich? Dieses aber wäre unmöglich, denn weder könnte das Unähnliche ähnlich noch das Ähnliche unähnlich sein?... Und also, wenn unmöglich das Unähnliche ähnlich sein könnte und das Ähnliche unähnlich, so könnte ja unmöglich Vieles sein...« und so weiter und so weiter noch über fünfzig Seiten.

Zuerst denkt man, das ist doch eher ein Zungenbrecher, etwa der Art ›Krautkopf bleibt Krautkopf und Brautkleid bleibt Brautkleid...‹, dann bemüht man sich aber doch, den ganzen Dialog aufmerksam zu lesen, hofft, in der Ferne irgendwo ein Licht aufleuchten zu sehen. Der Durchschnittsmensch liest gewöhnlich die ersten paar Seiten bis zu der Stelle, an der Parmenides sagt: »Wenn du nun die Größe selbst teilen willst und dann jedes von den vielen großen Dingen durch einen als die Größe selbst kleineren Teil der Größe groß sein soll, ist das nicht offenbar unvernünftig?« »Gar sehr«, antwortet da Sokrates und ›gar sehr‹ antwortet auch der Durchschnittsmensch und beschließt, Parmenides aus seinem Leben zu streichen.

Nun bin ich kein Held im Lesen abstrakter Logik und habe deshalb vielleicht schneller aufgegeben als mancher andere; aber voll staunender Verwunderung sehe ich, welches theoretische Niveau diese Philosophen von Magna Graecia erreicht hatten. Das muß man sich nur einmal vorstellen: Zwei Männer des 5. Jahrhunderts vor Christus, die in einem kleinen unteritalienischen Dorf geboren und aufgewachsen waren, kamen zum erstenmal in eine große Stadt wie Athen, und statt da nun in einen Freudentaumel zu verfallen, vertiefen sie sich in subtile philosophische Ausführungen über das Ähnliche und das Unähnliche; und heute, an der Schwelle zum Jahr 2000, lassen sich in den gleichen Dörfern unseres Südens trotz Fernsehen nicht einmal Zeitungen an den Mann bringen.

Parmenides hat uns seine Gedanken in einem Gedicht ausgedrückt, das, wie die Werke früherer Philosophen, auch wieder *Von der Natur* heißt.[10] Die Einführung des poetischen Elements ist überaus wirkungsvoll; der Philosoph läßt sich mit einem von feurigen Rossen (den Leidenschaften des

Herzens) gezogenen Wagen auf einen Pfad führen, »der von der Menschen betretener Bahn abseits sich dahinzieht«:

»Oft mit pfeifendem Ton in den Naben knirschte die Achse,/ die von zwei wirbelnden Rädern beflügelt in Glut sich gelaufen,/ Wenn bei der Fahrt zum Licht die Sonnenmädchen zur Eile/ Drängten, sie, die verlassen des nächtlichen Dunkels Behausung/ Und mit der Hand vom Haupte zurück den Schleier geschlagen./ Dort ist ein Tor, zu den Pfaden der Nacht und des Tages der Eingang...«

An der Pforte trifft Parmenides auf Dike (die Gerechtigkeit), die »dazu die passenden Schlüssel« hat und ihn nicht einlassen will. Aber die Töchter der Sonne (die Gefühle) »bewegen sie klug«, den Riegel zurückzustoßen und den Dichter bei der Göttin vorzulassen. Diese empfängt ihn gnädig und richtet folgende Worte an ihn:

»So höre denn beides:/ Abgerundete Wahrheit auf nicht zu erschütterndem Grunde,/ Menschlicher Meinungen Wahn, dem fremd des Wahren Gewißheit./ Trotzdem sollst du auch dieses erfahren, wie man der Menschen/ Meinungen prüfen muß in alles durchdringender Forschung.«[11]

Auf diese Weise also hat Parmenides die Wahrheit erfahren und beschlossen, sie der Nachwelt zu offenbaren. Nun liegt es an uns, sie auch zu verstehen...

Sprach man in Anwesenheit des Parmenides das Verb ›werden‹ aus, war das etwa so schlimm, wie in der Kirche zu fluchen; leicht bekam man dafür einen Tritt in den Hintern. Er war nämlich davon überzeugt, daß die Wahrheit (oder das Eine, Gott, Logos oder das Sein[12]) etwas »Einziges, Ganzes, Unbewegliches und Nichterschaffenes« sei.[13] Einzig, da sie die einzige bestehende Wirklichkeit ist; Ganz, da es ja keine Leere und daher auch nicht die Zwischenräume gibt, die notwendig sind, um das Eine in mehrere Teile zu teilen; Unbeweglich, weil das Eine, wenn es sich bewegte, einen zuvor leeren Raum ausfüllen müßte; Nichterschaffen, da das

Sein nicht aus dem Nichtsein hervorgehen konnte, das, wie das Wort schon sagt, nicht existiert.

Zwei Wege führen nach den Weisungen der Göttin zum Ziel: der Weg der Wahrheit und der Weg der Meinungen. Der erste stimmt mit der Einheit überein, er ist die einzige existierende Wirklichkeit. Der zweite stimmt mit der Vielzahl überein und ist nur äußerer Schein.

Auch Parmenides ist ein intellektueller Rassist und hat, wie fast alle seine vorsokratischen Kollegen, eine äußerst schlechte Meinung von gewöhnlichen Sterblichen: Sie sind »Janusgesichter, schwankenden Sinns und ratlos im Herzen./ Ziellos, stutzend wie Taube und Blinde, so taumeln einher sie,/ Eine verworrene Schar, der Sein und Nichtsein als gleich gilt/ Oder auch nicht: denn rückwärts wendet ihr Pfad sich in allem«.[14]

Denken setzt Parmenides zufolge Sein voraus,[15] während Nichtseiendes nicht denkbar ist. Schlichter ausgedrückt, das Denken beweist, daß es das gedachte Ding gibt, und umgekehrt gibt es das Nichtseiende nicht nur nicht, das Ärmste, es kann noch nicht einmal gedacht werden. Aber eben in diesem Punkt folge ich ihm nicht mehr. Wenn ich an Ornella Muti denke, so ist klar, daß es eine Frau namens Ornella Muti geben muß, denn wie hätte ich sonst überhaupt an sie denken können. Aber ich könnte ja auch an eine Person denken, die es nicht mehr gibt, zum Beispiel an Totò, die gedachte Person muß doch nicht zwangsläufig auch existieren. Bestenfalls könnte man sagen, daß »es einen Mann gibt, der an einen Komiker namens Totò denkt, der heute leider tot ist«. Aber Parmenides lächelt nur über meine Einwände und gibt zu bedenken, daß ich ›sein‹ mit ›dasein‹ verwechsle und es Totò nur dem Anschein nach nicht mehr gibt, er in Wirklichkeit also noch ›ist‹. Aber jetzt will ich es genau wissen und denke an eine Sache, die nicht nur in diesem Augenblick nicht ›ist‹, sondern auch früher nie ›gewesen ist‹! Ich denke zum Beispiel an eine ganz besondere Rasse von Außerirdischen, die noch viel häßlicher sind als E. T., Hühnerfüße, eine Rüsselnase und Ohren wie ein gewisser Politiker haben! Aber Parmenides bleibt gelassen; er sagt, solche Ungeheuer kann ich mir doch nur deshalb vorstellen, weil sie ›sind‹. Und schließlich vermag ich nicht zu leugnen, daß sowohl Hühner als auch Rüssel und gewisse Politiker ›sind‹.

Es ist schon so, jedesmal wenn mir Parmenides mit seinem »Nur Seiendes gibt es, aber das Nichts ist nicht« kommt, würde ich ihm am liebsten antworten, stimmt doch nicht. Aber dann denke ich wieder, daß er einer der größten griechischen Philosophen ist und halte den Mund. Es geht mir mit ihm nicht anders als mit Paul Klee: wenn ich eines seiner Bilder ansehe, sagt mir mein gesunder Menschenverstand im ersten Augenblick, daß die vom Meister gezogenen Linien irgendwie doch Krakeleien sind, aber dann lasse ich mich wieder vom Ruhm, der den Künstler umgibt, und von der Strenge des Ortes beeindrucken.

Nicht jedes Kunstwerk – das gilt für die Malerei ebenso wie für die Musik und die Kunst allgemein – möchte auch etwas aussagen. Manchmal steht es für sich, es hat rein ästhetischen Wert und will nichts anderes, als Gefühle auslösen. Leider besteht der größte Teil der Menschheit aus ›Zweckdenkern‹, aus Leuten also, für die alles menschliche Handeln einen genauen Zweck verfolgen und für die dieser Zweck mit der Aussage des Werkes übereinstimmen muß. Ich möchte also, was Parmenides betrifft, nicht auch in den Fehler der ›Zweckdenker‹ verfallen, wenn diese die abstrakte Kunst verurteilen. Könnte doch sein, sage ich mir, daß sein Satz »Nur Seiendes gibt es, aber das Nichts ist nicht« einfach ein poetisches Mittel ist, um meine ontologische Phantasie anzuregen?

Ontologie ist die Lehre vom Sein, und man kann wohl sagen, die schwierigste Hürde, die beim Studium der griechischen Philosophie zu überwinden ist. Nicht viel leichter fällt mir der Zugang zu gewissen Aspekten des östlichen Denkens, zum Beispiel des Taoismus und des Zen, und das hängt wahrscheinlich damit zusammen, daß sowohl der Taoismus als auch die Zen-Lehre etwas mit der Philosophie vom Sein gemeinsam haben. Schließlich ist es ja auch nicht leicht, die Ontologie im praktischen Leben anzuwenden. Wenn mich zum Beispiel jemand plötzlich fragen würde: »Also, lieber Professor, nachdem ich nun beschlossen habe, ab nächsten Montag auf ontologische Weise zu leben, müßten Sie mir doch ein wenig erklären, wie ich mich da verhalten soll! Zum Beispiel möchte ich wissen, soll ich nun weiterhin ins Büro gehen oder nicht?« Was würde ich da bloß antworten? Womöglich dies: »Verhalten Sie sich ruhig wie gewohnt, aber versuchen Sie, den ganzen Alltagskram nicht so wichtig zu nehmen. Wenn Sie einen Strafzettel bekommen, weil Sie falsch geparkt haben, oder Ihr Fußballclub hoch verloren hat, nicht ärgern, sondern alles an den wirklich wesentlichen Dingen des Lebens messen!« Na ja, ehrlich gesagt, ich wüßte eben nicht, wie ich mich herausreden sollte.

Vielleicht kommen wir Parmenides schon näher, wenn wir seinen Satz »Nur Seiendes gibt es...« nicht mit Pünktchen schreiben, als wüßten wir wirklich so genau, was zum Teufel dieses Seiende ist, sondern uns daran gewöhnen, den Satz einfach wie eine Behauptung auszusprechen: »Nur Seiendes gibt es!« Punktum. Da wir nun aber einmal neugierig sind und es uns schwerfällt, dieses Dogma einfach so ohne weiteres hinzunehmen, drängt sich uns doch die Frage auf, ob nicht auch für gewöhnliche Sterbliche eine wenigstens annähernde Beschreibung des Seins gegeben werden kann. Vielleicht geht es einfacher, wenn wir zunächst einmal versuchen, das Nichts zu definieren, um dann durch Antithese auf das kompliziertere Konzept zu schließen.

Das Nichts nämlich ist ganz einfach die Gesamtheit all jener Dinge, die von unseren Sinnen als Farbe, Geschmack, Klang usw. wahrgenommen werden, während das Sein das Wesen der Dinge ist, also das, was sich ›unter‹ dem wandelbaren Schein befindet.

Der französische Dichter Antoine de Saint-Exupéry erzählt in seiner Geschichte *Der kleine Prinz*, als Kind habe er in einem Haus gelebt, in dem angeblich ein Schatz versteckt war. Auch wenn dann in Wirklichkeit nie ein solcher Schatz darin gefunden wurde, erschien ihm das Haus dank dieser Vorstellung wunderschön. Wir sehen im allgemeinen nur die Hülle der Dinge, sagt Saint-Exupéry, und bedenken nicht, daß das Wesentliche unsichtbar ist.

Michelangelo erklärte gewöhnlich, wenn er für eine große bildhauerische Leistung gelobt wurde, er habe ja nur das ›Zuviel‹ von jenem Marmorblock weggenommen. Dieses ›Zuviel‹ wäre in unserem Fall nun vergleichbar mit dem äußeren Anschein, während die ideale, im Marmor gefangene und in ihrer Vollkommenheit einzigartige Statue eben jenes Sein wäre, dessen Bild wir gerne erkennen möchten.

Wie man sieht, haben wir uns schon ziemlich weit in die platonische Ideenwelt gewagt. Aber ich kann nur warnen: dieser Weg ist steil, man kommt leicht ins Stolpern und landet womöglich im Abseits!

[1] Diogenes Laertios, *a.a.O.*, IX 21
[2] G. Giannantoni, Hg., *a.a.O.*, Bd. I, S. 247
[3] Diogenes Laertios, *a.a.O.*, IX 21
[4] G. Giannantoni, Hg., *a.a.O.*, Bd. I, S. 248
[5] Platon, *Parmenides*, in *Sämtliche Werke*, Hamburg 1959², 127 A, S. 64
[6] Diogenes Laertios, *a.a.O.*, IX 21
[7] Plutarch, *Wider die Koloten* (dt. Leipz. 1926) 32 (11 261A)
[8] G. Giannantoni, Hg., *a.a.O.*, Bd. I, S. 248
[9] Platon, *a.a.O.*, 128 B, S. 65
[10] Sextus Empiricus, *Adversus mathematicos*, VII 111
[11] Parmenides, fr. 1 Nestle
[12] Zur freien Wahl
[13] Pseudo-Plutarch, *Stromata*, 5
[14] Parmenides, fr. 6 Nestle
[15] *ebd.* fr. 5

XIII

Zenon

Zenon war der Steigbügelhalter für Parmenides. Beim berühmten Athener Philosophentreffen im Hause des Pythodoros ergriff er zunächst das Wort und bereitete seinem Meister den Boden. Sobald dann die Spannung im Publikum ihre *akme* erreicht hatte, redete er auf Parmenides ein, als hätte dieser sich lange überreden lassen müssen. »Ich würde dich nicht bitten, o Parmenides«, sprach er, »wenn wir viele wären, denn nie empfiehlt es sich, diese Themen vor dem gemeinen Volk zu behandeln, das allzu viele Dinge nicht weiß; da wir hier aber nur wenige sind, bitte ich dich zu reden, auch im Namen des Sokrates, und auch, damit ich nach so langer Zeit deine Stimme wieder vernehme.« Darauf entgegnete Parmenides, der doch zu der Versammlung nur gekommen war, um seine Ideen zu verbreiten, widerstrebend: »Ich fühle mich gleich dem Pferd des Ibykos – zu alt, um den Lauf auf mich zu nehmen, oder auch wie der Dichter selber, zu hoch in den Jahren, um die Anstrengungen der Liebe ertragen zu können, aber ich fürchte, bei all meiner Angst, ein so weites Meer von Worten zu überqueren, werde ich euren eindringlichen Bitten nachgeben müssen.« Wenn schon er zurückschreckte, was sollen dann wir sagen, die wir keine Philosophen sind und nun seitenweise abstrakte Betrachtungen zu lesen haben, um am Ende zu entdecken: »Wenn also Eins ›nicht ist‹, so wird auch nicht irgend etwas von den Anderen weder Eins zu sein vorgestellt noch Vieles. Denn ohne Eins Vieles vorstellen, ist unmöglich.«[1]

Zenon, Sohn des Teleutagoras, wurde um das Jahr 490 v. Chr. in Elea geboren.[2] An einem anderen Ort zur Welt gekommen, wäre er vermutlich ein guter Fischer oder vielleicht auch Schullehrer geworden; da er aber nur wenige Schritte vom Haus des Parmenides entfernt aufwuchs, konnte er sich von klein auf durch Intelligenz und lebhaften Charakter hervortun. Die Philosophen-Politiker jener Zeit, Männer vom Schlage des Pythagoras, meine ich, waren ständig auf der Suche nach neuen Talenten, um ihren Clan zu vergrößern. Ganz logisch also, daß Parmenides, nachdem er die Fähigkeiten des Jungen erkannt hatte, dessen Familie bat, ihn adoptieren zu dürfen. Die Eltern Zenons willigten gern ein, denn Parmenides galt als eines der hohen Tiere der Stadt Elea. Daß der Knabe diese Wahl mehr seiner Schönheit als seinen Geisteskräften zu verdanken gehabt haben soll, ist ein Gerücht, dem wir uns ehrlich gesagt nicht ganz verschließen können. Da es aber keine Illustrierten aus jener Zeit gibt, die uns über Fragen dieser Art erleuchten könnten, müssen wir uns mit der schon zitierten Bemerkung Platons zufrieden geben,[3] sowie mit einem Satz des Diogenes Laertios, in dem es heißt: »Zenon hörte beständig den Parmenides, und war sein Geliebter.«[4]

Der Jüngling studierte Physik, Mathematik und Astronomie und entwickelte sich in kurzer Zeit zu einem hochgebildeten Mann. Er war auch ein hervorragender Polemiker, was Aristoteles veranlaßte, ihn als Erfinder der Dialektik zu zitieren.[5] Er hatte zahlreiche Schüler, darunter Melissos, Empedokles, Leukipp, Pythodoros, Kephalos, Kallias und sogar Perikles. Platon zufolge[6] waren seine Privatstunden außerordentlich gewinnbringend, wenn auch nicht gerade billig; ein vollständiger Kurs kostete 100 Minen, eine Summe, für die man im Griechenland des 5. Jahrhunderts schon ein kleines Stück Land kaufen konnte.

Es heißt von Zenon, er sei schön gewesen, doch sind sich in diesem Punkt, ehrlich gesagt, nicht alle einig, nicht einmal bei der ersten Frage, die sich einem stellt: war er groß oder klein? Platon beschreibt ihn als »wohlgewachsen und von angenehmem Äußeren«,[7] ein arabischer Geschichtsschreiber hingegen, ein gewisser Al-Mubassir, behauptet, daß er, wenngleich von schönem Aussehen, klein war und eine Stumpfnase hatte.[8] Von anderer Seite erfahren wir, daß »seine Augen wunderschön waren, groß, schwarz und mandelförmig«, aber auch, daß »sein Kopf groß war im Verhältnis zum Körper und daß er ein Feuermal auf der Wange hatte«. Auch was seinen Gang betrifft, konnten sich die Historiker nicht einigen. Einige sagen, »er bewegte sich mit äußerster Langsamkeit, stets besorgt, das Haupt hoch zu tragen«, andere behaupten, »wenn er einmal losgeschritten war, konnte man ihn schwer einholen, so schnell ging er. Er trug gewöhnlich einen Stock mit gegabeltem Griff bei sich, der ganz mit Elfenbein und Smaragden verziert war«.[9]

Nun hat Zenons Anmut gewiß nichts mit seinen Ideen zu tun, aber ein wenig verwundern kann uns das Verhalten dieser großen Philosophen schon, die in der Theorie Verachtung allen äußeren Scheins predigten und in der Praxis ihr Image bis ins kleinste Detail pflegten. Doch dürfen wir nicht vergessen, daß die Redekunst in Griechenland stets mehr der Form als dem Inhalt Rechnung trug; würdevolles Auftreten, feierliche Gesten, große Töne waren damals Mode. Um sich davon eine Vorstellung zu machen, braucht man nur einmal zwischen den griechischen Statuen der Vatikanischen Museen umherzuspazieren – man sieht gleich, wie wichtig zu jener Zeit eine achtunggebietende Haltung gewesen sein muß.

Und Zenon studierte seine öffentlichen Auftritte wohl ganz besonders sorgfältig ein; wie alle Politiker wußte er natürlich ganz genau, daß eine Gebärde oder eine Pause manchmal eindrucksvoller sind als lange Reden und daß man die Leute, allen eleatischen Lehren zum Trotz, die den äußeren Schein als Trugbild verdammten, mit großer Komödie leichter fesseln kann als mit noch so schlagenden Argumenten.

Sein Hobby, die Politik, trug ihm großes Ansehen bei seinen Mitbürgern ein, war aber auch der Auslöser für sein tragisches Ende. Es scheint nämlich, doch ist dies durch nichts zu beweisen, daß die Stadt Elea gegen Ende des 5. Jahrhunderts unter die Herrschaft eines gewissen Nearchos geriet, der, einigen Berichten zufolge, Anführer der demokratischen Partei,[10] anderen Quellen nach aber Tyrann von Syrakus war.[11] Gegen diesen Nearchos, wer auch immer er gewesen sein mag, stiftete Zenon eine Verschwörung an und finanzierte einen bewaffneten Aufstand der Aristokraten, die sich vor der Insel Lipari[12] einschifften und nachts an der italienischen Küste landen sollten. Aber leider lief die Sache schief, Nearchos war rechtzeitig gewarnt worden. Die Revolutionäre wurden vernichtet, noch bevor ihre Sohlen den Strand von Elea berührt hatten, der Philosoph in Ketten vor den Tyrannen geführt.

An anderer Stelle lesen wir, daß Zenon einige Jahre vor diesem Mißgeschick von einem anderen Tyrannen, Dionysios, gefragt worden war, welches denn der größte Vorteil sei, den man aus der Philosophie ziehen könne, woraufhin der Philosoph geantwortet habe: »die Verachtung des Todes«.[13] Nun, wie gültig diese Behauptung für ihn war, konnte der Alte an seinem letzten Lebenstage wirklich unter Beweis stellen. Nearchos versuchte mit allen Mitteln, ihm die Namen der in Elea verbliebenen Mitverschwörer zu entlocken. Kaltblütig zählte Zenon daraufhin der Reihe nach alle jene Politiker auf, die dem Tyrannen am nächsten standen,[14] und erst als die Folterungen jedes erträgliche Maß überstiegen, versprach er, die Wahrheit zu sagen, verlangte jedoch, daß niemand außer Nearchos sie hören dürfte. Als dieser nun näher an ihn herantrat, um die Namen der Komplizen besser zu verstehen, biß Zenon ihm ins Ohr und ließ nicht locker, bis er selber von den Schwertern seiner Peiniger durchbohrt zusammenbrach.[15] Doch damit nicht genug: er war noch nicht tot und wurde aufs neue gefoltert. Da biß er sich selber die Zunge ab und spuckte sie dem Tyrannen ins Gesicht.[16] Nun gab sich Nearchos endlich geschlagen; er sah ein, daß bei einem solchen Menschen nichts zu machen war. Er befahl, ihn in einen Mörser zu werfen und in kleine Teile zu zerstampfen.[17]

Der Ärmste soll vor seinem letzten Atemzug noch ausgerufen haben: »Tugend allein reicht im Leben nicht aus, man braucht auch die Hilfe eines glücklichen Geschicks.« Nicht daß dieser Satz als Maxime besonders originell wäre, aber dafür, daß er mit einer halben Zunge am Boden eines Mörsers ausgestoßen wurde, ist er doch wert, in die Geschichte einzugehen.[18]

Viele verspotteten Parmenides,[19] was seinem treuen Schüler Zenon natürlich mißfiel, der, wie aus dem wenigen, was uns bekannt ist, zu schließen, offenbar ein kämpferischer und empfindlicher Mann war. Verspottet wurde vor allem das Prinzip des Eleatismus (»Nur Seiendes gibt es, aber das Nichts ist nicht«), und zwar wegen einer Widersprüchlichkeit in sich selbst. Mein Gott, sagten die Kritiker, wie soll man das Seiende begreifen, wenn man nicht auch eine Vorstellung vom Nichts hat? Wie soll man das Eine verstehen, wenn man das Viele nicht kennt, und wie kann man vom Licht reden, wenn man nicht mindestens einmal das Dunkel erlebt hat? Da also demnach Sein die Kenntnis des Nichtseins zur Bedingung hat, können wir den Gedanken des Parmenides fortführen und sagen: »Nur Seiendes gibt es. Aber das Nichts ist nicht, auch wenn man es braucht.«

Um diese Kritiken außer Kraft zu setzen, entwickelte Zenon eine Methode, die, von den Gewißheiten seiner Gegner ausgehend, diese zunächst logisch weiterführte, dann aber eine unmögliche Schlußfolgerung zog. Entscheidend ist für ihn nur das Prinzip, daß kein Punkt der Beweisführung im

Widerspruch zu den übrigen steht. Als Philosoph mag er vielleicht nicht die größte Leuchte gewesen sein, da er sich im wesentlichen darauf beschränkte, die parmenidischen Theorien zu bestätigen, aber als Dialektiker kommt ihm eine sehr beachtliche Stellung innerhalb der Philosophiegeschichte zu, denn er hat methodisch bereits die Sophisten und Sokrates vorweggenommen. Hauptpunkte der eleatischen Widerlegung sind die Pluralität und die Bewegung. »Ihr wollt euch hier über die Einzigkeit des Seienden lustig machen?« sagt Zenon. »Dann werde ich euch einmal zeigen, zu welchen Absurditäten man gelangt, wenn man von der Existenz des Vielen ausgeht.« Daraufhin begann er seine Paradoxa zu entwickeln.

Erstes Paradoxon:[20] Nehmen wir an, eine Person möchte mit dem Auto auf der Autostrada del Sole von Neapel nach Rom fahren; diese Person aber, sagt der Philosoph, wird niemals ans Ziel kommen, denn bevor sie die Mautstelle Rom Süd erreicht, muß sie den Mittelpunkt der Strecke überwinden, der etwa bei Pontecorvo liegt, bevor sie aber Pontecorvo erreicht, muß sie bei der Ausfahrt Capua über einen anderen Mittelpunkt hinwegkommen, nämlich über jenen, der die erste Hälfte der Autobahnstrecke in zwei Teile teilt, vor Capua wiederum muß sie noch einen Mittelpunkt überwinden und ewig so weiter bis ins Unendliche. Mit anderen Worten, jeder Streckenabschnitt kann in zwei Teile geteilt werden, die ihrerseits wiederum in zwei kleinere Teile geteilt werden können, wobei keines dieser Segmente durch weiteres Teilen je so klein werden kann, daß es nicht doch noch in zwei Teile geteilt werden könnte. Schlußfolgerung: die Person muß, um nach Rom zu gelangen, alle die unendlich vielen Zwischenpunkte der Strecke berühren, dafür aber braucht sie unendlich lange Zeit, also wird sie nie ans Ziel kommen.

Zweites Paradoxon:[21] Achilles galt, wie wir wissen, als Schnellfuß, dennoch hätte er, will man Zenon folgen, nicht einmal die allerlangsamste Schildkröte eingeholt. Wir brauchen nur einmal anzunehmen, Achilles sitzt am Punkt A, und die Schildkröte guckt ihn von ferne, nämlich vom Punkt B, an. Der griechische Held schnellt hoch und stürzt sich wie ein Falke auf Punkt B, um die Schildkröte zu fangen. Die hat aber seine bösen Absichten schon erahnt und sich, während Achilles die Strecke A–B überwindet, ein paar Zentimeter fortbewegt und Punkt C erreicht. Achilles stutzt: Unmöglich, daß ich die nicht schnappe! Von seiner Überlegenheit überzeugt, zischt er gleich noch einmal los und versucht, das Tierchen an Punkt C zu erwischen. Doch die Schildkröte hat sich schon wieder wegbewegt und trotz all ihrer Langsamkeit Punkt D erreicht. Man könnte diese Geschichte bis in alle Ewigkeit weiterführen, Achilles wird die Schildkröte nie fangen, es sei denn, sie stirbt vor ihm, und man weiß, wie lange Schildkröten leben, oder aber sie wartet auf ihn irgendwo auf der Strecke.

Drittes Paradoxon:[22] Ein Bogenschütze schießt einen Pfeil auf eine Zielscheibe ab, wir alle sehen ihn fliegen, nur Zenon nicht, der das Gegenteil behauptet. In jedem einzelnen Augenblick, so der Philosoph, verharrt der Pfeil bewegungslos, und wenn man alle diese Bewegungslosigkeiten zusammenrechnet, kann das Ergebnis nicht Bewegung sein.

Wenn Zenon heute lebte, würde er vielleicht sagen: »Wenn Ihr mir nicht glaubt, versucht doch einmal ein Foto zu machen, und dann sagt selber, ob der Pfeil sich nun bewegt oder ob er stillsteht?« Streng logisch mag er ja vielleicht recht haben, aber praktisch möchte ich jedem Leser abraten, sich in der Nähe von Zielscheiben aufzuhalten.

Viertes Paradoxon:[23] Drei Jünglinge, Antonio, Gennaro und Pasquale, begeben sich ins Stadion. Die beiden ersten gehen gleich auf die Bahn und fangen an zu laufen, der eine in die eine Richtung, der andere in die andere; der dritte Freund hat keine Lust zu laufen, so setzt er sich genau in die Mitte der Tribüne. Nach einer Runde um die Aschenbahn begegnen sich Antonio und Gennaro vor der Stelle, an der Pasquale sitzt. Antonio erscheint Gennaro doppelt so schnell, als er Pasquale erscheint, der nur dasitzt. Zenon, der an das Prinzip des Nichtwidersprüchlichen glaubt, meint dazu: »Die Bewegung erscheint jedem Beobachter verschieden, also gibt es sie nicht!«

Dieses vierte Paradoxon ist am einfachsten zu begreifen, vielleicht ist es sogar so einfach, daß man es gar nicht einmal mehr als Paradoxon ansehen kann. Die Relativitätstheorie hat uns gelehrt, daß es keinen Sinn hat zu sagen, ein Objekt bewegt sich, solange man nicht dazu sagt, ›im Verhältnis wozu‹ sich dieses Objekt bewegt. Man braucht sich also nicht dadurch verwirren zu lassen, daß Antonios Geschwindigkeit Pasquale (der sich nicht bewegt) 20 Stundenkilometer und Gennaro (der in umgekehrter Richtung läuft) 40 Stundenkilometer zu betragen erscheint. Einstein sagt, daß beide Hypothesen richtig sind. Dieses Phänomen konnte nur einen Haarspalter wie Zenon verwundern, der im 5. Jahrhundert noch keine Gelegenheit hatte, in einem Zug zu sitzen und die Bäume auf sich zulaufen zu sehen, nicht aber uns, die wir alles über die Relativität wissen.

Die drei ersteren Paradoxa dagegen sind alle nach demselben Muster aufgebaut, nach dem Muster der unendlichen Teilbarkeit eines begrenzten Raumes oder einer endlichen Zeit. Die Lehrbücher halten sich auch hier im Allgemeinen an die Relativitätstheorie und ziehen sich damit aus der Affäre, daß sie sagen, die Denkaufgaben Zenons seien nur lösbar, wenn man sie innerhalb eines vierdimensionalen Raum-Zeit-Kontextes sähe. Doch kann ich mir nicht vorstellen, daß dem Leser gedient ist, wenn ich ihn aus dem Regen Zenons in die Traufe Einsteins bringe, also versuche ich die Absurditäten Zenons auf eine mathematisch-makkaronische Weise zu erklären.

Null und Unendlich sind zwei Zahlen wie alle anderen; sie werden vielleicht von unsereinem nicht so häufig gebraucht, tauchen aber in den Formeln und Gleichungen der Mathematiker ständig auf. Diese beiden seltsamen Zahlen haben jedoch, im Unterschied zu den gewöhnlichen Zahlen, einige außergewöhnliche Eigenschaften. Null multipliziert mit jeder beliebigen Zahl ergibt zum Beispiel immer Null, und auch Unendlich multipliziert mit einer beliebigen Zahl ergibt immer das Ergebnis Unendlich. Also muß man sich fragen, was geschieht, wenn man nun Null mit Unendlich multipliziert? Es geschieht gar nichts; da hier Grenzwerte der Mathematik zusammentreffen, endet das Match unentschieden, und das Ergebnis bleibt unbestimmt, also beliebig.

Untersuchen wir das erste Paradoxon. Wenn ich eine Wegstrecke, das heißt ein endliches Segment, unendliche Male unterteile, habe ich am ›Ende‹ eine unendliche Zahl von Wegteilchen der Länge Null. Damit aber kann ich nun nicht mit Zenon behaupten, die Summe dieser Teilchen sei zwangsläufig unendlich, denn die genannten Teilchen werden ja im gleichen Augenblick, in dem sie als Zahl unendlich geworden sind, als Länge gleich Null. Es ist also einfach Quatsch, zu sagen, »die Summe einer unendlichen Zahl von Nullen ist unendlich«; damit würde ja in dem Match, von dem wir sprachen, nun doch Unendlich über Null siegen.

Auch im zweiten Paradoxon legt die Schildkröte immer kleinere Wegstrecken zurück, bis der Abschnitt praktisch gleich Null ist. In dem Augenblick schnappt Achilles sie und gibt ihr den wohlverdienten Tritt.

Zum Pfeil-Paradoxon schließlich läßt sich auch nicht mehr sagen: außer mit einem Raum haben wir es hier mit einem Zeitraum zu tun, den der unverbesserliche Zenon so zum Spaß in eine unendliche Zahl von Augenblicken unterteilt, die gleich Null sind; gleiche Argumentation, gleiche Schlußfolgerung.

Ich hoffe, daß ich mich verständlich ausgedrückt habe. Wenn nicht, ist es keine Katastrophe, man kann sehr gut auch ohne Zenons Paradoxa leben.

Der Zyniker Antisthenes zum Beispiel konnte die Eleaten

und ihre ewigen Beweisführungen gegen die Bewegung nicht ausstehen. Es heißt,[24] er sei eines Tages, als es ihm nicht gelang, Zenon und sein Pfeil-Paradoxon zu widerlegen, dauernd im Raum auf und ab gegangen, bis Zenon schließlich ausrief:

»Kannst du nicht einen Augenblick stillstehen?«
»Also gibst du zu, daß ich mich bewege?« erwiderte da Antisthenes.

[1] Platon, *Parmenides*, 166 A, S. 102
[2] Diogenes Laertios, a.a.O., IX 25
[3] Platon, a.a.O., 127 B, S. 64
[4] Diogenes Laertios, a.a.O., IX 25
[5] Aristoteles, fr. 65 Rose
[6] Platon, *Alkibiades*, I 119 A
[7] Platon, *Parmenides*, 127 B, S. 64
[8] F. Rosenthal, *Arabische Nachrichten über Zenon den Eleaten*, in Orientalia 6, 1937, S. 21 ff.
[9] M. Untersteiner, *Zenone. Testimonianze e trammenti*, Florenz 1963, S. 21
[10] Philostratus, *Vita Apollonii* (dt. Philostratus, *Appolonius von Tyana*, Aalen 1970, Scientia)
[11] F. Rosenthal, a.a.O.
[12] Diogenes Laertios, a.a.O., IX 26
[13] Tertullianus, *Apologeticum*, 50
[14] Diogenes Laertios, a.a.O., IX 27
[15] Diodoros Siculus, X 18,2
[16] Clemens Alexandrinus, *Stromata*, IV 57
[17] Diogenes Laertios, a.a.O., IX 27
[18] M. Untersteiner, a.a.O., S. 19
[19] Platon, a.a.O., 128 C, S. 66
[20] Aristoteles, *Physik*, VI 9, 239b 9
[21] ebd., 239b 14
[22] ebd., 239b 30
[23] ebd., 239b 33
[24] *Proclus in Parmenidem*, I p. 69 423

XIV

Melissos

Melissos ist der einzige Admiral, der als Philosoph in die Geschichte einging. Im allgemeinen neigen ja Soldaten, vor allem Marineangehörige, eher zu einem entschiedenen Befehlston als zur dialektischen Diskussion. Doch dem ›Seebefehlshaber‹ Melissos gelang es, sich als vierter und letzter Denker der eleatischen Schule ein Plätzchen in der Philosophiegeschichte zu erobern. Wie es ihm gelang, die parmenidische Theorie der Bewegungslosigkeit mit der in seinem Handwerk als Feldherr immer gebotenen kriegerischen Aktionsbereitschaft in Einklang zu bringen, wird ewig ein Geheimnis bleiben; aber wir können uns ausmalen, wie er bei Flaute vor der ionischen Küste an Deck des Admiralsschiffes über eine Luke gebeugt an seiner Schrift *Von der Natur und über das Sein* schrieb.

Über das Leben des Melissos wissen wir wenig oder nichts: Plutarch[1] berichtet, er habe an der Spitze der samischen Flotte eine Schlacht gegen die Athener gewonnen, und möglicherweise ist genau aus diesem Grund so wenig überliefert. Athen war in der zweiten Hälfte des 5. Jahrhunderts Mittelpunkt der griechischen Welt, und wer sich gegen Athen stellte, blieb eine Randfigur, zumindest in den Augen der Gebildeten am Hofe des Perikles. Zwei Generationen später vollendete Aristoteles das Verdunklungswerk, und von da an war nichts mehr zu retten: der enzyklopädische Philosoph aus Stagira katalogisierte, urteilte und entschied für die kommenden 2000 Jahre, wer verdiente, im Gedächtnis der Nachwelt weiterzuleben, und wer auf ewig vergessen werden sollte.

Zenon und Melissos zum Beispiel nannte er freimütig zwei »schlechte Philosophen«.[2] Der erstere war ihm unsympathisch wegen seiner Paradoxa, der letztere, weil er der Materie jenen Unendlichkeitscharakter zuwies, den er selber dem Bereich des Immateriellen vorbehalten wollte. Andererseits kann man Platon und Aristoteles bei einer Beurteilung der vorsokratischen Philosophen nicht einfach außer acht lassen. Da fast alle Originalschriften verlorengegangen sind, mußte die Wissenschaft stets für bare Münze nehmen, was die beiden Oberphilosophen geschrieben hatten, und bekanntlich läßt sich über längst vergangene Dinge gelassen berichten, nur wehe, wenn es um Zeitgenossen geht – wer möchte sich da auf das Urteil von Kollegen verlassen!

Melissos, Sohn des Ithagenes,[3] wurde zwischen 490 und 480 v. Chr. auf der Insel Samos geboren. Über seine ersten 40 Lebensjahre ist uns nichts überliefert; da er Admiral war, ist zu vermuten, daß er zahlreiche Seereisen unternahm. Wir gehen also davon aus, daß er sowohl in Milet, der Heimatstadt des Anaximander, als auch in Elea, der Geburtsstadt des Parmenides, gewesen ist, also dort, wo gerade jene beiden Philosophen ›blühten‹, die sein Denken am stärksten beeinflußt haben. Die Hypothese, er könnte den Eleaten im Jahre 450 in Athen begegnet sein, überzeugt mich schon weniger. Parmenides war sehr schnell wieder abgefahren, was hätte er ihm in der kurzen Zeit beibringen können? Und Zenon verbrachte wohl viele Jahre am Hof des Perikles in Athen, doch war dies zu einer Zeit, als die Beziehungen zwischen Samos und Athen sehr gespannt waren.

Melissos wird erst 442 v. Chr. die Ehre zuteil, in die Chroniken einzugehen, in jenem Jahr nämlich, als zwischen Samos und Milet Streit um den Besitz von Priene ausbrach.[4] Milet wurde bei einem Scharmützel der beiden einander feindlich gegenüberliegenden Städte schwerer getroffen, weinte sich aber am nächsten Tag beflissen im Schoß von Mutter Athen aus, die den Schaden abwenden sollte. Man muß dazu wissen, daß Athen damals eine Art Schutzmachtfunktion für alle Küstenstädte der Ägäis übernommen hatte, es war also ganz normal, daß man sich in solchen Fällen um Hilfe an Athen wandte; dennoch scheint es, daß Perikles sich mehr von seiner Geliebten Aspasia hatte überreden lassen, Milet zu verteidigen, als von der milesischen Abordnung.[5] Sicher ist jedenfalls, daß die armen Samier sich eines schlimmen Morgens von einer Flotte, die aus 40 Schiffen bestand, eingekreist sahen. Die Athener verjagten die herrschende Regierung und setzten an deren Stelle einen demokratischen Ausschuß ein, sie nahmen 50 Geiseln, nur Söhne der angesehensten Familien, und ließen eine kleine Besatzung zur Verteidigung ihrer Interessen zurück. Einer Gruppe von Politikern war aber die Flucht gelungen; sehr wahrscheinlich befand sich Melissos unter ihnen, der, wie fast alle Philosophen jener Zeit, aristokratischer Herkunft war. Die Flüchtlinge erhielten politisches Exil bei Pissuthnes, dem Tyrannen von Sardes. Mit seiner Hilfe bewaffneten sie 700 Krieger, um das verlorene Vaterland zurückzuerobern. Das Unternehmen gelang, die Aristokraten nahmen die Stadt wieder in ihre Gewalt, nachdem sie die Besatzungstruppen überwältigt hatten. Nun tätowierten sie ihrerseits, aus Rache dafür, daß die Athener während der Invasion einigen einheimischen Würdenträgern eine Sameina[6] auf die Stirn tätowiert hatten, jedem Athener eine Eule ins Gesicht – Athens Symbol, das auch auf die Münzen geprägt war. Aber sie konnten sich ihres Sieges nicht so recht freuen, mußten sie doch damit rechnen, daß Perikles früher oder später wieder auftauchen würde. Sie versuchten, ihn auf diplomatischem Wege zu besänftigen: Pissuthnes bot ihm sogar 10 000 Goldtaler an, und Gott allein weiß, in welchem Maße Perikles käuflich war. Diesmal war die Schmach aber zu groß gewesen, und der Athener mußte das Angebot, wenn auch schweren Herzens, ablehnen. Während so hin und her verhandelt wurde, hatte Melissos für alle Fälle die Verteidigung vorbereitet: die Mauern verstärkt und im Innern der Stadt möglichst viel Vorräte angehäuft.

Die Athener ließen nicht lange auf sich warten: 60 Schiffe, von Perikles persönlich befehligt, belagerten die Stadt, nachdem sie eine erste Seeschlacht schon gewonnen hatten, und schlossen sie nun von allen Seiten ein. In dieser schwierigen Lage bewährte sich Melissos mit einer Ruhmestat. Er nutzte eines Nachts die Gelegenheit, als Perikles sich mit einigen Ruderbooten[7] entfernt hatte, wagte einen Ausfall und zerstörte die übriggebliebenen athenischen Schiffe. Damit erzielte er zwar einen Pluspunkt für die Farben von Samos, konnte aber eine Niederlage nicht mehr abwenden. Perikles bewaffnete nämlich eine Flotte, die noch stärker war als die erste, und diesmal gab es für die Samier keine Hoffnung mehr. Die Belagerung dauerte neun Monate, und am Ende wurde die Stadt mit Hilfe neuer Kriegsmaschinen eingenommen, die ein gewisser Artemon Periphoretos erfunden hatte, ein hinkender, homosexueller Athener Architekt, der aus Angst vor einem Unfall nie sein Haus verließ. Er verbrachte sein ganzes Leben im Sitzen, und zwei Sklaven mußten ständig neben ihm stehen und einen ehernen Schild über ihn halten, damit ihm nichts auf den Kopf fallen konnte.[8]

Außer durch sein Geschick als Feldherr hat sich Melissos als der vierte Philosoph der eleatischen Schule ausgezeichnet. Der grundlegene Unterschied zwischen ihm und seinen Vorgängern besteht darin, daß das Seiende für Melissos identisch mit der empirischen Wirklichkeit ist, während es für Parmenides außerhalb der Zeit lag. »Immer war, was war, und es wird auch immer sein«,[9] sagte der Admiral. Und so lassen sich auch die Schmähungen des Aristoteles erklären, der nicht hinnehmen will, daß das parmenidische Seiende von seiner geistigen Ebene auf die Ebene sinnlicher Wahrnehmung herabgezerrt werden soll.[10]

Für uns gewöhnliche Menschen scheint da vielleicht zunächst kein großer Unterschied zu bestehen, untersuchen wir die Bedeutung der beiden Konzepte aber genauer, erkennen wir auch, wie grundlegend verschieden sie sind.

Melissos ist ein Mann der Praxis, oder zumindest ist er dies mehr als Parmenides, und zwar schon deshalb, weil er dem Einfluß der Physiologen der milesischen Schule und insbesondere Anaximanders unterlegen war. Während er also, was die Flüchtigkeit des äußeren Scheins und die Unzuverlässigkeit der Sinne betrifft, die Auffassung der Eleaten teilt, stellt er sich andererseits das Seiende nicht als etwas Leeres und Abstraktes vor, sondern versucht, es konkret zu fassen und mit dem ganzen Weltall zu identifizieren, also mit etwas Unbestimmtem und Unendlichem, das alles umfaßt. So gesehen ist sein Seiendes dem *apeiron* Anaximanders näher verwandt, als dem unfaßbaren Seienden des Parmenides, auch wenn er mit diesem in vielen Punkten übereinstimmt. Der Admiral sagt:[11]

- Wenn etwas da ist, ist es ewig, denn aus Nichts kann nur nichts entstehen.
- Wenn es ewig ist, ist es auch unendlich, da es weder Anfang hat noch Ende.
- Wenn es ewig ist und unendlich, ist es auch eines, denn wäre es zwei, müßte eines das andere begrenzen.
- Wenn es ewig ist und unendlich und eines, ist es auch gleichartig, denn wenn es nicht gleichartig wäre, unterschieden sich seine Teile voneinander, und es wäre also vielfältig.
- Wenn es ewig ist, unendlich, eines und gleichartig, ist es auch bewegungslos, da es außerhalb seiner selbst keinen Ort gibt, wohin es sich bewegen könnte.
- Wenn es ewig ist, unendlich, eines, gleichartig und bewegungslos, kann es weder leiden, noch Schmerz empfinden, da es immer sich selbst gleich bleiben muß.

Stellen wir zunächst klar, daß dies tatsächlich die Theorien des Melissos sind und nicht etwa eine Litanei ›aus alter Zeit‹. Befriedigt sehen wir dann, daß der Philosoph in seiner ersten Hypothese das Verb ›dasein‹ gebraucht, eine etwas gemeinverständlichere Weise, das Seiende auszudrücken, die uns sogar eine praktische Antwort auf unsere bohrendsten Fragen zu geben vermag. Wenn jeder einzelne fühlt, daß etwas da ist, ist es ein tröstlicher Gedanke, daß dieses Dasein auch, und zwar über jeden irdischen Anschein hinaus, grenzenlos ist.

Das Seiende des Melissos ist also gut, es ist positiv. Es entspricht unserem Gottesbegriff noch nicht ganz, kommt ihm aber schon sehr nahe. Der Sprung von der Konzeption eines unendlichen, einzigen und ewigen Universums zur Hypothese eines Gottes mit den gleichen Merkmalen ist nicht mehr groß, und nicht umsonst beschreibt Melissos das Seiende fast so, als spräche er von einem bärtigen Alten. Es kann weder vergehen, noch sich verändern: »Wenn es also in 10 000 Jahren auch nur um ein Haar sich verändern würde, so würde es im Verlauf aller Zeiten ganz zugrunde gehen.«[12]

---

[1] Plutarch, *Perikles* 26 (dt. u. a. *Lebensbeschreibungen*, München 1964, S. 343)
[2] G. Calogero, *Studi sull'eleatismo*, Rom 1932, S. 141
[3] Diogenes Laertios, *a. a. O.*, IX 24
[4] Thukydides, *Der peloponnesische Krieg*, Bremen 1957, I 115–16, S. 85 ff.
[5] Plutarch, *a. a. O.*, 25–8, S. 342 ff.
[6] Die Sameina ist ein typisches Boot von der Insel Samos
[7] Diese Ruderboote, die Kriegsschiffe des Altertums, nennt man auch ›Trieren‹, ›Dreiruderer‹, da sie auf jeder Seite über drei Reihen von Rudern verfügten.
[8] Plutarch, *a. a. O.*, 27, S. 344
[9] Melissos, fr. 1 Nestle
[10] Aristoteles, *Metaphysik*, I 5, 986b 25, S. 23
[11] Aristoteles, *Über Melissos, Zenon, Xenophanes und Georgias*, Stuttgart 1860, Werke 1–2, 974a–977a, Bd. VII, S. 54 ff.
[12] Melissos, fr. 7 Diels

XV

Agrigent

Kurz die Geschichte von Agrigent: eine Gruppe Flüchtlinge von der Insel Rhodos und etwa 1000 Siedler, die aus Gela stammten, beschlossen eines schönen Morgens im Jahre des Heils 583 v. Chr. unter Anführung ihrer Befehlshaber Aristonoos und Pistyllos, sich an einem Abhang zwischen zwei Flüssen, dem Akragas und dem Hypsas, niederzulassen. Die Gegend bot alles, was ein Siedlerherz höher schlagen läßt: im Osten und im Westen die beiden klaren und üppigen Wasserläufe, die zwei natürliche, leicht zu verteidigende Grenzen bildeten, im Norden einen Felshügel, ideales Gelände für den Bau einer Akropolis, die auch mit Recht so genannt werden durfte, und schließlich nicht mehr als drei Kilometer vor ihnen das Meer, gerade die richtige Entfernung, die sie davor bewahrte, von den Karthagern gleich im Bett überrascht zu werden.

Die Kolonie entfaltete sich rasch und zählte nach einem knappen Jahrhundert schon 200 000 Einwohner.[1] Der Tyrann Theron unterwarf, als Empedokles noch ein kleiner Junge war, die Städte Heraklea Minoa und Himera und verschaffte sich dadurch eine Menge Sklaven, mit deren Hilfe er zahllose, unvergleichlich prachtvolle öffentliche Gebäude errichten ließ. Wer heute das Tal der Tempel besucht, wird vor allem vom Anblick des Concordiatempels gefangengenommen, der als einziger noch steht. Der Besucher aber, der länger verweilt und die aufeinandergehäuften Reste des Tempels des Olympischen Zeus betrachtet, erkennt schnell die

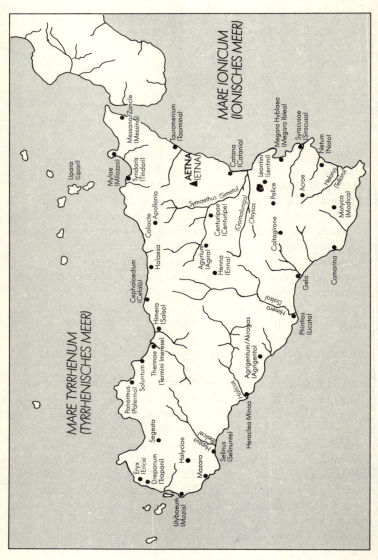

Abb. 5 Sizilien zur Zeit der griechischen Kolonisation.
In Klammern die heutigen Namen.

gigantischen Ausmaße dieses Bauwerks: 110 mal 55 Meter, die Maße eines Fußballfeldes, umfaßte dieser Tempel, neben dem selbst der Parthenon verblaßte.

Agrigent war so reich und so gastfreundlich, daß Pindar es »die schönste aller sterblichen Städte« nannte. Selbst die Friedhöfe waren hier noch außergewöhnlich: neben den Kapellen der aristokratischen Familien, mit Basreliefs, auf denen die Heldentaten der Verstorbenen dargestellt waren, gab es Grabdenkmäler für die Pferde, die bei den Olympischen Spielen gesiegt hatten, und sogar das Mausoleum für einen Sperling, der der einzige Spielgefährte eines aristokratischen Mädchens war, fehlt nicht.[2]

Es ist wohl nicht einmal übertrieben, wenn man behauptet, daß Agrigent damals besser mit Wasser versorgt war, als es dies zu unserer Zeit ist. Offenbar verfügte es im 5. Jahrhundert v. Chr. über eine städtische Wasserleitung und ein überdachtes Becken, in das alles überschüssige Wasser geleitet wurde. Heute dagegen muß im Sommer das Wasser immer häufiger rationiert werden.

Auch im Handel waren die Agrigenter führend; vor der Stadtmauer hatten sie einen riesigen Marktplatz erbaut, praktisch eine Art Messegelände, wo sie regelmäßig mit den Kaufleuten des ganzen Mittelmeergebietes zusammentrafen. Ein greifbares Zeugnis dieser Führungsrolle im Handel sind die außerordentlich schönen Gold- und Silbermünzen mit der Aufschrift ›Akragas‹ und den Wahrzeichen der Stadt: Krebs, Adler und Quadriga. Timaios berichtet: »Die Akragantiner schwelgen, als müßten sie morgen sterben, ihre Häuser aber richten sie her, als würden sie ewig leben.«[3] Der hohe Lebensstandard war im übrigen typisch für alle Städte Siziliens; die Insel galt bei den Griechen als eine Art Amerika *ante litteram*, eine neue Welt also, wo man schnell und leicht zu Geld kam. In den Palästen der sizilianischen Tyrannen herrschte ein freier Geist, wie später erst wieder an Renaissancehöfen. Domenico Scinà, ein Abt des frühen 19. Jahr-

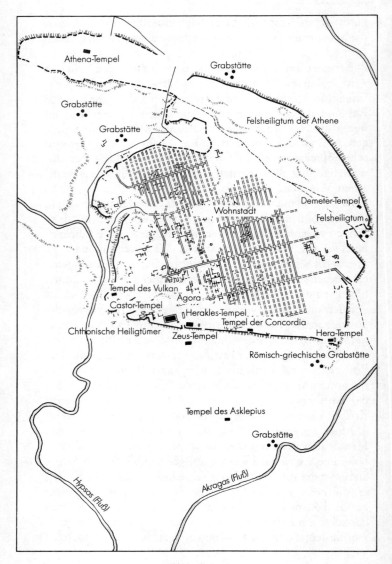

Abb. 6   Agrigent

hunderts, erzählt, daß »die beiden Höfe von Syrakus und Agrigent miteinander in Hofsitten und Eleganz wetteiferten, edle Talente förderten und diese zur höchsten und erfindungsreichsten Kunst anregten«.[4]

Aber wie das so ist, läßt es sich an einem Ort angenehm leben, treten immer auch Sittenrichter auf den Plan, die alles verdammen. Diodoros erzählt, die Verweichlichung sei so weit gegangen, daß den Wachen während der Belagerung durch die Karthager kraft Erlaß verboten werden mußte, mit mehr als zwei Kopfkissen zu schlafen.[5] Und Timaios, der mit seinen Klatschgeschichten unübertroffen ist, beglückt uns mit der Beschreibung einer Orgie im Agrigent des 5. Jahrhunderts v. Chr. An jenem Abend, erzählt der taorminische Geschichtsschreiber, hatte man viel getrunken – und vielleicht, füge ich hinzu, auch Drogen herumgereicht –, jedenfalls vermeinten die Gäste auf dem Höhepunkt des Festes, vom Innern einer Villa an Bord eines den Wellen preisgegebenen Schiffes versetzt worden zu sein. Von Panik ergriffen, fingen sie an, sämtliche Einrichtungsgegenstände aus den Fenstern des Hauses zu werfen, weil sie voller Verzweiflung hofften, sich mit weniger Ballast länger über Wasser halten zu können. Als dann schließlich die Ordnungshüter eintrafen, wurden diese, wie Timaios schreibt, als Meeresgötter begrüßt, alle warfen sich ihnen zu Füßen und erflehten Vergebung. Von jenem Tag an wurde das betreffende Haus nur noch ›das Ruderboot‹ genannt.[6]

Agrigent erlebte seine höchste Blüte zu Beginn des 5. Jahrhunderts, während der Diktatur Therons und danach während der Demokratie.

Theron war einer der drei großen sizilianischen Tyrannen, die in jener Zeit herrschten; die beiden anderen, die Brüder Gelon und Hieron, die in Gela beziehungsweise in Syrakus herrschten, waren in gewisser Weise mit ihm verwandt, da der erstere eine seiner Töchter geheiratet hatte. Diese drei Herren hielten es angesichts der Bedrohung durch das nahe

Karthago und der vielen Aufstände der sizilianischen Bevölkerung für empfehlenswert, ein wirksames militärisches Bündnis einzugehen. Die Karthager wurden 480 in den Wassern vor Himera endgültig geschlagen, im selben Jahr, in dem die Griechen bei Salamis die persische Flotte zerschlugen. Pindar hielt dies nicht für einen Zufall, sondern für eine Fügung des Schicksals: ›Zeus mit uns‹, die Götter hatten sich auf die Seite der Griechen gestellt.[7]

Auf die drei Großen folgte aber dann, wie es oft geschieht, eine Generation von Kleinen. Die Nachfolger von Theron, Gelon und Hieron erreichten nicht das Format ihrer Väter, erstens stritten sie untereinander und zweitens unterschätzten sie auch die demokratische Opposition. Thrasydeios, der Sohn Therons, ließ sich auf Krieg mit Syrakus ein, was in einem kolossalen Gemetzel endete; daraufhin wurde er ins Exil nach Griechenland geschickt und dort zum Tode verurteilt. In Agrigent hatte nun die demokratische Partei gesiegt, alle Anhänger des alten Regimes wurden verdrängt, mit Syrakus wieder ein Bündnis geschlossen.

In diesem Klima der Erneuerung betritt, kaum zwanzigjährig, Empedokles die politische Szene.

---

[1] Timaios zufolge gab es zu Lebzeiten des Empedokles 800 000 Einwohner in Agrigent. Vgl. hierzu Diogenes Laertios, *a. a..O.*, VIII 63. Gemessen am Raum innerhalb der Stadtmauern scheint diese Behauptung jedoch übertrieben.
[2] D. Scinà, *Vita e filosofia d'Empedocle girgentino*, Palermo 1813, S. 52
[3] Diogenes Laertios, *a. a. O.*, VIII 63
[4] D. Scinà, *a. a. O.*, S. 28
[5] Diodoros Siculus, XIII 84,6
[6] Athenaios, *Deipnosophistai*, II 37 B
[7] Pindar, *Pythiae*, I, v. 75–81

XVI

Empedokles

Empedokles war Philosoph, Arzt, Dichter, Physiker und ein Demokrat. Halt, ganz falsch, er war ein Quacksalber, Scharlatan, Guru, einer, der sich selber für einen Gott hielt und auf alle herabsah. Ja, wer war Empedokles nun wirklich? Am besten hat ihn wohl immer noch Renan charakterisiert, der sagte: »Ein Mann von vielerlei Talenten, halb Newton und halb Cagliostro.«[1]

Er wurde 492 v. Chr. in Agrigent als Sohn einer vornehmen und wohlhabenden Familie geboren. Wie bei allen griechischen Philosophen, ist auch sein Geburtsdatum nur geschätzt. Der Vater hieß Meton und der Großvater gleich ihm: Empedokles.[2] Dieser Großvater hatte sich als erster der Familie mit Ruhm bedeckt. Als Pferdezüchter hatte er die 71. Olympiade gewonnen und war dafür in der ganzen griechischen Welt berühmt geworden. Ein Sieg bei den Olympischen Spielen stand damals in außerordentlich hohem Ansehen; die Olympioniken speisten mit den höchsten Würdenträgern, ihre Namen wurden auf öffentliche Tafeln gemeißelt. Als der Olympiasieger Diagoras miterlebte, wie seine beiden Söhne ebenfalls die Spiele gewannen, bedrängten ihn die Anwesenden, sich doch sofort umzubringen: »Stirb, o Diagoras«, sagten sie zu ihm, »denn mehr als das kann dir das Leben nicht schenken!«[3] Empedokles der Ältere aber begnügte sich damit, den Zuschauern zur Feier seines Sieges einen Stier aus Honig und Mehl zu opfern.[4]

Empedokles war noch nicht sechzehn, als er einmal in den

Säulengängen des Heraklestempels Xenophanes hörte. Nach der Vorlesung fragte er den Meister, ob es wohl eine Methode gäbe, einen weisen Mann zu erkennen, und der Alte antwortete, das sei nicht sehr schwierig, man müsse nur selber weise sein.[5] Vermutlich konnte der Junge die vom achtzigjährigen Philosophen aus Kolophon entwickelten Gedanken nicht alle verstehen, aber sein Wunsch, sich dem Studium der Natur zu widmen, erwachte bei dieser Gelegenheit.

Nach einer ebenso kurzen wie intensiven Phase der politischen Militanz, während der er daran mitwirkte, das Regime des Thrasydeios, Therons Sohn, zu stürzen, beschloß er, nach Elea zu gehen. Vielleicht hoffte er, dort aufs neue Xenophanes zu begegnen, aber er bekam nur Parmenides und Zenon zu Gesicht, was für ihn enttäuschend endete. Empedokles, ein junger Mann, der den Agrigenter Aufstand des Jahres 472 mitgemacht hatte, war doch gewiß ein Mann der Tat, der das Konkrete liebte und sich für die Natur interessierte. Da mußte ihm Parmenides mit seinem abstrakten Intellektualismus wirklichkeitsfremd erscheinen.[6]

»Nachdem er der Haarspaltereien überdrüssig war«,[7] kehrte er nach Sizilien zurück und schrieb sich an der pythagoreischen Schule ein. Einige sagen, er sei Schüler des Sohnes von Pythagoras, Thelauges, gewesen, andere meinen, er habe bei Brontinos und Epicharm gehört; gewiß ist nur, daß er auch mit den Pythagoreern Schwierigkeiten hatte. Diese waren bekanntlich eher eine politisch-religiöse Sekte als eine Schule, und Empedokles mit seinem extrovertierten Charakter gewiß kein gehorsamer Schüler. Er wurde beschuldigt, außerhalb der Schule allzuviel herumzuerzählen, jedenfalls mehr, als die pythagoreischen Regeln erlaubten, und zu jenen strafversetzt, die kein Recht hatten, während der Unterrichtsstunden etwas zu sagen – was ihm fast zur Ehre gereicht, wenn man bedenkt, daß Platon wenig später dieselbe Behandlung widerfuhr.[8]

Von den Themen, die in der pythagoreischen Schule

behandelt wurden, gefielen Empedokles Magie und Seelenwanderung am besten. Doch drängte sich dem Schüler immer mehr der Verdacht auf, daß seine Meister ihn nur sehr zögernd in die Berufsgeheimnisse einweihten, und so beschloß er, sie einfach zu überflügeln und die Universitäten jener Zeit zu besuchen, nämlich die orientalischen Schulen. Die Ägypter, Chaldäer und vor allem die Magier unterwiesen ihn in den mystischen Künsten: Hypnose, Telekinese und Gedankenlesen. Plinius und andere Geschichtsschreiber taten Empedokles eben wegen dieser esoterischen Praktiken als Scharlatan ab und übersahen dabei bewußt, daß die Magie damals eine sehr angesehene Sparte war. Die Menschen brauchten Vermittler zu ihren Göttern, und daher wandten sie sich an die Magier, die für sie eine Art Untergötter waren. Der Kult dieser stellvertretenden Götter wurde Theurgie genannt. Später aber kam dann von Chaldäa eine religiöse Sekte, deren Anhänger, die Geten, satanische Riten befolgten: sie versammelten sich in dunklen Höhlen und vollzogen Menschenopfer. Die Theurgen wurden mit diesen Geten schließlich in einen Topf geworfen, sehr zum Schaden des guten Rufes, in dem die Magier gestanden hatten. Vergessen wir aber nicht, daß Empedokles, gemessen an den Möglichkeiten seiner Zeit, auch ein sehr guter Arzt war. Er galt zum Beispiel als besonderer Experte der menschlichen Anatomie. Fast alle Philosophen übten Anfang des 5. Jahrhunderts Medizin aus, die von der Theologie beherrscht wurde. Man glaubte, eine Heilung schnell herbeiführen zu können, wenn »man die Phantasie der Kranken anheizte«.[9] Erst später mit Hippokrates entwickelte sich die Medizin zu einer eigenen Wissenschaft.

In seine Heimat zurückgekehrt, widmete sich Empedokles einer Reform der Sitten. Er fand, die öffentliche und private Moral seiner Mitbürger habe sehr nachgelassen und entschied, sie sollten »das Übel aushungern«, um sich von allen begangenen Sünden zu reinigen. Er beschuldigte die Stadtverwalter, aus der öffentlichen Kasse gestohlen zu haben, griff die Versammlung der Tausend an,[10] nämlich jene Gruppe von Aristokraten, die allmählich an allen Hebeln der Macht saß, und schlug eine neue, auf bürgerlicher Gleichheit beruhende Regierung vor. Die Begeisterung der Bevölkerung für diese Initiativen wuchs so stark an, daß man ihm den Titel des Tyrannen anbot. Natürlich lehnte der Philosoph ab[11] (wie seinerzeit auch schon Heraklit abgelehnt hatte), doch ein Verdacht scheint uns nicht unbegründet: wäre ihm der Titel ›Gott‹ angeboten worden, hätte er wohl nicht nein gesagt.

Gewöhnlich wandelte er, von einem Schwarm junger Männer angeführt und von Dienern und Bewunderern umringt, durch die Straßen von Agrigent. Er war mit einem purpurnen Gewand bekleidet, trug einen goldnen Gürtel und Schuhwerk aus Kupfer. Er hatte einen dichten Bart, und sein Haupt war zu Ehren Apollons mit einer delphischen Krone bekränzt.[12]

Er schätzte sich selber so ein:

»Seid mir gegrüßt, ihr Freunde, die hoch ihr wohnt in der großen/ Stadt an des Akragas gelblicher Flut, ihr trefflichen Herzen/... Nicht mehr bin ich ein Sterblicher euch, ein unsterblicher Gott jetzt/ Wandr' ich umher, verehrt von jedermann, wie sich's gebühret;/ Heilige Binden und blühende Kränze umgeben das Haupt mir./ Wenn ich, von Jüngern geleitet, von Männern und Frauen, dann einzieh'/ In die herrlichen Städte, zollt überall man mir Verehrung./ Tausende kommen und fragen, wo doch zum Heile der Pfad führt./ Seherspräche verlangen die einen und andere wünschen/ Von mir ein kräftiges Wort, um allerlei Krankheit zu bannen,/ Weil sie schon lang sich fühlen gequält von heftigen Leiden.«[13]

Mit diesem Selbstporträt fühlen wir uns von ihm, der doch ein Zeitgenosse des Sokrates und Demokrit war, in die Epoche eines Pythagoras zurückversetzt!

Empedokles war ein Techniker und ein Prophet zugleich. Einmal wurde Selinunt von einer furchtbaren Pest heimgesucht, und er erkannte, daß die Epidemie vom stehenden Gewässer eines kleinen Flusses ausgelöst worden war, der mitten durch die bewohnten Gebiete führte. Nachdem er das umliegende Gebiet genau untersucht hatte, ließ er Kanäle ausheben, durch die er andere Wasserläufe aus der Umgebung in diesen Fluß umleitete, um in Dürrezeiten einen regelmäßigen Abfluß zu garantieren; all dies auch noch auf seine Kosten.[14] Klar, daß er nach dieser Aktion auch von den Seliuntern wie ein Gott verehrt wurde.

Bei einer anderen Gelegenheit ließ er in der Nähe von Agrigent eine enge Gebirgsschlucht mit Hunderten von Eselsfellen absperren und verhinderte so ein Eindringen des Schirokko in die darunterliegenden Täler. Auch diese Erfindung diente dem Schutz gegen eine Epidemie. Ob die Anekdote nun stimmt oder nicht, von jenem Tag an jedenfalls konnte er sich mit dem Beinamen ›Windebändiger‹ schmücken.[15]

Der Philosoph, den Aristoteles auch den »Erfinder der Redekunst«[16] nannte, hatte zwei Schüler, Gorgias und Pausanias. Und mit letzterem wird ihm wieder die übliche Liaison unterstellt, jedenfalls brachten Aristippos und Satyros dieses Gerücht auf.[17] Doch wird der Leser sich an diesem Punkt unserer Geschichte über die homosexuellen Beziehungen der griechischen Philosophen wohl nicht mehr wundern.

Empedokles konnte mit seinen Freunden so liebenswürdig wie in grundsätzlichen Fragen hart sein. Als er einmal zu einem Fest eingeladen war, wunderte er sich, daß der Hausherr keinen Trunk anbot. Als er ein wenig Wein verlangte, mußte er sich anhören, das Gelage werde erst nach Eintreffen einer gewissen politischen Persönlichkeit eröffnet. Als dieser Herr dann eintraf, brachte der Gastgeber sofort beflissen einen Trinkspruch auf ihn aus und ernannte ihn zum Symposiarchen, das heißt zum König des Festes. Wie sollte das dem Philosophen gefallen? Tags darauf beschuldigte er die beiden Freunde im Senat, die Tyrannei zu erstreben, und ließ sie zum

Tode verurteilen.[18] Für ein halbes Stündchen, das der Meister mal ohne Wein hatte auskommen müssen, scheint uns diese Strafe doch leicht übertrieben.

Empedokles verfaßte zwei Gedichte in Hexametern: *Über die Natur* und *Reinigungslied*, Werke, die einst 5000 Verse umfaßten, von denen aber nur 400 erhalten geblieben sind. Aristoteles behauptet, daß er außerdem 43 Tragödien, einige politische Aufsätze, eine historische Erzählung über Xerxes und ein Proömium, also eine kleine Hymne, auf Apollon geschrieben habe, eines schönen Tages aber seine Schwester beauftragte, alle diese Werke zu verbrennen, da sie seinen hohen Talenten nicht entsprächen.[19] Dabei war Empedokles unter den Philosophendichtern gewiß einer der besten. Und er scheint auch ein guter Sänger gewesen zu sein. Als er einmal mit dem Richter Anchytos im Gespräch beisammen saß, stürzte wutentbrannt ein junger Mann in sein Haus, um sich an dem Richter zu rächen, der am selben Tag seinen Vater zum Tode verurteilt hatte. Empedokles ergriff seelenruhig eine Leier, die gerade neben ihm lag, und fing an zu singen, als wäre nichts gewesen:

> *Dies ist eine Arznei aus Wut und Schmerzen*
> *Dies ist das einzige Vergessen aller Übel.*

Kurz, der Jüngling beruhigte sich schlagartig, und Empedokles konnte seinem Freund das Leben retten. Der angriffslustige junge Mann scheint dann sogar einer seiner besten Schüler geworden zu sein.[20] Von den zahlreichen Wundern, die Empedokles angedichtet wurden, möchte ich wenigstens eines erwähnen: das Wunder an der Frau, die schon 30 Tage im Koma gelegen hatte. Abt Scinà erzählt es so: »In Girgenti lag eine Frau mit einer Gebärmutterkrankheit darnieder, die die Meister der Medizin Hysterie heißen. Kein Zweifel, daß es vor allem Frauen oft verstehen, sich nur krank zu stellen, diese Frau scheint aber wirklich krank gewesen zu sein, denn sie war für Berührungen unempfindlich geworden, und da sie nicht mehr zu atmen schien, wurde sie von allen als tot angesehen. Darauf nahm Empedokles sie bei der Hand und gab ihr das Leben zurück.«[21]

Auch über den Tod des Philosophen gibt es so viele Berichte, daß wir nur zu wählen brauchen; nicht weniger als sechs Versionen seines Hinscheidens sind überliefert, und alle sind ganz ungewöhnlich. Wir vernehmen etwa, daß er sich im Alter von 60 Jahren selbst erdrosselt haben soll,[22] daß er während des Exils auf dem Peloponnes eines natürlichen Todes gestorben sein[23] oder, wie Demetrios, der Troizenier, sagt, Selbstmord durch Erhängen an einem Kornellenast begangen haben soll.[24] Neanth, der Kyziker, wiederum behauptet, daß er mit 77 Jahren auf der Fahrt zu einem Volksfest nach Messina aus einem Wagen fiel und so umkam.[25] Thelauges schreibt in einem Brief an seinen Freund Philolaos, Empedokles sei aus Altersschwäche ins Meer gestürzt.[26] Die bekannteste Version, die auch am besten in sein Persönlichkeitsbild paßt, ist jedoch die des Herakleides Pontikos, derzufolge Empedokles nach der Auferweckung der Frau aus Agrigent wohl begriffen hatte, daß er auf dem Gipfel seines Ruhmes stand und nun möglichst so verschwinden mußte, als wäre er ein Gott gewesen. Also stürzte er sich in den Krater des Ätna. Zum Beweis der Tat spuckte der Vulkan kurz darauf eine seiner berühmten kupfernen Sandalen aus.[27] Schade, daß gegen diese Version ein wenig der gesunde Menschenverstand spricht, ein wenig auch die weite Entfernung Agrigents vom Ätna, vor allem aber die geringe Glaubwürdigkeit des Herakleides Pontikos, der bei einer anderen Gelegenheit behauptete, von Angesicht zu Angesicht mit einem Mann gesprochen zu haben, der vom Mond gefallen war.[28]

Empedokles war, wie gesagt, nicht nur Magier, sondern auch Wissenschaftler, Philosoph und Dichter.

Als Wissenschaftler kommt ihm das Verdienst zu, die Luft entdeckt zu haben, eine Materie also, die wir allgemein ›Luft‹ nennen, die aber nichts mit der Leere zu tun hat. In einem Fragment seines Gedichtes *Über die Natur* beobachtet der Philosoph aus Agrigent ein Mädchen, das »mit einer Klepsydra (einem Wasserheber) aus glänzendem Erze spielt. Solange es des Halses Mündung gegen die wohlgeformte Hand gedrückt hält und so die Klepsydra in den weichen Bau des silbernen Wassers eintaucht, tritt kein Naß in das Gefäß ein, sondern dies hindert der Luft Gewicht.«[29] Gleich darauf entdeckt er auch die Zentrifugalkraft und bemerkt: wenn wir einen Eimer an eine Schnur binden und ihn herumwirbeln, klebt das Wasser am Grunde des Eimers fest und kann nicht herausfallen. Und schließlich entwirft er eine einfältige, aber sehr eindrucksvolle Evolutionstheorie, mit der er den revolutionären Darwin um 2300 Jahre vorwegnimmt.

Dieser Theorie zufolge verbanden sich die Teilchen der Urelemente ohne jede Ordnung miteinander, und die ersten Lebewesen entstanden durch Zufall. »Einzelne Arme auch irrten umher, der Schultern ermangelnd;/ Augen schweiften umher allein, die Stirnen vermissend.«[30] Und »Mißgestalten erwuchsen so mit doppeltem Antlitz,/ Doppelter Brust, Schleppfüßige auch mit unzähligen Händen,/ Rinderleiber tauchten empor mit menschlichen Köpfen,/ Wiederum menschliche Körper mit Ochsenköpfen versehen,/ Zwittergeschöpfe teils Mann teils Weib mit beschattetem Schamglied«.[31] Also eine Welt voller Ungeheuer, deren Teile nicht von einem planenden Verstand zusammengefügt worden waren, sondern vom chaotischen Zufall. Nur Bosch und Jacovitti hätten eine solche Welt malen können.

Im Laufe der Zeit allerdings gingen die schlimmsten Mißgestalten ein, und nur jene Exemplare blieben am Leben, die sich »einten zum organischen Ganzen im Körper«.[32]

Als Philosoph liefert Empedokles eine Zusammenfassung des Bisherigen: von der naturalistischen Sicht der milesischen

Schule beeinflußt, teilt er auf dem Gebiet der Mystik einige Auffassungen der Pythagoreer und vereint ein für allemal das Seiende des Parmenides mit dem Werden Heraklits.

Mit den ionischen Philosophen hat er sein Lieblingsthema gemein, die Kosmogonie. Dazu hinterließ er uns diese schönen Verse:[33]

Denn fürs erste vernimm des Weltalls vierfache Wurzel:
Zeus, der Strahlende, Hera, der Nahrung Spenderin, Hades,
Nestis, die irdisches Naß läßt aus den Tränen entquellen.

Schlichter ausgedrückt will er damit sagen, daß die Urelemente der Natur vier an der Zahl sind, nämlich: Erde, Wasser, Feuer und Luft. Diese Grundstoffe wurden dann mit Hilfe zweier anderer, und zwar aktiver Prinzipien miteinander vermischt, die Empedokles Liebe und Haß nennt.

Am Anfang der Zeiten herrschte anscheinend nur die Liebe, denn »was irgend aus glücklicher Mischung entstammt, ist liebend vereint, aneinander gepaßt von der Macht Aphrodites.«[34] Die Welt in dieser Urfassung wird von Empedokles ›Sphäre‹ genannt, vielleicht in Anknüpfung an das sphärische Seiende des Parmenides. In deren Innern herrscht eitel Glück, aber der Haß schafft es dann doch, sich ganz langsam in all diese Vollkommenheit einzuschleichen, und damit beginnt die zweite Phase, wenn ich recht verstanden habe, nämlich jene, in der wir uns heute befinden.

Wenn Empedokles recht behält, so soll dieser Haß in Zukunft siegen und die ganze Welt zerstören (also auch er sagt uns die Atomapokalypse vorher!), falls nicht in der vierten Phase doch noch die Liebe zurückkehrt.

Zusammengefaßt: Liebe und Haß sind zwei Köche, die nur vier verschiedene Zutaten haben, um ihre Leckerbissen zu bereiten. In der Küche, also in der Sphäre, geht es hoch her; manchmal herrscht die Liebe, und damit das Glück, aber dann bekommt wieder Haß Auftrieb, und alles verfällt in tödliches Schweigen. Dazwischen gibt es aber auch noch die Zeiten, in denen sich beide Köche gleichzeitig in der Küche aufhalten, und das endet dann damit, daß sie sich gegenseitig die Torten ins Gesicht werfen; dies sind meiner Meinung nach die besten Augenblicke oder zumindest die lustigsten.

Liest man die Fragmente seiner *Natur* aufmerksam, wird aber klar, daß die Theorie des Empedokles gar nicht so einfach ist, wie sie zunächst erscheint. So schreibt er zum Beispiel: »Zweierlei künd' ich: Bald wächst aus mehreren Teilen ein Ganzes,/ Bald auseinander tritt wieder das Eine in mehrere Teile./ Zwiefach ist irdischer Dinge Entsteh'n und zwiefach ihr Schwinden.«[35]

Wenn er vom Einen spricht, knüpft Empedokles offensichtlich an Parmenides an, an das einzige und unveränderliche Seiende, wenn er dagegen das Konzept des Vielfachen formuliert, werden wir an Heraklit und seine Idee des Werdens erinnert. Nun, bei Empedokles sind die vier Urwurzeln unbeweglich wie das parmenidische Seiende und lösen, obwohl vier an der Zahl, in jeder Hinsicht das Eine ab; wenn sie sich dagegen vermischen und wieder trennen, geben sie uns eine Vorstellung vom Werden und von der Vielfalt. Jede Geburt ist auch Tod, da durch sie einerseits ein neues Ganzes entsteht, andererseits aber etwas aufgelöst wird, das in anderer Form vorher da war. Durch solche Beobachtungen entmythologisiert Empedokles die Konzepte Geburt und Tod und ersetzt sie durch weniger dramatische Bilder wie »Verbindung und Scheidung der verbundenen Stoffe«.[36]

Die Aufspaltung der vier Elemente in winzige Partikel, die sich untereinander vermischen, nimmt in gewisser Weise die atomistischen Theorien Leukipps und Demokrits vorweg. Aber im Unterschied zu diesen geht Empedokles nicht von der Existenz der Leere aus, und um dies zu beweisen, sagt er: »Nimmermehr kann ja aus dem, was nicht ist, etwas entstehen.«[37] Dieser Satz, den wir im übrigen bei so vielen anderen vorsokratischen Philosophen wiederfinden, ist der Grundstein des griechischen Atheismus. Überzeugt zu sein, daß aus dem Nichts nichts entstehen kann, bedeutet praktisch, den Gedanken der Schöpfung selbst zu negieren und die Welt entweder als eine ewige und unveränderbare Ganzheit (Parmenides) oder als ein Universum in ständiger Veränderung zu sehen (Heraklit), oder aber, sie mit einer Verbindung aus diesen beiden Theorien zu interpretieren (Empedokles). In keinem der drei genannten Fälle ist jedoch das Eingreifen eines höheren Wesens, der Funke am Beginn der Zeiten, vorgesehen. Die Griechen glaubten an die Götter und brachten ihnen Opfer, doch diese Götter waren nicht Schöpfer des Himmels und der Erde, sondern eher eine Art Übermenschen, Superbegabte im Vergleich zu gewöhnlichen Sterblichen, die allerdings ebenfalls dem Willen des Schicksals unterworfen waren.

Es gibt da einen Widerspruch, der Empedokles oft vorgeworfen worden ist. An vielen Stellen seines Gedichtes *Von der Natur* behauptet der Philosoph, daß die Liebe vereint und der Haß trennt, er sagt aber auch, daß die Liebe dazu neigt, Gleich und Gleich zu vereinen, und je größer die Affinität zwischen zwei Materieteilchen sei, desto größer sei auch ihre gegenseitige Liebe. Wenn wir einen Stein nehmen, sagt Empedokles, einen Eimer Wasser und etwas Rauch und lassen sie alle frei dorthin gehen, wohin sie wollen, so bemerken wir, daß der Stein von der Erde angezogen wird, während das Wasser versucht, das Meer zu erreichen, und der Rauch geradewegs in den Himmel aufsteigt. Doch Aristoteles bezweifelt diese Überlegungen: »Folgt man dem Empedokles und faßt seine Ansicht nach ihrem eigentlichen Sinne, nicht nach ihrem vagen Ausdruck, so wird man finden, daß ihm die Freundschaft Ursache des Guten ist, der Streit Ursache des Bösen; so daß man vielleicht mit Recht sagen könnte, Empedokles setze gewissermaßen und zwar zuerst das Gute und das Böse als Prinzipien, sofern ja die Ursache alles Guten das

Gute selbst und des Bösen das Böse ist.«[38] Für Aristoteles ist die Liebe also eine positive Kraft, der eine so schlimme Naturkatastrophe wie die Trennung der Urelemente keinesfalls angelastet werden kann.

Von seiner Religion her ist Empedokles ein gläubiger Pythagoreer; er haßt Bohnen, ißt kein Fleisch und glaubt an die Seelenwanderung. Er erklärt: »Selbst schon ward ich geboren als Knabe und Mädchen und war schon/ Pflanze und Vogel und stummer Fisch in den Fluten des Meeres.«[39] Er sagt, es gibt Dämonen, die für Untaten, die sie in der Vergangenheit begangen haben, und durch einen uralten Beschluß der Götter, der von großen Eiden besiegelt wurde, ein langes Leben zum Schicksal haben. Sie müssen dreimal 10 000 Zeitalter durchirren, in deren Verlauf sie als alle denkbaren sterblichen Geschöpfe geboren werden und die mühseligen Wege des Lebens durchlaufen. Von der Gewalt des Äthers werden sie ins Meer geschleudert, das Meer spuckt sie auf die Erde zurück, die Erde wirft sie zu den glühenden Strahlen der Sonne empor, und läßt sie wieder in den wirbelnden Äther fallen; ein jedes Element empfängt sie von einem anderen, und alle hassen sie gleichermaßen. Auch ich, schließt der Philosoph, gehöre zu ihnen, ausgestoßen von der Liebe, »weil ich zuviel Vertrauen dem wütenden Zwist schenkte«.[40]

Empedokles ist der größte unter den dichtenden Philosophen. Auch in seinem Werk *Über die Natur*, das keinen größeren Anspruch erhebt, als eine naturwissenschaftliche Abhandlung zu sein, erfindet er für die Beschreibung eines Sterns, eines meteorologischen Phänomens oder eines menschlichen Geschöpfes aussagekräftige Bilder, die das ganze Maß seines schöpferischen Genies erkennen lassen.

Nur einige Beispiele: »Helios, der scharfe Schütze«,[41] »die Scheibe des leuchtenden Mondes«,[42] »Meer ist der Erde Schweiß«,[43] »Die Nacht, die einsame, blindäugige«.[44] Und selbst wenn er das Thema Geburt behandelt und gezwungen ist, die Stelle zu bezeichnen, von der aus das Kind auf die Welt kommt, hat er eine eindrucksvolle Metapher bereit: »Die gespaltenen Auen Aphrodites.«[45]

[1] E. Renan, *Vingt jours en Sicilie. Mélanges d'histoire et de voyages*, S. 103
[2] Diogenes Laertios, a. a. O., VIII 51
[3] Die Zeugnisse über Diagoras sind gesammelt und kommentiert bei F. Jacoby, *Diagoras ho atheos* in *Abhandlungen der deutschen Akademie der Wissenschaften*, Berlin 1959
[4] Diogenes Laertios, a. a. O., VIII 53
[5] ebd., IX 20
[6] E. Bignone, *Empedocle*, Turin 1916, S. 74
[7] D. Scinà, a. a. O., S. 32
[8] Diogenes Laertios, a. a. O., VIII 55
[9] D. Scinà, a. a. O., S. 86
[10] Diogenes Laertios, a. a. O., VIII 66
[11] ebd., VIII 63
[12] E. Bignone, a. a. O., S. 4
[13] Empedokles, fr. 54 Nestle
[14] Diogenes Laertios, a. a. O., VIII 70
[15] Plutarch, *Über die Neugierde*, 1 515 c (dt., *Moralische Schriften*, Stgt. 1835, Werke 10. Bd, S. 1595)
[16] Aristoteles, fr. 65 Rose
[17] Diogenes Laertios, a. a. O., VIII 60
[18] ebd., VIII 64
[19] Aristoteles, fr. 70 Rose
[20] Iamblichos, *De vita Pythagorae*, 113
[21] D. Scinà, a. a. O., S. 89
[22] ebd., S. 104
[23] Diogenes Laertios, a. a. O., VIII 71
[24] ebd., VIII 74
[25] ebd., VIII 73
[26] ebd., VIII 74
[27] Herakleides Pontikos, fr. 83 Wehrli
[28] ebd., fr. 84, 115 Wehrli
[29] Empedokles, fr. 100 Diels
[30] Empedokles, fr. 36 Nestle
[31] ebd., fr. 39
[32] ebd., fr. 40
[33] ebd., fr. 8
[34] ebd., fr. 23
[35] ebd., fr. 16
[36] ebd., fr. 9
[37] ebd., fr. 12
[38] Aristoteles, *Metaphysik*, I 4, 985 a5, S. 19
[39] Empedokles, fr. 68 Nestle

[40] Hippolytos, *a. a. O.*, VII 29
[41] Empedokles, fr. 40 Diels
[42] Empedokles, fr. 32 Nestle
[43] *ebd.*, fr. 31
[44] Empedokles, fr. 49 Diels
[45] *ebd.*, fr. 66

XVII

Gennaro Bellavista

Die Aufnahme des pensionierten Gymnasiallehrers Professor Bellavista in die Geschichte der griechischen Philosophie ist durch die Tatsache gerechtfertigt, daß sein Denken direkt an die Kosmogonie des Empedokles und die Ethik Epikurs anknüpft. Ich komme ohne weitere Umschweife zum ersten Thema, zur Struktur des Weltalls – und behalte mir vor, vielleicht in einem zweiten Band die Ethik des neapolitanischen Volkes im Rahmen der epikureischen Schule zu beschreiben.

Der Urbaustein, das *arche,* aus dem sich die Welt entwickelt hat, ist für Bellavista die Energie. Auf sie wirken zwei aktive Prinzipien ein, die der Professor Liebe und Freiheit nennt. Anders als die von Empedokles beschriebenen Kräfte Liebe und Haß, sind die beiden Kräfte Bellavistas, obwohl einander feindlich, beide positiv und haben als solche vitale Wirkung. Damit fällt die wesentliche Kritik, die Aristoteles an den Theorien des Empedokles übte, nämlich daß die Liebe sich widersprüchlich verhalte, in sich zusammen.

Die Energie, meint Bellavista, kommt in der Natur in zwei ganz verschiedenen Formen vor: entweder als Materie oder als Explosion – je nachdem, ob auf die bestehenden Verbindungen von Protonen und Neutronen innerhalb des Atoms die Liebe oder die Freiheit einwirkt.

Aber bevor wir hier Bellavistas Theorien weiter darlegen, möchten wir kurz einige Begriffe der Astronomie in Erinnerung bringen. Im längst vergangenen Jahre 1596 wurde ein Stern entdeckt, der ein merkwürdiges Verhalten zeigte: zu gewissen

Zeiten des Jahres leuchtete er sehr stark und zu anderen verblaßte er so, daß er fast verschwand. Es handelte sich um einen Stern des Sternbildes Walfisch, der 163 Lichtjahre von unserem Planeten entfernt war. Diese Erscheinung löste so große Verwunderung aus, daß der Stern Mira, der ›Wunderbare‹, getauft wurde. Bis heute wurden 4566 Sterne wie Mira gezählt, die man Delta-Cephei-Sterne nennt. Jeder dieser Sterne hat einen eignen Veränderungszyklus, in dem er sein Volumen und folglich auch seine Helligkeit verändert. Der Zyklus dauert bei Mira beispielsweise 331 Tage.

Die Veränderlichkeit der Delta-Cephei-Sterne hängt mit der ständig wechselnden Kontraktion und Ausdehnung der Gasmasse des Sternkörpers zusammen. Wenn diese Masse sich zusammenzieht, steigt die Innentemperatur schwindelerregend an, bis sie eine Explosion auslöst, während eine zunehmende Ausdehnung zu einer Abkühlung des Sterns und damit nachfolgend wieder zu einer Kontraktion führt. Praktisch schwankt unser Stern dauernd zwischen zwei Grenzpositionen hin und her, zwischen der höchsten und der geringsten Konzentration. Manchmal aber gerät das Gleichgewicht ins Wanken, und dann explodiert der Stern entweder wie eine riesige Atombombe, oder er zieht sich immer mehr zusammen, bis er nur noch ein Kern von unvorstellbarer Dichte ist. Im ersten Fall haben wir das Phänomen der ›Nova‹ (oder ›Supernova‹, wenn wir es mit einem Riesenstern zu tun haben), das so genannt wurde, weil hier an einem Punkt des Himmels, der bis dahin als dunkel angesehen worden war, scheinbar ein Stern entstand; im zweiten Fall dagegen bildet sich das sogenannte ›dunkle Loch‹, nämlich ein Ort, an dem die Schwerkraft so hohe Werte erreicht hat, daß nichts, nicht einmal das Licht sich von ihm entfernen kann.

Ja, und Bellavista fragt sich nun, welches eigentlich die Kräfte sind, die die Materie dazu veranlassen, sich zusammenzuziehen oder auszudehnen, und er stellt die Hypothese auf, daß das ganze Universum den zentripetalen und zentrifugalen Anstößen der Liebe und der Freiheit unterworfen sei. Mit anderen Worten,

Protonen und Neutronen seien sowohl ungeheuer stark voneinander angezogen, als auch gleichzeitig ebenso stark auseinandergetrieben. Nun wissen wir ja, daß jeder beliebige Gegenstand, ein Aschenbecher zum Beispiel, nichts anderes ist, als eine Zusammenballung von Abermilliarden Atomen, die alle auf engem Raum zusammengedrängt sind; wäre es nun aber möglich, die im Innern des Kerns bestehenden Verbindungen zu zerschlagen, dann könnte auch ein bescheidener Aschenbecher, der nur ein paar tausend Lire gekostet hat, eine solche Menge an Energie freisetzen, daß die Bombe von Hiroshima daneben verblaßte. Die Energie schlummert also im Innern der Materie, als wäre sie in Lethargie, nur, sie kann jederzeit ausbrechen, sobald man sie nur weckt. Einstein hat mit seiner berühmten Formel $E = mc^2$ genau das ausgedrückt, daß nämlich die Energie ›E‹, die aus dem Aschenbecher freikäme, seiner Masse ›m‹ entspricht.

Die einleuchtendste Hypothese über die Entstehung des Universums ist gewiß jene des Abtes Lemaître, besser bekannt als ›Theorie des Big bang‹. Es scheint, daß der Kosmos am Anfang der Zeiten (wie fragwürdig ist dieser Ausdruck!) ein superkomprimierter Ball namens Ylem (wer hat ihn so genannt?) war, in dessen Innern Temperatur und spezifisches Gewicht nahezu unendliche Werte erreichten. Ja, und will man Lemaître folgen, so explodierte dieser Ball schließlich, und das Universum begann sich auszubreiten. Aber Vorsicht, wenn wir sagen ›er explodierte‹, so meinen wir nicht die Explosion von etwas, das, von einem Zentrum ausgehend, sich in den Raum ausbreitet, sondern ein plötzliches Wegstreben jedes einzelnen Materieteilchens von jedem anderen Materieteilchen, also praktisch eine gleichzeitige Explosion aller Punkte des Raumes.

Genau wie Empedokles ist Bellavista überzeugt, daß das Universum am Anfang der Zeiten nur von der Liebe beherrscht wurde, die Freiheit aber dauernd versuchte, diese Herrschaft zu brechen und die Materie zu entfesseln. Diesen beiden gewaltigen Kräften ausgeliefert, pulsierte Ylem so lange wie einer jener veränderlichen Sterne, bis er eines schönen Tages Punkt für Punkt explodierte: die Freiheit hatte den Widerstand der Liebe gebrochen. Dieser Große Knall scheint vor 25 Milliarden Jahren geschehen zu sein, und die Explosion dauert noch immer an. Beobachtet man das Firmament durch ein Spektroskop, läßt sich erkennen, daß alle Galaxien von einem hypothetischen Zentrum wegfliehen. Die Astronomen sagen korrekter, daß das Universum sich in fortwährender Expansion befindet.

Der Konflikt zwischen Liebe und Freiheit, der in der Materie angelegt ist, besteht auch im Innern des Menschen. Jeder Mensch wird von zwei widerstreitenden Impulsen bestimmt, sagt Bellavista: von einem großen Liebesbedürfnis, das ihn die Gesellschaft der anderen Menschen suchen läßt, und von dem starken Willen, seine eigne Privatsphäre zu schützen. Also sind wir dauernd hin- und hergerissen; einmal leiden wir unter der Einsamkeit und dann wieder fühlen wir uns von der Zudringlichkeit der andern belästigt. Wenn wir zum Beispiel im Verkehr stecken bleiben, entwickeln wir feindselige Gefühle gegenüber allen anderen Autofahrern, sind wir dagegen viele Stunden übers offene Meer gesegelt und es zeigt sich am Horizont ein anderes Boot, sind wir bereit, auch wildfremde Menschen freudig zu begrüßen.

Bellavista teilt die Individuen in ›Menschen der Liebe‹ und ›Menschen der Freiheit‹ ein, je nachdem, welcher der beiden Impulse beim einzelnen stärker ist. Daraus läßt sich auch eine entsprechende Einteilung der Völker ableiten; die Engländer, Erfinder des Begriffes ›privacy‹, sind natürlich ein Volk der Freiheit, während die Neapolitaner mit ihrem ›anema e core‹ ganz klar ein Volk der Liebe sind!

Originell an Bellavistas Schema ist, daß Liebe und Freiheit, sieht man sie als kartesische Koordinaten, nicht etwa zwei gegensätzliche Kräfte sind, sondern sie stehen im rechten Winkel zueinander und sind beide positiv. Wenn wir also zwei kartesische Achsen zeichnen und Liebe und Freiheit als Abszisse bzw. Ordinate einsetzen, so ist es möglich, für jeden Punkt P, also für jeden

Menschen, zwei Segmente zu bestimmen, die uns das Verhältnis seines Liebesbedürfnisses zu seinem Freiheitsbedürfnis erkennen lassen.

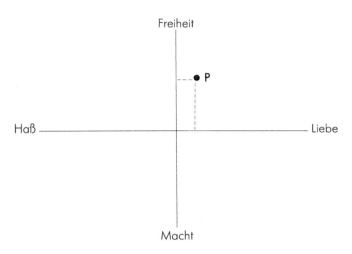

Es ist sehr wichtig, daß jeder seine Machtposition auf den kartesischen Koordinaten kennt, denn nur bei einer genauen Einschätzung seiner persönlichen Tendenzen vermag das Individuum die richtigen Lebensentscheidungen zu treffen. Ein Mensch der Liebe kann zum Beispiel nur glücklich sein, wenn auch jemand da ist, der ihn liebt, denn für ihn ist die Liebe so wichtig wie das Wasser für eine Pflanze, eine unverzichtbare Lebensbedingung. Für einen Menschen der Freiheit dagegen ist der Lebensraum von sakrosankter Bedeutung, und er kann nicht einmal die untersten Stufen des Glücks erreichen, wenn er sich von außen bedroht fühlt. Freiheit ist für ihn Luft, offener Horizont, Abwechslung.

Bei einer genauen Betrachtung der kartesischen Koordinaten erkennen wir, daß die Figur in vier Quadranten aufgeteilt ist, die jeweils eine besondere Bedeutung haben.

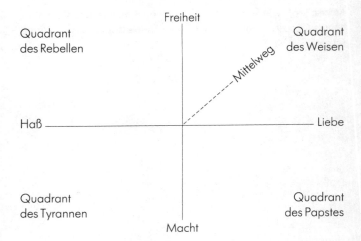

Im ersten Quadranten, auch ›Quadrant des Weisen‹ genannt, trifft man die besten Individuen an, nämlich jene, deren Ich sowohl von den Impulsen der Liebe, als auch von jenen der Freiheit geprägt ist. Am Weisesten ist, wer die Antriebe des Herzens mit jenen der Vernunft im Gleichgewicht zu halten vermag. Er geht den ›Mittelweg‹. Ein solcher Mensch ist fähig zu lieben, ohne erdrückend zu sein. Wer das Glück hat, ein Exemplar dieser Art zu kennen, sollte es sich nicht entwischen lassen.

Der zweite Quadrant ist der ›Quadrant des Papstes‹: hier bestehen Liebe und Macht nebeneinander. In diese Kategorie gehören vor allem sehr viele Frauen: alle Mütter und Ehefrauen, die in ihrer Zuneigung besitzergreifend sind. Natürlich ist dies auch der Quadrant der eifersüchtigen Männer und jener Unternehmer von der Gutsherrenart, die jovial mit ihren Arbeitern umgehen, dabei aber die Löhne immer schön niedrig halten. Dieser Sektor heißt deshalb ›Quadrant des Papstes‹, weil Liebe und Macht besondere Kennzeichen der römischen Kurie sind. Aber nicht alle Päpste der Geschichte können ihm zugeordnet werden. Papst Woityla wohl schon, meint Bellavista, Johannes XXIII. aber kaum, sein Platz ist bei den Weisen zu suchen (und zwar näher bei der Liebe als bei der Freiheit). Schließlich gibt es auch die unbequemen Päpste, Alexander VI. und Bonifazius VIII. etwa, skrupellose Machthaber, die Bellavista ohne Zögern in den nächsten Quadranten verweist, der auch der ›Quadrant des Tyrannen‹ genannt wird. Diese Zone zwischen Haß und Macht ist das Gehege der Allerschlimmsten. Unter den Vertretern dieser Gruppe stellen sich uns genau auf der Mittellinie Hitler, Stalin und Caligula zur Auswahl, einer schlimmer als der andere. Aber gewiß nicht der Teufel, der als Inbegriff des Hasses mit vollem Recht die äußerste Spitze der ihm zustehenden Halbachse besetzt, und auch Mussolini nicht, der sich als Begründer des Faschismus um einen guten Platz in der Nähe der Macht bewirbt.

Der letzte Quadrant, auch ›Quadrant des Rebellen‹ genannt, ist vielleicht der ungewöhnlichste, weil sich hier zwei scheinbar gegensätzliche Impulse wie Haß und Freiheit vermischen. Wenn wir uns in die Lage der Afghanen oder der Fedajin versetzen, wird uns schnell klar, welche explosive Mischung aus dem Zusammenspiel von Haß und Freiheit entstehen kann. Wo eine Diktatur herrscht, gibt es auch Freiheitswillen und damit gleichzeitig Haß und Wille zur Revolte. Der vierte Quadrant schließt von einem Extrem zum anderen die ganze Skala von Revolutionären ein: von den roten oder schwarzen Brigaden zum idealistischen Anarchisten, der von einem freien und glücklichen Land träumt. Wenn Bellavista in eine Demonstration von Extremisten gerät, sieht er ihnen immer zuerst einmal ins Gesicht, um an ihren Mienen zu erkennen, wes Geistes Kind sie sind.

Bevor wir zum Ende der Theorie kommen, wollen wir noch erwähnen, daß der Standpunkt des einzelnen natürlich nicht für alle Zeit unbeweglich ist, er kann sich entsprechend der Ereignisse, die in seinem Leben eintreten, ständig verlagern. Wird jemand plötzlich von der geliebten Person verlassen, wird er ungerecht behandelt oder quartiert sich etwa ein Freund über zwei Wochen als Gast bei ihm ein, macht der Punkt P auch erhebliche Sprünge in andere Sektoren. Dennoch läßt sich immer eine bestimmte Zone eingrenzen, in der er sich häufiger aufhält, als in anderen und die daher für die seelische Verfassung der betreffenden Person typisch ist.

Natürlich ist das Schema Bellavistas nur ein geometrischer Versuch, sich einer Verhaltensanalyse anzunähern. Die menschliche Psyche kann nicht einfach auf zwei Impulse wie etwa Liebe und Freiheit reduziert werden, auch wenn diese vielleicht bestimmend sind; wenn wir über eine rein graphische Darstellung hinausgehen und eine Konzeption zu entwickeln versuchen, die nicht nur einen zweidimensionalen Raum zugrundelegt, sondern einen Raum mit n Dimensionen, wobei n die veränderlichen Größen sind, die unseren Charakter beeinflussen, könnte Bellavistas Methode stimmen. Dann hätten wir für Neid, Kampfgeist, Eros, Gefräßigkeit und was weiß ich welche Eigenschaften jeweils eine eigne Bezugsachse, aus deren Gesamtheit sich die Position des Punktes P im Raum bestimmen ließe.

Mit einem weiteren Gedankensprung, und zwar ausgehend von dieser Raumvorstellung mit Dimensionen, versucht Bellavista nun eine geometrische Beschreibung Gottes. Wenn wir Gott als die Vollkommenheit aller menschlichen Fähigkeiten verstehen (Allmacht, Allwissen usw.), so ist sein Standort die Gesamtheit aller unechten Punkte aller Achsen des Systems, also das, was in der beschreibenden Geometrie eine ›unechte Ebene‹ genannt wird. Einfacher ausgedrückt: jede Gerade hat einen Punkt im Unendlichen, der unechter Punkt genannt wird. Die Gesamtheit all dieser Punkte bildet eine unechte Ebene, die aber, genau besehen, eher einer Kugel mit unendlichem Radius gleicht, als einer Ebene. Und, ehrlich gesagt, auch nicht einer Kugel, da wir uns ja in einem Raum mit n Dimensionen befinden.

XVIII

Athen im 5. Jahrhundert v. Chr.

Erholen wir uns kurz von der Philosophie und machen einen Abstecher in die Geschichte. Erstaunliche Menschheit: da rührt sich 1000 Jahre lang gar nichts, und dann kommt in einem knappen Jahrhundert auf kaum mehr als zwei Quadratkilometern einfach alles in Bewegung! Wir sprechen natürlich, falls das noch nicht klar ist, von Athen im 5. Jahrhundert vor Christus.

Eine bloße kunterbunte Aufzählung der Namen jener Epoche verschlägt einem schon den Atem. Mit der folgenden Liste der in Athen Gebürtigen, der Einwanderer sowie der Gelehrten, die sich vorübergehend dort aufhielten, erheben wir keinen Anspruch auf Vollständigkeit. Da sind die Philosophen Anaxagoras, Gorgias, Protagoras, Parmenides, Zenon, Melissos, Demokrit, Archelaos, Sokrates, Platon, Hippias, Prodikos, Isokrates und Antiphon; die Tragödiendichter Aischylos, Sophokles und Euripides; der Komödiendichter Aristophanes; der Arzt Hippokrates; die Künstler Myron, Phidias, Praxiteles, Zeuxis, Iktinos, Hippodamos, Kallikrates, Mnesikles, Alkmenes, Kresilas und Polyklet; die Geschichtsschreiber Herodot, Thukydides und Xenophon; die Redner Hyperides, Trasymachos und Lysias und schließlich die Politiker Themistokles, Miltiades, Kimon, Perikles, Aristides und Alkibiades. Um es mit Bertrand Russell zu sagen: »Wie sonst nur selten, war es damals möglich, beides, klug wie glücklich zu sein, und glücklich durch Klugheit.«[1]

Das 5. Jahrhundert begann mit einer Revolte: mit dem

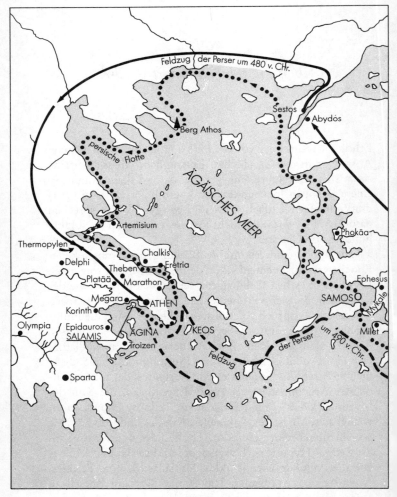

Abb. 7   Die Perserkriege

Aufstand der Ionier gegen die Perser, der von einem gewissen Aristagoras, dem Statthalter von Milet, angeführt wurde.[2] Die bemerkenswerteste Anekdote über dieses Ereignis, das die Perserkriege einleitete, ist die über Histiaios, der den Umsturz aushechte. Als er nämlich den Zeitpunkt für gekommen hielt, das Unternehmen zu beginnen und den Komplizen Tag und Stunde des Aufstandes mitzuteilen, ließ er einen taubstummen Sklaven kahlscheren, tätowierte ihm die Botschaft auf den Schädel, wartete, bis ihm die Haare nachgewachsen waren und schickte ihn nach Milet. Er konnte sicher sein, daß der Befehl nicht abgefangen worden wäre, selbst wenn man den Boten geschnappt hätte.[3]

Praktisch alle Küstenbewohner erhoben sich und schlugen die persischen Besatzungstruppen. Dennoch konnten sich die Aufständischen ihres Erfolges nicht so recht freuen, mußten sie doch damit rechnen, daß Darius früher oder später mit einem viel größeren Heer wiederkommen würde, als damals bei seiner Eroberung. Also begab sich Aristagoras, der Statthalter von Milet, im Jahre 499 nach Kontinentalgriechenland und versuchte, die wichtigsten Städte zu einem großen Bündnis aller Griechen beidseitig des Ägäischen Meeres zu überreden. Sparta wollte nichts davon wissen, die Perser waren ein zu weit entferntes Volk, das sie nichts anging. Theben haßte nur Athen und wäre schon aus diesem Grunde nie in ein Bündnis eingetreten. Für die Griechen war es eben anregender, sich gegenseitig zu bekämpfen, als sich eine Invasion von außen vorzustellen. Aristagoras konnte nur Eretria und Athen auf seine Seite bringen, die gemeinsam eine Flotte von 20 Schiffen nach Milet schickten. Diese Solidaritätsgeste war, um mit Herodot zu reden, *arche kakon*, der verhängnisvolle Anfang allen Übels sowohl für die griechische Welt als auch für die persische.[4]

Statt nun ruhig hinter den Mauern Milets auf die Perser zu warten, wollten Ionier und Athener, nachdem sie einmal auf dem Kriegspfad waren, als erste angreifen und wagten sich ins

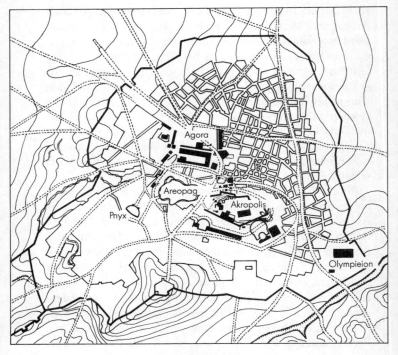

Abb. 8 Athen: Plan der Stadt im 5. Jahrhundert v. Chr.

Innere Anatoliens vor. Die erste Stadt, die dafür bezahlte, war Sardes. Herodot erzählt,[5] ein Soldat habe während der Besetzung ein Haus angesteckt, und die ganze Stadt, einschließlich der Tempel, sei in einer einzigen Nacht vom Feuer verschlungen worden.

Als Darius, der König der Perser, von diesem Unternehmen erfuhr, geriet er in höchste Wut.

»Wer hat Sardes zerstört?« fragte er.

»Die Ionier und die Athener.«

»Die Ionier und wer?« Darius dachte, er hätte sich verhört, so unbekannt waren ihm die Athener.

»Die Athener.«

Nun forderte der König der Perser »seinen Bogen, legte einen Pfeil darauf und schoß hinauf gegen den Himmel«. Dabei sagte er: »O Zeus! Gewähre mir, daß ich mich an den Athenern rächen kann.« Danach befahl er einem Sklaven, ihm immer, wenn er sich zu Tisch setzte, folgenden Satz zu wiederholen: »Herr, vergiß nicht die Athener!«[6] Und mit diesem pro memoria im Ohr, das ihm dreimal täglich vor den Mahlzeiten wiederholt wurde, befehligte der gute Darius also im Jahre 490 die Invasion Griechenlands.

Eine gewaltige Flotte von 600 Schiffen, überladen mit Soldaten und Pferden, legte von Samos ab und überquerte das Ägäische Meer. Eretria wurde belagert und zerstört, seine Tempel eingeäschert, um die Schmach von Sardes auszulöschen. Athen bat die Spartiaten um Hilfe, doch diese ließen sich entschuldigen und sagten, daß die Mondscheibe leider noch nicht voll sei und ihre Gesetze es verböten, vor Vollmond zu kämpfen; nach Vollmond gern, aber vorher sei nichts zu machen.[7] Die einzigen, die sich zu ihrer Unterstützung bereitfanden, waren die Platäer, derer die Athener von da an bei jedem Jahrestag rühmlich gedachten.

Die Schlacht fand in der Ebene von Marathon statt (490). Miltiades, der durch das Los zum obersten Feldherrn bestimmt worden war, versammelte die stärksten Kräfte an den Flügeln und stellte in der Mitte absichtlich nur wenige Soldaten auf. Aber gerade gegen diese Zone drangen die Perser nun vor: sie konnten eingekreist und überwältigt werden. Herodot zufolge[8] starben 6400 Barbaren und 192 Athener, doch halten wir diese Zahlen des griechischen Geschichtsschreibers für geschönt, wahrscheinlich ließ er sich von seiner Liebe zur eignen Mannschaft dazu hinreißen. Nach Vollmond trafen auch die Spartiaten ein. Die Schlacht aber war geschlagen, und den starken lakedämonischen Kriegern blieb nichts anderes mehr übrig, als »wenigstens die gefallenen Perser zu sehen«.[9]

In ihrem Siegesrausch glaubten die Athener, die asiatische Gefahr abgewendet zu haben. Anders der schlaue Themistokles; der Archont von Athen machte sich unverzüglich daran, ein starkes hellenisches Bündnis zu schmieden. Jede griechische Stadt wurde verpflichtet, zur allgemeinen Sicherheit mit Schiffen oder mit Geld beizutragen, und da sich die meisten für Zahlungen entschieden, wurde Athen militärisch bald die stärkste Stadt.

In der Zwischenzeit war Darius zu unserem Glück gestorben, sein Sohn Xerxes war ihm auf dem Thron des persischen Reiches gefolgt. Nach langem Schwanken entschloß sich auch Xerxes, zum großen Schlag auszuholen. Da er jedoch nicht in die gleiche Gefahr geraten wollte wie sein Vater, plante er das Unternehmen in großem Stil: ein Heer, wie man es seit Menschengedenken noch nie gesehen hatte, rückte gegen Griechenland vor. Man spricht von 1 700 000 Soldaten und 80 000 Reitern.[10] Herodot sagt, die Flußläufe seien ausgetrocknet, wenn die Truppen einmal rasteten, um ihren Durst zu stillen.[11]

Es war ein Doppelangriff: zu Lande über Thrakien, Makedonien und Thessalien und zu Wasser mit einer Flotte von 1200 Schiffen. Das erste Problem für die Landkräfte war die Überquerung der Dardanellen. Nachdem ein Sturm die von ägyptischen Pionieren erbaute Holzbrücke zerstört hatte, befahl Xerxes, »den Hellespontos durch 300 Geißelhiebe zu züchtigen«,[12] und nachdem er gesprochen hatte: »Du bitteres Wasser! So züchtigt dich der Gebieter, weil du ihn gekränkt hast..., du schmutziger, salziger Strom«, ließ er 300 Schiffe seitlich nebeneinanderreihen und setzte mit seinen Truppen nach Europa über. Das dauerte sieben Tage und sieben Nächte ohne Unterbrechung. Alle Völker des Reiches waren versammelt, nämlich: Meder, Kissier, Hyrkanier, Assyrier, Baktrier, Saken, Skythen, Inder, Arier, Parther, Chorasmier, Sogder, Gandarier, Dadiker, Kaspier, Saranger, Paktyer, Utier, Myker, Parikanier, Araber, Äthioper, Libyer, Paphlagoner, Ligyer, Matiener, Mariandyner, Syrier, Kappadoker, Phryger, Armenier, Lyder, Myser, Thraker, Pisidier, Kabeler, Milyer, Moscher, Tibarener, Makroner, Mossynoiker, Marer, Kolcher, Alarodier, Saspeirer.[13] Wir haben hier einmal die ganze Aufzählung wiedergegeben, die bei Herodot überliefert ist, um eine Vorstellung vom gewaltigen Ausmaß der Gefahr zu vermitteln, in der sich das Abendland im Jahre 480 v. Chr. befand. Es kam zu drei der wichtigsten Schlachten der ganzen Geschichte: nämlich zu den Schlachten bei den Thermopylen, bei Salamis und bei Platää. Bei der ersten stellten sich 4000 Griechen, darunter 300 Spartiaten, unter dem Befehl des Leonidas an den Toren Griechenlands dem persischen Heer entgegen. Als Dionekes, einer der Spartiaten, hörte, die Barbaren seien so zahlreich, daß ihre Geschosse die Sonne verdunkelten, soll er als tapferer Soldat geantwortet haben: »gute Nachrichten; wenn die Perser die Sonne verdunkelten, könne man im Schatten kämpfen.«[14] Sie starben alle, außer einem einzigen, der sich dann selbst tötete, weil er die Schmach, als einziger überlebt zu haben, nicht ertragen konnte. Athen wurde überfallen und zur Hälfte zerstört. Die Athener flüchteten sich auf die Schiffe.

Die zweite Schlacht war eine Seeschlacht. Da die Perser 1000 Schiffe hatten,[15] die Griechen aber nur 380,[16] blieb den Griechen nur die Chance, die Barbaren in eine Meerenge zwischen der Insel Salamis und dem Festland zu locken, um auf diese Weise der Feindesflotte nur wenig Manövrierraum zu lassen. Xerxes, der seine Schlachten wie ein Privatschauspiel aufzog, hatte sich mit seinem ganzen Generalstab auf den Gipfel eines Hügels begeben. »Hier setzte er sich auf einen goldenen Thron und hatte eine Menge Schreiber um sich, die das Kampfgeschehen aufzeichnen sollten.«[17] Die Perser erlebten eine vernichtende Niederlage.

Die dritte Schlacht, die bei Platää (479), fand ein Jahr nach der persischen Invasion statt. Unter Anführung des Spartiaten Pausanias besiegten die griechischen Verbündeten das imposante, aber schon angeschlagene Heer der Barbaren diesmal endgültig. Athen und Sparta galten von nun an als die stärksten Militärmächte ihrer Zeit. Ihren Kampf untereinander trugen sie dann 50 Jahre später im Peloponnesischen Krieg aus.

Kriege mit ihrer strengen Dramatik haben schon oft den Reifeprozeß eines Volkes beschleunigt, und eine solche Wirkung hatte auch der griechisch-persische Konflikt. In den Jahren unmittelbar nach der Schlacht von Platää erlebte die Stadt Athen eine geistige und wirtschaftliche Blütezeit, die als ›das mythische Zeitalter des Perikles‹ in die Geschichte einging. Die Grundlage für den Wohlstand hatte Themistokles mit seiner Idee eines attischen Seebundes geschaffen. Über 400 griechische Städte schlossen sich unter den Fittichen Athens zusammen und gründeten eine Art UNO mit Sitz auf der Insel Delos. Jede *polis* mußte einen gewissen Beitrag zahlen, um in die Gunst des Schutzes zu kommen, behielt dabei aber ihre politische Unabhängigkeit.

Später entschied Perikles, daß es für alle sehr viel sicherer wäre, die Kasse nach Athen zu verlegen – von dem Augenblick an verfügte er allein darüber, wann und zu welchem Zweck die Gelder des Bundes verwendet wurden. Durch diese Operation verschaffte er sich geschickt die nötigen Mittel zu einer Verstärkung der athenischen Flotte und für den Wiederaufbau der von den Persern zerstörten öffentlichen Gebäude. Sparta wollte dem Pakt nicht beitreten: einerseits fühlte es sich militärisch stark genug, um sich selber zu verteidigen, und andererseits konnte es, wie alle Nationen, in denen ein hartes Regime herrscht, nicht ungestraft den vom nahen Athen ausgehenden demokratischen Ideen und Erneuerungsbestrebungen Tür und Tor öffnen.

Man hat Griechenland immer dafür kritisiert, daß es in jener Periode nicht gelang, eine einzige starke und unbesiegbare Nation zu bilden. Teils wegen der Rivalität zwischen Athen und Sparta, und teils, weil das ›verräterische Theben‹ nur schwache panhellenische Gefühle entwickelte, schafften es die Griechen nie, einen einheitlichen Staat zu schaffen. Aber die Zersplitterung in so viele *polis*, von denen eine jede ihren eigenen Charakter hatte, war für die Menschheit andererseits viel gewinnbringender, als es jede imperiale Macht gewesen wäre. In diesem Zusammenhang scheint uns eine Überlegung von Grytzko Mascioni sehr zutreffend: »... ich wage zu behaupten, daß die Griechen mit ihren *polis* für alle Zeiten eine soziale Dimension vorgezeichnet haben, die vielleicht die einzige ist, in der der Mensch wirklich leben kann. Keine echte und zivile Gemeinschaft ist nämlich vorstellbar, wenn die Grenzen einer realen, wenn auch nur theoretischen Möglichkeit überschritten sind, alle ihre Mitglieder persönlich zu kennen oder ihnen hin und wieder zu begegnen; und dies war in der *polis* gegeben.« [18]

Perikles war Aristokrat, Sohn eines Admirals. Trotzdem versuchte er von Anfang an, mit Hilfe der demokratischen Partei an die Macht zu gelangen. Wer in Salamis oder in Platää mitgekämpft hatte, galt damals so viel, wie heute ein Held des Widerstandes, und da der *demos*, also das Volk, größtenteils aus ehemaligen Kämpfern bestand, führte seine Entscheidung für die Demokratie zwangsläufig zum Sieg.

Perikles besaß angenehme Gesichtszüge, hatte aber eine Art Kürbiskopf. Diese Mißlichkeit trug ihm den Beinamen *schinokephalos* ein, der ›Meerzwiebelkopf‹.[19] Künstler mußten ihn stets mit Helm darstellen; Biographen vermuteten, dieser Auswuchs deute vielleicht auf ein übermäßig groß entwickeltes Gehirn hin.

Sein Meister und geistiger Führer war Anaxagoras. Von ihm erlernte er »seine Gesinnung voll hohen Ernstes«, seine »erhabene Sprechweise, die sich rein erhielt von aller niedrigen und gemeinen Schmeichelei, das beherrschte Antlitz, das so selten lachte, den gelassenen Gang, den anständigen Faltenwurf des Mantels, der auch bei leidenschaftlicher Rede nicht in Unordnung geriet, den ruhigen Klang seiner Stimme und noch viele Eigenschaften dieser Art, die überall staunende Bewunderung erweckten«.[20] Einmal lieh er einen ganzen Tag lang seelenruhig einem Mann sein Ohr, der eine Flut von Beschimpfungen über ihn ergoß. Als es dann Abend geworden war und er nach Hause gehen mußte, befahl er seinem Sklaven, ihnen mit einem Licht zu folgen, damit der Quälgeist seine Tirade zu Ende bringen konnte.

Perikles war ein großer Redner: während er in politischen Debatten ruhig und gemessen war, hieß es über ihn, »er donnere und blitze, wenn er zum Volk rede, und trage einen furchtbaren Wetterstrahl auf der Zunge«.[21] Dank Zenon, der sein Rhetoriklehrer war, entwickelte er die Kunst der Dialektik sehr weit. Eines Tages wurde Thukydides vom Spartanerkönig Archidamos gefragt, wer der bessere Ringer sei, Perikles oder er, und Thukydides antwortete: »Wenn ich ihn im Ringkampf zu Boden werfe, streitet er ab, gefallen zu sein, und zwar so erfolgreich, daß selbst jene ihm glauben, die ihn mit eigenen Augen haben fallen sehen.«[22]

Über Perikles' Geschick in der Staatsführung gab es aber keine Meinungsverschiedenheiten. Er hatte beispielweise eine grundlegende Notwendigkeit erkannt, nämlich all jene zu bezahlen, die fürs öffentliche Wohl arbeiteten. Er führte einen Sold für Soldaten ein, ebenso ein Gehalt für Verwaltungsbeamte und sogar für Richter. Er förderte Volksbelustigungen, organisierte Festessen unter freiem Himmel, Umzüge und Sängerfeste, mit andern Worten, er kümmerte sich um die ›vergänglichen Freuden‹. Auch bezahlte er den Ärmsten ihre Eintrittskarte aus der Staatskasse. Auf dem Gebiet der Kunst schließlich leitete er eine der fruchtbarsten Perioden der Menschheitsgeschichte ein. Mit dem Geld des Bundes und den Subventionen der reichsten Bürger ließ er von den besten Künstlern seiner Epoche eine Vielzahl von Heiligtümern errichten. Innerhalb von 40 Jahren verwandelte er ganz Athen in einen einzigen riesigen Bauplatz. Jeder Architekt, jeder Bildhauer war ein selbständiger Unternehmer, der wie in den *Botteghe,* den Werkstätten der Renaissance, eine ganze Schar von Schülern unter sich hatte. Sie verarbeiteten die verschiedensten Materialien: Marmor, Bronze, Elfenbein, Gold, Ebenholz und Zypresse. Als sich einige athenische Würdenträger über die zu hohen Ausgaben beschwerten, erwiderte Perikles: »Nun gut, so sollen die Kosten nicht auf euch fallen, sondern auf mich, und auf die Bauten werde ich meinen eigenen Namen setzen lassen.«[23] Sofort wurden ihm weiteres Geld und Zustimmung gewährt.

Perikles leitete auch einen Sinneswandel ein, der zu einer höheren Anerkennung der Künstler führte. Denn, so seltsam es uns erscheinen mag, die alten Griechen hatten keine besondere Hochachtung für Bildhauer und Maler; praktisch wurde jeder verachtet, der für sein Auskommen mit den Händen arbeiten mußte. Die ›Banausen‹, also die Hilfsarbeiter, waren fast immer Sklaven oder Metöken, denn das hellenische Lebensideal war gegen lukrative Arbeit und ganz auf »vollen Müßiggang«[24] ausgerichtet. Dazu fällt mir ein Onkel ein, der immer sagte: »In aller Bescheidenheit, arbeiten mußte ich nie!« und das meinte er natürlich ganz im Ernst. Aristoteles stellt die Welt der Armen, die *banausia,* der *paideia* gegenüber, also der Erziehung, und Bildung und Seelenadel waren den Reichen vorbehalten.[25] Plutarch erzählt, kein griechischer Jüngling, der auf sich hielt, wäre bei aller Bewunderung für den ›Olympischen Zeus‹ und die ›Hera von Argos‹ je auf den Gedanken gekommen, mit Phidias oder Polyklet tauschen zu wollen, denn, so sagten die Griechen, wir schätzen »wohlriechende Salben und Purpurkleider, die Färber aber und die Salbenköche bleiben für uns gemeine und niedrige Handwerker«.[26] Es wird sogar berichtet, Philipp von Makedonien habe, als er einmal seinen Sohn Alexander mit großer Meisterschaft die Zither schlagen hörte, gesagt: »Schämst du dich nicht, so schön zu spielen!« Das vollkommene Spiel verriet Philipp also nur lange Stunden des Übens und der mühseligen Beschäftigung mit dem Instrument. Diese Einstellung gegenüber den Künstlern teilte Perikles nicht, er umgab sich gern mit großen Meistern, und vor allem ernannte er Phidias zu seinem Berater für plastische Kunst. Boshafte Zungen behaupten, die Beratertätigkeit habe sich nicht nur auf die Statuen beschränkt, sondern auch das Gebiet der Modelle umfaßt. Der Bildhauer wurde in der Tat angeklagt, in seinem Atelier intime Begegnungen zwischen dem Staatsmann und einigen Damen der guten Gesellschaft organisiert zu haben. Perikles war, ehrlich gesagt, ein Weiberheld; anscheinend hat er schon zu Zeiten, als er noch im Heer diente, seinem Unterfeldherrn, dem mächtigen Menippos, Hörner aufgesetzt, und später wurde er von Stesimbrotos von Thasos getadelt, der ihm sogar Frevel an der eignen Schwiegertochter vorwarf.[27]

Seine wahre Braut aber war die berühmte Aspasia, eine schöne ionische Frau, deretwegen sich Perikles eine Anklage wegen wilder Ehe einhandelte. Aspasia war in Milet geboren, wo sie, will man bösen Zungen glauben, ihre Laufbahn als Prostituierte begann. Nach Athen übersiedelt, lernte sie Perikles kennen, was eine Kollegin vermittelte, eine gewisse Thargelia, deren Leitspruch lautete, nur »die mächtigsten und angesehensten Männer«[28] zu nehmen, wenn sie sich schon verkaufen mußte.

In Athen betrieb Aspasia dann ein Zwischending zwischen

einem radikal-schicken Salon und einem Bordell, wo sich die besten Köpfe und die schönsten Frauen begegneten. Es wird erzählt, daß Perikles und Protagoras dort einmal nach einem tödlichen Unfall während eines Speerwerferwettbewerbes einen ganzen Nachmittag darüber stritten, ob die Schuld nun dem Speerwerfer, den Richtern, dem Toten oder dem Speer zugeschrieben werden müsse. Auch Sokrates und seine Schüler verkehrten gern in diesem Haus; es ist nicht überliefert, ob ihre fleißigen Besuche dem Salon selber galten oder vielleicht doch mehr den Mädchen.

Aspasia war eine vollendete Gastgeberin: liebenswürdig, gebildet und anspruchsvoll. Immer wieder wurde vermutet, daß so manche Unternehmung des Perikles in Wahrheit ihrem Geist entsprungen war, so zum Beispiel sein Entschluß, Milet während des Krieges mit Samos zu Hilfe zu kommen. Wir sollten uns nicht davon irreleiten lassen, daß sie ein so wenig anständiges Gewerbe ausübte: damals waren anständige Frauen fast immer Unwissende, während die Dirnen eine beachtliche Bildung mitbekamen. Und vergessen wir schließlich auch nicht, daß ihr die griechischen Bezeichnungen für Prostituierte, *pornai* (Huren) oder *pallakai* (Mätressen) immer von Feinden des Perikles angehängt wurde, während die Geschichtsschreiber sie als Hetäre beschrieben. Sie taten ungefähr das gleiche, wie wenn heute einer nach Japan geht und die Geishas als Huren ansieht.

Perikles hatte von Aspasia auch einen Sohn, dem aber das Bürgerrecht verwehrt wurde, da nicht beide Eltern aus Athen stammten.

Die Demokratie hatte ihre Gesetze, die von seinen politischen Feinden gegen ihn ausgenutzt wurden. Alle seine Freunde mußten früher oder später die Folgen tragen: Anaxagoras wurde vor die Richter gezerrt und konnte sich dann nur noch durch Flucht retten; Phidias wurde beschuldigt, Statuengold gestohlen zu haben, und obwohl es ihm gelungen war, seine Unschuld zu beweisen, indem er das wertvolle Metall von seinen Werken löste und wiegen ließ, kam er ins Gefängnis, wo er angeblich an Gift starb; Aspasia wurde vom Komödiendichter Hermippos wegen Begünstigung der Prostitution angeklagt und entkam dem Kerker nur, weil Perikles sich für sie einsetzte und ihretwegen vor Gericht weinte.²⁹

Unterdessen drohten die größten Gefahren aber von außen: Sparta, dessen Politik ganz auf Kampf ausgerichtet war, sah mißgünstig auf das nahe Athen, wo man sich vergnügte, als wäre das Leben ein angenehmes Abenteuer. Ein paar Jahre lang gelang es Perikles, Krieg zu vermeiden (er soll dem spartiatischen Anführer sogar Geld zugesteckt haben), aber dann war nichts mehr zu retten, und der Konflikt brach mit ganzer Macht aus. Der besonnene Perikles, den Plutarch in seinen *Lebensbeschreibungen* nicht umsonst mit Fabius Maximus verglich, vermied den frontalen Angriff und zog es vor, sich in Athen zu verbarrikadieren und den Überfall abzuwarten. Zu seinem Unglück schleppten aber die Tausende von Bauern, die sich vom Land hinter die Stadtmauern flüchteten, eine furchtbare Pest nach Athen ein, für die er verantwortlich gemacht wurde. Man setzte ihn ab, außerdem mußte er eine Geldbuße von 15 Talenten bezahlen.³⁰

Im Herbst 429 wurde auch Perikles von der Epidemie angesteckt. An seinem Todestag hatten sich alle seine Freunde um ihn versammelt, und da sie ihn nunmehr in Agonie glaubten, fingen sie an, alle Taten zu rühmen, die er in 40 Jahren zum Wohl des Vaterlandes vollbracht hatte. Perikles kam noch einmal zu sich und sagte, »er wundere sich, daß sie Dinge an ihm preisen und der Erwähnung wert erachteten, die das Glück bald dem, bald jenem zuteile und deren sich so mancher Feldherr rühmen könne, vom Größten und Schönsten aber sagten sie nichts. ›Denn meinetwegen‹, fuhr er fort, ›hat kein Bürger von Athen ein Trauerkleid angelegt.‹«³¹

[1] B. Russell, *a. a. O.*, S. 82
[2] Herodot, *a. a. O.*, V 30
[3] *ebd.*, V 35
[4] *ebd.*, V 97
[5] *ebd.*, V 101
[6] *ebd.*, V 105
[7] *ebd.*, VI 106
[8] *ebd.*, VI 117
[9] *ebd.*, VI 120
[10] *ebd.*, VII 60–87
[11] *ebd.*, VII 21
[12] *ebd.*, VII 35
[13] Herodot zählt in Buch VII 61–79 alle Völker auf, die an dem Feldzug Xerxes' teilnahmen, und beschreibt genau, wie sie gekleidet und ausgerüstet waren.
[14] *ebd.*, VII 226
[15] Diese Zahl wird von Aischylos in den *Persern* (v. 341 ff.) bestätigt, wo es heißt: »Dagegen dienten dort dem Xerxes tausend Schiffe/ Ich weiß es ganz gewiß – und noch zweihundertsieben/ Von größerer Schnelligkeit. Dies ist die wahre Zahl.«
[16] Plutarch zufolge waren es 180 (vgl. *Themistokles* in Plutarch, *Lebensbeschreibungen* I, 14, S. 254).
[17] *ebd.*, 13, S. 253 ff.
[18] Grytzko Mascioni, *Lo specchio greco*, Turin 1980, S. 245
[19] Plutarch, *Perikles*, 3 (dt. Stuttg. 1981, S. 6)
[20] *ebd.*, 5 (S. 8)
[21] *ebd.*, 8 (S. 13)
[22] *ebd.*, 8 (S. 13)
[23] *ebd.*, 14 (S. 25)
[24] J. Burckhardt, *a. a. O.*, Bd. 1, S. 110 f., Kap. »Die Polis in ihrer historischen Entwicklung«, Sparta
[25] Aristoteles, *Politik*, VI 1, 1317b, 37–41
[26] Plutarch, *a. a. O.*, 1 (S. 4)
[27] *ebd.*, 13 (S. 24)
[28] *ebd.*, 24 (S. 36 ff.)
[29] *ebd.*, 32 (S. 47)
[30] *ebd.*, 35 (S. 53)
[31] *ebd.*, 38 (S. 57)

XIX

Anaxagoras

So wie Frank Sinatra, der ›The Voice‹ genannt wird, hatte auch schon Anaxagoras einen Beinamen erhalten, der sein hervorstechendstes Merkmal genau traf: *nous*, der Geist. In der Tat verkörperte niemand besser als Anaxagoras die rationalistischen Fermente, die für die Gesellschaft Athens im 5. Jahrhundert kennzeichnend sind. Die Entwicklung der Dialektik, das Interesse für Naturphänomene, die neue medizinische Praxis des Hippokrates, die Reinheit der architektonischen Linien und sogar die einfache geometrische Ordnung des Ausbauplanes von Piräus nach einem Entwurf des Hippodamos von Milet, all dies deutet daraufhin, daß die Philosophen und die geistige Elite überhaupt, damals vom starken Wunsch geleitet waren, die Welt ganz mit den Mitteln der Vernunft zu deuten. Die Götter waren in den intellektuellen Kreisen jener Epoche aus der Mode gekommen und wurden daher auch schon bald darauf ein Kampfinstrument in den Händen der Reaktion. »Der Intellekt«, sagte Aristoteles, »ist wie ein Mann, der nicht getrunken hat, neben anderen, die leere Reden führen.«

Anaxagoras, Sohn des Hegesibulos,[1] wurde zwischen 500 und 497 v. Chr. in Klazomenä, einem in der Nähe von Smyrna gelegenen ionischen Städtchen, geboren. Sein Meister war Diogenes von Apollonia, der Nachfolger des Anaximenes, und wie alle Philosophen, die unter dem Einfluß der Schule von Milet standen, verbrachte Anaxagoras mehr Zeit damit, in den Himmel zu sehen, als sich um seine Angelegenheiten zu kümmern. Seine Angehörigen waren verzweifelt: »Guter Mann«, sagten sie, »warum kümmerst du dich nicht um deine Besitztümer?«[2] Aber er fragte nur zurück: »Warum tut ihr es denn nicht?« Schließlich schenkte er, um nicht mehr mit solchen Dingen belästigt zu werden, alles seinen Verwandten. Denn richtig glücklich fühlte sich der junge Anaxagoras nur, wenn er einsam und allein auf dem Berge Mimantes die Sterne beobachten konnte.[3] Dort oben verbrachte er, eingehüllt in eine Decke, in vollkommener Stille lange Nächte unter freiem Himmel. Als einmal ein Mitbürger ihm vorwarf, er liebe sein Vaterland nicht genug, antwortete er: »Das stimmt nicht! Mein Vaterland liegt mir recht sehr am Herzen!« und mit diesen Worten deutete er zum Himmel hoch.

Durch sein astronomisches Wissen wurde er bald berühmt; er soll die Geheimnisse des Weltalls unmittelbar aus den ›geheimen Büchern‹ der ägyptischen Priester erfahren haben. Jedenfalls wurden ihm Weissagungen jeder Art zugeschrieben: so soll er eine Sonnenfinsternis, ein Erdbeben (aufgrund des in einem Brunnen abgelagerten Schlammes),[4] den Einsturz eines Hauses und sogar einen Meteoriteneinschlag in den Ägospotamos, den Ziegenfluß, vorhergesagt haben.[5] Die griechische Welt war sehr empfänglich für die Kunst der Weissager; wem es einmal gelang, mit Hilfe von Berechnungen oder einfach mit Glück, ein Naturereignis vorherzusagen, der genoß von da an grenzenlose Glaubwürdigkeit. Anaxagoras zum Beispiel galt überall als derjenige, »der den Fall eines Steines vom Himmel vorhergesagt hatte«. Und dazu paßt auch diese Geschichte: der Philosoph wurde einmal bei der Olympiade gesehen, wie er einen Ledermantel über den Kopf gezogen hatte, als wollte er sich gegen Regen schützen, dabei war der Himmel ganz heiter, kurz darauf aber fiel ein furchtbarer Platzregen vom Himmel.[6]

Mit zwanzig zog er nach Athen, wo er eine Philosophie-Schule gründete. Zu seinen Schülern gehörten Euripides und Archelaos. Der letztere wurde berühmt als Lehrer (und vielleicht auch Liebhaber) von Sokrates und weil er herausfand, daß sich der Klang in der Luft durch eine Aufeinanderfolge von Stößen ausbreitet.[7]

Einigen Berichten zufolge wurde Anaxagoras von Xanthippos nach Athen gerufen, um dessen Sohn Perikles als Lehrer zu dienen, an anderer Stelle aber heißt es, er sei als ehemaliger persischer Soldat mit den Truppen des Xerxes nach Griechenland gekommen. Diese letztere Hypothese könnte erklären, weshalb er 30 Jahre später wegen »seiner medischen Gesinnung«[8] von den Feinden des Perikles angeklagt wurde. Anaxagoras wurde in der Tat von einem gewissen Thukydides[9] der Sympathie für die Perser sowie der Gottlosigkeit, beziehungsweise der Verächtlichmachung der Religion beschuldigt. Die Geschichtsschreiber berichten, daß er dem Todesurteil nur knapp entging.[10] Der gute Perikles konnte, obwohl noch immer der mächtigste Mann Athens, nicht mehr für ihn tun, als die Kerkermeister zu bestechen, damit Anaxagoras die Flucht gelang, bevor das Urteil verlesen wurde. Dabei bestand die einzige Schuld des Philosophen darin, Freund und Meister des Perikles gewesen zu sein. Wenn es darum ging, einem politischen Feind zu schaden, machten die Griechen kurzen Prozeß: auch der einfache Verdacht, schlecht über Zeus geredet zu haben, genügte da schon für eine Anklage.

Das Exil war hart, vor allem deshalb, weil er dem Ort fernbleiben mußte, an dem ›Kultur gemacht‹ wurde. Aber sein Stolz und vor allem seine Klugheit geboten ihm, seinen Schmerz nicht zu zeigen. Als er die Nachricht von seinem Todesurteil erhielt, sagte er nur: »Schon längst hat die Natur sowohl sie als auch mich verurteilt.«[11] Als er erfuhr, daß seine Söhne gestorben waren, kommentierte er: »Ich wußte, daß sie als Sterbliche gezeugt waren.« Erinnerte ihn jemand daran, daß er der Athener beraubt worden sei, beschied er ihn: »Nicht ich ihrer, sondern sie meiner.«[12] Und jenen schließlich, die ihn bemitleideten, daß er fern seiner Heimat sterben müsse, hielt er entgegen: »Man findet an allen Orten einen Weg zum Hades hinab.«

In der Zwischenzeit lasen die Intellektuellen sein Werk *Über die Natur* im Verborgenen. Plutarch zufolge ging die Schrift »nur heimlich unter wenigen herum, die sie einander mit Vorsicht und im Vertrauen mitteilten«.[13] Mit Sicherheit weiß man nur, daß sie der erste Bestseller der Geschichte wurde, oder zumindest das erste Werk, dessen Verkaufspreis bekannt ist: Eine Drachme.[14]

Über den Prozeß berichten die verschiedenen Quellen ganz Widersprüchliches; er soll im Jahre 450, anderen zufolge aber 432 stattgefunden haben; die einen sagen, der Philosoph sei von Thukydides vor Gericht geschleift worden, andere wieder meinen, es habe sich um Kleon gehandelt.[15] Manche berichten von einem Todesurteil, doch lesen wir auch von einem Scherbengericht und einer Geldbuße in Höhe von fünf Talenten. Am wahrscheinlichsten ist, daß es in einem Zeitabstand von 18 Jahren zwei Prozesse und zwei verschiedene Urteile gegeben hat.[16]

Das Scherbengericht[17] war eine Art negative Wahl, die jedes Jahr zum Winteranfang stattfand. Man brauchte, um irgendeinen Bürger von der Bildfläche verschwinden zu lassen, nur die Zustimmung von 6000 Athenern zu erreichen, und schon wurde der Ärmste fünf oder zehn Jahre ins Exil geschickt, ohne auch nur zu wissen, warum. Da die Abstimmung geheim war und man auch verurteilt werden konnte, ohne wirklich schuldig zu sein, war die Gefahr, im Exil zu landen, jederzeit sehr groß. Und praktisch gelang es auch außer Perikles keinem einzigen der großen Athener des 5. Jahrhunderts, dieser öffentlichen Verurteilung zu entgehen; sogar Aristides, der der Beste von allen war, mußte ins Exil. Das Scherbengericht war an sich dazu gedacht, die Herrschaft des *demos* über das Individuum zu gewährleisten, das sich über die andern zu erheben versucht – eine Art Bremse für jeden Persönlichkeitskult; in der Praxis erwies es sich aber dann als wirksames Machtmittel in der Hand von wenigen Neidern.

Der zweite Prozeß begann, sofern er überhaupt stattgefunden hat, mit der Auspeitschung eines Sklaven, der gestand, er habe Anaxagoras von der Sonne als von einer glühenden Steinmasse reden hören.[18] Einige Jahre zuvor war es einem gewissen Diopeithes gelungen, ein Gesetz durchzubringen, in dem es hieß, »es sei unter Anklage zu stellen, wer nicht an die Götter glaube«.[19] Perikles übernahm sofort die Verteidigung seines Freundes und versuchte alles, um ihm das Leben zu retten; er zerrte ihn, der noch Fieber von einer Krankheit hatte, vor Gericht, wies auf das ermattete Gesicht des alten Meisters und fragte die Anwesenden: »Athener, seid ihr überzeugt, daß ich immer für das Wohl des Vaterlandes gewirkt habe? Habt Ihr mir Vorwürfe zu machen? So wisset, daß ich sein Schüler gewesen bin!«[20]

Anaxagoras wurde mehr aus Mitleid freigelassen als dank Perikles bewegender Verteidigungsrede. Aber der stolze Philosoph konnte eine solche Schmach nicht ertragen und starb freiwillig Hungers in Lampsakos, einem verlassenen Ort im nördlichen Ionien.[21] Er streckte sich auf seinem Bett aus und bedeckte das Gesicht mit einem Schleier. Als Perikles, der ihm helfen wollte, ihn besuchte, beklagte er sich, daß er für seine Lehren nicht belohnt worden sei und sagte: »Perikles, wer eine Lampe braucht, der schüttet Öl hinein!«[22] Zu den Archonten von Lampsakos, die ihn fragten, wie sie seines Todes gedenken sollten, sagte er, am besten wäre es, den Kindern jedes Jahr in seinem Sterbemonat freizugeben.[23]

Bei aller Hochachtung vor Herrn *nous,* besonders sympathisch wirkt Anaxagoras nicht auf mich; vor allem scheint mir die Nachricht verdächtig, daß kein Mensch ihn je hat lachen sehen.[24] Und zwar nicht, weil er eben charakterlich so veranlagt war, was man ja noch hätte hinnehmen können, nein, die Leichenbittermiene entsprach bei Anaxagoras ganz einer bewußten Haltung. Auch seine Lieblingsschüler Euripides[25] und Perikles[26] lehnten es stets ab, in Gesellschaft zu trinken und an Festgelagen teilzunehmen, weil sie fürchteten, mit einem Lächeln auf den Lippen erwischt zu werden. Aber diese Abneigung gegen das Lachen ist auch heute noch sehr verbreitet. Man braucht sich nur einmal das Verhalten der Intellektuellen anzusehen, wenn sie im Fernsehen interviewt werden: ihr Blick ist stets von ihrem strengen Bewußtsein verdunkelt. Gott allein weiß, aufgrund welcher geheimnisvollen calvinistischen Mechanismen der Schuldkomplexe und Sühnebedürfnisse sie so allergisch gegen das Komische sind. Das lateinische Motto *risus abundat in ore stultorum* wurde wohl von einem Vorfahren Moravias, Sciascias oder von Giorgio Bocca in Umlauf gesetzt. Zum Glück gibt es auch hin und wieder Leute wie Einstein oder Bertrand Russell, und der Himmel der Kultur färbt sich wieder blau.

Auch Anaxagoras stellt sich die klassischen Grundfragen der vorsokratischen Philosophie:
– Welches sind die Urelemente?
– Wer oder was beseelt sie?

Für ihn sind die Ursubstanzen unendlich, und zwar sowohl zahlenmäßig als auch in ihrer Beschaffenheit; er nennt sie Homöomerien. Wir haben es hier also nicht mit einem einzigen *arche* zu tun, wie in der Schule von Milet, oder mit vier verschiedenen Elementen wie bei Empedokles, sondern mit zahllosen unendlich kleinen Teilchen, die alle nach einem logischen, vom Intellekt bestimmten Kriterium geordnet sind.

Am Anfang der Zeiten waren die Homöomerien kunterbunt durcheinander aufgehäuft, sagt Anaxagoras, etwa so wie in einem riesigen Mixer, in dem man weder eine Farbe, noch sonst irgendein Merkmal unterscheiden konnte,[27] bis dann plötzlich der Verstand dazwischentrat, und der ›Mixer‹ anfing, sich zu drehen und den Inhalt umherzuwirbeln: »Das Dichte, das Feuchte, das Dunkle, das Kalte, also die schweren Dinge, sammeln sich im Zentrum und nehmen, sobald sie sich erhärtet haben, die Konsistenz der Erde an, während die entgegengesetzten Dinge, das Warme, das Leuchtende, das Leichte, das Trockene, sich an den Rand des Äthers drängen.«[28]

Während die Homöomerien unendlich kleine Materieteilchen sind, von homogener Beschaffenheit und unsichtbar aufgrund der Geringfügigkeit der Masse,[29] enthalten selbst die kleinsten Dinge, die wir in der Natur sehen, in ihrem Innern alle möglichen Homöomerien. Genauer, »in jedem Ding verbergen sich alle Substanzen, und von diesen werden nur diejenigen erkennbar, die am zahlreichsten sind oder am sichtbarsten, weil sie sich in der vordersten Reihe befinden«.[30] Also hat ein Holztisch in seinem Innern ein wenig von allem: auch Feuer, Rauch, Asche usw; und wenn er uns nur aus Holz gemacht erscheint, so deshalb, weil die Homöomerien des Holzes in der Überzahl sind.

Zum Beweis dieser Behauptungen führt Anaxagoras an, daß die von den Tieren verzehrte Nahrung sich in Fleisch, Knochen, Haare, Adern, Nerven, Nägel, Flügel und sogar Hörner verwandelt, und da nun einmal ein Haar nicht aus einem Nicht-Haar entstehen kann, müssen also in der Nahrung bereits auch die Homöomerien der Haare enthalten sein.[31]

In Weiterführung seines Gedankens, daß ›in allem alles‹ enthalten sein müsse, kommt der Philosoph zu dem Schluß, daß jedes Ding nicht nur seine Hauptmerkmale besitzt, sondern jeweils auch die gegenteiligen: so erscheint uns der Schnee zum Beispiel weiß,[32] aber in seinem Innern muß auch ein wenig Schwarz enthalten sein – und dabei fällt mir meine Mutter ein, die immer, wenn sie die Suppe verdorben fand, sagte, »sie schmeckt süß nach Salz«.

Was die Gegensätze betrifft, stellt Anaxagoras die Theorien des Empedokles auf den Kopf: das Gleiche sucht nicht seinesgleichen, sondern sein Gegenteil.[33] Die Gegensätze verdanken ihre Existenz dem Feind. Jeder von uns nimmt die Kälte wahr, auch wenn sein Körper viel wärmer ist. Ein Geräusch, das im Lärm der *agora* vielleicht untergeht, wird mitten in der Nacht unerträglich laut.

Um das Denken des Anaxagoras richtig zu verstehen, müssen wir vor allem klären, was er sich unter Geist vorstellt. Wie schon anfangs gesagt, ist *nous* nicht mit Gott gleichzusetzen, es geht hier nicht um ein schöpferisches Wesen, sondern nur um eine ›materielle‹ Substanz, wenn diese auch außerordentlich vollkommene Eigenschaften hat wie Reinheit, Verdünnung usw. Der Geist ist nur in den belebten Dingen, und er stellt die Weltordnung her, so wie sie uns erscheint, er schafft aber nicht die Urstoffe. Er heißt ›Geist‹, weil er im Unterschied zum Zufall weiß, was er tut.

Die begrenzten Tugenden des *nous,* wie es Anaxagoras verstand, enttäuschten die Athener Philosophen ein wenig. So sagt Platon im *Phaidon*[34] wörtlich:

»Als ich einmal einen hörte, aus einem Buche, wie er sagte, vom Anaxagoras, lesen, daß die Vernunft das Anordnende ist und aller Dinge Ursache, an dieser Ursache erfreute ich mich, und es schien mir auf gewisse Weise sehr richtig, daß die Vernunft von allem die Ursache ist, und ich gedachte, wenn sich dies so verhält, so werde die ordnende Vernunft auch alles ordnen und jegliches stellen, so wie es sich am besten befindet. ... Dieses nun bedenkend freute ich mich, daß ich glauben konnte, über die Ursache der Dinge einen Lehrer gefunden zu haben, der recht nach meinem Sinne wäre, an dem Anaxagoras, der mir nun auch sagen werde, zuerst ob die Erde flach ist oder rund und, wenn er es mir gesagt, mir dann auch die Notwendigkeit der Sache und ihre Ursache dazu erklären werde...

Und von dieser wunderbaren Hoffnung, o Freund, fiel ich ganz herunter, als ich fortschritt im Lesen und sah, wie der Mann mit der Vernunft gar nichts anfängt und auch sonst gar nicht Gründe anführt, die sich beziehen auf das Anordnen der Dinge, dagegen aber allerlei Luft und Äther und Wasser vorschiebt und sonst viel Wunderliches.«

Anaxagoras hatte aber nicht nur den Beinamen *nous*, sondern er wurde wegen seiner Leidenschaft für die Naturwissenschaften auch *ho physikotatos* genannt, der größte Physiker. Hier nun eine kleine Auslese von Grundbegriffen seiner Physik und seiner Astronomie:
- Die Sterne sind glühende Steine, die schwindelerregend schnell am Himmel kreisen, bis sie bei einer plötzlichen Verlangsamung (des Kosmos) auf die Erde stürzen (vgl. hierzu die Geschichte vom Meteoriten, der in den Ziegenfluß fiel).[35]
- »Der Mond hat sein Licht von der Sonne«[36] und ist ein kalter Stein.
- Da die Umlaufbahn des Mondes niedriger ist, als diejenige der Sonne, bestimmt sie von Zeit zu Zeit die Sonnenfinsternisse.[37]
- Eines Tages fiel ein Löwe namens Nemeos vom Mond.[38]
- Der Mond ist bewohnt und hat Gebirge, Hügel, Schluchten und Häuser, genau wie bei uns.[39]
- Die Winde entstehen durch Verdünnung der von der Sonne erhitzten Luft.[40]
- Donner entsteht durch den Zusammenprall von Wolken.
- Erdbeben werden durch die Bewegung von Luftmassen ausgelöst, die im Innern der Erde gefangen sind.
- Kometen sind flammende Planeten, die einen Schweif von Funken hinter sich herziehen.[41]
- Die Sonne ist größer als der Peloponnes.[42]

Wie man sieht, hat der gute Anaxagoras mit einigem ins Schwarze getroffen, aber auch so manchen Bock geschossen; andererseits dürfen wir nicht vergessen, daß die armen Wissenschaftler der Antike vollkommen im Dunkeln tappten und alles erraten mußten, wobei sie sich auf das verließen, was sie mit bloßem Auge erkennen konnten, und im übrigen ihre Phantasie gebrauchten.

Auch Anaxagoras hat eine Entwicklungstheorie: Die ersten Menschen entstanden aus der Feuchtigkeit, dann pflanzten sie sich alleine fort, wobei die männlichen Kinder aus der rechten, die weiblichen aus der linken Seite des Uterus geboren wurden.[43] Schnell entwickelten sie sich zu den intelligentesten Lebewesen des Universums, da sie als einzige über Hände verfügten; eine außerordentlich geniale Intuition, die die Gelehrten von heute (vor allem Verhaltensforscher und Paläontologen) zu bestätigen geneigt sind, die Anaxagoras damals aber viel Kritik einbrachte. Aristoteles zum Beispiel war keineswegs damit einverstanden und wandte ein: »Anaxagoras zufolge ist der Mensch der Weiseste unter den Lebenden, weil er Hände hat. Dabei wäre es doch vernünftiger zu sagen, daß er Hände hat, weil er der Intelligenteste ist.«[44]

[1] Diogenes Laertios, a. a. O., II 6
[2] ebd., II 7
[3] Philostratus, a. a. O., II 5
[4] Ammianus Marcellinus, Res gestae, XXII 16, 22
[5] Plinius d. Ä., Naturalis historia, II 149–50
[6] Giannantoni, Hg., a. a. O., Bd. II, S. 558, N. 3
[7] Diogenes Laertios, a. a. O., II 17
[8] ebd., II 12
[9] Thukydides, Sohn des Melesias, Haupt der aristokratischen Aufrührer, nicht zu verwechseln mit dem Geschichtsschreiber gleichen Namens.
[10] Fl. Iosephus, Contra Apionem, II 265
[11] Diogenes Laertios, a. a. O, II 13
[12] ebd., II 10
[13] Plutarch, Nikias, in Lebensbeschreibungen IV, a. a. O., 23, S. 34
[14] Platon, Apologia, 226
[15] Plutarch, Perikles, 32, S. 48
[16] Giannantoni, Hg., a. a. O., Bd. II, S. 563, N. 19
[17] J. Burckhardt, a. a. O., Bd. I., S. 217, Kap. »Die Demokratie in ihrer Ausgestaltung in Athen«
[18] Giannantoni, Hg., a. a. .O., Bd. II, S. 563, N. 20
[19] Plutarch, a. a. O., 32, S. 48
[20] Diogenes Laertios, a. a. O., II 13
[21] Giannantoni, Hg., a. a. O., Bd. II, S. 558, N. 3
[22] Plutarch, 16, S. 29
[23] Diogenes Laertios, a. a. O., II 14
[24] Giannantoni, Hg., a. a. O., Bd. II, S. 564 ff., N. 21

[25] Aulus Gellius, a. a. O., XV, 20
[26] Plutarch, a. a. O., 7, S. 11
[27] Giannantoni, Hg., a. a. O., Bd. II, S. 604
[28] ebd., Bd. II, S. 607
[29] ebd., Bd. II, S. 569
[30] Lukrez, De rerum natura, 1 810 ff.
[31] Giannantoni, Hg., a. a. O., Bd. II, S. 574
[32] ebd., Bd. II, S. 597
[33] ebd., Bd. II, S. 593
[34] Platon, Phaidon, 97 c, ff.
[35] Hippolytos von Rom, a. a. O., 1 8,6
[36] Plutarch, De facie in orbe lunae, dt. »Das Mondgesicht«, Zürich 1968, Kap. 16
[37] Hippolytos, a. a. O., 1 8, 9
[38] Giannantoni, Hg., a. a. O., Bd. II, S. 585
[39] ebd., Bd. II, S. 587
[40] Hippolytos, a. a. O., 1 8, 11 ff.
[41] Diogenes Laertios, a. a. O., II 9
[42] Giannantoni, Hg., a. a. O., Bd. II, S. 585
[43] Hippolytos, a. a. O., 1 8, 12
[44] Aristoteles, De partibus animalium, IV 10 687a 7

XX

Leukipp

Nur zwei Worte über Leukipp – mehr über ihn zu sagen, wäre auch schwierig. Schon sein Geburtsdatum liegt im Dunkeln; die Historiker lassen uns einen Spielraum von 490 bis 470 v. Chr. Nicht minder uneinig sind sie, was seinen Geburtsort betrifft;[1] die einen behaupten, er stamme aus Milet, andere versetzen ihn nach Elea oder nach Abdera, und manche lassen ihn überhaupt gar nicht erst zur Welt kommen. Diese These vertritt kein Geringerer als Epikur, der zwar viel von den atomistischen Theorien hält, aber nach ihm »hat es einen Philosophen Leukippos überhaupt nicht gegeben«.[2] Etwas gewagt, diese Behauptung Epikurs, Aristoteles erwähnt Leukipp in seinem Werk *De generatione et corruptione* elfmal, und es ist ziemlich unwahrscheinlich, daß ein Haarspalter wie er sich über einen nicht existenten Philosophen ausgelassen hätte. Aber es gibt auch die Hypothese von Tannery, die wir hier erwähnen, um eine Vorstellung von der Vielfalt der Meinungen über dieses Thema zu geben; er behauptet nämlich, Leukipp sei einfach ein Pseudonym von Demokrit gewesen.

Weil wir aber doch einen Lebensabriß Leukipps geben wollen, schließen wir uns der Überzeugung an, daß der Philosoph im Jahre 480 – möglicherweise auch ein Jahrzehnt früher oder später – geboren wurde und bis zum Aufstand der Aristokraten im Jahre 450 in seiner Heimat lebte. Als er über dreißig war, begann er wie alle Vorsokratiker, die etwas auf sich hielten, die Welt zu bereisen. Er wird uns in Elea gemeldet, wo er sich gerade so lange aufhielt, bis er sich die Lehre Zenons zuerst angeeignet und sie anschließend verrissen hatte, sowie in Abdera, einer thrakischen Seestadt auf halbem Wege zwischen Griechenland und Ionien, wo er eine philosophische Schule gründete.

Pech des schon in seiner bloßen Existenz in Frage gestellten Leukipp war, daß eine überragende Persönlichkeit wie Demokrit sein Schüler wurde. Dieser Schüler stellte den Lehrer so in den Schatten, daß man sich bald fragte, ob dieser überhaupt je gelebt habe. Und Demokrit hat sich auch nicht herabgelassen, ihn in seinen so zahlreichen Werken wenigstens einmal zu erwähnen. Die Geschichtsschreiber nennen ihn mit wenigen Ausnahmen[3] immer nur in Zusammenhang mit Demokrit, so daß es schwierig ist, beider Denken voneinander getrennt zu sehen. Schließlich wurde sogar eine Lehrschrift von Leukipp, *Die große Weltordnung,* in den *Corpus Democriteum* aufgenommen und als Werk Demokrits erklärt.

Daher möchten wir in unserer bescheidenen Philosophengalerie eine Aufwertung Leukipps versuchen und ihm wenigstens das Verdienst zuerkennen, zwei grundlegende Konzepte der Philosophiegeschichte aufgestellt zu haben: das Konzept der Leere und das Konzept des Atoms.

Vor ihm hatten alle Philosophen die Existenz des leeren Raums heftig bestritten. Empedokles hatte mit dem Experiment des Mädchens, das seinen kupfernen Wasserheber umgekehrt ins Wasser taucht, bewiesen, daß das, was vom Volk allgemein ›Luft‹ genannt wurde, Konsistenz hatte und keinesfalls der Leere entsprach.[4] Und Anaxagoras hatte mit seinem luftgefüllten Schlauch ebenfalls eine praktische Methode nachgewiesen, wie man die ›Dicke‹ des leeren Raums mit der Hand anfassen konnte.[5] Parmenides schließlich hatte nicht nur die Nichtexistenz der Leere vorausgesetzt, er hatte sogar versucht, damit die Unmöglichkeit von Bewegung zu beweisen: »Seiendes schließt sich an Seiendes

an, nie klafft eine Lücke. Ohne Bewegung ruht es, von mächtigen Banden umschlossen. Ohne Beginn, ohn' Ende.«[6]
Was das Atom betrifft, muß man einräumen, daß ihm Anaxagoras mit seinen Homöomerien schon sehr nahe gekommen war. Doch abgesehen davon, daß die beiden Philosophen Zeitgenossen waren und in verschiedenen Städten lebten, so daß sie sich kaum gegenseitig beeinflußt haben dürften, besteht der grundlegende Unterschied zwischen den Homöomerien des Anaxagoras und den Atomen Leukipps darin, daß die ersteren als unendlich teilbar gedacht wurden, während die letzteren, obgleich winzig klein, als unteilbare feste Teilchen vorgestellt wurden, also als die letzten Korpuskeln, in die sich Materie noch teilen läßt. Und in der Tat bedeutet ›Atom‹ auf griechisch nichts anderes als ›unteilbar‹.

[1] Diogenes Laertios, a.a.O., IX 30ff.
[2] Epikur, *Brief an Eurylochos*, in Diogenes Laertios, a.a.O., X 13
[3] ebd., IX 30 und 46
[4] Empedokles, fr. 100 Diels
[5] Aristoteles, *De caelo*, IV 2 309a 19
[6] Platon, *Theaitetos*, in Sämtliche Werke 4, S. 148

XXI

Demokrit

Demokrit, Sohn des Hegesistratos oder des Athenokritos oder des Damasippos, wurde zwischen 472 und 457 v. Chr. in Abdera oder in Milet geboren.[1] Wie immer bei unseren vorsokratischen Philosophen, lassen die biographischen Daten zu wünschen übrig. Aber wir müssen uns dazu auch einmal in die Lage dieser armen Griechen versetzen: einen regelrechten Kalender hatten sie nicht, so behalfen sie sich, wenn sie ihr Geburtsjahr angeben mußten, mit Hinweisen auf die amtierenden Archonten oder auf Sieger bei den Olympiaden. Ungefähr so, wie wenn ich heute angeben würde: geboren in dem Jahr, in dem Owens beim Hundertmeterlauf siegte, geheiratet, als Tambroni Ministerpräsident war – wer soll sich daran später erinnern!

Demokrit war das jüngste von vier Kindern; er hatte zwei Brüder, Herodot und Damastes, sowie eine Schwester, deren Namen nicht überliefert ist.[2] Im Wohlstand aufgewachsen, verzichtete er beim Tode seines Vaters auf seinen Anteil an den Gütern und ließ sich nur eine Summe in bar auszahlen. Allerdings handelte es sich dabei um eine beträchtliche Summe, Diogenes Laertios[3] spricht von 100 Talenten, wie man heute über einen Millionenbetrag reden würde. Demokrit nahm das Geld, obwohl das seiner ethischen Überzeugung widersprach: er konnte damit seinen langgehegten Plan verwirklichen, durch die ganze Welt zu reisen und möglichst vielen Meistern zu begegnen. Horaz, der große lateinische Dichter, schrieb über Demokrits Schritt folgendes: »Was

Wunder, daß das Vieh in die Felder Demokrits dringt und die Ernte verdirbt, wenn sein Geist, den eigenen Körper vergessend, eilends fortflieht.«[4]

Demokrit war ein unermüdlicher Reisender: er studierte Astronomie bei den Chaldäern, Theologie bei den Magiern und Geometrie bei den Ägyptern; er reiste nach Äthiopien, ans Rote Meer und sogar nach Indien, wo er angeblich die Gymnosophisten kennenlernte.[5] In einem von Clemens Alexandrinus überlieferten Fragment sagt er selber: »Ich bin unter meinen Zeitgenossen derjenige, der den größten Teil der Erde durchquert hat, indem ich Forschung der seltsamsten Dinge betrieb; und ich sah sehr viele Himmel und Erden; und ich hörte die meisten der gelehrten Männer; und im Aufbau geometrischer Figuren mit entsprechender Beweisführung hat mich keiner übertroffen.«[6] Auf diesen Reisen wurde er vom persischen Königshaus unterstützt; es wird berichtet, daß König Xerxes, als er im zweiten griechischpersischen Krieg durch Thrakien zog, Gast seines Vaters gewesen war und seine Familie seither einen gewissen Schutz genoß.[7]

Auf all diesen Reisen gelangte Demokrit natürlich auch nach Athen, aber zu seiner Verwunderung »erkannte ihn niemand«.[8] An einer Stelle lesen wir die Vermutung,[9] der junge Mann, der in Platons *Anterasten* mit Sokrates spricht, sei Demokrit.[10] In dem Gespräch äußert Sokrates nämlich, der Philosoph sei mit einem Fünfkämpfer zu vergleichen, mit einem Mann also, der am Ende Sieger wird, auch wenn er in keinem der Einzelkämpfe gesiegt hat, und Demokrit rühmte sich, ein Experte in Physik, Ethik, in den enzyklopädischen Wissenschaften, in Kunst und Mathematik zu sein.

Als er dann nach all diesen Reisen heimkehrte, hatte er keine Drachme mehr; es blieb ihm keine andere Wahl, denn als armer Verwandter bei seinen Brüdern zu wohnen. Aber einem alten thrakischen Gesetz folgend, teilte ihm die Regierung eines Tages mit, daß er sich nicht in der Heimat begraben lassen dürfe, da er sein väterliches Vermögen durchgebracht habe. Um also zu vermeiden, daß sie ihn nach seinem Tode einfach ins Meer warfen, begann Demokrit, eines seiner Werke, *Die große Weltordnung*, öffentlich vorzulesen, und beeindruckt von so viel Weisheit, versprachen ihm die Abderiten dann nicht nur ein Begräbnis auf Staatskosten, sondern sie brachten sogar 500 Talente für ihn auf.[11]

Seine Person wird uns ganz unterschiedlich beschrieben: für die einen war er ein Lebemann, jederzeit zum Lachen und Scherzen aufgelegt, für andere dagegen ein Gelehrter, der sich am liebsten in die Einsamkeit zurückzog. Vermutlich war er sowohl das eine wie das andere: nicht umsonst wurde er gleichzeitig ›Der Spötter‹ und ›Der Weise‹ genannt.[12] Sein schallendes Gelächter war in Griechenland so berühmt, daß er in den intellektuellen Kreisen Athens mehr als einmal kritisiert wurde. Sie sagten über ihn: »Er stammt aus Abdera, wo gewöhnlich die Idioten geboren werden.«[13]

Diese satirische Ader pflegte der Abderite vor allem auf Kosten des Anaxagoras, den er wegen seiner Geist-Theorie verspottete, auch warf er ihm vor, einige antike Sonne- und Mondlehren einfach übernommen zu haben.[14] Vermutlich geht aber Demokrits ganze Antipathie darauf zurück, daß ihn Anaxagoras persönlich durchfallen ließ, als er in die Schule von Athen hatte eintreten wollen.[15] Seine Anlage zur, sagen wir, Introvertiertheit zeigte sich schon seit frühester Jugend. Als Junge baute er sich in einem Winkel des elterlichen Gartens eine Hütte, in der er sich gern vor den andern versteckte. Es heißt auch, er habe in reiferem Alter oft lange Zeit in der Einsamkeit der Wüste oder inmitten der Gräber auf Friedhöfen verbracht, wo er seiner Phantasie freien Lauf lassen konnte.[16]

Dank seiner Erfahrungen im Orient hatte er besondere seherische Fähigkeiten erworben: außer mit Vorhersagen von Naturereignissen, die nunmehr ein Steckenpferd aller Philosophen geworden waren, gelang es Demokrit, seine Freunde häufig durch die merkwürdigsten Intuitionen in Verwunderung zu versetzen. So wird zum Beispiel erzählt, er habe eines Tages, als er einen Becher Milch trank, gesagt, »sie sei von einer schwarzen Ziege, die das erstemal Junge gehabt habe«.[17] Ein andermal habe er eine Freundin des Hippokrates mit »Gruß dir, mein Mädchen« willkommen geheißen, am nächsten Tag aber dann mit »Gruß dir, Weib!« und tatsächlich hatte das Mädchen in der Zwischenzeit seine erste Liebesnacht erlebt.[18] Den Namen des Liebhabers überliefern die Geschichtsschreiber nicht, sollte es jedoch Hippokrates selber gewesen sein, könnten einem gewisse Zweifel an der Intuition Demokrits kommen; vielleicht lag ihr doch ein vertraulicher Hinweis des Freundes zugrunde und nicht ein parapsychologisches Phänomen.

Eines Tages wußte Demokrit nicht so recht, wie er den großen Darius über den Tod seiner Frau hinwegtrösten sollte. Schließlich sagte er zu ihm: »Beschaffe mir all die Dinge, die ich auf dieses Blatt geschrieben habe, und ich verspreche dir, daß ich sie wieder zum Leben erwecken werde.« Der König machte sich sofort auf, um alle Wünsche des Weisen zu erfüllen, aber bei der letzten Forderung mußte er aufgeben; es war nicht möglich, auf den Grabstein der Königin die Namen von drei Männern zu meißeln, die in ihrem Leben noch keinen Schmerz erlitten hatten. So sagte Demokrit zu ihm: »O unvernünftiger Mann, du weinst hemmungslos, als wärst du der einzige auf der Welt, der ein solches Unglück erleidet!«[19]

Die Legende erzählt, Demokrit habe sich, als er alt geworden war, freiwillig des Augenlichts beraubt, indem er seine Augen den von einem versilberten Schild reflektierten Sonnenstrahlen aussetzte; er wollte verhindern, daß »das Sehen des Körpers ihn am Sehen des Geistes hindere«.[20] Tertullian meint allerdings, der alte Genießer habe sich selbst geblendet, um die schönen Frauen nicht mehr sehen zu müssen, die er nun nicht mehr lieben konnte.[21] Jedenfalls blieb uns zum

Zeugnis dieses Dramas ein Gedicht von Decimus Laberius erhalten:

> *Demokritos, der abder'sche Physiker, stellte einst*
> *Dem Sonnenaufgang gegenüber einen Schild,*
> *Zu blenden an des Erzes Glanz die Augen sich.*
> *So blendete er sich die Sehkraft nun am Sonnenstrahl,*
> *Um nicht zu sehn, daß bösen Bürgern gut es geht.*[22]

In einem seiner Werke hatte er einmal geschrieben: »Oft ist das lange Leben nicht ein langes Leben, sondern ein langes Sterben.«[23] Und als er dann über 100 Jahre alt geworden war, beschloß er, sein Leben selber zu beenden, er aß immer weniger und schließlich gar nichts mehr. Als seine Kräfte erschöpft waren und sein Tod nahte, beklagte sich seine Schwester, auch sie eine Hundertjährige, wenn er ausgerechnet jetzt stürbe, könne sie ja nicht am Thesmophorienfest teilnehmen. Geduldig verlangte da der Philosoph, daß man ihm heiße Brote bringen sollte, die legte er sich aufs Gesicht. So überlebte er drei Tage. Dann fragte er die Schwester: »Ist das Fest vorüber?« »Ja«, antwortete sie, und er schloß für immer die Augen.[24]

Diogenes Laertios widmet ihm diese Verse:

> *Demokrit, »der drei Tage den Tod in seinem Hause gehalten,*
> *Und mit heißen Brots Düften ihn speiste die Zeit!«*[25]

Sein Ruhm verbreitete sich in der ganzen zivilisierten Welt. Über ihn berichtet sogar Timon nur Gutes.[26] Platon war sein einziger beharrlicher Verleumder: er weigerte sich, auch nur seinen Namen zu nennen, und versuchte, alle seine Werke verbrennen zu lassen. Seine Absicht mißlang, weil die Schriften Demokrits überall verbreitet waren und auch überall Zustimmung fanden.[27]

Die Lehre Demokrits ist sehr einfach, schwierig sind vielleicht nur die Fragen, auf die der Philosoph eine Antwort schuldig bleibt. Aber gehen wir der Reihe nach vor.

Die Welt besteht aus Atomen und aus dem leeren Raum:[28] die Atome sind unendlich viele, vollkommen kompakte, also unteilbare Korpuskeln von gleicher Eigenschaft, aber unterschiedlich in ihrer geometrischen Form und in der Größe; der leere Raum dagegen ist einfach nur der leere Raum oder ein ›Nichts‹ *(ouden)*, das ebenso existiert wie das ›Etwas‹ *(den)*. Noch einfacher ausgedrückt, die Welt besteht, kann man sagen, aus sehr harten Materieteilchen, die die Form von Kügelchen, Würfelchen, kleinen Dodekaedern usw. haben, und sich in einem physischen Raum bewegen, der aus Nichts besteht. Diese Teilchen, Atome genannt, verbinden sich manchmal untereinander und manchmal lösen sie sich dann wieder voneinander.[29]

Nehmen wir ruhig einmal an, diese Beschreibung der Welt ist zutreffend, dann stellt sich uns natürlich sofort die Frage: Wer hat die Atome und die Leere gemacht, wer bewegt die Atome, und wer hat ihnen den ersten Schubs gegeben, wer klebt sie zusammen und wer löst sie voneinander? Wie soll uns Demokrits Antwort überzeugen, die Atome seien unendlich und bestünden von jeher,[30] ebenso wie sie sich von jeher im leeren Raum bewegten; sie wirbelten umher, und von Zeit zu Zeit prallten sie aufeinander. Dieses Aufeinanderprallen *(apopallesthai)*, die Stöße *(palmos)*, die Berührungen *(epispasis)* und die Gegenstöße *(sunkrouesthai)* führen, sagt er, zu Zusammenballungen, die dann schließlich die Gegenstände bilden, die uns umgeben. Mit der Lehre des Empedokles, daß diese Vereinigungen und Trennungen von Liebe und Haß verursacht werden, kann Demokrit nichts anfangen: er ist ein ernsthafter Materialist, Konzepte wie die von Liebe und Haß schmecken ihm zu sehr nach Mythologie, warum dann nicht gleich zu Zeus und Saturn zurückkehren, die waren wenigstens unterhaltsamer.

Soweit also die physikalische und kosmologische Theorie Demokrits, die uns allerdings, wie wir sofort zugeben, leicht anfechtbar erscheint. Wenn man nämlich davon ausgehen will, daß sich die Atome ›von jeher‹ auf kreisförmigen Bahnen bewegen, so ergeben sich daraus doch zwei Hypothesen: entweder verlaufen diese Bahnen parallel, und dann fragt man sich, wie der erste Aufprall hatte stattfinden können (da ein Schneiden der Fahrbahn nicht anzunehmen ist, wird es sich um einen Auffahrunfall gehandelt haben!), oder aber, die Umlaufbahnen sind nicht parallel, und dann hat das Aufeinanderprallen schon im allerersten Augenblick stattgefunden. Aber von welchem allerersten Augenblick kann hier denn die Rede sein, nachdem es gerade erst geheißen hat, die Atome bewegten sich ›von jeher‹?

Epikur, der Demokrit schätzte und ein überzeugter Atomist war, versuchte die Sache später dadurch einzurenken, daß er die Hypothese aufstellte,[31] die Atome, die ja verschieden groß sind, seien deshalb auch verschieden schwer, und dieser Unterschied habe eine Inklination[32] ihrer Umlaufbahnen herbeigeführt. Aber bei aller Liebe zu Epikur, unsere Zweifel räumt er damit nicht aus.

In der atomistischen Philosophie ist kein Raum für etwas, das nicht entweder voll oder leer ist, selbst die Seele, das Denken und die Sinnesempfindungen bestehen aus Materie. Die Atome der Seele sind runder, beweglicher und glatter als diejenigen des Körpers. Der Mensch lebt, so lange es ihm gelingt, mit Hilfe des Atems das Gleichgewicht zwischen den Atomen der Luft und jenen der Seele zu halten. Die Sinnesempfindungen kommen auf folgende Weise zustande: jedes Objekt hat eine materielle, wenn auch unsichtbare Ausströmung, *eidolon* genannt, die auf die dazwischenbefindliche Luft stößt und nach einer Kettenreaktion von Stößen die Atome der Sinne erschüttert, welche den Stoß dann ihrerseits auf die Atome des Denkens weiterleiten.[33] Wie man sieht, geschieht alles durch physikalische Kontakte. Die Erkenntnis ist ein subjektives Geschehen, da es vom Medium und von der Fähigkeit des empfangenden Subjektes abhängt. Wenn Demokrit damals schon eine Polaroid gehabt hätte, hätte er allen zeigen können, wie ein *eidolon* aussieht.

Der grundlegende Unterschied zwischen den Atomen Demokrits und den Homöomerien des Anaxagoras besteht in der Unteilbarkeit bzw. Teilbarkeit der Materie. In beiden Fällen geht es um sehr kleine Teilchen, aber während das Atom ein sehr hartes, von außen unangreifbares Materieteilchen ist, können die Homöomerien, zumindest in der Vorstellung, unendlich geteilt werden. Der Logik des Anaxagoras zufolge könnten in einem Molekül unseres Körpers Abermilliarden anderer bewohnter oder nicht bewohnter Welten erhalten sein, und niemand wird je das Gegenteil beweisen können, da wir von dem unendlich Kleinen, das sich in uns befindet, ebenso weit entfernt sind, wie von den Galaxien des Raumes.

Das ganze Problem liegt in dem Detail, ob der leere Raum als existent oder als nicht existent angenommen werden soll. Es mag seltsam erscheinen, aber das Geheimnis der Leere ist noch immer nicht entdeckt worden, es gibt nichts in der Natur, das als vollkommen leer angesehen werden kann; bestenfalls haben wir es mit Räumen zu tun, die von Lichtwellen durchzogen werden. Demokrit sagte, wenn es uns gelingt, einen Apfel durchzuschneiden, so deshalb, weil die Messerklinge zwischen den leeren Räumen der Materie hindurchgleitet. Nun ist uns aber eine solche Argumentation heute nicht mehr erlaubt, denn seit Einstein ist es sinnlos geworden, von Materie und Raum zu reden. Dieses Konzept ist gewiß sehr schwierig zu verstehen, und wir bitten daher den Leser um Nachsicht, aber seit wir mit der Relativitätstheorie leben, hat sich der Raum sozusagen mit der Zeit vereint wie ein unauflösbares Paar. Wir können also nicht von selbständigen materiellen Objekten reden, sondern nur von Ereignissen, und es hat keinen Sinn, ›einen Raum zwischen zwei Punkten‹ zu definieren, sondern man muß richtiger von ›einer Pause zwischen zwei Ereignissen‹ sprechen. »Es sind die Geschehnisse, die den ›Stoff‹ der Welt darstellen, und ein jedes von ihnen ist von kurzer Dauer. Hierin steht die moderne Physik auf seiten Heraklits und im Gegensatz zu Parmenides.«[34]

In gewisser Weise hat Demokrit versucht, die beiden Denkströmungen, die sein Jahrhundert gekennzeichnet haben, miteinander in Einklang zu bringen. Da waren auf der einen Seite die Verfechter des Seienden und auf der anderen diejenigen des Werdens: für die ersteren war das Eine etwas Unbewegliches, Ewiges und Unteilbares; für die letzteren gab es nichts auf der Welt, das stillsteht oder das auch nur einen Augenblick später noch mit sich selbst verglichen werden kann. Was tun? Um die beiden entgegengesetzten Thesen miteinander zu vereinbaren, erfindet Demokrit die atomistische Theorie. Von Parmenides übernimmt er die Idee des Atoms, als des unveränderlichen, ewigen, unteilbaren Seienden, in dessen Innern es keinen leeren Raum gibt, so daß der Eleate alle seine Forderungen des Einen erfüllt sieht, mit Ausnahme der Unbeweglichkeit; von Heraklit kommt der Gedanke der Leere hinzu oder vielmehr des physikalischen Raumes, in dem die Atome nach Herzenslust herumschwärmen und die Materieteilchen sich in einem ständigen Werden vereinigen und auflösen können.

Unzufrieden waren nur die späteren Philosophen: Sokrates, Platon, Aristoteles, alles Denker, die ständig eine Erleuchtung über die letzten Gründe und das Endziel erwarteten. Auf sie wirkte Demokrits Denken so, als hätte er den Inhalt einer Komödie erzählt und dabei die erste und die letzte Szene weggelassen. Aber es wäre auch keine Lösung für den Philosophen aus Abdera gewesen, einfach zu sagen: »Die Atome wurden von einem Schöpfer angestoßen.« Als guter Materialist hätte Demokrit ja sofort gefragt: »Und wer hat den Schöpfer erschaffen?« Die Philosophie, die im Laufe ihrer Entwicklung stets zwischen Wissenschaft und Religion hin- und hergependelt war, hatte mit den Atomisten einen Punkt erreicht, an dem sie extrem weit von der Religion entfernt war und sich ganz als Wissenschaft zu erkennen gab.

[1] Diogenes Laertios, a.a.O., IX 34
[2] Giannantoni, Hg., a.a.O., Bd. II, S. 668
[3] Diogenes Laertios, a.a.O., IX 36
[4] Horatius, Epistulae, I, 12, 12
[5] Diogenes Laertios, a.a.O., IX 35
[6] Clemens Alexandrinus, Stromata, I 15, 69
[7] Diogenes Laertios, a.a.O., IX 34
[8] Cicero, Tusculanae disputationes, V 36, 104
[9] Diogenes Laertios, a.a.O., IX 37
[10] Platon, Anterastes (Die Nebenbuhler), 136 A (dt. Platon Werke 2 I, II, Bd., Berlin 1861)
[11] Diogenes Laertios, a.a.O., IX 39–40
[12] Giannantoni, Hg., a.a.O., Bd. II, S. 668
[13] ebd., Bd. II, S. 697
[14] Diogenes Laertios, a.a.O., IX 34
[15] ebd., IX 35
[16] ebd., IX 38, Bd. II
[17] ebd., IX 42
[18] D. Lypourlis, Hippocrate dans une tradition populaire de Cos, in »Hellenika« 23, 1970, S. 109 ff.
[19] Iulianus, Epistola, 201
[20] Cicero, Tusculanae disputationes, V 39, 114
[21] Tertullianus, Apologeticum, 46
[22] Aulus Gellius, a.a.O., X 17
[23] Porphyrios, De abstinentia, IV 21
[24] Diogenes Laertios, a.a.O., IX 43
[25] ebd., IX 43
[26] ebd., IX 40
[27] J. Bollack, Un silence de Platon, in »Revue de philologie« 41, 1967, S. 242 ff.
[28] Giannantoni, Hg., a.a.O., Bd. II, S. 681
[29] Cicero, De finibus, I 6, 17
[30] Plutarch, Stromata, 7
[31] Giannantoni, Hg., a.a.O., Bd. II, S. 692 ff.
[32] Parénklisis in der Terminologie Epikurs, clinamen bei Lukrez.
[33] Giannantoni, Hg., a.a.O., Bd. II, S. 715 ff.
[34] B. Russell, a.a.O., S. 92

XXII

Die Sophisten

Der Anwaltsberuf wurde von den Griechen gegen Ende des 5. Jahrhunderts v. Chr. erfunden. Im Unterschied zur Entdeckung des Feuers oder des Penizillins fand die Entdeckung des Anwaltsberufes stufenweise statt. Und das geschah so:

In Friedenszeiten war Athen eine Stadt, in der man sich zu Tode langweilte: die Arbeit war den Sklaven vorbehalten, und wer das Glück gehabt hatte, als Bürger Athens geboren zu werden, wußte nicht, wie seine Zeit totschlagen. Wie sollte man nur den Tag bis zum Abend ausfüllen? Gerichtsverhandlungen waren da, wie man sich vorstellen kann, eine angenehme Abwechslung und wurden mit Spannung verfolgt. Es war etwa so, wie wenn heute den ganzen Tag immer nur ›Dallas‹ im Fernsehen liefe.

Bis zur Zeit des Perikles war es vor griechischen Gerichten nicht erlaubt, sich von einem Anwalt verteidigen zu lassen, sondern jeder mußte seine Rechte in eigener Person geltend machen, und zwar gleichgültig, ob als Kläger oder Angeklagter; sein Pech, wenn er kein großer Redner war.

Das Schwurgericht, *heliäa*[1] genannt, wurde aus Bürgern gebildet, aus Männern, die über jeden Verdacht erhaben waren, sich aber als Laien oft mehr vom rednerischen Geschick der betroffenen Parteien beeindrucken ließen als von der Gültigkeit der Beweisführung, so daß fast immer die Schlauen mit heiler Haut davonkamen und die Ahnungslosen büßen mußten.

Der erste, der sich die Schwierigkeiten der in Gerichtsverhandlungen verwickelten Bauern zunutze machte, war ein gewisser Antiphon: dieser Mann, der aus politischen Gründen verbannt worden war, baute sich in Korinth mit einem ›Geschäft für Tröstungen‹ eine neue Existenz auf: er behauptete, jedes seelische Leiden allein durch die Kraft der Worte lindern zu können. Nachdem er ein paar Jahre den Beruf des Trösters ausgeübt hatte, überlegte sich Antiphon, daß es keine schlechte Idee wäre, jedem, der vor Gericht kam, seine Dienste als Plädoyerschreiber anzubieten. Die von ihm verfaßten Texte erwiesen sich als so wirksam, daß er bald in ganz Attika als ›der Koch der Reden‹[2] berühmt wurde.

Im Honorar, das er dafür von seinen Kunden verlangte, war auch die Gebühr für eine Unterrichtsstunde in der Redekunst enthalten, während der die Rede auswendig gelernt werden mußte; dies schon deshalb, weil seine Kundschaft fast immer analphabetisch war und er keine andere Möglichkeit hatte, seine Ware abzuliefern.

Antiphon und andere nach ihm wurden Logographen genannt, sie verfertigten auf Anfrage politische Reden, Traueransprachen und Plädoyers in Mordfällen. Es gelang ihnen, sich bei einigen Prozessen als Verwandte oder Freunde der Angeklagten auszugeben und so zugunsten ihrer Kunden auszusagen. In wenigen Jahren war ihre soziale Funktion so unverzichtbar geworden, daß sie von den Gerichten gesetzmäßig anerkannt wurden. Dieses Handwerk eines Rhetors, also eines bezahlten Redners, wurde von den Sophisten ausgeübt: von Leuten, die außerordentlich gewandt in der Kunst der öffentlichen Rede waren.

Anfangs hatte das Wort ›Sophist‹ keinen negativen Beigeschmack, der Wortstamm *soph* (von *sophia* – Weisheit) bezeichnete einfach eine sachverständig ausgeübte Technik, gleichgültig, ob es sich um einfaches Handwerk oder eine geistige Tätigkeit handelte (heute würde man sagen, ein Sophist war, wer das *know how* hatte). Die Philosophen und die Intellektuellen überhaupt sahen mit ständig wachsendem

Neid, wie die Sophisten geistiges Gut verkauften, und schimpften immer mehr über sie. Xenophon urteilt in den *Memorabilia* so über sie: »Sophisten werden einige Männer genannt, die sich öffentlich zur Schau stellen und ihr Wissen für Geld an jeden verkaufen, der es verlangt. Sie sprechen, um zu betrügen und schreiben, um Geld zu verdienen, und sind niemandem nützlich.«[3] Platon steht Xenophon nicht nach, er läßt sie von Sokrates in seinen Dialogen mit Worten demütigen, die noch viel sophistischer sind als ihre eignen.

Der Graben zwischen Philosophen und Sophisten war schon deshalb unüberbrückbar, weil sie eine grundverschiedene Berufsauffassung hatten. Die, sagen wir, traditionellen Philosophen hatten gewöhnlich eine Schule besucht und sich deren Regeln und Lehren unterworfen, die Sophisten dagegen betätigten sich als Freischaffende auf dem Markt und hielten es nicht für geboten, Anhänger einer bestimmten Denkrichtung zu werden. Dies ist ein grundlegender Unterschied, denn die griechischen Philosophieschulen waren ein wenig wie Bruderschaften, innerhalb derer die Schüler nicht nur Wissen erlernten, sondern sich auch zu einem Glauben bekannten; in ihren Augen waren die Sophisten also skrupellose Individuen ohne Ideale. Daß die Sophisten aber vielleicht an eine einzige Wahrheit glaubten, nämlich daß es Wahrheit nicht gibt, auf eine solche Idee wären sie natürlich nie gekommen.

Trotz dieses Boykotts der Intelligenz wurden die Sophisten immer beliebter und mancher sogar so bekannt wie ein Olympiakämpfer. Jeder hatte seinen eigenen Redestil oder zumindest irgend etwas, das ihn von den anderen abhob. Hippias von Elis zum Beispiel trug immer nur selber hergestellte Kleider und Gegenstände,[4] sogar die Sandalen und der Stein an seinem Fingerring waren sein Werk; außerdem hatte er, obwohl schon achtzigjährig, ein wunderbares Gedächtnis; es heißt, er habe 50 Namen hintereinander aufzählen können, die er gerade nur einmal gehört hatte.[5] Isokrates hatte über 100 Schüler, und jeder von ihnen zahlte 1000 Drachmen, es sei denn, er war Athener, dann war der Lehrgang für ihn gratis.[6] Gorgias von Leontinoi war fähig, über jedes beliebige Thema, das ihm gestellt wurde, eine Rede zu halten.[7] Antiphon schrieb für ein und denselben Prozeß nicht weniger als vier Reden: eine für und eine gegen die Anklage, und eine für und eine gegen die Verteidigung.[8] Prodikos von Keos schrie gewöhnlich, wenn er merkte, daß seine Zuhörer einschliefen: »Achtung! Achtung! Ich sage euch jetzt etwas, das euch 50 Drachmen kostet!«[9] Protagoras von Abdera sagte zu einem Dichter, der ihn auf der Straße beleidigte: »Ich höre mir lieber deine Beleidigungen an als deine Gedichte.«[10] Lysias, vielleicht der Beste von allen, war für seine besonders einfache Sprache bekannt.

So schloß er etwa seine Rede *Gegen Eratosthenes* mit folgenden Worten: »Ich bin am Ende der Anklage. Ihr habt gehört, ihr habt gesehen, an euch nun die Entscheidung. Sprecht euer Urteil aus.«[11]

Der schlaue Hyperides baute auf die Rührung der Geschworenen. Sein Plädoyer zur *Verteidigung des Eussenippos* endet so: »Ich habe dir geholfen, so weit ich es vermochte. Jetzt können wir nur noch die Richter anflehen, die Freunde rufen und die Kinder herkommen lassen.«[12] Kleon, der Politiker, lief pausenlos auf der Tribüne hin und her, riß sich den Mantel vom Leib und schlug sich klatschend in die Seite.[13]

Das Genre aber, an dem die Sophisten den meisten Spaß hatten, war die epideiktische Rede: eine Kunst, die kein anderes Ziel verfolgte, als die Redegewandtheit der Vortragenden zur Geltung zu bringen. In Athen wurden richtiggehende Wettkämpfe in Prunkreden ausgetragen: Gefechte zwischen Sophisten, Wettbewerbe für Rhetorikanwärter und sogar ein Festival der Trauerrede (für besonders Interessierte erinnern wir daran, daß der für diese Übung als Pflichtthema auserwählte Tote ein gewisser Mausolos war).[14] Von den in die Geschichte eingangenen Reden erwähnen wir die *Lobrede auf die Fliege* von Lukian und vor allem *Die Rettung der Helena* von Gorgias von Leontinoi, eine Rede, mit der der Sophist beweist, daß die arme Dame nicht die geringste Schuld an all dem hatte, was zwischen Griechen und Trojanern geschah. Es gibt nämlich drei Hypothesen, sagte Gorgias, entweder das Los Trojas war schon vom Schicksal und von den Göttern bestimmt, und dann sind diese daran schuld, oder Helena wurde mit Gewalt geraubt, und dann war auch sie ein Opfer des Paris, oder aber, sie wurde mit Worten überzeugt, und »in diesem Fall, o Athener, wisset, daß es nichts Furchtbareres auf der Welt gibt, als das Wort, es ist ein mächtiger Herrscher, da es mit einem winzigen und ganz unsichtbaren Körper zutiefst göttliche Werke vollenden kann«.[15]

Beliebt waren auch die ›Widersprüche‹ oder Reden mit doppelter Beweisführung. Dabei vertrat der Sophist zunächst eine gewisse These und behauptete dann anschließend mit ebenso unbestreitbaren Argumenten genau das Gegenteil. Es heißt, ein Meister dieser Kunst habe sich einmal in Rom dem Publikum gestellt. Am Ende seiner ersten Rede wurde er herzlich beklatscht, als er dann aber anfing, die Gegenthese aufzustellen, wurde er kurzerhand niedergeschlagen. Die Römer waren einfache Leute und machten nicht viele Worte; gewisse griechische Feinheiten waren noch nicht bis zu ihnen gedrungen.

[1] J. Burckhardt, *a. a. O. Bd.* II, S. 387f. Kap. »Die Redekunst«
[2] Giannantoni, Hg., *a. a. O.*, Bd. II, S. 982
[3] Xenophon, *Memorabilia*, I 1, 11
[4] Platon, *Hippias, das kleinere Gespräch dieses Namens*, in *Sämtliche Werke*, Bd. I, S. 118
[5] Philostratus, *Sophistenbiographien*, I 11,1
[6] *Vitarum scriptores Graeci minores*, hg. v. A. Westermann, Braunschweig 1845, S. 254 ff.
[7] Philostratus, *a. a. O.*, I 1,8
[8] R. Cantarella, *La letteratura greca classica*, Florenz 1967, S. 444
[9] Aristoteles, *Rhetorik*, III 14 141b 12

[10] Giannantoni, Hg., a.a.O., Bd. II, S. 888
[11] Lysias, *Orationes*, XIV 40
[12] Plinius d. J., *Epistulae*, II 11
[13] Plutarch, *Nikias*, 8, S. 15
[14] J. Burckhardt, a.a.O., Bd. III, S. 227, Kap. »Der Mensch des 4. Jahrhunderts«
[15] Gorgias, *Helena*, 11, 8

XXIII

Protagoras

Protagoras, ›die Weisheit‹[1] genannt, wurde als Sohn des Artemon oder des Meandrios um 480 v. Chr. in Abdera geboren.[2] Da er einer armen Familie entstammte, versuchte er sich seinen Lebensunterhalt durch den Transport von Waren für die Kaufleute seiner Stadt zu verdienen. Eines Tages beobachtete ihn Demokrit bei der Arbeit und sah voll Bewunderung, mit welchem Geschick er eine große Ladung Holz auf den Rücken eines Maulesels packte. »Wer eine solche Arbeit zu tun versteht«, dachte der Atomist, »muß eine natürliche Begabung für philosophisches Denken haben.« Und ohne Umschweife forderte er Protagoras auf, sich an seiner Schule einzuschreiben.[3]

Der Jüngling entwickelte sich in kurzer Zeit zu einem begabten Redner. Nachdem er in seiner Heimatstadt eine Zeitlang als öffentlicher Vorleser gewirkt hatte, trat er später in Athen als Meister der Redekunst auf. Philostratus berichtet, er habe als erster für seinen Unterricht in der Redekunst 100 Minen Honorar gefordert und »bei den Griechen diesen Brauch eingeführt, was im übrigen nicht tadelnswert war, da wir Dinge, die etwas kosten, ernster nehmen als die, die umsonst sind«.[4]

Jedenfalls war Protagoras wohl sehr teuer; einer seiner Schüler, ein gewisser Euathlos, war entsetzt, als ihm am Ende des Kurses 1000 Minen abverlangt wurden, und versuchte, sich dadurch herauszureden, daß er meinte, die abgemachte

Zahlung könne doch allenfalls nach einem ersten Erfolg als Redner vor Gericht fällig werden. Protagoras blieb die Ruhe selbst: »Lieber Euathlos, du kommst mir nicht davon, denn ich bringe dich sofort vor Gericht. Wenn die Richter dich verurteilen, mußt du mich bezahlen, weil du verloren hast, und wenn sie dir Recht geben, mußt du zahlen, weil du gewonnen hast.«[5]

Ein so spitzfindiger Mensch erwarb sich bei den Athener Philosophen natürlich keine Sympathien, alle redeten schlecht über ihn. Aber bei ihrer Abneigung spielte ganz sicher auch der Neid auf das riesige Vermögen mit, das er in kürzester Zeit angehäuft hatte. Der Komödiendichter Eupolis bezeichnet ihn als einen »gottlosen Verbreiter von Betrug über himmlische Dinge«,[6] und Platon läßt Sokrates in einem Dialog sagen: »Ich weiß, daß der einzige Protagoras mit dieser Weisheit mehr Geld erworben hat als Phidias, der doch so ausgezeichnet schöne Werke verfertigte und noch zehn andere Bildhauer dazu.«[7]

Er übte seinen Beruf 40 Jahre lang aus und verfaßte ein Dutzend Schriften, darunter zwei Sammlungen mit Widersprüchen und eine Abhandlung über Religion, *Von den Göttern*, die er selbst eines Tages im Hause des Euripides vorlesen wollte.[8]

Als er 70 Jahre alt war, wandte sich das Glück von ihm ab; die Athener machten ihm den Prozeß, weil er folgenden Satz geschrieben hatte: »Von den Göttern weiß ich nichts, weder daß es solche gibt, noch daß es keine gibt. Denn viele Hindernisse versperren uns diese Erkenntnis, die Unklarheit der Sache und die Kürze des menschlichen Lebens.«[9] Sein Ankläger hieß Pythodoros, er war einer jener ›Vierhundertmänner‹, die das demokratische Regime Athens zu Fall brachten.[10] Um nicht den Schierlingsbecher leeren und das gleiche Ende wie Sokrates erleiden zu müssen, floh er aus Griechenland und erlitt, von athenischen Ruderbooten verfolgt, vor der Küste Siziliens Schiffbruch.[11] Alle Häuser

Athens wurden nach seinen Schriften durchsucht, die man dann auf dem Marktplatz verbrannte.¹²

Der Dichter Timon von Phlius widmete ihm diese Verse:

So ging's dann dem Protagoras auch, dem klugen Sophisten, / Der so klar und gewandt zu reden verstand. Man versuchte / Ihm ja zu Asche zu brennen die Schriften, darin er geschrieben, / Über die Götter wisse er nichts und könn' er ergründen, / Welches ihr Wesen wohl sei und ob überhaupt sie vorhanden. / Tat's mit geziemender Vorsicht er gleich, doch nützte sie nichts ihm / Sondern er mußte zur Flucht sich entschließen, damit er nicht gleichfalls / Dank dem kühlenden Trank wie Sokrates stiege zum Hades.¹³

Die ganze Philosophie des Protagoras ist in einem Satz ausgedrückt:

»Der Mensch ist das Maß aller Dinge, wofern sie sind, dafür, daß sie sind, und wofern sie nicht sind, dafür, daß sie nicht sind.«¹⁴

Die Deutung dieses Satzes hat die Vertreter der Philosophiegeschichte in zwei Lager geteilt.

Denn es stellt sich die Frage, wer ist dieser Mensch, von dem Protagoras spricht? Ist es irgendein Mensch, Hinz oder Kunz? Oder ist es der Mensch im allgemeinen, der die Durchschnittsmeinung der Kategorie Mensch vertritt? Dies zu klären, ist uns sehr wichtig, denn unser Urteil über den Philosophen wird davon bestimmt.

Um hier gleich Stellung zu beziehen, erkläre ich mich zum Anhänger der ersten Hypothese. Jener Mensch, von dem Protagoras spricht, das bin ich, Luciano De Crescenzo, Sohn meiner verstorbenen Eltern Giulia und Eugenio, mit allen Fehlern und guten Eigenschaften, die mich kennzeichnen. Das, was ich kenne, ist nicht eine objektive und für alle gleiche Wirklichkeit, sondern eine Wirklichkeit, die erst dadurch Bedeutung erhält, daß ›ich‹ sie wahrnehme, und diese Bedeutung verändert sich natürlich auch, wenn ich meine Meinung ändere.

Der in diesem Satz des Protagoras ausgedrückte Relativismus gilt aber nicht nur für das Feld der Erkenntnis, sondern auch für das der Ethik.

Da ein und dieselbe Orange einem gesunden Menschen süß und einem kranken Menschen bitter erscheinen kann, fragt sich der Sophist: »Ist diese Orange nun süß oder bitter?« Sie ist sowohl das eine als auch das andere, da sie von zwei verschiedenen Personen gekostet worden ist. Keines dieser beiden Urteile ist ›wahrer‹ als das andere, wir können höchstens sagen, daß die Definition ›süß‹ der Definition ›bitter‹ vorzuziehen ist, da die Kondition ›gesunder Mensch‹ häufiger vorkommt, als die Kondition ›kranker Mensch‹. Der Wert der Dinge verändert sich also von Person zu Person, ja bei ein und derselben Person auch noch von einem Augenblick zum anderen.

Bis hierher sind sich alle einig; schwierig wird die Sache erst, sobald wir in das Wespennest einer gemeinsamen Ethik stechen. Gibt es objektiv gesprochen ein Gut und ein Böse, oder bestimmen immer nur wir, was gut und was böse ist? Das ist die Frage, die sich uns stellt.

Bis zur Epoche der Sophisten herrschten im Altertum ziemlich klare Verhältnisse: eine Tat war entweder gut oder böse. Die Lehre Zarathustras, die sich im Vorderen Orient ausgebreitet hatte, teilte die Welt in schwarz und weiß ein – dazwischen gab es nichts. Und es ist vielleicht das größte Verdienst der Sophisten, daß sie als Bereich zwischen diesen beiden Extremen das Grau und dem Zweifel Raum geschaffen haben, um immer und in allen Dingen auch die Kehrseite der Medaille zu sehen. Protagoras darf als der Vater des Skeptizismus und als Großvater Poppers angesehen werden.

Nun möchte vielleicht manch einer einwenden, als Sophist könnte man allzu bequem durchs Leben kommen; man bräuchte zum Beispiel nur zu behaupten, rauben, morden und Amtsveruntreuung wären etwas Gutes, und schon könne man tun und lassen, was man wolle, ohne je gegen einen persönlichen Kodex zu verstoßen. »In Ordnung«, würde Protagoras sagen, »wenn du das schaffst, sehe ich da keine Probleme.« Man kann sein Gewissen nämlich gar nicht so leicht davon überzeugen, daß stehlen und morden etwas Gutes sein soll. Und damit sind wir bei der Frage, inwieweit der Relativismus des Protagoras durch die allgemeine Moral bedingt wird. Gewiß sind wir selber die Richter, aber ebenso gewiß wird unser Urteil von der Moral der anderen beeinflußt.

Die Befürworter der These, daß der Mensch im allgemeinen gemeint sei, behaupten dagegen, Protagoras habe sagen wollen, das Gute sei mit dem Guten des Menschen im allgemeinen gleichzusetzen und also mit dem Guten des Kollektivs. Mag sein, daß Protagoras auch einen Satz dieser Art geäußert hat, doch wenn er ihn geäußert hat, so hat er ganz sicher nicht daran geglaubt, das hätte nicht zu seinem Denkstil gepaßt. Wer weiß? Vielleicht hat er einmal vor Gericht aus Angst vor Kritias (einem Ex-Sophisten, der einer der dreißig Tyrannen und als solcher ein grausamer Verfolger seiner früheren Kollegen geworden war) etwas derartiges gesagt, aber beim Hinausgehen hat er dann gewiß wie Galilei vor sich hin gemurmelt: »Es gibt keinen Menschen im allgemeinen!«

Wir aber, gestärkt durch seinen Slogan, interpretieren ihn, wie es uns paßt. Wir sind überzeugt, das Maß aller Dinge zu sein – der Dinge, die es gibt, und jener, die es nicht gibt. Zum Beweis braucht man sich nur einmal den Verlauf des letzten Heimspiels von zwei Fans der beiden gegnerischen Fußballvereine schildern zu lassen: jeder wird im Brustton der Überzeugung ›sein‹ Spiel schildern und dabei die Fouls, die Ungerechtigkeiten des Schiedsrichters und das Pech, von dem der andere redet, gar nicht zur Kenntnis genommen haben, einfach, weil er die für ihn ungünstigen Ereignisse gar nicht hat ›sehen wollen‹. Welches ist also dann die Wahrheit? Alles und nichts, wie Pirandello sagt. Wirklichkeit ist das, was wir Augenblick für Augenblick erfinden. Wenn uns die Arbeit nicht gefällt, lesen wir ein Horoskop und hoffen auf eine bessere Zukunft. Wenn wir von unserer Frau verlassen werden, reden wir uns ein, sie habe dringend geschäftlich ins Ausland reisen müssen. Wenn die Staatsschulden immer horrender werden, überhören wir diese Nachricht und leben weiter wie bisher, denn schließlich haben wir schon ewig Wirtschaftskrisen und sind noch nie in den Abgrund geraten.

[1] Giannantoni, Hg., a. a. O., Bd. II, S. 877
[2] Diogenes Laertios, a. a. O., IX 50
[3] ebd., IX 53
[4] Philostratus, a. a. O., I 3, 4
[5] Quintilianus, *Institutio oratoria*, III 1, 12
[6] Eustathios, *Komm. zu Homer*, 1546, 53
[7] Platon, *Menon*, in *Sämtliche Werke*, Bd. 2, S. 33
[8] Diogenes Laertios, a. a. O., IX 54
[9] Protagoras, fr. 5 Nestle
[10] Aristoteles, fr. 67 Rose
[11] Philostratus, a. a. O., I 10,3
[12] Diogenes Laertios, a. a. O., IX 52
[13] Timon von Phlius, fr. 43 Nestle, *Nachsokratiker*
[14] Protagoras, fr. 1 Nestle

XXIV

Gorgias von Leontinoi

Gorgias kam zwischen 480 und 475 v. Chr. in Leontinoi (heute Lentini in der Provinz Syrakus) zur Welt. Über seine ersten fünfzig Jahre wissen wir nur, daß sein Vater Karmantidas hieß und sein Bruder namens Herodikos Arzt war.[1] Vermutlich kannte er Empedokles und war sein Schüler. Die ersten gesicherten Nachrichten über ihn gibt uns Diodoros:[2] Im Jahre 427 sei eine Abordnung von Leontinern nach Athen gezogen, um gegen die Übermacht von Syrakus militärische Hilfe zu erbitten, an ihrer Spitze reiste Gorgias.

Der Sophist erschien ganz in Purpur gekleidet auf der *agora* von Athen.[3] An seiner Seite trat ein weiterer Redner auf, Teisias, auch er aus Leontinoi. Die beiden Abgesandten wechselten sich auf dem Podium ab und erregten die Bewunderung der Menge: noch nie zuvor hatten die Athener zwei so mitreißende Redner gehört![4] Philostratus schreibt,[5] Gorgias habe mit feurigen Worten, kühnen Formulierungen, verzückten Gebärden in einem erhabenen Ton geredet und immer wieder Pausen eingelegt, um dann in seiner mit poetischen Bildern ausgeschmückten Rede um so heftiger fortzufahren. Schade, daß es damals noch keine Tonbandgeräte gab, vielleicht hätten wir dann auch verstanden, was zum Teufel Suidas meinte, als er Gorgias als den Erfinder von Tropen, Hypallagen, Katachresen, Hyperbata, Anadiplosen, Epanalepsen und Parisa in der Rhetorik beschrieb.[6]

Gorgias wurde bald ein Star: er trat in Theatern auf, wo er in den Saal rief: »Stellt mir ein Thema!«[7] Isokrates behauptet, daß dieser Sophist von allen das meiste Geld verdiente;[8] er war so reich, daß er eines Tages dem Orakel von Delphi als Dankopfer für Apollon eine Goldstatue schenkte, die ihn selber in Lebensgröße darstellte.[9] Er wurde vom Tyrannen Iason nach Thessalien eingeladen, und von dem Tag an bezeichneten die Thessalier die Redekunst als »die Kunst des Gorgias«.[10]

Offenbar hat er in reiferem Alter geheiratet, wegen der Liebschaft mit einer Magd dann aber Schwierigkeiten mit seiner Ehefrau bekommen. Ein gewisser Melanthios machte sich nämlich auf diese Weise über ihn lustig: »Dieser da gibt Ratschläge zur Eintracht, dabei gelingt es ihm nicht einmal, mit seiner Frau und seiner Magd in Frieden zusammenzuleben, und sie sind nur drei.«[11]

Sein Hauptwerk trägt den Titel *Über das Nichtseiende*. Ebenso berühmt sind seine Reden, darunter das schon erwähnte *Lob der Helena* und die *Verteidigungsrede für Palamedes*, ferner die *Pythische*, die *Olympische* und die *Leichenrede in Athen*.

Er wurde 108 Jahre alt. Fragte man ihn, was er getan habe, um ein so hohes Alter zu erreichen, antwortete er: »Ich habe auf alle Freuden verzichtet.« Vielleicht hätte er noch länger gelebt, denn es heißt, er habe Selbstmord durch Fasten begangen. Als dann seine Stunde schlug, war er um den passenden Satz nicht verlegen: »Der Schlaf übergibt mich nun an seinen Bruder.«[12]

Eines Tages vergaß sich eine Schwalbe und ließ ihre Exkremente auf den Kopf des Gorgias fallen; der Sophist hob den Blick, sah den Vogel an und rief aus: »Schäme dich, Philomela!«[13] Erzählt wird diese Anekdote von Aristoteles,[14] der sich ihrer nur bedient, um den falschen Gebrauch von Metaphern in der Rede zu kritisieren. »Gorgias von Leontinoi«, urteilt der Großmeister, »begeht in diesem Falle zwei Fehler: den ersten, weil er eine verstorbene Frau verwünscht, und man darf nie ins Tragische oder ins Komische verfallen, und den zweiten, weil er vorgibt, nicht zu wissen, daß ja nicht die Frau des Tereus, sondern nur eine arme Schwalbe ihre Bedürfnisse im Freien erledigt hat.« Aristoteles hatte natürlich weder Sinn für Humor, noch besondere Sympathien für die Sophisten; Tatsache ist, daß er sich nicht darauf beschränkt, Gorgias wegen der Schwalbenepisode zu kritisieren, er zieht sogar dessen Existenz als Philosoph in Zweifel. Wie schon gesagt: wer sich damals Platon oder Aristoteles zum Feind machte (die praktisch die beiden ›Paten‹ der griechischen Philosophen waren), wurde einfach aus dem Kodex der Philosophie gelöscht. Ihr Urteil nämlich, das auch im Verlauf der Jahrhunderte keineswegs an Gewicht verlor, hat mehr oder weniger alle beeinflußt. Auch heute noch kann man lesen, daß der philosophische Nihilismus des Gorgias aus der Philosophiegeschichte zu streichen sei und daß seine ironische Rede über die Natur höchstens in der Geschichte der Rhetorik ihren Platz habe.[15]

Wir aber bestehen in aller Bescheidenheit auf dem philosophischen Inhalt seines Denkens, auch wenn wir seine moralischen Aspekte nicht teilen. Vielleicht haben sich die Historiker gerade von seiner außerordentlichen Redekunst irreleiten lassen; viele von ihnen neigen nämlich dazu, Gorgias von Leontinoi als überragenden Redner und seine berühmten Reden einfach als Virtuosenstücke anzusehen. Dabei geben uns gerade seine Verteidigungsreden für Helena und für Palamedes Aufschluß über seine Philosophie: in diesen Reden ordnet der Sophist den Inhalt der Form unter, er mißt den Taten der untreuen Frau und des Verräters von Odysseus keine Bedeutung bei und gibt die ganze Schuld dem Wort als einem Mittel der Überredung.

»Es existiert nichts; und wenn es existiert, so ist es für den Menschen unbegreiflich; wäre es aber auch begreiflich, so könnte man es doch einem andern nicht mitteilen oder erklären.«[16] Diese Worte stehen am Anfang seiner Schrift *Über das Nichtseiende*.

Von diesem Gedanken ausgehend, gelingt es Gorgias, die Wirklichkeit noch mehr zu negieren als Parmenides, Zenon und Melissos. Für sie existierte nur das Eine, für Gorgias nicht einmal das. Zweifellos widerstrebt dieser Ausgangspunkt jedem Menschen, der an etwas glaubt; etwa so, als hätte Gorgias gesagt: »Tut mir leid, meine Lieben, aber die Wahrheit gibt es nicht, zumindest ist sie außerhalb unseres Fassungsvermögens, was praktisch dasselbe bedeutet. Das einzige, an das ihr euch halten könnt, ist die ›Relativität des Logos‹ also die Möglichkeit, durch Worte und Gedanken Macht auszuüben.«

Zwei Betrachtungen zu seiner Person möchte ich hier noch anschließen:
– Wir können uns kein langweiligeres Leben vorstellen, als das des Gorgias: 108 Jahre, ohne je an irgend etwas zu glauben und bei bewußtem Verzicht auf alle Freuden!
– Auch wenn man von der Annahme ausgeht, daß es unmöglich ist, die Wahrheit zu erkennen, muß man sich fragen, ist es wichtiger, daß es sie gibt oder daß es einem gelingt, sie zu erkennen?

Unserer Meinung nach *gibt es die Wahrheit, denn wenn es sie nicht gäbe, gäbe es auch nicht die Tatsache, daß es sie nicht gibt*. Der einzige Weg, um sich der Wahrheit (oder Gott) logisch anzunähern, ist die Methode der positiven Negation:

»Kannst du mit Sicherheit behaupten, daß es Gott gibt?«
»Nein.«
»Kannst du also mit Sicherheit behaupten, daß es ihn nicht gibt?«
»Offen gesagt, nein.«
»Also gibst du zu, daß es etwas gibt, was du nicht weißt.«
»Ja.«
»Dann sei so nett und nenne dieses Ding, das du zugibst, nicht zu wissen, ›Gott‹.«
»Und wenn ich es einfach nur ›Ding, das ich nicht weiß‹ nennen will?«

»Das ist das gleiche. Sein Wert verändert sich nicht.«

Bei diesen Betrachtungen fällt uns eine berühmte Erzählung von Borges ein, *Die Bibliothek von Babel*.[17] Der Autor stellt sich vor, in einem riesigen Bienenstock aus sechseckigen Räumen zu sein, die alle mit Büchern tapeziert sind. In der Mitte jedes dieser Räume befindet sich ein Schacht, eine spiralförmige Treppenflucht, die sowohl nach oben wie nach unten führt und den Blick auf unendlich viele weitere sechseckige Räume freigibt, die ebenfalls voller Bücher sind; und auch, wenn man aus einem dieser Räume heraustritt, gelangt man immer nur in eine andere vertikale Galerie – ein Alptraum!

Die Bücher der Bibliothek von Babel haben alle den gleichen Umfang, 410 Seiten, und sind unverständlich: dhcmrlchtdj... dies ist alles, was einem zu lesen gelingt, wenn man irgendeines davon herausgreift. Nach vielen Überlegungen entdeckt ein Greis, daß die Bücher nichts anderes sind, als sämtliche möglichen Kombinationen der 26 Buchstaben des Alphabets und daß die Bibliothek daher eine riesige Zahl von Büchern enthalten müßte.

Da die Buchstabenkombinationen ganz dem Zufall überlassen sind, ergibt sich manchmal in manchen Büchern auch ein sinnvoller Satz von der Art: »O Zeit, deine Pyramiden.« Als bekannt wird, daß die Universums-Bibliothek alle denkbar möglichen Bücher enthält, stellt einer die Vermutung an, daß sich dann ja auch das Buch der Bücher darunter befinden müsse, das totale Buch, das das Geheimnis des Lebens hütet. Darauf fängt ein verzweifeltes Suchen an. Gruppen von Menschen stürzen sich wie Besessene auf die Bücher, greifen einzelne zufällig heraus und werfen sie gleich wieder weg, sobald sie merken, daß sie unverständlich sind. Nur Borges rührt sich nicht: Er ist von der Nachricht beruhigt, daß das Buch existiert, und schließt mit den Worten: »Möge der Himmel existieren, auch wenn mein Ort die Hölle ist. Mag ich beschimpft und zunichte werden, aber möge in einem

Augenblick, in einem Sein Deine ungeheure Bibliothek ihre Rechtfertigung finden.«

[1] Pausanias, VI 17,7
[2] Diodoros Siculus, XII 53,1
[3] Aelianus, *Historia Variae*, XII 32
[4] Diodoros Siculus, XII 53,3
[5] Philostratus, a. a. O., I 9,2
[6] Giannantoni, Hg., a. a. O., Bd. II, 905 ff.
[7] Cicero, *De inventione*, V 2
[8] Isokrates, XV 155 ff.
[9] Plinius d. Ä., *Naturalis historia*, XXXIII 83
[10] Philostratus, *Epistola*, 73
[11] Plutarch, *Quaestiones convivales*, 43; 144 B–C
[12] Aelianus *Historiae variae* II, 35
[13] Philomela wurde in dem Augenblick, indem sie Tereus, ihr Verführer, der Gemahl ihrer Schwester Prokne, ermorden wollte, in eine Nachtigall verwandelt. R. Ranke-Graves, *Griechische Mythologie*, dt. Reinbek 1960, Kap. 46 et. al.
[14] Aristoteles, *Rhetorik*, III 3, 1406b 14
[15] H. Gomperz, *Sophistik und Rhetorik*, Leipzig 1912, S.35
[16] Sextus Empiricus, *Adversus mathematicos*, VII 65. Gorgias, fr. 3 Nestle
[17] J. L. Borges, *Gesammelte Werke*, Erzählungen Bd. 3/1, München, Wien 1982

XXV

Anwalt Tanucci

»Kopf hoch, Armando, der Prozeß ist schon gewonnen, die anderen haben auf Porzio gesetzt, deine Mama setzt auf Marciano.« So schreit in einem Gedicht Rocco Galdieris[1] eine neapolitanische Mutter, während sie hinter dem Gefangenenwagen herrennt. Giovanni Porzio und Gennaro Marciano waren in der ersten Hälfte dieses Jahrhunderts die berühmtesten Vertreter der Gerichtswelt Neapels. Damals wurden alle Strafprozesse mit lebhaftestem Interesse verfolgt. Das Volk fand sich mit derselben Pünktlichkeit im Schwurgericht ein, mit der es sich heute die Fortsetzungen von ›Dallas‹ und ›Denver‹ ansieht. Es brauchte nur einer anzukündigen: »Der Porzio redet!«, und alle lauschten andachtsvoll.

Als der Prozeß gegen die ›Schöne Venezianerin‹ stattfand, schwärmte ganz Neapel für die Angeklagte. Es ging um ein klassisches Ehrendelikt: Antonietta Catullo, ledige Mutter, hatte ihren Verführer im Stadtpark getötet. Verteidiger war Rechtsanwalt Alfredo Catapano, der sein Plädoyer mit diesen Worten schloß: »Sprecht sie frei im Namen aller Frauen, denen je Gewalt angetan wurde, die getäuscht und betrogen worden sind; aller Frauen, die, weil sie Liebe brauchten, an das Gute und an falsche Versprechungen geglaubt haben, aller Frauen, die dem Laster, dem Elend, dem Hunger ausgesetzt waren, weil sie aber ein Kind liebten und zu beschützen hatten, die Kraft fanden, sich wieder aufzurichten und in Würde weiterzuleben.« Die schöne Venezianerin wurde freigesprochen, und Neapel schnappte über vor Freude. Hunderte von Frauen trugen den Rechtsanwalt Catapano im Triumph durch die Straßen und sangen im Chor:

> Du hast den Prozeß gewonnen
> Alfredo Catapano
> und jetzt klatschen die Leute
> dir alle Beifall.

Die Gerichte Neapels haben ihren Sitz in einer berüchtigten alten Burg, dem Castel Capuano, erbaut um das Jahr 1000 von Wilhelm II. Ursprünglich Festung, wurde es später Königshof, dann Privatwohngebäude und schließlich, unter dem Vizekönig Don Pedro von Toledo, Gefängnis und Gerichtshof.

Wenn man sich die Autos wegdenkt, hat sich die Umgebung des alten Kastells seit den Zeiten der spanischen Vizekönige wohl kaum sehr verändert. Das finstere Gebäude prägt nach wie vor die ganze Gegend. In den Gassen und Cafés des Stadtviertels wimmelt es von Winkeladvokaten, Straßenhändlern, Streunern, Vorbestraften in vorläufiger Haftentlassung, Leuten, die auf den Zellenwagen mit einem ihrer Angehörigen warten, Flittchen auf der Suche nach dem geeigneten Subjekt, das auf ihre Reize hereinfällt. Etwa in der Mitte zwischen den Gassen des Duchesca-Viertels, wo die Waren so billig verramscht werden, daß sie kein Geschäft mehr sein können, und der im Autolärm erstickenden Porta Capuana gelegen, verschluckt das Gerichtsgebäude pausenlos eine bunte Menschenmenge und spuckt eine andere wieder aus, die das Gesetz resigniert erträgt wie eine Naturkatastrophe.

Natürlich sind nicht alle Anwälte, die den riesigen Hof des Castel Capuano bevölkern, Stars; ihr Stand läßt sich grob in fünf Kategorien einteilen: da sind die Anwälte von Ruf, die gewöhnlichen Anwälte, die Winkeladvokaten, die Rechtsverschlepper und die Kanzleigehilfen.

Die Anwälte von Ruf sind in die Gerichtschroniken eingegangen. Auf Anhieb fallen uns ein: Nicola Amore, Enrico Pessina, Leopoldo Tarantini noch im 19. Jahrhundert, dann Gennaro Marciano, Giovanni Porzio, Enrico De Nicola und Alfredo De

Marsico in unserem Jahrhundert. Jeder hatte seinen eigenen Charakter und Redestil, mit dem er sich von den anderen abhob; Marciano mit Leidenschaftlichkeit, De Marsico mit Gefühlsseligkeit, De Nicola mit eiskaltem Verstand.

Gaetano Manfredi, ein großer neapolitanischer Strafverteidiger, schloß einmal sein Plädoyer in einem vielleicht allzu emphatischen Ton: »Im gemeinen Volk heißt es, meine Sache sei verloren. Nun gut, so werde ich stürzen, aber stürzen wie ein verwundeter Adler, mit ausgebreiteten Schwingen und das Auge zur Sonne erhoben.« Sein Gegner Carlo Fiorante, genannt ›der Ätzende‹, antwortete ihm schlagfertig: »Uns kommt es nur darauf an, daß Sie stürzen; in welcher Haltung, das entscheiden Sie ruhig selbst.«

Die Rechtsverschlepper, teils mit, teils ohne akademischen Grad, sind Freischaffende, die sich so ziemlich um alles kümmern: um Gerichtsakten, Pässe, Lizenzen, Geldstrafen usw., wenn sie es einmal geschafft haben, einen guten Klienten zu kapern, tun sie alles, um die Abwicklung seiner Angelegenheit möglichst lange hinauszuziehen, weil sie auf diese Weise immer wieder kleine Geldbeträge kassieren können.

Die Kanzleigehilfen sind im allgemeinen bejahrte Mitarbeiter der Rechtsanwälte, die schon ein paar Jahrzehnte Gerichtserfahrung auf dem Buckel haben. Obwohl sie keine Akademiker sind, kennen sie die Gesetze oft besser als ihre Chefs.

Die Figur des Winkeladvokaten, in Neapel *paglietta* genannt, gehört zur Geschichte der Stadt. Die *paglietta* betraten die neapolitanische Gerichtsszene im 17. Jahrhundert. Camillo Gurgo beschreibt sie uns so: »Dickbäuchig, komisch, halb Priester, halb Ritter, in seidenen Beinkleidern, großen, mit eisenglänzenden Schnallen verzierten Schuhen, dem dünnen Gewand, das vom Volk *saracca* genannt wird, dem bläulichen Kragen, der *paglietta* heißt, dem großen, mit schwarzer Seide bezogenen Strohhut, den Degen an der Seite.«[2]

Im 18. Jahrhundert verändert der *paglietta*, die neapolitanische Karikatur der Sophisten, sein Aussehen; er wird mager, spindeldürr und schlecht gekleidet. Cerlone, ein Komödiendichter jener Zeit, setzt ihn mit der von ihm erfundenen Figur des Don Fastidio de' Fastidiis, einem prahlerischen, zerfahrenen Rechtsverdreher, dem allgemeinen Gespött aus. Aber Benedetto Croce protestiert im Namen aller neapolitanischen Rechtsanwälte und vielleicht auch der griechischen Sophisten dagegen und gibt zu bedenken, daß de' Fastidiis eher die Karikatur eines Unbedarften als die des *paglietta* sei, dem man, was seine berufliche Ethik betrifft, alles vorwerfen könne, aber nicht, daß es ihm an Schlauheit fehle. Don Fastidio de' Fastidiis dagegen tritt pausenlos ins Fettnäpfchen; in einer Komödie etwa wendet er sich an eine vornehme Dame, die ihn für einen erwiesenen Dienst entlohnte, mit den Worten: »Oh, meine gnädige Liebesdienerin!«

Der *paglietta* ist heute in den Gerichtssälen noch so lebendig wie damals; er ist wahrscheinlich eine Figur, die die Jahrhunderte überlebt wie der maskierte Mann. Schon Plautus skizziert ihn uns so: *Os habet linguam, perfidiam, malitiam atque audaciam, confidentiam, confirmitatem, fraudolentiam* (Der Mund hat eine Lästerzunge, Hinterhältigkeit, Bösartigkeit und Dreistigkeit, Unverschämtheit, Verbohrtheit, Gerissenheit).

2000 Jahre später meinte Maddalari: »Der *paglietta* blieb als einziger in Neapel von der Krankheit verschont, einem Ideal nachzujagen; darin übertrifft er sogar die Portiers, die, das muß man einräumen, praktische und zupackende Leute sind.«

Wir haben einen von ihnen kennengelernt, er heißt Annibale Tanucci. Sein Motto lautet: »Die Gerechtigkeit ist wie ein zu enger Schuh. Man braucht immer einen Schuhlöffel, um hineinzukommen.« Am besten lassen wir ihn mit einem seiner Plädoyers selber zu Wort kommen:

»Hohes Gericht, wir haben hier die Ehre des Herrn Alessandro Esposito, genannt der Rinascente, gegen die Anklage des Betruges und der Fälschung eines Markenzeichens zu verteidigen.

Wir haben die Absicht, den Beweis zu erbringen, daß es sich im ersten Punkt der Anklage nicht um Betrug handelt und daß die Fälschung des Markenzeichens nicht strafbar ist.

Nach dieser Erklärung hier nun die Fakten:

Am Sonntag, dem 27. März, Palmsonntag, an einem schönen sonnigen Morgen, als alles darauf hindeutete, daß die Herzen der Menschen vom Wunsch nach Frieden erfüllt sein würden, erlegte der Schutzmann Michele Abbondanza meinem Klienten Alessandro Esposito eine Geldstrafe auf, weil er auf dem Bürgersteig vor der Kirche Santa Caterina a Chiaia kleine und große Taschen verschiedener Formen ohne Lizenz verkauft hatte. Ein Lokaltermin, der am nächsten Tag von Zollbeamten im Erdgeschoß des Vico Sergente Maggiore Nr. 25 einberaumt wurde, wo mein Klient wohnhaft ist, führte zur Entdeckung einer bescheidenen Montagekette für die genannten Taschen, an der ausschließlich Mitglieder der Familie Esposito arbeiteten, sowie von 28 perfekt gehenden Uhren, Nachbildungen der folgenden Marken: Rolex, Cartier, Porsche und Piaget.

Um zum Kern der Anklage zu kommen, muß ausgeführt werden, daß das von Esposito käuflich erworbene und nicht selber hergestellte Plastikmaterial zur Anfertigung der Taschen in waagrechter und senkrechter Folge eine Reihe von Buchstaben ›L‹ und ‹V› aufgeprägt trug, die in Art eines Monogramms ineinander verschlungen und durch Blümchen voneinander getrennt waren. Diese Buchstaben sollen die Initialen eines gewissen Louis Vuitton sein, der französischer Staatsbürger und hier im Saal nicht anwesend ist und den wir nicht das Vergnügen haben zu kennen.

Für den Fall, daß das Hohe Gericht nicht über die von der Firma Louis Vuitton aus Paris praktizierten Preise auf dem laufenden sein sollte, beehren wir uns, ihm mitzuteilen, daß eine Tasche mittlerer Größe, hergestellt aus bestem französischem Plastik zu einem Preis von ungefähr 400 000 Lire verkauft wird, während die von meinem Klienten produzierte italienische Imitation nur 25 000 Lire kostet, ja, in Ausnahmefällen, wenn die Einnahmen am Ende des Tages bescheiden geblieben sind, sogar nur 20 000 Lire. Als wesentliches Detail ist zu beachten, daß über der ganzen Ware ein Schild mit der Aufschrift hing:

ECHTE LOUIS-VUITTON-TASCHEN
PERFEKT IMITIERT

Und hier stellt sich nun die Frage: Hat Alessandro Esposito sich eines Betruges schuldig gemacht? Aber was ist das überhaupt, ein ›Betrug‹? Befragen wir das Gesetz. Also ... Paragraph 640 ... ›Wer in der Absicht, sich einen rechtswidrigen Vermögensvorteil zu verschaffen ... durch Vorspiegelung falscher oder durch Entstellung oder Unterdrückung wahrer Tatsachen einen Irrtum erregt ... wird mit einer Gefängnisstrafe zwischen drei Monaten und drei Jahren und einer Geldstrafe zwischen 40 000 und 400 000 Lire bestraft.‹ Woraus sich ergibt: wenn es sich hier um Betrug handeln soll, muß es ja vor allem eine beleidigte Person geben, die getäuscht worden ist; und wer sollte diese beleidigte Person sein? Der Kunde auf der Straße? O nein, Hohes Gericht, denn da kann es nur zwei Fälle geben: entweder hat der Kunde auf der Straße das Schild ganz gelesen, und dann war ihm bekannt, daß es sich um einfache Imitationen handelte, oder aber, er hat aus Unaufmerksamkeit nur gelesen ›Echte Louis-Vuitton-Taschen‹, und dann ist der wahre Betrüger nämlich er, weil er für nur 25 000 Lire einen Gegenstand an sich reißen wollte, der auf dem Markt fast eine halbe Million wert ist! Und weiter frage ich Sie, welches wäre denn eigentlich der unrechtmäßige Profit? Vielleicht die neun- oder zehntausend Lire pro Tasche, die Esposito seinen wartenden arbeitenden Angehörigen nach Hause brachte? Nein, hohes Gericht, die Verteidigung bestreitet entschieden, daß ein Betrug vorliegt, schon deshalb, weil es ja gar keine Betrogenen gibt.

Und damit kommen wir zum zweiten Anklagepunkt, zur Fälschung des Markenzeichens. Die großen Meister der Malerei, Giotto, Cimabue, Masaccio signierten ihre Meisterwerke nie, weil sie nämlich ganz zurecht der Meinung waren, daß die Kunstwerke wegen ihres inneren Wertes geschätzt werden sollten und nicht, weil ein X oder ein Y sie signiert hatte. Die Sucht nach firmierten Waren ist doch in Wirklichkeit nichts anderes als eine konsumistische Entgleisung unseres Jahrhunderts. Das saudumme Volk, entschuldigen Sie den groben Ausdruck, kauft doch heute den letzten Dreck, wenn er nur den passenden Namenszug trägt.

In den fünfziger Jahren führte der Maler Piero Manzoni ein bewußt provozierendes Experiment durch; es gelang ihm, seinen eigenen Kot zu verkaufen, nachdem er ihn (hoffentlich) hermetisch in einer Dose mit der Aufschrift ›Künstlerscheiße‹ verschlossen hatte. Ja und auf die gleiche Weise hat sich Herr Louis Vuitton aus Paris gedacht: ›Ich stelle jetzt Tausende von Plastiktaschen her, schreibe meine Initialen darauf und dann verkaufe ich sie zum zehnfachen Preis, wollen doch einmal sehen, wieviele Trottel die kaufen werden?‹ Ich spreche hier von Vuitton, aber das gleiche gilt natürlich für alle anderen Hersteller von firmierten Waren genauso: Gucci, Fendi, Armani, Rolex usw. usw. Es gibt keine Grenzen mehr, auch wenn man auf dem Klo sitzt, kann man Spaß daran haben, von Kacheln umgeben zu sein, die Valentino entworfen hat!

Da könnte nun jemand einwenden: ›Louis Vuitton zwingt doch niemanden, seine Taschen zu kaufen. Warum versucht denn dein Klient nicht, statt anderen die Marke zu stehlen, ein eigenes Produkt auf den Markt zu werfen?‹ Ja, die Dame möchte ich doch einmal sehen, die zu ihrer Freundin sagt: ›Gestern habe ich mir eine Esposito gekauft, wenn du wüßtest, wie gut die mir steht!‹

Und da frage ich mich nun, gibt es ein Gesetz, das dem Profit eines einzelnen Grenzen setzt? Und wie es das gibt, aber es ist das allgemeine Marktgesetz. Wenn eine Firma allzu hohe Preise verlangt, wird sie ihr Produkt wegen der Konkurrenz nicht los. Wenn diese Firma aber ihre Kunden hörig macht und sie davon überzeugt, daß die Ware ganz besonders gut ist, auch wenn sie nur aus synthetischem Material hergestellt ist? Und da habe ich dich, mein lieber Vuitton! Paragraph 603: ›Wer widerrechtlich einen anderen Menschen des Gebrauchs der persönlichen Freiheit beraubt, wird mit 3 bis 15 Jahren Gefängnis bestraft.‹ Und ich behaupte nun, wenn es einem Individuum gelungen ist, Tausende von Personen zu überzeugen, daß eine Plastiktasche, auch wenn sie mit Monogrammen verziert ist, besser ist als eine Ledertasche, dann heißt das, daß er seine Kunden in totaler Abhängigkeit hält, und infolgedessen klage ich Herrn Louis Vuitton aus Paris der Freiheitsberaubung an. Ebenso klage ich alle anderen Händler mit Markenzeichen, die nur Wind machen, und zwar Ausländer wie Italiener, an, unsere Ehefrauen und unsere Kinder hörig und von ihrer Macht abhängig zu machen. Ich klage Zeitschriften wie ›Capital‹ an, falsche Idole eines neuen Fetischismus zu verbreiten. Ich klage die Massenmedien, die Werbefirmen, die Händler und alle ihre Komplizen des ungesetzlichen Profiterwerbs an. Hohes Gericht, Sie haben jetzt die Aufgabe, Recht zu sprechen: auf der einen Waagschale haben Sie Louis Vuitton, einen großen internationalen Gauner, und auf der anderen Alessandro Esposito, einen kleinen neapolitanischen Gauner, der in flagranti dabei erwischt wurde, wie er sich einen Brosamen vom Tisch des Vielfraßes klauen wollte!«

[1] Rocco Galdieri, *Mamme napulitane,* hg. Bideri, Neapel 1953
[2] Camillo Gurgo, *Castel Capuano e i paglietta,* Neapel 1929

Von Sokrates bis Plotin

I

Sokrates

Wie soll man Sokrates nicht mögen: er hatte ein gutes Herz, war hartnäckig, intelligent, ironisch, tolerant und gleichzeitig unbeugsam. Hin und wieder werden auf der Erde Menschen dieses Schlages geboren, Menschen, die uns alle ein wenig geprägt haben: Ich meine Jesus, Gandhi, Buddha, Lao-tse oder Franz von Assisi. In einem unterscheidet sich Sokrates allerdings von diesen anderen, er nämlich verhielt sich wie ein ganz normaler Mensch. Während doch bei den Großen, die ich soeben genannt habe, der Verdacht nicht ganz unberechtigt ist, zu ihrer Außergewöhnlichkeit habe auch ein wenig die Verherrlichung beigetragen, kann es bei Sokrates keinen Zweifel geben: der athenische Philosoph war ein Mensch, der kein Aufhebens von seiner Person machte, der keine Heilsprogramme verkündete und nicht verlangte, daß ihm die Menschen scharenweise folgten. Um nur eine Vorstellung zu geben: er hatte die in Prophetenkreisen nicht gerade übliche Gewohnheit, Bankette zu besuchen, zu trinken, und wenn sich Gelegenheit ergab, auch mal mit einer Hetäre das Lager zu teilen.

Da er nie etwas niedergeschrieben hat, gab Sokrates der Philosophiegeschichte schon immer Rätsel auf. Wer war er wirklich? Welches waren seine Ideen? Die einzigen unmittelbaren Quellen, die uns zur Verfügung stehen, sind Zeugnisse Xenophons, diejenigen Platons sowie einige Kommentare, die Aristoteles »vom Hörensagen« übermittelt; dabei aber entwirft uns Xenophon ein vollkommen anderes Bild von

Sokrates als Platon, und die einzigen Übereinstimmungen ergeben sich dort, wo der eine vom anderen abgeschrieben hat; was schließlich Aristoteles betrifft, sind Zweifel an seiner Objektivität mehr als begründet.

Xenophon war, unter uns gesagt, nicht gerade eine Leuchte der Philosophie: bestenfalls kann er als gutaussehender General und brauchbarer Memoirenschreiber gelten. Als junger Mann hatte er das süße Leben Athens genossen: Trinkgelage, Ringkämpfe, Turnwettspiele usw., bis er eines schönen Tages in einer engen Gasse Sokrates begegnet. Der Philosoph versperrt ihm den Durchgang mit seinem Stock, sieht ihm fest in die Augen und fragt:

»Weißt du, wo man Fisch verkauft?«
»Gewiß, auf dem Markt.«
»Und weißt du, wo die Männer tugendhaft werden?«
»Nein.«
»So folge mir denn und laß dich belehren.«[1]

Also begleitet Xenophon Sokrates künftig auf seinen Spaziergängen, er tut es wohl mehr, um sich vor seinen Freunden aufzuspielen, als aus wahrer Liebe zur Weisheit. Zwei Jahre später meldet er sich, gewiß des allzuvielen Diskutierens müde, als Freiwilliger für den ersten Krieg, der sich anbietet. Er verkehrt nun am Hofe von Kyros dem Jüngeren, von Agesilaos, dem König der Spartiaten, und an vielen anderen Orten, die sein Meister nie betreten hätte. Er verbringt sein ganzes Leben in Schlachten und Plänkeleien und kämpft fast immer in fremden Heeren. Über Sokrates spricht er so, als müßte er sich zu seinem offiziellen Verteidiger machen: er versucht, ihn nach dem Prozeß wieder zu rehabilitieren und schildert ihn als einen rechtschaffenen, scheinheiligen und obrigkeitshörigen Mann. So konventionell das Bild ist, das Xenophon entwirft, so sehr übertreibt Platon (*das* kreative Genie schlechthin) in die andere Richtung: Liest man nämlich die »Dialoge«, muß man sich fragen, ob Platons Held wirklich die Ideen des Sokrates ausdrückt oder nicht vielmehr doch die seines Autors. So bleibt mir nun nichts anderes übrig, als all das zu erzählen, was ich weiß, und der Leser wird sich seine eigene Meinung bilden können.

Äußerlich ähnelte Sokrates Michel Simon, dem französischen Schauspieler aus den fünziger Jahren, und er bewegte sich wie Charles Laughton in dem Film *Zeugin der Anklage*. Er wurde im Jahre 469 im Demos Alopeke geboren, einem Vorort von Athen, der eine halbe Stunde Fußweg außerhalb der Stadt an den Hängen des Lykabettos lag. Für die Freunde der Astrologie können wir ergänzen, daß er vermutlich Steinbock war, da er in den ersten Januartagen zur Welt kam. Seine Familie entstammte der bürgerlichen Mittelschicht der Zeugitai (der dritten und untersten Klasse derjenigen, die in Athen etwas galten). Sein Vater, Sophroniskos, war Bildhauer oder vielleicht auch nur Steinmetz am Stadtrand, und Mutter Phainarete war Hebamme.[2] Über seine Kindheit wissen wir praktisch nichts, und ehrlich gesagt, fällt es auch ein wenig schwer, sich Sokrates als Kind vorzustellen: nachdem er aber aus einer einigermaßen wohlhabenden Familie stammte, dürfen wir annehmen, daß er die normale Schulbildung aller Jungen Athens genossen hat, dann mit achtzehn seinen Militärdienst leistete und mit zwanzig, nachdem er sich die entsprechende Ausrüstung angeschafft hatte, Hoplit wurde.

Als Junge half er vermutlich in der Bildhauerwerkstatt seines Vaters, bis ihn dann eines Tages Kriton, »entzückt von seinen geistigen Reizen«[3], mitnahm, um ihn in die Liebe zur Erkenntnis einzuführen. Diogenes Laertios erzählt in seinem Werk *Leben und Meinungen berühmter Philosophen*, daß die Lehrer des Sokrates Anaxagoras, Damon und Archelaos gewesen seien, und letzterer wird auch sein Liebling genannt[4], genau gesagt, wird er als *eromenos* bezeichnet (bei einem Liebesverhältnis zwischen Männern wurde damals der ältere *erastes* und der jüngere *eromene* genannt). Bevor wir uns nun aber hinreißen lassen und Sokrates hier als *gay* ansehen, möchte ich, um Mißverständnisse von vornherein auszuräumen, eine kleine Zwischenbemerkung über das Thema der homosexuellen Liebe bei den griechischen Philosophen machen. Homosexualität war zu jener Zeit etwas durchaus Normales, und sie ist nicht umsonst als »griechische Liebe« in die Geschichte eingegangen. Plutarch etwa hat sie sogar »pädagogische Päderastie« genannt.[5] In keinem Fall war sie etwas Skandalöses: Als Hieron, der Tyrann von Syrakus, sich in den jungen Dailochos verliebt, äußert er sich dazu mit den einfachen Worten: »Es ist natürlich, daß mir gefällt, was schön ist«[6], ob die Schönen dann Junge, Mann oder Frau waren, galt als Nebensache. Schwierig wurde die Lage der Homosexuellen erst mit dem Christentum: nach der neuen Moral war Sex nur noch zur Zeugung erlaubt, jede andere Art von Geschlechtsverkehr wurde als sündig erklärt, was zu Verfolgungen und Vorurteilen führte, die auch heute noch gang und gäbe sind.

In späteren Jahren erlebte Sokrates noch andere Liebesbeziehungen dieser Art, die berühmteste ist die mit Alkibiades. Anders als von Aristippos[7] im vierten Buch über die »Wollust der Alten« dargestellt, hat nicht Sokrates sich in seinen Schüler verliebt, sondern dieser sich in ihn, wie aus einem erstaunlichen Passus aus dem *Gastmahl* hervorgeht, in dem der junge Alkibiades, ein wenig vom Wein überwältigt, seine verzweifelte Liebe zu Sokrates gesteht:

»... weit heftiger als den vom Korybantentanz Ergriffenen pocht mir, wenn ich ihn höre, das Herz.«

Und weiter:

»Allein also, ihr Männer, waren wir zwei miteinander, und ich meinte, er sollte mir nun gleich solche Dinge sagen, wie ein Liebhaber seinem Liebling in der Einsamkeit sagen würde, und freute mich. Hieraus aber wurde gar nichts, sondern wie er sonst mit mir zu sprechen pflegte, brachte er den ganzen Tag mit mir hin und ging fort. Nach diesem forderte ich ihn auf, Leibesübungen mit mir anzustellen, und übte mich mit ihm, um dadurch etwas zu erreichen. Er trieb also mit mir Leibesübungen und rang öfters mit mir ohne jemandes Beisein. Und was soll ich sagen? Ich hatte nichts weiter davon. Da ich nun so auf keine Weise etwas gewann, nahm ich mir vor, dem Manne mit Gewalt zuzusetzen und nicht abzulassen, da ich es einmal unternommen, sondern endlich zu erfahren, woran ich wäre. Also lade ich ihn zur Mahlzeit, ordentlich wie ein Liebhaber seinem Liebling nachstellt. Auch das gewährte er mir nicht einmal gleich, doch mit der Zeit ließ er sich überreden. Als er nun zum erstenmal da war, wollte er nach der Mahlzeit fortgehen, und damals schämte ich mich noch und ließ ihn. Ein andermal aber stellte ich es listiger an und sprach mit ihm, nachdem er abgespeist, bis tief in die Nacht hinein, und als er nun gehen wollte, nahm ich den Vorwand, daß es schon spät sei, und nötigte ihn zu bleiben. Also legte er sich nieder auf dem Polster neben dem meinigen, wo er auch bei der Mahlzeit gesessen hatte, und niemand sonst schlief in dem Gemach als wir...«[8]

Sokrates heiratete Xanthippe, als er schon fast fünfzig Jahre alt war, und vielleicht tat er dies mehr aus dem Wunsch nach einem Kind, als weil er eine Frau wollte. Bis dahin hatte er die Ehe gescheut, und wenn ihn einer um Rat fragte, ob er heiraten solle oder nicht, antwortete er gewöhnlich: »Tu was du willst, so oder so wirst du es bereuen.«[9] Xanthippe, eine Frau mit Charakterstärke, ist als der Inbegriff der zänkischen und besitzergreifenden Ehefrau in die Geschichte eingegangen, und sie scheint sogar populärer zu sein als Sokrates selber. In den dreißiger Jahren widmete ihr die Kinderbeilage des »Corriere della Sera« jede Woche einen Streifen, der immer mit demselben Vierzeiler begann:

*Alle wissen daß Xanthippe
ganz versessen war auf Stippe;
für den Sokrates welch Pein,
täglich Stippe mußt' es sein.*

Die Beziehung zwischen Sokrates und Xanthippe ist immer etwas ausgeschmückt worden. Mit großer Wahrscheinlichkeit spielte sich ihr Eheleben sehr viel normaler ab, als man glaubt: sie war eine Hausfrau wie viele andere, praktisch veranlagt und mit konkreten Problemen belastet, sie mußte ein (oder drei) Kinder aufziehen, wozu ihr Ehemann außer einer kleinen Erbschaft von seiner Mutter keinen Heller beitrug. Er war gutmütig, voller Ironie, hatte sie eben gern und ertrug sie gelassen. Worüber sich Xanthippe am meisten erregte, war, daß ihr Mann fast nie das Wort an sie richtete: so geschwätzig er mit seinen Freunden auf den Straßen Athens war, so schweigsam verhielt er sich zu Hause. Diogenes Laertios erzählt, wie Xanthippe einmal bei einem Streit so in Wut geriet, daß sie einen vollen Wassereimer über ihm ausschüttete, worauf Sokrates nur sagte: »Ich wußte, daß auf das Donnergrollen Xanthippes früher oder später Regen folgen würde.«[10] »Wie kannst du sie nur ertragen?« fragte ihn eines Tages Alkibiades. Und er erwiderte: »Mit einer solchen Frau zu leben, kann manchmal so nützlich sein wie ein wildes Pferd zu zähmen: man ist dann besser gewappnet, den andern in der Agora gegenüberzutreten.[11] Außerdem bin ich nun auch daran gewöhnt: es ist, als hörte man das unaufhörliche Geräusch einer Winde.«[12]

Aristoteles berichtet, daß Sokrates noch eine zweite Frau gehabt habe, eine gewisse Myrto, die immerhin eine Tochter von Aristides dem Gerechten war.[13] Plutarch zufolge ging der Philosoph diese zweite Ehe nur aus Herzensgüte ein, da Myrto nämlich trotz ihrer engen Verwandtschaft mit Aristides in schlimme Not geraten war.[14] Andere behaupten, er habe mit ihr in wilder Ehe gelebt und sie eines Abends, als er getrunken hatte, mit nach Hause geschleppt. Ob Ehefrau oder Geliebte, Myrto schenkte ihm jedenfalls zwei Söhne, Sophroniskos und Menexenos und erhöhte damit die Nachkommenschaft des Philosophen, der schon gemeinsam mit Xanthippe den Sohn Lamprokles hatte, auf drei Kinder. So verwunderlich ist das nicht, denn die Athener Regierung ermunterte ihre Bürger, mit verschiedenen Frauen mehrere Kinder zu zeugen, damit sich die Zahl der echten Athener erhöhte.[15]

Über das Dreiergespann Sokrates, Xanthippe und Myrto gibt es in einem Werk von Brunetto Latini[16] eine lustige Episode. Dieser Autor erscheint, wie ich hier noch kurz anmerken möchte, als jener berühmte »Ser Brunetto« in Dantes Hölle im Höllenkreis der Sodomiten.[17] Historisch entbehrt dieses Zitat jeder Grundlage, es vermittelt uns aber eine Vorstellung, wie die Beziehung zwischen Sokrates und Xanthippe im Mittelalter gesehen wurde:

»Sokrates war ein sehr großer Philosoph in damaliger Zeit. Und war ein sehr häßlicher Mann zum Ansehen, so er furchtbar klein war, ein behaartes Gesicht hatte und breite platte Nasenlöcher, der Kopf war kahl und knotig, haarig auch Nacken und Schultern, dünn und krumm die Beine. Und zwei Frauen hatte er gleichzeitig, die sehr oft zankten und rauften, weil der Gatte heute der einen, morgen der anderen mehr Liebe bewies. Und wenn dieser sie beim Zanken antraf, stachelte er sie an, damit sie sich die Haare ausrauften, und lachte sie aus, weil sie wegen eines so häßlichen Mannes in Streit gerieten. Bis dann eines Tages, als er sich wieder über sie lustig machte, wie sie sich an den Haaren zogen, die beiden plötzlich einhielten und sich gemeinsam auf ihn stürzten und ihm die Haare ausrissen, so daß von den paar Härchen, die er noch auf dem Kopf hatte, kein einziges mehr blieb.«

Da wir schon beim Thema Krieg sind: Sokrates war übrigens ein guter Soldat, ja sagen wir ruhig, er war ein guter Matrose. Im Jahre 432 wurde er mit weiteren zweitausend Athenern eingeschifft und nach Potidaia, einer kleinen Stadt in Nordgriechenland, in den Kampf geschickt, die sich gegen die Übermacht Athens erhoben hatte. Dies geschah mitten im Peloponnesischen Krieg. Aus Angst, daß sich dieser Aufstand über ganz Thrakien ausbreiten würde, fühlten sich die Athener zu einer Strafexpedition gezwungen. Bei dieser Gelegenheit erwarb dann Sokrates seine erste Verdienstmedaille, indem er dem jungen Alkibiades das Leben rettete: Er hatte diesen verletzt auf dem Schlachtfeld liegen sehen, ihn Huckepack genommen und durch einen Wald von Feinden hindurch in Sicherheit gebracht. Mehr noch als der Mut des Philosophen kann uns sein vollkommener Gleichmut den Unbequemlichkeiten des Krieges gegenüber in Erstaunen versetzen. Dazu erzählt uns Alkibiades im *Gastmahl* folgendes:

»Wir machten den Feldzug nach Potidaia zusammen und waren dort Tischgenossen. Da nun übertraf er zuerst in Ertragung aller Beschwerden nicht nur mich, sondern alle insgesamt. Denn wenn wir etwa irgendwo abgeschnitten waren und, wie es im Felde wohl geht, hungern mußten: so war das nichts gegen ihn, wie es die anderen aushielten. Und auch wenn hoch gelebt wurde, verstand er allein zu genießen, auch sonst, zumal aber im Trinken, wiewohl er es immer nicht wollte; wenn er einmal dazu gezwungen wurde, übertraf er alle, und, was das wunderbarste ist, niemals hat irgend jemand den Sokrates trunken gesehen. Hievon nun, dünkt mich, wird sich auch jetzt gleich der Beweis finden. Im Ertragen der Witterung aber, die Winter sind dort furchtbar, trieb er es bewunderungswürdig weit, auch sonst immer, besonders aber einmal, als der Frost so heftig war, wie man sich nur denken kann, und die andern entweder gar nicht hinausgingen oder, wer es etwa tat, wunder wieviel Anzug und Schuhe unterband und die Füße einhüllte in Filz und Pelz: da ging dieser hinaus in ebensolcher Kleidung, wie er sie immer zu tragen pflegte, und ging unbeschuht weit leichter über das Eis hin als die anderen in Schuhen. Die Kriegsmänner sahen ihn auch scheel an, als verachte er sie. Ein anderes Mal war ihm etwas eingefallen, und er stand nachsinnend darüber von morgens an auf einer Stelle, und da es ihm nicht voranging, ließ er nicht nach, sondern blieb immer forschend stehen. Nun wurde es Mittag, und die Leute merkten es und erzählten verwundert einer dem andern, daß Sokrates von Morgen an über etwas nachsinnend dastände. Endlich, als es Abend war und man gespeist hatte, trugen einige Jonier, denn damals war es Sommer, ihre Schlafdecken hinaus, teils um im Kühlen zu schlafen, teils um auf ihn acht zu geben, ob er auch die Nacht über da stehen bleiben würde. Und er blieb stehen, bis es Morgen ward und die Sonne aufging.«[18]

Aus diesem Bericht des Alkibiades können wir schließen, daß Sokrates, so wie etwa einige Schamanen in Indien, fähig war, in eine Art Starre zu verfallen. Jeder Komfort modernen Lebens war diesem Mann gewiß vollkommen gleichgültig. An Kleidung trug er gewöhnlich bei warmem wie bei kaltem Wetter eine Art Tunika, die man *Chitón* nannte, oder bestenfalls ein *Tribon*, einen Stoffmantel, den er gewöhnlich direkt auf der Haut trug und über die rechte Schulter (*epi dexia*) drapierte. Von Sandalen oder Wollhemden konnte keine Rede sein. Und was die Luxusgüter betrifft, gab es nichts, was ihn interessierte. Eines Tages blieb er vor einem Laden in Athen stehen und rief beim Anblick der dort ausgestellten Waren aus: »Sieh nur, wie viele Dinge die Athener zum Leben brauchen!«[19]

Acht Jahre nach der Belagerung von Potidaia kämpft er mit gegen die Böotier. Die Schlacht wendet sich schnell zum Nachteil der Athener, die niedergeworfen und in die Flucht geschlagen werden. Auch Sokrates und Alkibiades sind zum Rückzug gezwungen.

»Ich war zu Pferde dabei, er aber in schwerer Rüstung zu Fuß«, erzählt Alkibiades. »Da konnte ich nun den Sokrates noch schöner beobachten, als in Potidaia: er schien auch dort einherzugehen und stier seitwärts hinwerfend die Augen, ruhig umherschauend nach Freunden und Feinden; und jeder mußte es sehen von ferne, daß wenn einer diesen Mann berührte, er sich aufs kräftigste verteidigen würde.«[20]

Im Alter von siebenundvierzig Jahren wird er noch einmal zu den Waffen gerufen und nimmt am Feldzug von Amphipolis teil: auch bei dieser Gelegenheit erfüllt er seine Pflicht als Soldat. Merkwürdig, wie dieser Mann, der alle Anlagen besaß, als ein Gewaltloser, als ein Gandhi des 5. Jahrhunderts angesehen zu werden, sich auf dem Schlachtfeld in einen Kämpfer verwandelte. Tatsache ist, daß Sokrates, was Vaterland und Staatsgewalt betrifft, zwar revolutionär dachte, aber immer die Gesetze befolgte. Die folgenden beiden Episoden können uns eine Vorstellung seiner moralischen Überzeugung vermitteln.

Kritias, der an die Spitze der Regierung der dreißig Tyrannen gelangt war, befahl eines Tages Sokrates und vier weiteren Athenern, in Salamis den Demokraten Leon festzunehmen, um ihn nach Athen zu bringen, wo er dann zum Tode verurteilt werden sollte. Als habe er nichts gehört, ging der Philosoph einfach nach Hause, obwohl er ja genau wußte, daß ein solcher Ungehorsam ihn das Leben kosten konnte. Zu seinem Glück starb Kritias in der Zwischenzeit. Diese Geschichte wird in Platons *Apologie* mit den Worten des Sokrates erzählt:

»Da nun zeigte ich wiederum nicht durch Worte, sondern durch die Tat, daß der Tod mich auch nicht das mindeste kümmerte, nichts Ruchloses aber und nichts Ungerechtes zu begehen mich mehr als alles kümmert.«[21]

Ein anderes Mal wurde er als Richter ausgelost und saß mit den Prytanen zu Rate. An jenem Tag sollten zehn Heerführer verurteilt werden, weil sie einige Athener Seeleute nicht gerettet hatten, die während der Schlacht bei den Arginusen ins Meer gestürzt waren. Es war dabei offenbar ein Schnellverfahren vorgesehen, denn es ließ sich unmöglich feststellen, welcher der Heerführer sich unterlassener Hilfeleistung schuldig gemacht hatte und welcher nicht. Das Volk verlangte die wahllose Verurteilung aller. Aber Sokrates weigerte sich und ließ die Drohungen der Angehörigen der Opfer gelassen über sich ergehen.[22]

Eine solche Gelassenheit und überlegene Urteilsfähigkeit bewiesen die Richter leider nicht, als Sokrates selber auf die Anklagebank mußte: Vom jungen Meletos des Gottesfrevels bezichtigt, wurde er von seinen Mitbürgern dazu verurteilt, den Schierlingsbecher zu leeren. Diese Sache mit dem Gottesfrevel ist eine wirklich merkwürdige Geschichte: während sich die Athener im Alltag in Religionsfragen sehr tolerant zeigten, reichte es in einigen Fällen schon aus, daß einer den kleinsten Zweifel an der Existenz der Götter äußerte, und er geriet in ernsthafte Schwierigkeiten. In Wirklichkeit kümmerte sich in Athen niemand um die Religiosität des anderen, aber jeder Vorwand kam natürlich gelegen, einen politischen Gegner oder einen Mann wie Sokrates aus dem Weg zu räumen, der mit seiner unerschöpflichen Dialektik die bestehende Gewalt jeden Tag aufs neue in Frage stellte. Unter den des Gottesfrevels[23] beschuldigten Philosophen erinnern wir an Anaxagoras, Protagoras, Diogenes von Apollonia und Diagoras: alle außer Sokrates retteten sich durch die Flucht.[24] Wir wollen jetzt hier nicht noch einmal den Hergang des Prozesses erzählen, wie er uns von Platon und Xenophon überliefert ist, sondern uns einfach einmal in die Rolle von zweien der fünfhundert Richter versetzen: in die des Euthymachos und die des Kallios.

»Kallios, Sohn des Philonides, auch du unter den Heliasten: wie ich sehe, ist es dir wichtiger, deinen alten Lehrer zu verurteilen, als neben deiner süßen Thalexia die Wärme des Bettes zu genießen.«

»Mir scheint, o Euthymachos, daß ich nicht der einzige bin, der den Morgen grauen sah. Die Sonne stand noch nicht über den Hymettos-Bergen, als die Stadt schon von Athenern wimmelte, die nach Gerechtigkeit dürsten. Stell dir vor, dort wo ich wohne, am Skambonides, waren so viele Bürger unterwegs zur Agora, um am Prozeß gegen Sokrates teilzunehmen, daß man auf den Straßen nicht mehr vorankam. Ich habe gesehen, wie viele Kaufleute ihre Geschäfte den treuesten Sklaven überließen, und aus den oberen Stockwerken wurde unter dem Protestgeschrei der Passanten so mancher *Amis*[25] ausgeleert. Kurz, es herrschte eine solch merkwürdige Aufregung, als wären sie alle nicht zu einem Prozeß unterwegs, sondern zu den *Oschophorien*[26].«

Es ist Februar im Jahre 399 vor Christus und noch dunkle Nacht, Tausende von Athenern begeben sich zur Agora. Jeder Bürger läßt sich von einem Sklaven mit einer Fackel leuchten. Zu jener Zeit waren die Straßen Athens schnell verstopft: Plutarch erzählt, daß die Verkehrswege so schmal waren, daß einer, wenn er sein Haus verlassen wollte, an die Tür klopfen mußte, um die Vorübergehenden zu warnen und Zusammenstöße zu vermeiden.

Allmählich bildet sich vor den Urnen mit den Losen eine lange Schlange all derer, die Richter werden wollen. Die öffentlichen Sklaven, die als städtische Polizei eingesetzt sind, sperren die Eingänge mit dem »roten Seil« ab, um die Menge der Neugierigen daran zu hindern, den den Auserwählten vorbehaltenen Bereich zu betreten. Berührte ein Bürger diese mit frischer roter Farbe bestrichene Absperrung, verlor er damit für ein Jahr die *misthos ecclesiasticos*, nämlich das Versammlungsrecht.

Die Rechtsprechung war zur Zeit des Perikles auf diese Weise geregelt: die Archonten losten zu Beginn des Jahres sechstausend Athener aus, die älter als dreißig waren und die Heliaia bildeten, also die große Reserve, aus der jeweils die für einen Prozeß benötigten fünfhundert Richter gewählt wurden. Die zweite Auslosung, die endgültige, fand erst am Morgen der Verhandlung statt, um auf diese Weise zu verhindern, daß die Angeklagten die Richter bestechen konnten. Für diese täglichen Auslosungen befand sich am Eingang zu den Gerichten eine Vorrichtung aus Marmor, *Klerotherion* genannt, in der es einen horizontalen Spalt gab, durch den jeder einzelne Kandidat ein Bronzetäfelchen mit den Angaben zu seiner Person steckte. Diese Täfelchen waren bereits so etwas wie ein Personalausweis: Name, Vatersname und Demos, also Ort seiner Herkunft, waren darauf eingeprägt. Zum Beispiel: Kallios, Sohn des Philonides, aus dem Demos Skambonidos Z. Der letzte Buchstabe bedeutete, daß Kallios dem sechsten Strang seines Stammes angehörte. Sobald das Täfelchen durch den Schlitz geschoben worden war, wurde ein innerer Mechanismus in Bewegung gesetzt, durch den ein weißer und ein schwarzer Würfel über eine Reihe von Kanälen rollten: je nachdem, welcher der beiden Würfel aus dem *Klerotherion* herauskam, war der Bürger zum Mitglied des Gerichts gewählt oder nicht. Für ihr Bemühen erhielten die Richter ein Sitzungsgeld: drei Obolus pro Tag, was etwa 60 Prozent eines Arbeiterlohns entsprach.[27]

»Im vergangenen Jahr hat mich das Schicksal viermal begünstigt«, sagt Euthymachos, »dreimal als Volksrichter und einmal als Richter des *Phreatos*, das im Frühjahr in der Nähe von Phaleron[28] stattfand.«

Das *Phreatos* war ein Sondergericht, das nur einberufen wurde, wenn es darum ging, über einen Athener, der bereits zum Exil verurteilt worden war, zu richten. Der Angeklagte, der nicht das Recht hatte, sein Vaterland zu betreten und es damit zu verunreinigen, mußte sich einige Meter vom Ufer entfernt von einem Boot aus verteidigen, während seine Richter sich am Strand aufhielten.

»Wir hatten über Aurilochos, den Sohn Damons zu urteilen«, erzählt Euthymachos. »Da ich mit seinem Vater befreundet bin, hätte ich alles getan, um ihm das Leben zu retten, aber die Beweislast war so erdrückend, daß auch ich gezwungen war, mich für die Todesstrafe auszusprechen.«

»Ich fürchte, auch Sokrates wird nicht zu retten sein«, sagt Kallios seufzend und mit aufrichtigem Bedauern. »Allzu viele fühlen sich ihm geistig unterlegen, und solche Menschen versuchen immer, sich zu rächen.«

»Wenn er zum Tode verurteilt wird, ist er selber schuld. Sokrates ist der anmaßendste Mensch, den es je gegeben hat!«

»Dabei erklärt er aber doch allen, daß er nichts wisse«, ruft Kallios aus, »daß er ein Unwissender sei!«

»Das ist ja gerade der Gipfel der Anmaßung!« entgegnet Euthymachos. »Damit will er doch den anderen Menschen nur sagen: ›Ich bin ein Unwissender, aber du, der du nicht weißt, daß du ein solcher bist, bist noch unwissender als ich!‹ Und wenn einer seinen Nächsten nun immer auf diese Weise beleidigt, kann doch die Reaktion nicht ausbleiben, und früher oder später muß er dafür bezahlen. Ich würde sogar weiter gehen und sagen, es ist schon ein Wunder, daß der Alte siebzig Jahre alt werden konnte, ohne je durch das *Scherbengericht*[29] zum Exil verurteilt worden zu sein!«

Das *Scherbengericht*, der Ostrakismos, war eine zu jener Zeit sehr verbreitete Praxis, eine Art umgekehrter Wahl. Wenn ein Athener zu der Überzeugung gelangte, daß einer seiner Mitbürger der *Polis* auf irgendeine Weise Schaden zufügen konnte, brauchte er sich nur zur *Agora* zu begeben und den Namen seines Feindes auf das *Ostrakon* zu schreiben, eine eigens dafür vorgesehene Keramikplatte. Schlossen sich insgesamt sechstausend Leute dieser Anklage an, blieben der so aufs Korn genommenen Person noch zehn Tage, um sich von ihren Freunden und Verwandten zu verabschieden, dann mußte sie den Weg ins Exil nehmen. Die Verurteilung konnte, je nachdem, wie viele Mitbürger unterschrieben hatten, fünf Jahre oder zehn Jahre dauern, und keiner brauchte sich dafür irgendwie zu rechtfertigen. Diese Praxis war von Kleisthenes, dem eigentlichen Gründer Athens, eingeführt worden, um dem Persönlichkeitskult entgegenzuwirken. Plutarch definiert sie als »eine milde Befriedigung des Neides«.³⁰ Gälte sie heute noch, wer weiß, wie viele Politiker, Fernsehleute und Spitzensportler ihr Heimatland verlassen müßten! Wir wollen hier keine Namen nennen, jeder Leser mag aber seine eigene Liste der Unerwünschten aufstellen.

Nun tritt Sokrates auf. Er blickt gelassen um sich. Am Leibe trägt er wie gewöhnlich ein *Tribon*, und beim Gehen stützt er sich auf einen Stock aus Eichenholz.

»Da ist er ja, der unbeugsame Alte«, ruft Kallios aus. »Wenn man ihn so sieht, könnte man gerade meinen, er gehe nicht zu einem Prozeß wegen Gottesfrevel, sondern zu einem Gastmahl: er lächelt, bleibt stehen, um mit den Freunden zu sprechen, und grüßt alle, die er sieht!«

»Er macht doch wieder nur Schwierigkeiten«, protestiert Euthymachos, der jetzt mißgünstiger ist denn je. »Außerdem merkt er überhaupt nicht, daß das Volk ihn als schuldig betrachtet und ihn daher angsterfüllt und um Gnade flehend sehen will.«

Sokrates hat die Tribüne bestiegen: Er befindet sich links vom Großarchonten und wartet geduldig darauf, daß der Gerichtsschreiber den Prozeß für eröffnet erklärt.

»Heliasten«, verkündet der Gerichtsschreiber, »die Götter haben eure Namen aus der Urne auserwählt, damit ihr Sokrates, den Sohn des Sophroniskos, von der Anklage des Gottesfrevels, die Meletos, Sohn des Meletos, gegen ihn erhoben hat, freisprechen oder aber ihn schuldigsprechen könnt.«

Die athenischen Gerichte kannten noch keinen Staatsanwalt. Anklage konnte von jedem einzelnen Bürger erhoben werden, der dies allerdings auf eigene Gefahr tat: wurde der Schuldige verurteilt, zog er den zehnten Teil seines Vermögens ein, wurde er aber freigesprochen, zahlte er eine Geldstrafe von tausend Drachmen.³¹ Ebensowenig gab es aber auch einen Verteidiger. Ein Angeklagter mußte sich, ob er gebildet war oder ein Analphabet, selber verteidigen. Wenn er dazu gar nicht imstande war, konnte er vor dem Prozeß einen *Logographen* rufen, das heißt einen Rechtskundigen seines Vertrauens, der fähig war, ihm eine Verteidigungsrede zu schreiben, die er dann auswendig lernen mußte. Zu den berühmtesten *Logographen* zählen Antiphon, Prodikos, Demosthenes und Lysias.³²

»Das Wort hat Meletos, Sohn des Meletos«, verkündet der Gerichtsschreiber und deutet auf einen wohlgekleideten jungen Mann mit Lockenhaar.

Meletos besteigt das Podest, das für die Anklage bestimmt ist. Er hat eine hochmütige und leidende Miene, wie es einem tragischen Dichter angemessen ist. Er will den Anschein erwecken, daß es ihm leid tut, gegen einen Greis wie Sokrates wüten zu müssen.

»Richter von Athen!« beginnt der junge Mann und läßt seinen Blick langsam über alle die Richter wandern, die ihm gegenüber sitzen. »Ich, Meletos, Sohn des Meletos, klage Sokrates an, die Jugend zu verderben, die Götter nicht anzuerkennen, die die Stadt anerkennt, an die Dämonen zu glauben und religiöse Praktiken zu üben, die uns fremd sind.«

Langes Murmeln steigt aus der Menge auf. Der Angriff war entschieden und genau. Meletos schweigt einen Augenblick, um der Ernsthaftigkeit seiner Anklage mehr Nachdruck zu verleihen, und als er dann fortfährt, betont er jedes Wort einzeln:

»Ich, Meletos, Sohn des Meletos, klage Sokrates an, sich in Dinge einzumischen, die ihn nichts angehen; das zu untersuchen, was unter der Erde und über dem Himmel ist, mit allen über alles zu reden, wobei er jedesmal versucht, die schlechteste Meinung als die beste erscheinen zu lassen. Wegen dieser Vergehen fordere ich die Athener auf, ihn zum Tode zu verurteilen!«

Bei diesem letzten Satz wenden sich alle Sokrates zu, um seine Reaktion zu beobachten. Der Philosoph zeigt Verwunderung: er gleicht mehr einem Zuschauer als einem Angeklagten. Euthymachos stößt Kallios mit dem Ellbogen an und sagt, wie er die Lage einschätzt:

»Ich befürchte, Sokrates ist sich gar nicht bewußt, in welche Schwierigkeiten er sich begeben hat. Meletos hat recht: alle wissen, daß Sokrates nie an die Götter geglaubt hat. Eines Tages soll er gesagt haben: ›Es sind die Wolken und nicht Zeus, die den Regen hervorbringen, andernfalls, wenn es nur von Zeus abhinge, würden wir es regnen sehen, auch wenn es heiter ist.‹[33]«

»In Wahrheit«, wirft Kallios ein, »legte Aristophanes diese Dinge Sokrates in den Mund, nicht er selber hat es gesagt.«

Der Prozeß nimmt unterdessen seinen Lauf, und nach Meletos betreten zwei andere Ankläger das Podest: Anytos und Lykon.

»Apollodoros hat mir erzählt«, sagt Kallios, »daß Sokrates gestern abend Lysias' Hilfe abgelehnt hat.«

»Hatte der ihm eine Verteidigungsrede geschrieben?«

»Ja, und es scheint eine ganz außergewöhnliche Rede zu sein.«

»Das glaube ich gern: der Sohn des Kephalos ist der Allerbeste in Athen! Aber warum hat er nur abgelehnt?« fragt Euthymachos.

»Er hat nicht nur abgelehnt, sondern Lysias sogar wegen seines Hilfsangebotes beschimpft. Er hat zu ihm gesagt: »Du willst mit deinen trickreichen Worten die Richter zu meinem Besten hinters Licht führen. Aber wie willst du für mein Bestes sorgen, wenn du gleichzeitig die Gesetze hintergehst?«

»Immer die gleiche Anmaßung!«

Anytos und Lykon haben soeben ihre Reden beendet. Der Gerichtsschreiber dreht die Wasseruhr um, mit der die Redezeit bemessen wird und verkündet:

»Das Wort hat nun Sokrates, der Sohn des Sophroniskos!«

Sokrates blickt um sich, als wolle er Zeit gewinnen, kratzt sich im Nacken, wirft dem Großarchonten einen Blick zu und richtet sich dann sofort an die Richter.

»Ich weiß nicht, o Athener, welchen Eindruck die Reden meiner Ankläger auf euch gemacht haben. Es ist wahr, daß sie beide mit so großer Überzeugungskraft gesprochen haben, daß auch ich ihren Worten glauben würde, ginge es hier nicht um meine Person. Tatsache bleibt, daß von dem, was diese beiden Bürger vorgetragen haben, kein Wort der Wahrheit entspricht. Und jetzt verzeiht, daß ich euch keine mit schönen Sätzen ausgeschmückte Rede halten werde. Ich werde einfach so reden, wie ich es gewohnt bin, nämlich in schlichten Worten. Stattdessen werde ich aber immer versuchen, das Richtige zu sagen, und nur darauf sollt ihr achten: nämlich ob das, was ich euch nun sage, richtig ist oder nicht!«

»Da fängt er ja schon wieder an, in gewundenen Worten zu reden!« ruft Euthymachos ungehalten aus. »Guter Zeus, was für ein unsympathischer Mensch!«

»Sei ruhig, Euthymachos!« bittet Kallios. »Und laß mich zuhören.«

»Ich möchte euch ein merkwürdiges Erlebnis erzählen, das Chairephon hatte, mit dem ich von klein auf eng befreundet bin. Er ging eines Tages nach Delphi und wagte, dem Orakel diese Frage zu stellen: ›Gibt es jemanden auf der Welt, der weiser ist als Sokrates?‹ Und wißt ihr, was die Pythia antwortete? ›Nein, es gibt niemanden auf der Welt, der weiser ist als Sokrates.‹ Stellt euch vor, wie überrascht ich war, als Chairephon mir diese Antwort berichtete. Was hatte der Gott damit wohl sagen wollen? Ich weiß, daß ich weder viel noch wenig weiß, und nachdem der Gott ja nicht lügt, frage ich mich: was hat er mit diesem Rätsel wohl gemeint? Mein Zeuge ist der Bruder des Chairephon hier, da er selbst nicht mehr unter den Lebenden ist.«

»Ich möchte doch wissen, was all dies mit der Anklage des Gottesfrevels zu tun hat!« platzt Euthymachos heraus. »Wenn ich etwas an Sokrates hasse, dann seine Art, so viele Umschweife zu machen, allein dafür werde ich ihn schon zum Tode verurteilen!«

»Und um die Botschaft des Gottes zu verstehen«, fährt Sokrates vollkommen gelassen fort, »machte ich mich auf und besuchte einen, der im Rufe stand, ein Weiser zu sein. Seinen Namen nenne ich euch nicht, o Athener. Ich sage nur, daß er einer unserer Staatsmänner war. Nun, dieser gute Mann erschien mir zunächst als ein Weiser. In Wirklichkeit war er es aber dann ganz und gar nicht. Das versuchte ich ihm schließlich verständlich zu machen, und dafür begann er mich zu hassen. Danach suchte ich einige Dichter auf. Ich nahm ihre Gedichte in die Hand oder zumindest jene, die mir als ihre besten erschienen, und fragte die Dichter dann, was sie damit sagen wollten. O Bürger ... ich schäme mich, euch die Wahrheit zu sagen ... Das Dümmste, was man über irgendein dichterisches Werk sagen konnte, kam gerade von seinen Dichtern! Nach dem Staatsmann und den Dichtern wandte ich mich den Künstlern zu, und ratet mal, was ich entdeckte? Daß diese nämlich im Bewußtsein, ihr eigenes Handwerk zu verstehen, glaubten, auch in anderen bedeutenderen und schwierigeren Dingen weise zu sein. Da nun verstand ich, was das Orakel hatte sagen wollen: ›Sokrates ist der weiseste aller Menschen, weil er der einzige ist, der weiß, daß er nichts weiß.‹ In der Zwischenzeit hatte ich aber nun den Haß der Dichter, der Politiker und der Künstler geweckt; und nicht zufällig sehe ich mich heute von Meletos, der ein Dichter ist, von Anytos, der ein Staatsmann und Künstler ist und von Lykon, der ein Redner ist, vor Gericht angeklagt.«

»Was du hier gesagt hast, o Sokrates, sind nur Unterstellungen«, erwidert Meletos. »Verteidige dich lieber gegen den Vorwurf, die Jugend zu verderben.«

»Aber wie, o Meletos, soll ich denn die Jugend verderben?«

»Indem du ihr erzählst, die Sonne sei ein Stein und der Mond aus Erde gemacht«, antwortet Meletos.

»Ich glaube, du verwechselst mich mit einem anderen: diese Dinge kann die Jugend lesen, wann immer sie will. An jeder Ecke der Agora gibt es für eine Drachme die Bücher des Anaxagoras aus Klazomenai zu kaufen.«

»Du glaubst nicht an die Götter!« schreit Meletos, springt auf und droht ihm mit dem Zeigefinger. »Du glaubst nur an die Dämonen!«

»Und wer sind denn diese Dämonen?« fragt Sokrates, ohne die Fassung zu verlieren. »Ungeratene Söhne der Götter? Du behauptest also hier, daß ich nicht an die Götter glaube, sondern nur an die Söhne der Götter. Das ist doch, als sagtest du, daß ich an die Fohlen glaube, aber nicht an die Pferde.«

Gelächter im Publikum überdeckt Sokrates' Stimme für eine Weile. Der Philosoph wartet, bis die Zuhörer wieder aufmerksam sind, dann wendet er sich dem zweiten Ankläger zu.

»Und du, Anytos, der du meinen Tod verlangst, warum hast du nicht alle die Jugendlichen, die ich deiner Meinung nach verdorben haben soll, vor die Richter gebracht? Ich selber hätte dir entgegenkommen und sie dir nennen können. Viele sind heute schon alt und könnten gegen mich zeugen und bestätigen, daß ich sie verdorben habe. Hier sind sie und sehen uns zu: dieser ist Kriton mit seinem Sohn Kritobulos, und dann ist da Lysanias der Sphettier mit seinem Sohn Aischines, weiter Antiphon der Kephesier, Nikostratos, Paralios, Adeimantos mit seinem Bruder Platon, auch Aiantadoros sehe ich mit seinem Bruder Apollodoros. Vielleicht, o Anytos, könnte ich dich besänftigen, wenn ich verspräche, ins Exil zu gehen und mich hier nicht mehr sehen zu lassen. Aber glaube mir: ich würde nur gehorchen, um dir einen

Gefallen zu tun, denn in Wirklichkeit bin ich überzeugt, daß es für die Athener ein großer Schaden wäre. Ich werde nämlich im Gegenteil nie aufhören, euch anzustacheln, euch zu überzeugen, jedem einzelnen von euch Vorwürfe zu machen, unablässig hinter euch her zu sein, wie eine Bremse, die eine edle Rassestute, die schlafen will, in die Flanken sticht, denn das ist es, was Gott Apollon von mir verlangt. O Bürger, die Stute, von der ich rede, ist Athen, und wenn ihr mich zum Tode verurteilt, werdet ihr nicht so leicht eine andere Bremse finden, die euer Bewußtsein wachhält. Genug: meine Gründe habe ich euch nun alle dargelegt. Damit könnte ich jetzt meine Freunde, Verwandten, kleinsten Kinder hereinlassen, um wie viele andere an euer Mitleid zu appellieren. Auch ich habe Familie: ich habe drei Söhne, und dennoch führe ich sie euch nicht vor, denn hier steht mein und euer Ruf auf dem Spiel. Der Richter darf nicht begnadigen, weil er gerührt wird, sondern er muß streng die Gesetze befolgen.«

Der letzte Tropfen der Wasseruhr fällt herab. Sokrates hat seine Rede beendet und tritt zurück, um sich auf einen Holzschemel zu setzen, der hinter ihm bereitsteht. Die engsten Freunde versuchen mit zaghaftem Beifall, die Zustimmung des Publikums herbeizuführen, doch der Versuch scheitert am allgemeinen Desinteresse. Nun beginnt die Abstimmung.

»Ich habe nicht den geringsten Zweifel: er ist schuldig!« urteilt Euthymachos, der sich von seinem Sitz erhoben hat. »Und selbst, wenn er es nicht wäre, würde ich ihn verurteilen. Seine Reden, sein ewiges Infragestellen der Überzeugungen anderer, ist der Polis nicht dienlich. Sokrates verbreitet Unsicherheit, er ist ein Defätist. Je schneller er stirbt, desto besser ist es für alle!«

»An deiner Stelle wäre ich nicht so sicher«, erwidert Kallios aufbrausend, »eine Stadt, die auf sich hält, sollte immer einen haben, der über sie wacht, und Sokrates ist der einzige, der das kann. Er ist unparteiisch, kein Politiker und vor allem arm. Auch wenn er schuldig sein sollte, zu seinem Vorteil hat er sicher nicht gehandelt.«

»Aber Kallios, glaubst du wirklich, daß Armut ein Beispiel ist, das man der Jugend geben soll? Sollen unsere Söhne denn wie er aufwachsen? Immer nur auf der Agora herumwandeln und sich gegenseitig fragen: ›Was ist gut? Was ist böse? Was ist gerecht? Was ist ungerecht?‹«

Ohne seine Antwort abzuwarten, springt Euthymachos auf und geht mit dem *psephos*, dem schwarzen Steinchen für das Todesurteil, zu den Urnen. Während er sich zwischen den Sitzreihen hindurchschiebt, versucht er, auch die übrigen Richter zu beeinflussen.

»Genug mit Sokrates! Schaffen wir ihn uns endlich vom Halse! Er behauptet, eine Bremse zu sein, die Athen aufstachelt. Gut, da nehme ich ihn beim Wort: welches Pferd würde denn nicht versuchen, sich von seinen Bremsen zu befreien, welches Pferd würde ihn denn nicht zerquetschen, wenn es nur Hände hätte!«

Kallios ist noch unentschieden. Er befragt die um ihn Sitzenden, um herauszubekommen, welches die Meinung der Mehrheit ist. Anscheinend waren die Richter in zwei mehr oder weniger gleich große Gruppen gespalten: in diejenigen, die Sokrates haßten, und die, die ihn für den besten Menschen der Welt hielten. Während sie so der Reihe nach vor die Urnen treten, verteidigt jeder von ihnen seine These. Wer bereits abgestimmt hat, macht es sich so gut es geht auf den Sitzen bequem, um einen kleinen Imbiß zu sich zu nehmen. Er macht seinen Proviantkorb auf und nimmt Sardinen, Oliven und Fladenbrot aus *maza*[34] heraus. Antiphon geht, nachdem er den Ältesten der Elf[35] um Erlaubnis gefragt hat, auf Sokrates zu und bietet ihm von einem Teller Feigen und Nüsse an. Die Prozesse in Athen dauerten den ganzen Tag, und es war den Richtern verboten, sich vom Gericht zu entfernen. Bei Sonnenuntergang mußte in jedem Fall das Urteil gesprochen werden. Untersuchungshäftlinge, die auf ihren Prozeß warteten, gab es damals noch nicht.

Nun werden endlich die Stimmen gezählt.

»Bürger von Athen!« hebt der Gerichtsschreiber feierlich an. »Die Heliasten haben wie folgt abgestimmt: weiße Stimmen 220, schwarze Stimmen 280. Sokrates, der Sohn des Sophroniskos, ist zum Tode verurteilt!«

Ein bestürztes »Oh!« erhebt sich aus der Volksmenge hinter der Absperrung. Kriton schlägt die Hände vors Gesicht. Nach einer kurzen Pause spricht der Gerichtsschreiber weiter.

»Und nun bitten wir den Verurteilten, wie es das Gesetz von Athen befiehlt, uns selbst eine anderslautende Strafe vorzuschlagen.«

Sokrates erhebt sich wieder, blickt um sich und breitet zum Zeichen seines Bedauerns die Arme aus.

»Eine anderslautende Strafe? Aber was habe ich denn getan, um eine Strafe zu verdienen? Mein Leben lang habe ich meine persönlichen Interessen, Familie und Haus vernachlässigt. Militärische Befehlsgewalt oder öffentliche Ehren habe ich nie angestrebt, an Verschwörungen oder anderen Verführungen war ich nie beteiligt. Welche Strafen erwarten einen, der so gehandelt hat? Ich mag mich irren, aber ich glaube, ich habe höchstens eine Auszeichnung verdient, nämlich die, auf Kosten des Staates ins *Prytaneion*[36] aufgenommen zu werden.«

Ein Sturm der Entrüstung erhebt sich bei seinen letzten Worten. Das absurde Verlangen des Philosophen klingt in den Ohren vieler Richter wie Hohn und eine regelrechte Herausforderung. Sokrates selber merkt, daß er wohl übertrieben hat. Während er weiterspricht, versucht er die Zuhörer zu besänftigen:

»Gut, gut, meine lieben Mitbürger, ich sehe, daß ich

mißverstanden worden bin. Mein Gerechtigkeitssinn ist von einigen als Hochmut ausgelegt worden. Aber sagt mir offen: was hätte ich denn als Strafe vorschlagen sollen? Gefängnis? Exil? Eine Geldstrafe? Welch eine Geldstrafe hätte ich denn zahlen können, nachdem ich nie für Geld gelehrt habe? Bestenfalls wäre ich in der Lage, eine einzige Silbermine zu bieten.«

Der Protest wird immer wütender. Eine Silbermine ist wirklich nichts im Verhältnis zu einer Todesstrafe. Es sieht fast so aus, als wolle Sokrates alles dazu tun, um das Urteil zu besiegeln.

»Nun gut«, sagt Sokrates seufzend und deutet auf Kriton und die übrigen Schüler, »hier sind meine Freunde, die darauf bestehen, daß ich mir eine Strafe von dreißig Minen auferlege. Sie selber wollen dafür, wie es scheint, die Garanten sein.«

Damit beginnt die zweite Abstimmung: Todesurteil oder dreißig Minen. Leider hat die erste »Strafe«, die der Philosoph vorschlug (nämlich auf Kosten des Staates ins Prytaneion aufgenommen zu werden) die Richter so sehr verärgert, daß viele, die zuerst auf seiner Seite standen, jetzt ins andere Lager überwechseln. Diesmal gibt es sehr viel mehr schwarze Steinchen in der Urne: 360 gegen 140.

»Bürger von Athen«, schließt Sokrates seine Rede, »ich fürchte, ihr habt eine große Verantwortung für die Polis auf euch genommen. Ich bin schon alt: ihr brauchtet nur zu warten, bis der Tod auf ganz natürliche Weise von selbst gekommen wäre. Wenn ihr so handelt, habt ihr noch nicht einmal die Gewißheit, mich bestraft zu haben. Wißt ihr denn, was das Sterben ist? Gewiß doch eines von beiden: entweder man versinkt ins Nichts oder aber man wandert anderswohin. Im ersten Falle wäre der Tod, wie ihr mir wohl glauben mögt, ein großer Vorteil: niemals mehr Schmerzen, niemals mehr Leiden; im zweiten Fall dagegen hätte ich das Glück, so vielen hervorragenden Menschen zu begegnen. Wieviel würde jeder einzelne von euch dafür geben, Orpheus, Musaios, Homer oder Hesiod zu treffen und mit ihnen zu sprechen! Oder auch Palamedes oder Aias den Telamonier, die beide starben, weil sie ungerecht behandelt worden waren.[37] Aber nun ist die Stunde gekommen, da wir gehen müssen: ich in den Tod und ihr ins Leben. Wer von uns das bessere Schicksal hat, bleibt uns verborgen, das wissen nur die Götter.«

Warum ist Sokrates zum Tode verurteilt worden? Dies ist eine Frage, die man sich nach 2400 Jahren noch stellen kann. Die Menschen brauchen Gewißheiten, um leben zu können, und weil es diese nicht gibt, tritt immer irgendeiner auf und erfindet solche Gewißheiten zum allgemeinen Wohl. Ideologen, Propheten, Astrologen verkünden manchmal in gutem Glauben, manchmal aber auch nur aus Berechnung Wahrheiten, um die Ängste der Gesellschaft zu besänftigen. Wenn aber einer kommt und behauptet, daß niemand wirklich etwas wissen könne, wird dieser Mann ganz schnell zum öffentlichen Feind Nummer eins der Politiker und Priester. Ein solcher Mann muß sterben!

Platon hat dem Prozeß und Tod des Sokrates nicht weniger als vier Dialoge gewidmet:
- *Euthyphron*, in dem der Philosoph noch als freier Mann vor Gericht geht, um die Anklage zu hören, die Meletos gegen ihn erhoben hat;
- Die *Apologie* mit der Beschreibung des Prozesses;
- *Kriton* mit dem Besuch seines engsten Freundes im Gefängnis;
- *Phaidon* mit den letzten Lebensaugenblicken und der Rede über die Unsterblichkeit der Seele.

Diese Werke werden auch heute ständig neu aufgelegt, und ich empfehle sie all jenen, die Wesen und Ideen des großen Philosophen näher kennenlernen wollen, zur Lektüre.[38]

Das Todesurteil gegen Sokrates wurde nicht sofort nach

dem Prozeß vollzogen. Gerade in jenen Tagen war nämlich eine Gesandtschaft nach Delos unterwegs, und traditionsgemäß durften keine Todesurteile vollzogen werden, während das Heilige Schiff auf Reisen war.[39] Noch zwanzig Tage später treffen wir ihn mit seinem Landsmann und Altersgenossen Kriton im Gefängnis an.

Es ist noch vor Morgengrauen. Sokrates schläft, und Kriton setzt sich leise neben ihn. Nach einiger Zeit schreckt der Philosoph hoch, sieht seinen Freund und fragt ihn:

»Was machst du hier, o Kriton, zu dieser Stunde? Ist es nicht zu früh für Besuche?«

»Ja, es ist früh, der Morgen dämmert gerade erst.«

»Und wie bist du hier hereingekommen?«

»Ich habe dem Schließer ein Trinkgeld gegeben.«

»Und bist du schon lange hier?«

»Schon lange.«

»Und warum hast du mich nicht sofort geweckt?«

»Weil du so ruhig schliefst. Wäre es da nicht eine Sünde gewesen, dich zu wecken?«, erwidert Kriton. »Ich frage mich, wie du bei diesem Unglück so ruhig und gelassen bleiben kannst!«

»Das Gegenteil wäre doch merkwürdig, o Kriton«, erwidert Sokrates lächelnd. »Überlege einmal, wie lächerlich es wäre, wenn ich in meinem Alter darüber klagte, daß ich sterben muß.«

Kriton verhält sich in dem nach ihm benannten Dialog ein wenig so wie Doktor Watson gegenüber Sherlock Holmes: der Meister spricht, und er unterbricht ihn nur mit Worten wie: »Du hast recht, o Sokrates«, oder »Genau so ist es, o Sokrates«. Der Philosoph beweist allerdings erheblich mehr Taktgefühl als der englische Kollege. Er beleidigt seinen Freund nie mit einem gnadenlosen »Elementar, Kriton!« Genau besehen ist der Dialog eigentlich nichts anderes als ein Monolog des Sokrates.

»Warum bist du so früh gekommen, mein guter Kriton?«

»Ich bin hier, o Sokrates, um dir eine traurige Botschaft zu bringen«, antwortet Kriton mit gramerfüllter Stimme. »Einige Freunde haben mir berichtet, daß das Schiff von Delos schon Kap Sunion umrundet hat. Heute oder spätestens morgen wird es in Athen landen.«

»Was soll daran merkwürdig sein? Früher oder später mußte es doch ankommen«, erwidert Sokrates. »Das bedeutet, den Göttern hat es so gefallen.«

»Sprich nicht so, und laß dich überreden, dein Leben zu retten. Ich habe mich mit den Gefängniswärtern schon abgesprochen, sie verlangen nicht einmal so viel Geld von mir, um dir die Flucht zu ermöglichen. Außerdem haben sich auch Simmias von Theben, Kebes und viele andere angeboten, dir mit Geld zur Flucht zu verhelfen. Niemand soll mir einst vorwerfen können: ›Kriton hat Sokrates nicht zur Flucht verholfen, weil er sein Geld nicht ausgeben wollte.‹«

»Ich bin bereit zur Flucht. Vorher aber sollten wir gemeinsam überlegen, ob es wirklich richtig ist, daß ich gegen den Willen der Athener versuche, aus dem Gefängnis zu fliehen. Wenn es richtig ist, werden wir es tun, wenn es aber nicht richtig ist, werden wir es nicht tun.«

»Wohl gesprochen, o Sokrates.«

»Glaubst du nicht, o Kriton, daß man im Leben niemals, aus welchem Grund auch immer, eine Ungerechtigkeit begehen darf?«

»Aus keinem Grund.«

»Auch nicht, wenn vorher eine Ungerechtigkeit begangen worden ist?«

»Auch dann nicht.«

»Und wenn wir nun annehmen, daß genau in dem Augenblick, in dem ich mich davonmachen will, die Gesetze kämen und uns fragen würden: ›Sag mal, o Sokrates, was hast du denn vor? Du willst doch wohl nicht uns, die wir die Gesetze sind und damit die ganze Stadt, zerstören?‹ Was könnten wir dann auf solche Worte antworten? Werden wir dann antworten, daß uns vor der Flucht eine ungerechte Strafe auferlegt worden ist?«

»Gewiß, so werden wir antworten.«

»Und wenn die Gesetze mir dann sagten: ›Wisse, o Sokrates, daß man alle Urteile annehmen muß, gerechte wie ungerechte, da die ganze Existenz des Menschen durch die Gesetze geregelt ist. Verdankst du dein Leben vielleicht nicht uns? Hat dein Vater deine Mutter vielleicht nicht kraft Gesetzes geheiratet und dich gezeugt? Und haben nicht wir dich stets gelehrt, das Vaterland zu ehren und vor dem Feind nicht zurückzuweichen?‹ Wenn sie solche Fragen stellen würden, was könnten wir dann antworten: daß sie die Wahrheit sagen oder die Unwahrheit?«

»Daß sie die Wahrheit sagen.«

»Und dennoch möchtest du, daß ich mich mit einem komischen Umhang, womöglich sogar mit Frauensachen, verkleide und aus Athen fliehe, um vielleicht nach Thessalien zu gehen, wo die Menschen gemeinhin in Unordnung und Ausschweifungen leben, nur um ein Leben, das sich ohnehin dem Ende zuneigt, um ein paar Jährchen zu verlängern! Wie könnte ich, nachdem ich damit gegen die Gesetze verstoßen habe, noch über Tugend und Gerechtigkeit reden!«

»Das könntest du, ehrlich gesagt, nicht.«

»Wie du siehst, guter Freund, kann ich wirklich nicht flüchten; wenn du aber glaubst, mich noch überzeugen zu können, so rede, und ich werde dir mit größter Aufmerksamkeit zuhören.«

»O mein Sokrates, ich habe nichts zu sagen!«

»Dann finde dich damit ab, o Kriton, daß dies der Weg ist, den die Götter für uns bestimmt haben.«

Am nächsten Tag soll das Urteil vollzogen werden. Die Freunde haben sich alle vor der Gefängnistür versammelt und warten ungeduldig darauf, daß der Oberste der Elf sie hineinläßt. Fast alle sind gekommen, der getreue Apollodoros, der allgegenwärtige Kriton mit seinem Sohn Kritobulos, der junge Phaidon, Antisthenes der Kyniker, Hermogenes der Arme[40], Epigenes, Menexenos, Ktesippos und Aischines, der Sohn des Wurstmachers. Einige sind auch von weit her gekommen wie die Thebaner Simmias und Kebes oder wie Terpsion und Euklid aus Megara. Unter den berühmtesten Schülern fehlen Aristippos, Kleombrotos und vor allem Platon, der anscheinend gerade an jenem Tag Fieber hatte.

Als die Schüler die Zelle betreten, finden sie den Meister in Gesellschaft von Xanthippe und seinem jüngsten Sohn vor. Als sie die Neuankömmlinge sieht, fängt die Frau verzweifelt zu schreien an.

»O Sokrates, nun reden diese deine Freunde zum letzten Mal mit dir und du mit ihnen!«

Worauf sich der Philosoph an Kriton wendet und sagt:

»O Kriton, laß doch jemand die Frau nach Hause führen.«

»Aber du stirbst als Unschuldiger!« protestiert Xanthippe, während sie aus der Zelle gezerrt wird.

»Was willst du denn«, antwortet Sokrates. »Sollte ich vielleicht als Schuldiger sterben?«

In der Zwischenzeit hat einer der Gefängniswärter die Kette von der Fessel des Gefangenen gelöst.

»Welch ein merkwürdiges Ding ist es doch mit Lust und Schmerz«, sagt Sokrates und reibt sich die gefühllos gewordene Fessel, »sie scheinen sich immer nur abzulösen und bei ein und derselben Person nie zu gleicher Zeit vorzukommen. Während vorher mein Bein unter dem Gewicht der Kette nur schmerzte, fühle ich jetzt bereits hinter dem Schmerz die Lust aufkeimen. Hätte Aesop einmal über diese Beziehung zwischen Schmerz und Lust nachgedacht, wäre daraus bestimmt eine sehr schöne Fabel entstanden.«

Danach wendet sich das Gespräch dem Thema Tod und

Jenseits zu. Sokrates spricht über etwas, das der Hölle und dem Paradies nicht unähnlich ist.

»Ich glaube, daß die Toten eine Zukunft haben«, sagt der Meister wörtlich, »und daß diese Zukunft für die Guten weit besser ist als für die Schlechten.«

So beginnt das Streitgespräch über die Unsterblichkeit der Seele. Der Thebaner Simmias vergleicht den Körper mit einem Musikinstrument und die Seele mit der Harmonie, die aus diesem Instrument entsteht, und glaubt, wenn die Leier zerbricht (also der Körper), stirbt mit ihr auch die Harmonie (also die Seele). Kebes ist nicht einverstanden und stellt die Hypothese der Wiedergeburt auf.

»Die Seele ist wie ein Mensch, der in seinem Leben viele Kleider verbraucht hat. Alle Kleider, mit anderen Worten, alle Reinkarnationen, leben weniger lang als ihr Träger, mit Ausnahme des letzten, das länger leben wird als er.«

Kebes meint also, daß einer, wenn er stirbt, auch das Pech haben kann, daß seine Zeit abgelaufen und sein Leben auf diese Weise beendet ist. Sokrates ist anderer Meinung, er glaubt an die Unsterblichkeit der Seele. Alle ereifern sich so bei dem Thema, daß Kriton gezwungen ist, den Meister zu ermahnen.

»Der Kerkermeister empfiehlt dir, o Sokrates, so wenig wie möglich zu sprechen. Er behauptet, wenn du dich zu sehr erhitzt, wird das Gift nicht mehr viel Wirkung auf deinen Körper haben, und er wird gezwungen sein, dir den Trank zweimal oder sogar dreimal zu verabreichen.«

»Dann sag ihm nur, er soll zwei oder drei Portionen vorbereiten, aber jetzt laß uns bitte reden.«

Darauf wendet er sich seinen Schülern zu und fängt wieder an, über die Seele zu sprechen.

»Nur die Bösen können sich wünschen, daß es nach dem Tode nichts mehr gibt, es ist ganz logisch, daß sie so denken, denn es ist in ihrem Interesse. Aber ich bin sicher, daß sie voller Angst in der Unterwelt herumirren werden, und nur wer sein Leben in Ehrlichkeit und Mäßigung geführt hat, wird die wahre Erde sehen dürfen.«

»Was meinst du, o Sokrates, mit dieser ›wahren Erde‹?« fragt Simmias verwundert.

»Ich bin überzeugt«, erwidert Sokrates, »daß die Erde kugelförmig ist. Sie braucht keine Stütze, um an ihrer Stelle zu bleiben, denn da sie sich im Mittelpunkt des Alls befindet, wüßte sie gar nicht, wohin sie fallen sollte. Außerdem bin ich auch überzeugt, daß sie sehr viel größer ist, als es uns erscheint. Da wir nur jenen Teil kennen, der vom Phasis bis zu den Säulen des Herkules reicht[41], sind wir wie Ameisen oder Frösche, die um einen kleinen Teich leben. Die Menschen sind überzeugt, auf dem Gipfel der Erde zu leben, dabei befinden sie sich in einer Höhlung. Es ist genauso, als wollte einer, der in einer tiefen Meeresschlucht lebt, die Wasseroberfläche des Meeres mit dem Himmelszelt verwechseln. Die wahre Erde soll das Aussehen eines zwölfteiligen Lederballes haben[42], sie soll schillernd und in allen bunten Farben leuchtend sein. In einigen Teilen hat sie die Farbe des Goldes, in anderen ist sie weißer als Schnee, in wieder anderen silbern oder purpurrot. Sogar ihre Höhlungen glitzern, da sie voller Wasser sind, von außen gesehen in allen Regenbogenfarben. Dasselbe gilt auch für die Bäume, die Früchte, die Blumen, Steine, und die Gebirge der wahren Erde, sie sind so geglättet und durchscheinend, daß neben ihnen sogar diese kleinen Edelsteine verblassen, die hier unten so großen Wert haben. An jenem Ort leben glückliche Menschen an den Ufern der Luft, wie wir hier unten an den Ufern des Meeres leben.«

»Wer sagt diese Dinge?« fragt Simmias vernünftig.

Sokrates überhört die Unterbrechung und fährt fort:

»Dagegen gibt es in der Tiefe der Erde diesen großen Abgrund, einen Spalt, den Homer und viele andere *Tartaros* genannt haben. Dort fließen alle Ströme zusammen, und von dort strömen sie auch wieder aus. Vor allem vier von ihnen müssen wir uns merken. Den Fluß Okeanos, der rund um die Erde herumfließt. Den Acheron, der in umgekehrter Richtung fließt und in einem Sumpf endet, der der Acherusische See heißt. Den Pyriphlegeton, der aus Feuer besteht und überall, wo er einen Spalt entdeckt, in Form von Lava aus der Erde hervorbricht, und schließlich den Kokytos, den vierten Fluß, der spiralförmig verläuft und immer tiefer ins Innere der Erde eindringt, bis auch er im Tartaros mündet. Dorthinein, in den Acherusischen See, werden die Seelen jener getaucht, die große Schuld auf sich geladen haben. Einige von ihnen, die aus vorübergehender Wut gehandelt haben, dürfen nach einer mehr oder weniger langen Zeit wieder an die Oberfläche; andere dagegen, deren Verbrechen allzu schwer waren, bleiben auf alle Ewigkeit Verdammte. Dies ist also das Schicksal, das den Seelen der Lebenden beschieden ist: die Schlechten sind für den Tartaros bestimmt, die Reinen für die wahre Erde. Daher ist es dienlich, im Leben Tugenden zu üben und durch die Philosophie zur Weisheit zu gelangen; denn schön ist der Preis und groß die Hoffnung!«

»Glaubst du wirklich an die Dinge, die du gesagt hast, o Sokrates?« bohrt Simmias weiter.

»Daran zu glauben, ist vielleicht nicht der richtige Ausdruck für einen vernünftigen Mann, aber es verschafft ein gutes Gefühl...«

Gerade in diesem Augenblick erscheint ein Sklave an der Tür. Er trägt ein Gefäß aus Marmor in der Hand mit dem Schierling, der zerstampft werden muß.

»Nun ruft mich das Schicksal«, sagt Sokrates und steht auf.

»Hast du noch irgendwelche Anweisungen für uns?« murmelt Kriton und versucht, seine Verzweiflung zu beherrschen. »Auf welche Art willst du begraben werden?«

»Wie es euch gefällt, sofern es euch gelingt, mich zu schnappen, und ich euch nicht entwische«, erwidert Sokrates lachend. »Mein guter Kriton, wie soll ich dich davon überzeugen, daß Sokrates nur ich bin, der ich gerade mit dir rede, und nicht jener andere, den du bald als Leiche auf diesem Lager hier sehen wirst?«

Die Zeit drängt. Xanthippe, Myrto und die drei Kinder werden hereingelassen, um sich für immer von ihm zu verabschieden. Sokrates umarmt sie alle zärtlich und fordert sie dann auf, wieder hinauszugehen. Apollodoros kann die Tränen nicht mehr zurückhalten. Der Diener der Elf kommt wieder herein.

»O Sokrates«, sagt der Kerkermeister, »über dich kann ich mich bestimmt nicht beklagen wie über andere, die, bevor sie starben, Athen beschimpft und mich verflucht haben. Ich habe dich kennengelernt, während du hier gefangen warst, und ich kann wohl sagen, daß du der beste und freundlichste Mensch bist, der mir hier an diesem Orte je begegnet ist.«

Nachdem er diese Worte gesprochen, bricht der Diener der Elf in Tränen aus und verläßt die Zelle. Sokrates ist ein wenig verlegen, und um die allgemeine Ergriffenheit nicht noch zu steigern, wendet er sich an Kriton und bittet ihn, den Sklaven mit dem Schierling hereinzurufen.

»Warum denn so eilig, mein lieber Freund. Die Sonne ist noch nicht untergegangen«, protestiert Kriton. »Ich kenne Verurteilte, die den letzten Sonnenstrahl abgewartet haben, bevor sie das Gift tranken, und andere haben den letzten Schritt erst getan, nachdem sie sich sattgegessen und sich noch mit einer Schönen vergnügt hatten.«

»Ganz natürlich, daß man sich so verhält, wenn man es für erstrebenswert hält, den Augenblick des Todes hinauszuzögern«, erwidert Sokrates, »aber es ist ebenso natürlich, daß ich genau das Gegenteil tue, denn wenn ich mich nun ans Leben klammerte, würde ich lächerlich und stellte in einem Augenblick alles in Frage, was ich ein Leben lang gepredigt habe.«

Nun kommt der Mann mit dem Schierlingsbecher herein.

»Guter Mann«, sagt Sokrates zu ihm, »du verstehst dich doch darauf, sag mir, wie man es am besten macht?«

»Man muß einfach nur trinken und im Zimmer auf und ab gehen«, antwortet der Sklave. »Und sobald du dann merkst, daß deine Beine zu wanken anfangen, leg dich einfach aufs Lager, und du wirst sehen, das Gift wirkt ganz von allein.«

»Glaubst du, daß man mit einem solchen Trank auf irgendeinen Gott anstoßen kann?« fragt Sokrates.

»Um solche Fragen kümmern wir uns nicht, wir bereiten nur die Menge zu, die gerade nötig ist.«

Mit diesen Worten hält der Sklave Sokrates das Gift entgegen, der es ohne das leiseste Zögern in einem Zug austrinkt. Eine unerwartete, endgültige Geste, die alle Anwesenden bestürzt, auch diejenigen, die bis jetzt ihre Tränen zurückgehalten haben. Kriton ist verzweifelt. Er steht auf und verläßt die Zelle. Apollodoros, über dessen Wangen schon vorher die Tränen geflossen waren, fängt jetzt an, verzweifelt zu schluchzen. Phaidon vergräbt das Gesicht in die Hände.

Der arme Sokrates weiß nicht, was er tun soll: er geht von einem zum andern, versucht, jeden ein wenig zu trösten. Er läuft Kriton nach und holt ihn in die Zelle zurück, streicht Apollodoros übers Haar, umarmt Phaidon und trocknet Aischines die Tränen.

»Aber was ist denn los mit euch?« protestiert Sokrates, während er diese Tröstungsversuche macht. »Ich habe Xanthippe weggeschickt, um solche unerfreulichen Szenen zu vermeiden. Nie hätte ich gedacht, daß ihr euch noch schlimmer verhaltet. Seid stark und heiter, o Freunde, wie es sich für Philosophen und gerechte Menschen ziemt.«

Bei diesen Worten schämen sich die Schüler ein wenig, daß sie sich so haben gehen lassen, und Sokrates kann nun, wie ihm von dem Sklaven empfohlen, in der Zelle auf und ab gehen. Als er nach ein paar Minuten seine Beine immer schwerer werden fühlt, streckt er sich auf dem Lager aus und wartet gelassen auf das Ende. Der Sklave preßt mit der Hand fest eines seiner Beine und fragt ihn, ob er den Druck noch spüre. Sokrates verneint: das Gift tut seine Wirkung. Bald hat er auch im Leib kein Gefühl mehr.

»Denk daran, o Kriton, daß wir Asklepios einen Hahn schulden«, flüstert Sokrates, »gib ihn ihm auf meine Kosten zurück, vergiß es nicht.«

»Gewiß«, versichert Kriton. »Willst du sonst nichts? Hast du mir noch etwas zu sagen?«

Aber Sokrates antwortet nicht mehr.

Ein paar Tage später bereuen die Athener, Sokrates verurteilt zu haben. Zum Zeichen der Trauer schließen sie Gymnasien, Theater und Sportplätze. Anytos und Lykon schicken sie ins Exil, und Meletos wird zum Tode verurteilt.

Sokrates' Leben und Denken waren eins. Er hat eigentlich unablässig in jedem Menschen, mit dem er in Berührung kam, die Wahrheit gesucht. Er hat den Menschen nachgespürt wie ein Jagdhund, hielt sie an den Straßenecken auf, überfiel sie mit Fragen und zwang sie, in ihr Innerstes, in ihre tiefste Seele zu blicken. Bei allem Respekt vor der moralischen Größe des Philosophen – viele Athener haben ihn gewiß gemieden wie die Pest. Ich kann mir schon vorstellen, wie alle »*Oilloco, oilloco, fuitavenne!*«[43] schrien und davonliefen, sobald sie seine untersetzte Gestalt an der Heiligen Pforte auftauchen sahen. Platon berichtet im *Laches*, »daß es dem, der in eine Unterredung sich mit ihm einläßt, zwangsläufig geschieht, daß er hineingerät in das Redestehen über sich und daß Sokrates ihn nicht losläßt, bevor er alles gut und schön geprüft hat.«[44] Und Diogenes Laertios ergänzt, daß »er bei seinen Unterredungen von den gereizten Beteiligten unsanft angepackt und zerzaust und meist verächtlich behandelt und verlacht wurde.«[45]

In seiner Jugend hat er sich wahrscheinlich, wie alle, die sich für Philosophie interessierten, zunächst einmal mit der Natur und den Sternen beschäftigt, bis er dann eines Tages merkte, daß die Physik ihn nicht fesseln konnte und er seine ganze Aufmerksamkeit auf das Problem des Wissens und der Ethik lenkte. Wenn ihm jemand eine schöne Bildungsreise oder auch einen Ausflug aufs Land vorschlug, antwortete er nur lächelnd: »Felder und Bäume wollen mich nichts lehren, wohl aber die Menschen in der Stadt.«[46]

Für eine kurze Zusammenfassung des sokratischen Denkens schlagen wir vor allem drei seiner Themen vor: die *Maieutik*, das *Universale* und den *Schutzgeist*.

Die *Maieutik* oder die *Hebammenkunst*. Wenn Sokrates sagt, »ich weiß, daß ich nichts weiß«, meint er damit nicht, daß es die Wahrheit nicht gibt (wie es die Sophisten getan hatten), sondern er stachelt dazu an, sie zu suchen. Wir können uns vorstellen, daß er wohl sagte: »Die Wahrheit gibt es, mein Lieber, auch wenn ich sie nicht kenne; und da ich nun nicht glauben kann, daß einer, der sie kennengelernt hat, sie nicht auch berücksichtigt, ist es das Wichtigste, zur ›Erkenntnis‹ zu gelangen. Nur dann nämlich können wir mit Sicherheit wissen, wo das Gute ist.«

Versuchen wir, den menschlichen Geist so zu beschreiben, wie Sokrates ihn sich wohl vorgestellt hat: in der Mitte ein großer Haufen Unkraut, unter dem gut versteckt die Wahrheit oder vielmehr die richtige Einschätzung der Verhältnisse, der »Sinn der Dinge« verborgen liegt. Was soll man tun, fragt sich Sokrates, um zur Erkenntnis zu gelangen? Zunächst einmal muß man das Unkraut wegschaffen und dann die Wahrheit ans Licht bringen. Für die erste Phase, die wir »Unkrautjäten« nennen könnten oder *pars destruens* für die Freunde des Lateinischen, bedient sich Sokrates der *Ironie*. Dieses Wort kommt aus dem Griechischen und bedeutet »verhüllend befragen«. Diese Kunst beherrscht der Meister unvergleichlich gut. Er stellt sich immer vollkommen unwissend und ahnungslos und gibt vor, von seinem Gesprächspartner lernen zu wollen. Seine Fragen werden immer bohrender, und am Ende konfrontiert er ihn mit seinen eigenen

Widersprüchen. Das Unkraut nämlich, von dem wir oben sprachen, sind all die Vorurteile, falschen Ideale und abergläubischen Vorstellungen, die unseren Geist umnebeln. Sobald also diese Schlacken beseitigt sind, kann man zur wahren Erkenntnis gelangen, und dafür ist nun die Geburtshilfe nötig, nämlich die »Kunst, den Geist hervorzubringen«. Sokrates beschreibt sie im *Theaitetos* in Erinnerung an seine Mutter: »Von meiner Hebammenkunst nun gilt im übrigen alles, was von der ihrigen; sie unterscheidet sich aber dadurch, daß sie Männern die Geburtshilfe leistet und nicht Frauen, und daß sie für ihre gebärenden Seelen Sorge trägt und nicht für Leiber.«

Sokrates stellt sich selber nicht dar als einer, der »seine Wahrheit« besitzt, bestenfalls hilft er den anderen, sie bei sich selbst zu suchen, denn, sagt er, »ich gebäre nichts von Weisheit. Aber Geburtshilfe leisten nötigt mich der Gott (Apollon), erzeugen aber hat er mir verwehrt.«[47]

Für diese Geburtshilfe also braucht Sokrates den Dialog oder vielmehr, er improvisiert sein Gespräch entsprechend den Anregungen, die ihm sein Gesprächspartner gibt. Kein geschriebenes Werk könnte ebenso wirksam sein, sagt er, »Was hätte ich schreiben sollen, da ich nichts weiß?« Auch war Sokrates zutiefst mißtrauisch jedem geschriebenen Werk gegenüber, wie aus dem Mythos zu schließen ist, den Platon ihm im *Phaidros* in den Mund legt. »Der Gott in Ägypten habe Theuth geheißen. Dieser habe zuerst Zahl und Rechnung erfunden, dann die Meßkunst und die Sternkunde, ferner das Brett- und Würfelspiel, und so auch die Buchstaben. Als König von ganz Ägypten habe damals Thamus geherrscht. Zu dem sei Theuth gegangen, habe ihm seine Künste gewiesen. Als er aber an die Buchstaben gekommen, habe Theuth gesagt: Diese Kunst, o König, wird die Ägypter weiser machen und gedächtnisreicher. Jener aber habe erwidert: O kunstreicher Theuth, diese Erfindung wird den Seelen der Lernenden vielmehr Vergessenheit einflößen aus

Vernachlässigung der Erinnerung, weil sie im Vertrauen auf die Schrift sich nur von außen vermittels fremder Zeichen, nicht aber innerlich sich selbst und unmittelbar erinnern werden.«

Als Phaidros merkt, daß Sokrates den Mythos einfach erdichtet hat, protestiert er heftig, und der Philosoph antwortet ihm: »Euch Jüngeren macht es vielleicht einen Unterschied, wer der Redende ist und woher. Denn nicht darauf allein siehst du, ob sich so oder anders die Sache verhält.« Und er fügt hinzu: »Dieses Schlimme hat doch die Schrift und ist darin ganz eigentlich der Malerei ähnlich; denn auch diese stellt ihre Ausgeburten hin als lebend, wenn man sie aber etwas fragt, so schweigen sie gar ehrwürdig still. Ist sie einmal geschrieben, bedarf jede Rede immer ihres Vaters Hilfe; denn selbst ist sie weder sich zu schützen noch zu helfen imstande.«[48]

Ich habe immer den Verdacht gehabt, daß Sokrates, wie im übrigen auch Jesus Christus, weder lesen noch schreiben konnte. Die Tatsache, daß Diogenes Laertios berichtet, er habe ein Gedicht über eine Äsopsche Fabel geschrieben, will nicht viel besagen: er kann sie auch einem Schreiber diktiert haben. Wer hier einwendet, ein intelligenter Mensch wie Sokrates könne unmöglich Analphabet gewesen sein, möge bedenken, daß es auch heute Millionen hochintelligenter Menschen gibt, die noch nicht gelernt haben, einen Computer zu bedienen, obwohl man die Arbeit am Bildschirm in einer Woche lernen kann. Tatsache ist, daß zu jener Zeit nur sehr wenige lesen und schreiben konnten. Plutarch[49] erzählt von einem Athener, der Analphabet war und, als er den Namen des Aristides auf die *ostraka* schreiben wollte, sich ausgerechnet an diesen um Hilfe wandte. Auf die Frage des Aristides, ob er denn den Mann kenne, den er ins Exil schicken wolle, antwortete der Bürger, er kenne ihn nicht, aber er könne es nicht mehr hören, daß alle sagten, der sei ein gerechter Mann. Woraufhin Aristides dann seinen eigenen Namen auf die Scherbe schrieb und nichts mehr sagte.

Das Universale. In den platonischen Dialogen verlangt Sokrates von seinen Gesprächspartnern meist die Definition eines bestimmten moralischen Wertes, und diese nennen dann regelmäßig irgendein besonderes Beispiel. Aber Sokrates gibt sich damit nicht zufrieden und besteht auf einer »universaleren« Definition.⁵⁰

SOKRATES: »Kannst du mir sagen, o Menon, was die Tugend ist?«

MENON: »Was soll daran schwierig sein? Die Tugend des Mannes besteht darin, daß er die staatlichen Angelegenheiten gut verwaltet, den Freunden hilft und den Feinden schadet. Die Tugend der Frau dagegen besteht darin, das Haus in Ordnung zu halten und ihrem Manne treu zu sein. Dann gibt es da noch die Tugend des Kindes, die des Greises, die...«

SOKRATES: »Sieh mal an, welch ein Glück ich heute früh habe! Ich suchte nur eine einzige Tugend und habe einen ganzen Schwarm gefunden... Apropos Schwarm, o Menon, gibt es deiner Meinung nach viele Arten von Bienen?«

MENON: »Viele, gewiß, und jede Art unterscheidet sich von der anderen durch Größe, Schönheit und Farbe.«

SOKRATES: »Und bei all dieser Verschiedenheit gibt es aber etwas, das dich veranlaßt zu sagen: ›Oh, hier eine Biene‹?«

MENON: »Ja, die Tatsache, daß sie eine Biene ist und sich darin von den anderen Bienen nicht sehr unterscheidet.«⁵¹

SOKRATES: »Also bist du fähig, eine Biene, egal welcher Art, als eine solche zu erkennen. Und wenn ich dich nun fragte, was Güte ist?«

MENON: »Dann würde ich dir antworten, Güte ist, wenn man seinem Nächsten hilft und einem Freund Geld gibt, wenn er keines hat.«

SOKRATES: »Ach, aber wenn du einem hilfst, der nicht dein Freund ist, bist du nicht gut?«

MENON: »Doch, doch, auch wenn ich einem helfe, der nicht mein Freund ist, vollbringe ich eine gute Tat.«

SOKRATES: »Und wenn du wüßtest, daß der Freund, dem du Geld gibst, dieses Geld für eine böse Tat verwendet, hättest du auch dann noch eine gute Tat vollbracht?«
MENON: »Nein, in dem Fall sicher nicht.«
SOKRATES: »Also fassen wir zusammen: Einem Freund Geld zu geben, kann eine gute Tat sein oder auch keine gute Tat, während es eine gute Tat sein könnte, einem Geld zu geben, der kein Freund ist.«

Da kann sich Menon nur noch geschlagen geben, während Sokrates voranprescht und unentwegt neue Beispiele anführt, um ihm zu beweisen, daß alle möglichen und vorstellbaren guten Taten etwas gemeinsam haben und daß nur dieses Gemeinsame, diese »Essenz« Güte ist. Auf diese Weise entwickelt er das Konzept des *Universalen*, das den Grundstock zu Platons Ideenlehre bildet. Allerdings dürfen wir daran zweifeln, daß Sokrates all diese Dinge wirklich gesagt hat, möglicherweise wurden sie ihm von Platon in den Mund gelegt, um auf seine bekannteste Theorie hinzuführen.

Der Schutzgeist. »Als wir zu dem Seher Euthyphron kamen, da ging Sokrates gerade zum Hause des Andokides, während er den Euthyphron mit scherzhaften Fragen neckte. Plötzlich blieb er stehen und versank lange Zeit schweigend in sich, dann drehte er um, schlug den Weg durch die Schreinergasse ein und rief auch die schon vorangegangenen Freunde zurück mit den Worten, der Schutzgeist habe zu ihm gesprochen. Die meisten machten nun mit ihm kehrt, unter ihnen auch ich; einige junge Leute aber gingen den geraden Weg weiter, wohl um den Schutzgeist des Sokrates zu strafen und zogen auch den Flötenspieler Charillos mit. Als sie nun durch die Steinmetzgasse an den Gerichten entlanggingen, da begegnete ihnen eine große Herde Schweine, mit Schmutz bedeckt und dicht aneinandergedrängt, und da es kein Ausweichen gab, rannten sie an die jungen Leute an und rissen einige um, die anderen beschmutzten sie. So kam auch Charillos an den Beinen und am Mantel mit Schmutz bedeckt nach Hause, so daß wir uns immer mit Lachen an den Schutzgeist des Sokrates erinnerten und uns doch auch wunderten, daß die Gottheit den Mann niemals verläßt und vergißt.«

Diese Geschichte ist in einer Schrift Plutarchs enthalten, eben jener, die den Titel »Über den Schutzgeist des Sokrates«[52] trägt. Die erzählende Person ist der Seher Theokritos.

»Welches war eurer Meinung nach die wahre Natur des sokratischen Schutzgeistes?« fragt Theokritos am Ende der Erzählung.

»Ich habe von einem Mann aus Megara gehört, daß der Schutzgeist des Sokrates ein Niesen war, teils ein eigenes, teils von anderen; nieste ein anderer zu seiner Rechten, sei es hinter, sei es vor ihm, so schritt er zur Ausführung des Vorgehabten, wenn aber zur Linken, dann nahm er davon Abstand; und was das eigene Niesen angeht, so bestärkte es den Entschluß, wenn er noch beim Überlegen war, und hielt ihn auf und hemmte ihn, wenn er schon bei der Ausführung war. Dabei erscheint mir aber dies merkwürdig, daß er, wenn er sich schon nach dem Niesen richtete, seinen Freunden nicht dies, sondern den Schutzgeist als das Hemmende oder Treibende bezeichnete.«

Abgesehen von den Gerüchten, die Plutarch verbreitete, hat Sokrates während seines Prozesses selber erklärt, daß er einen Schutzgeist besitze, der ihn in schwierigen Augenblicken berate.

»Mir ist dieses von meiner Kindheit an geschehen, eine Stimme nämlich, welche jedesmal, wenn sie sich hören läßt, mir von etwas abredet, was ich tun will, zugeredet aber hat sie mir nie. Das ist es, was sich mir widersetzt, die Staatsgeschäfte zu betreiben.«[53]

Deutungen dieses Schutzgeistes gibt es zahllose, die einen nennen ihn innere Stimme, die anderen Schutzengel, wieder andere kritisches Bewußtsein, sechsten Sinn, Intuition usw. Ich glaube einfach, daß Sokrates ein wenig damit pokerte, um nicht jede seiner Entscheidungen lang begründen zu müssen.

[1] Vgl. Diogenes Laertios, *Leben und Meinungen berühmter Philosophen*, übers. von Otto Apelt, Hamburg 1967², II, 48
[2] Platon, *Theaitetos*, 149a–150c
[3] Diogenes Laertios, a. a. O., II, 20
[4] ebd., II, 19
[5] Plutarch, *Gespräch über die Liebe*, 750d
[6] Xenophon, *Hieron*, 1, 33
[7] Der hier genannte Aristipp ist nicht jener Schüler des Sokrates, der die Schule von Kyrene gegründet hat, sondern ein ›Pseudo-Aristipp‹ aus dem dritten Jahrhundert v. Chr.
[8] Platon, *Das Gastmahl*, 217 b-d.
[9] Diogenes Laertios, a. a. O., II, 33
[10] a. a. O., II, 36
[11] Xenophon, *Das Gastmahl*, 2, 10, sowie Diogenes Laertios, a. a. O., II, 26
[12] Diogenes Laertios, a. a. O., II, 36
[13] a. a. O., II, 26
[14] Plutarch, *Leben des Aristides*, 27
[15] Diogenes Laertios, a. a. O., II, 26
[16] Brunetto Latini, *Fiori e vita di filosafi e d'altri savi e d' imperadori*, Florenz 1979, VII. Kap.
[17] Dante Alighieri, *Die göttliche Komödie*, Hölle, XV, 32 (und 30)
[18] Platon, *Das Gastmahl*, 219e–220d
[19] Diogenes Laertios, a. a. O., II, 25
[20] Platon, *Das Gastmahl*, 221b
[21] Platon, *Die Verteidigung des Sokrates*, 32c
[22] ebd., 32b
[23] ›Asebie‹: Vergehen gegen die Staatsreligion
[24] Vgl. Jacob Burckhardt, *Griechische Kulturgeschichte*, VIII. Abschn., II, *Der Bruch mit dem Mythos »Asebieprozesse«*, Leipzig 1929, II, 375
[25] Nachttopf; siehe Aristophanes, *Die Wespen*, v, 935
[26] Festlichkeiten zu Ehren des Dionysos
[27] Robert Flacelière, *Griechenland. Leben und Kultur in klassischer Zeit*, Stuttgart 1977, IX. Kap.
[28] Phaleron: Ältester Hafen von Athen vor dem Archontat des Themistokles; von Themistokles wurde der Hafen nach Piraeus verlegt (493 v. Chr.).
[29] Ostrakismos *(Scherbengericht)*, vgl. Jacob Burckhardt, a. a. O., II. Abschn., II, 7 *Die Demokratie in ihrer Ausgestaltung in Athen*, Leipzig 1929, I. Bd., 217 ff.
[30] Plutarch, *Leben des Aristides*, 7
[31] Der Ankläger wurde mit 1000 Drachmen bestraft falls er nicht mindestens ein Fünftel der Stimmen zugunsten der Anklage erhielt.
[32] Über die Logographen schreibt Jacob Burckhardt, a. a. O., VIII. Abschn., III, *Die Redekunst*, Leipzig 1929, II. Bd., 386

[33] Aristophanes, *Die Wolken*
[34] Maza ist Gerstenmehl.
[35] Der Elferrat: Kollegium der Magistraten, die Oberaufsicht über die Gefängnisse führten.
[36] Das Prytaneion war ein Rathaus, in dem nicht nur der Ausschuß des Rates der 500 tagte (die Prytanen), sondern wo diese auch verpflegt wurden. Auch auswärtige Gesandte, Ehrenbürger und Olympiasieger wurden dort beköstigt, was eine hohe Auszeichnung darstellte.
[37] Palamedes wurde durch Schuld des listigen Odysseus, der das Gold des Priamos in seinem Zelt versteckt hatte, des Diebstahls bezichtigt und gesteinigt. Aias, Sohn des Telamon, brachte sich um, weil ihm ungerechterweise die Waffen des Achilles nicht zugesprochen wurden.
[38] Platon ist im Deutschen auch in Taschenbuchausgaben erschienen.
[39] Als Theseus mit den sieben Paaren von Jungfrauen und Kindern, die dem Minotauros zum Fraße vorgeworfen werden sollten, nach Kreta fuhr, legten die Athener ein Gelübde ab: wenn die Opfer gerettet würden, wollten sie jedes Jahr zu Ehren des Gottes Apollo eine Gesandtschaft nach Delos schicken. Solange das Schiff unterwegs war, durfte in Athen von Staats wegen niemand getötet werden.
[40] Hermogenes war bekannt als »der Arme«, und zwar deshalb, weil er nicht nur arm, sondern auch der Bruder des Kallias, des reichsten Mannes von Athen war.
[41] Vom Phasis bis zu den Säulen des Herkules: vom äußersten Osten des Schwarzen Meeres bis zur Meerenge von Gibraltar.
[42] Dodekaeder, bestehend aus zwölf Fünfecken, in Wirklichkeit fast eine Kugel. So wie Sokrates ihn beschrieb, glich dieser Ball wohl einem heutigen Fußball.
[43] *Oilloco, oilloco, fuitavenne!* ist kein griechischer, sondern ein neapolitanischer Ausdruck und bedeutet: »Da kommt er, da kommt er, haut ab!« In Wirklichkeit werden die Athener gerufen haben: »Idoù autón, idoù autón, féughete!«
[44] Platon, *Laches*, 188a
[45] Diogenes Laertios, *a.a.O.*, II, 21
[46] Platon, *Phaidros*, 230 b–e
[47] Platon, *Theaitetos*, 149a–150c
[48] Platon, *Phaidros*, 274–275
[49] Plutarch, *Leben des Aristides*, 7
[50] Platon, *Menon*, 71–72
[51] Bis hierher *Menon*. Das zweite Beispiel über die Güte wurde vom Autor ergänzt, um das Konzept des Universalen deutlicher zu machen.
[52] Plutarch, *Der Schutzgeist des Sokrates*, 580 d–f
[53] Platon, *Die Verteidigung des Sokrates*, 31d

II

Die Sokratiker

Die sieben bedeutendsten Schüler des Sokrates waren: Antisthenes, Aristippos, Euklid, Phaidon, Platon, Aischines und Xenophon. Die ersten vier machten sich selbständig und eröffneten eine Philosophieschule. Antisthenes gründete die kynische Schule, Aristippos die kyrenäische, Euklid die megarische und Phaidon die Schule von Elis. In den überlieferten Schriften werden sie die »kleineren Sokratiker« genannt, wahrscheinlich, um Platon (den Begründer der Akademie) nicht zu beleidigen, dem zu Recht der Titel des »großen Sokratikers« zusteht.

Um die Begegnung jedes einzelnen dieser Schüler mit Sokrates ranken sich Legenden. Xenophon traf, wie schon berichtet, in einer Gasse Athens auf ihn. Antisthenes aber lebte in Piraeus, der Ärmste, und mußte täglich sechzehn Kilometer hin und zurück zu Fuß gehen, um ihm zuhören zu können.[1] Für Eukleides war es noch schwieriger. Da er aus Megara stammte, hatte er, einem alten Gesetz zufolge, bei dessen Übertretung sogar Todesstrafe drohte, nicht das Recht, das Gebiet von Athen zu betreten. Er ließ sich davon aber nicht abhalten, sondern überquerte die Grenze jede Nacht als Frau verkleidet.[2] Mit Platon lief die Sache so: Sokrates träumte eines Tages während seines Mittagsschlafs, auf seinen Knien einen jungen Schwan zu wiegen, der, nachdem er seine Flügel ausgebreitet hatte, durchs Fenster davonflog. Unmittelbar darauf erschien Platon an der Tür und sagte zu ihm: »Dieser Schwan bin ich.«[3] Aischines antwortete auf Sokrates' Einladung, sich seinen Schülern anzuschließen: »Ich bin arm: ich kann dir nur mich selber geben.« Und er erwiderte: »Und das scheint dir wenig?«[4] Phaidon aus Elis, der als Junge von den Athenern in die Sklaverei geführt worden war, mußte sich in einem Freudenhaus prostituieren. Von seiner Klugheit beeindruckt, lösten Sokrates und Kriton ihn aus und schenkten ihm die Freiheit.[5]

Trotz der moralischen Lehren des großen Philosophen haßten sich die sieben Schüler gegenseitig von Herzen, und jeder von ihnen stellte sich seinen Zuhörern als der einzige wahre Deuter des sokratischen Denkens dar.

Die Kyniker

Im Verlaufe der Sittengeschichte hat es immer wieder Zeiten gegeben, in denen es Mode war, sich möglichst nachlässig zu kleiden, und dieser Gammlerlook war regelmäßig Ausdruck einer bestimmten Lebenseinstellung. Um nur ein paar Beispiele zu nennen, erinnere ich hier an die griechischen Kyniker, an die Bohémiens aller Epochen, die französischen Existentialisten, die Beat Generation, die Hippies und schließlich an unsere heutigen Punker. Keiner dieser kulturellen Moden unterworfen ist der Clochard, der gebildete Streuner, klassisches Beispiel für Menschen, die lieber im Freien, am besten unter einer Seinebrücke, schlafen, als irgendwelche Kompromisse mit der Arbeitswelt einzugehen. Ohne alle in einen Topf werfen (und etwa die Kyniker mit den Punkern gleichstellen) zu wollen, läßt sich aber doch sagen, daß am Anfang aller dieser Bewegungen ein starkes Freiheitsbedürfnis steht. Und damit sind wir auch schon beim Kern des kynischen Denkens.

Freiheit, verstanden als höchstes seelisches Gut, ist für Kyniker nur durch Selbstgenügsamkeit erreichbar. Ein echter Kyniker macht sich nie zum Sklaven seiner eigenen physischen und gefühlsmäßigen Bedürfnisse, er hat nie Angst vor Hunger, Kälte und Einsamkeit, er hat nie Bedürfnisse nach Sex, Geld, Macht oder Ruhm. Wenn ein solcher Mensch als verrückt gilt, dann doch nur, weil er eine Lebensform gewählt hat, die sich von der der Mehrheit grundsätzlich unterscheidet. Nachdem er einmal entdeckt hat, daß die höchsten Werte des Lebens diejenigen der Psyche sind, hat der Kyniker für die traditionellen Werte nur noch zerstörerische Kritik übrig. Er ist ein Extremist des sokratischen Denkens: er reduziert das *Sein* auf das Zurechtkommen mit sich selbst und lehnt das *Scheinen* ab als unerträgliches Zuviel.

Antisthenes, Diogenes, Krates, Metrokles und Hipparchia waren die berühmtesten Vertreter dieser Schule.

Antisthenes, Sohn des Antisthenes, »der seinen Mantel einfach trug« (*Haplokýon*), wurde 446 vor Christus in Athen geboren. Sein Vater war wohl Athener, die Mutter aber eine Sklavin, und daher genoß er nicht die vollen Bürgerrechte. Dies scheint ihn aber wenig gestört, ja ihm geradezu Vergnügen bereitet zu haben. Er interessierte sich für die Philosophie und schloß sich zunächst den Sophisten an (Gorgias), dann Sokrates und schließlich einer Gruppe von Freunden, die genauso dachten wie er, und mit denen er die »kynische« Schule begründete. Der Name dieser Schule soll von dem Ort stammen, an dem sie sich gewöhnlich zu ihren Gesprächen versammelten: *Kynosarges,* ein Gymnasium für fremde Studenten, das gleich außerhalb der Mauern von Athen am Fluß Ilissos gelegen war. Andere berichten, Antisthenes sei deshalb kynisch genannt worden, weil er zeitlebens wie ein streunender Hund lebte (*kyon*).[6] Diokles von Magnesia zufolge war er der erste, der »seinen Mantel verdoppelte«, das heißt, ihn so groß machte, daß er darin schlafen konnte, so daß er praktisch als der erste Schlafsacktourist gelten kann.[7]

Auf folgende Weise stellt ihn Xenophon im *Gastmahl* vor: »Meiner Meinung nach«, sagte Antisthenes, »ist Reichtum nicht ein materielles Gut, das man wie einen Gegenstand im Haus aufbewahren kann, sondern ein Seelenzustand. Wie sollte man sich sonst erklären, daß einige, obwohl sie viele Dinge besitzen, weiterhin Gefahr und Mühe auf sich nehmen, nur um weiteres Geld anzuhäufen. Ebensowenig könnte man das Verhalten gewisser Tyrannen verstehen, die so nach Macht und nach Schätzen gieren, daß sie immer schlimmere Verbrechen begehen. Sie gleichen Menschen, die nie satt werden, obwohl sie unaufhörlich essen. Ich dagegen habe, obwohl ich arm erscheine, so viele Besitztümer, daß ich sie gar nicht alle aufsuchen kann: ich schlafe, esse und trinke, wo es mir am besten gefällt, und ich habe das Gefühl, daß die ganze Welt mir gehört. Um die Speisen begehrenswerter zu machen, nutze ich meinen eigenen Appetit. Ich esse eine Weile nichts, und schon nach einem einzigen Fastentag erscheint mir jede Speise, die ich zum Munde führe, von höchstem Wert. Wenn mein Körper Liebe braucht, nehme ich mir eine häßliche Frau, so daß sie mich, eben weil niemand sie begehrt, mit größter Freude empfangen kann. Das Entscheidende, meine Freunde, ist, überhaupt nichts zu brauchen.«[8]

Nach seinen eigenen Worten zu schließen, war er in punkto Frauen aber doch nicht ganz so unempfindlich. Einmal nämlich platzte er mit diesem Satz heraus: »Ah, wenn ich Aphrodite zu fassen bekäme! Ich würde ihr den Garaus machen!«[9] Weitere berühmte Aussprüche von ihm sind diese: »Lieber verrückt werden, als der Lust zu erliegen!«[10] Und »Kein Mensch, der das Geld liebt, kann gut sein!«[11]

An Sokrates bewunderte er den »Gleichmut«, auch wenn der Meister sich oft und gern über ihn lustig machte. Als er ihn zum Beispiel eines Tages schmutzig und mit zerrissenem Mantel daherkommen sah, sagte er zu ihm: »Deine Eitelkeit, o Antisthenes, blinkt mir aus deinem Mantel entgegen!«[12]

Mit fortschreitendem Alter litt er immer mehr unter körperlichen Schmerzen, mehr jedenfalls, als man bei seinesgleichen erwartet. Als er mit einundachtzig eine schwere Krankheit erlitt, jammerte er ununterbrochen. Eines Tages besuchte ihn Diogenes, sein Lieblingsschüler. Dabei führten sie ungefähr folgendes Gespräch:[13]

»Brauchst du einen Freund?« fragte Diogenes beim Betreten des Hauses.

»O Diogenes, sei mir willkommen!« rief Antisthenes mit Leidensmiene. »Wer kann mich je von meinen Qualen erlösen?«

»Dieser da«, erwiderte Diogenes ruhig und hob seinen Dolch.

»He, he«, wehrte sich Antisthenes und fuhr hoch. »Ich habe gesagt ›von den Qualen‹ und nicht ›vom Leben‹!«

Diogenes von Sinope wurde 404 vor Christus geboren.[14] Sein Vater Hikesias hatte eine Wechselstube mitten im Ort, und nachdem er so viel mit Geld umging, beschloß er eines Tages, sich ein Sümmchen auch zum eigenen Gebrauch herzustellen. Der Philosoph Eubulides[15] behauptet, Diogenes selber habe das Geld gefälscht, sicher ist, daß Vater und Sohn verurteilt wurden, ersterer zu lebenslänglichem Kerker und letzterer zum Exil. Beim Prozeß verteidigte sich Diogenes, indem er die Schuld auf Apollo abwälzte. Das Orakel von Delphi soll nämlich zu ihm gesagt haben: »Kehre heim und ändere die staatliche Ordnung.« Und weil ihm nichts Besseres eingefallen sei, habe er zunächst einmal damit begonnen, neues Geld vorzuschlagen. Die Strafe, die ihm auferlegt wurde, scheint ihn nicht sehr tief getroffen zu haben, wenn es stimmt, daß er das Urteil mit folgenden Worten kommentierte: »Wenn die Sinoper mich zum Exil verurteilt haben, verurteile ich sie dazu, im Vaterland zu bleiben!«

In Athen traf er dann Antisthenes und schloß sich schon in der ersten halben Stunde der kynischen Schule an. Anfangs war der alte Philosoph sehr stolz auf die Überzeugungskraft seiner Worte, als er dann aber merkte, daß sein neuer Schüler entschlossen war, ihm ans Ende der Welt zu folgen, versuchte er, ihn mit dem Stock zu verjagen. Diogenes jedoch ließ sich nicht einschüchtern, sondern streckte seinen Kopf noch weiter vor und sagte: »Schlage nur zu, o Antisthenes, denn du wirst kein Holz finden, das hart genug wäre, mich fortzutreiben, solange ich dich noch reden höre!«

Über Diogenes von Sinope gibt es eine Fülle von Anekdoten. Man weiß über ihn, daß er in einem Faß lebte und auch am hellichten Tag mit einer brennenden Laterne herumging und lauthals verkündete: »Ich suche den Menschen.« Jeder kennt auch die Geschichte seiner Begegnung mit Alexander dem Großen. Der König ritt durch die Straßen von Korinth und sah ihn auf den Stufen des Kraneion[16] sitzen und die Sonne genießen.

»Ich bin Alexander der Große, und wer bist du?«

»Ich bin Diogenes der Hund.«

»Bitte mich, um was du willst.«

»Geh mir aus der Sonne.«

Mit seinen Bedürfnissen hatte er sich auf das Allernotwendigste beschränkt: einen Mantel zur Bekleidung und um sommers wie winters darin zu schlafen, eine Schüssel zum Essen und einen Becher zum Trinken. Als er jedoch eines Tages sah, wie ein Junge die Linsen aufs Brot tat, warf er seine Schüssel weg, und als er sah, wie derselbe Junge aus der hohlen Hand trank, warf er auch den Becher weg. In Sachen Sex übte er Selbstbefriedigung, weil ihm das am wenigsten aufwendig erschien. Wenn ihn jemand tadelte, daß er es in der Öffentlichkeit machte, antwortete er: »Ah, wenn ich doch auch den Hunger mit einer kleinen Reibung des Magens besänftigen könnte.«

Weil er sich gegen die Temperaturunterschiede abhärten wollte, legte er sich im Sommer auf den glühend heißen Sand und im Winter in den Schnee. Es mag seltsam erscheinen – aber machen wir es heute anders? Wie alle Kyniker hegte er gegen jede Art von Lust nur heftiges Mißtrauen. Als er eines Abends einem Freund begegnete, der auf dem Weg zu einem Gastmahl war, rief er ihm nach: »Du wirst als ein Schlechterer zurückkehren.« Seine Achtung vor den Mitmenschen war nicht sehr hoch. Einmal wurde er dabei beobachtet, wie er einer Statue Fragen stellte. Als man von ihm wissen wollte, was er da machte, antwortete er: »Ich übe mich darin, vergebens zu bitten.«

Seine Beziehungen zu Platon waren nie besonders gut. Er hielt das platonische Gespräch »für reine Zeitverschwendung«, und Platon zahlte es ihm mit gleicher Münze zurück, indem er ihn einen »verrückt gewordenen Sokrates« nannte.[17] Bei einem philosophischen Streitgespräch zwischen ihnen wurde die Ideenlehre in Frage gestellt.

»Ich sehe in diesem Zimmer einen Tisch und einen Becher«, sagte Diogenes mit einem Blick in die Runde, »aber ich meine deshalb nicht, auch die ›Tischheit‹ oder die ›Becherheit‹ zu sehen.«

»Und es ist auch richtig, daß dem so ist«, erwiderte Platon, »denn dein Geist ist nur fähig, den Tisch und den Becher wahrzunehmen, nicht aber die Ideen.«

Diogenes fand den Gedanken unerträglich, daß Platon, ein Philosoph, in einem bequemen Haus voller schöner Dinge leben könnte. Als es eines Tages stark regnete, betrat er wütend Platons Schlafzimmer und trampelte mit seinen schlammverschmierten Füßen auf den gestickten Decken und Teppichen herum, dann ging er wieder hinaus auf die Straße, beschmutzte sich die Füße noch einmal von allen Seiten und ging aufs neue hinein, um auf den Decken und Teppichen herumzuhüpfen.[18]

»Ich trete den Hochmut Platons mit Füßen!« schrie Diogenes.

»Du tust es mit ebenso großem Hochmut«, erwiderte Platon.

Diogenes hatte aber auch Sinn für Humor. Als er eines

Tages dem Übungsschießen eines besonders schlechten Bogenschützen zusah, setzte er sich schließlich genau ans Ziel. »Dies«, sagte er, »ist der einzige Ort, an dem ich mich sicher fühle.« Und ein anderes Mal, als er sich in einer wunderschönen Villa voller Teppiche und Ziergeräte befand, spuckte er dem Hausherrn ins Gesicht. Dann reinigte er ihn schnell wieder mit seinem Mantel, entschuldigte sich und sagte, er habe im ganzen Haus keinen häßlichen Punkt gefunden, auf den er hätte spucken können.

Im Verlaufe seines langen Lebens machte er so ziemlich alles durch. Er war schon ein alter Mann, als er eines Tages auf See war und vor Ägina von dem Piraten Skirpalos gefangengenommen, nach Kreta gebracht und auf dem Sklavenmarkt verkauft wurde. Als der Sklavenhändler ihn fragte, welche Fähigkeiten er denn besitze, antwortete er: »Menschen zu befehlen.« Und als er sah, daß ein gewisser Xeniasdes, der über und über mit Edelsteinen geschmückt war, ihn interessiert beobachtete, fügte er hinzu: »Verkaufe mich an diesen Ärmsten, denn so wie der herausgeputzt ist, scheint er mir dringend einen Herrn zu brauchen.« Xeniasdes kaufte ihn, und Diogenes blieb bis an sein Lebensende in dessen Haus und unterrichtete seine Söhne. Mit neunzig beging er Selbstmord, indem er die Luft anhielt.

Es wird berichtet, daß er testamentarisch verfügt hatte, seinen Leichnam nicht zu beerdigen, sondern in einem Graben den Tieren zum Fraß vorzuwerfen. Aber seine Freunde stritten miteinander um die Ehre, ihn begraben zu dürfen, und am Ende beschlossen sie, ihm auf Kosten des Staates einen Grabstein in Form einer Marmorsäule und eines Hundes zu errichten.

Krates[19], Hipparchia und Metrokles waren Ehemann, Ehefrau und Schwager, eine ganze Kynikerfamilie. Sie lebten erheblich später als Antisthenes, so daß es kaum glaubhaft ist, daß Krates, der Älteste der Gruppe, wirklich ein Schüler des

Diogenes war. Die *Akmé* des Krates, also seine Blütezeit, war um 323 v. Chr., als Diogenes der Hund schon die achtzig überschritten hatte.

Obwohl er ein Sohn des Askondas war, eines der reichsten Bürger Thebens, lebte Krates fast sein ganzes Leben lang in Armut. Anscheinend hat er nach seiner Begegnung mit Diogenes Hab und Gut verschenkt und mit dem Schrei »Krates befreit Krates« zweihundert Talente an die Thebaner verteilt.

Nachdem er in Athen angelangt war, erhielt er den Beinamen »Öffner der Türen«[20], weil er die unangenehme Eigenschaft hatte, ohne anzuklopfen in die Häuser einzudringen und den Leuten Lebensweisheiten darzubieten. Äußerlich war er wohl nicht gerade eine Schönheit, vielleicht sogar ein wenig bucklig. Wenn er auf dem Sportplatz Leibesübungen machte, verspotteten ihn alle. Einmal geriet er in heftigen Streit mit einem olympischen Wettkämpfer, einem gewissen Nikodromos, der ihm ein Auge blau schlug. Am nächsten Tag ging er in Athen mit einem Läppchen auf der Stirn herum, darauf stand: »Dies ist das Werk des Nikodromos«, und ein Pfeil wies auf das mißhandelte Auge. Nachts stellte er sich auf die Straßenkreuzungen und beschimpfte die Dirnen, die da auf ihre Kunden warteten: es scheint, daß er die Antworten dieser »Damen« als Anregungen für seine Streitgespräche mit den anderen Philosophen in der Agora benutzte.[21]

Wie alle Kyniker lebte er sehr lange. Offensichtlich war die Genügsamkeit im Essen und das Leben im Freien nicht nur für die Seele ersprießlich, sondern diente auch der Gesundheit.

Metrokles wurde in Maroneia in Thrakien geboren.[22] Als Kind war er sehr scheu, daher beschlossen seine Eltern, ihn einem Meister anzuvertrauen, der seinen Charakter stärken sollte. Die Wahl fiel auf den Kyniker Krates, der inzwischen in den Ruf gelangt war, ein harter Mann zu sein. Als erstes riet ihm Krates, seinen Körper zu stählen, und nahm ihn mit auf den Sportplatz zu Übungen. Bis dann Metrokles einmal beim Gewichtheben ein Wind entfuhr. Dies empfand er als so demütigend, daß er beschloß, Hungers zu sterben. Der arme Krates versuchte alles, ihn davon abzubringen, und als er schon alle Hoffnung verloren hatte, ihn noch umstimmen zu können, fragte er ihn:

»Willst du lieber den Tod als das Leben?«

»Ja.«

»Soll ich daraus also schließen, daß du ganz genau weißt, was der Tod und was das Leben ist?«

»Nein, aber ich will dennoch sterben.«

»Und bist du gar nicht neugierig auf das, was du noch werden könntest, wenn du dich für das Leben entschiedest? Was verlierst du, wenn du auf das Leben verzichtest?«

»Was ich verliere?« fragte der Junge.

»Folge mir, dann wirst du es erfahren.«

Am frühen Morgen des folgenden Tages aß Krates zwei Kilo Bohnen, danach führte er Metrokles zu den Archonten.

»Hier, dies sind die Archonten der Stadt: eines Tages könntest du einer von ihnen sein.«

Während er dies sagte, verbeugte er sich vor den Archonten und ließ dabei einen Wind los, der noch viel furchtbarer war, als jener des Schülers auf dem Sportplatz. Dann führte er ihn zu den Strategen, den Prytanen und den Ephoren, und jedesmal entfuhr ihm ein furchtbarer Wind. Mit anderen Worten, er trieb es so stark, daß sich der Junge schließlich an die Sache gewöhnte und den Gedanken an Selbstmord aufgab. Metrokles wurde dann ein großer Philosoph, der erst in sehr hohem Alter starb – und zwar, indem er sich selber mit den Händen erwürgte.

Hipparchia[23], eine Schwester des Metrokles und einzige Philosophin unserer Geschichte, muß ein sehr schönes Mädchen gewesen sein, denn anders läßt sich das große Erstaunen des Diogenes Laertios nicht erklären, mit dem er von ihrer Ehe mit Krates erzählt. Es scheint, daß die schönsten und reichsten jungen Männer von Maroneia um sie warben, doch sie hätte sich eher umgebracht, als auf den Meister zu verzichten. Ihre Eltern, die ärmsten, wandten sich schließlich sogar an den Philosophen selber, um ihn zu bitten, irgend etwas zu unternehmen, damit sie von ihrem Gedanken abließ. Krates, der offenbar kein so übler Mann war und sich über sein Aussehen keine falschen Vorstellungen machte, stellte sich vollkommen nackt vor sie hin und sagte: »Hier Hipparchia, dies ist dein Gemahl mit all seiner Habe«, und als eine echte Kynikerin, die sie war, heiratete sie ihn trotzdem. Sie liebten sich in der Öffentlichkeit und bekamen einen Sohn, den sie Pasikles nannten.[24]

Der Kynismus war weniger eine philosophische Schule als eine Lebenseinstellung. Hatten die Kyniker einmal ihre Bedürfnisse in der Gewalt, interessierten sie sich nicht mehr für Politik, Physik oder philosophische Spekulationen, sondern nur noch für die Ethik. Sie bezeichneten sich selber als »Bürger der Welt ohne Haus, ohne Stadt und ohne Vaterland«. Kyniker hat es überall und in jeder Epoche gegeben. Erinnern wir hier nur an einen, der als Beispiel für alle gelten kann: Demonax, 90 v. Chr. auf Zypern geboren. Er war ein Mensch, der keinem etwas zuleide tat, immer guter Laune, friedliebend und freundlich zu allen. Das Volk gab ihm zu essen, ohne daß er darum bitten mußte. Wenn er auf einer Versammlung erschien, erhoben sich die Archonten von ihren Sitzen, und alle verharrten in ehrfurchtsvollem Schweigen. Als er sehr alt geworden war, setzte er seinem Leben ein Ende, indem er einfach aufhörte zu essen. Die Athener begruben ihn dann auf Staatskosten und schmückten sein Grab mit Blumen. Offenbar kannten sie ihre eigenen Laster gut und fühlten sich ihm gegenüber wie Schuldige.

Die Kyrenaiker

Von den Kynikern zu den Kyrenaikern ist es ein gewaltiger Sprung. Obwohl sie dieselbe philosophische Herkunft haben, sind Antisthenes und Aristippos die zwei gegensätzlichsten Denker, die man sich vorstellen kann. Ließe sich ersterer mit einem Hund vergleichen, so besaß letzterer ganz und gar die Eigenschaften einer Katze.[25] Um sich davon eine Vorstellung zu machen, braucht man nur ein wenig über diese doppelbödige Anekdote nachzudenken, die uns wieder Diogenes Laertios überliefert.[26]

Eines Tages war Diogenes von Sinope gerade dabei, an einem Brunnen Rüben zu waschen, als er den Kyrenaiker herankommen sah. »Wenn du fähig wärest, Gemüse zu essen«, sagt Diogenes zu ihm, »wärest du nicht gezwungen, den Tyrannen zu hofieren.« – »Und wenn du mit den Tyrannen umgehen könntest«, erwidert Aristippos, »bräuchtest du nicht Gemüse essen.« Andere erzählen dieselbe Geschichte mit umgekehrtem Vorzeichen. Diesmal spricht zuerst Aristippos: »Wenn du lernen würdest, mit den Reichen zu reden, bräuchtest du nicht Gemüse zu essen.« Und Diogenes erwidert: »Und wenn du lerntest, Gemüse zu essen, müßtest du dich nicht mehr vor den Mächtigen verbeugen.«[27] Wie immer man es nun mit den Rüben halten will, beide Lebenseinstellungen haben etwas für sich und verdienen unsere Beachtung.

Aristippos war, obwohl (um 435 v. Chr.) in Afrika geboren, dennoch Grieche. Seine Geburtsstadt Kyrene war ein paar Jahrhunderte vorher von griechischen Siedlern gegründet worden, die von der Insel Thera stammten. Pindar berichtet, vielleicht um damit zu rechtfertigen, daß der spätere Hedonist von klein auf an Luxus gewohnt war, seine Familie sei die reichste und vornehmste ganz Libyens gewesen. Als Neunzehnjähriger (vielleicht auch ein Jahr früher oder später) reiste er zu den Olympischen Spielen nach Griechenland und lernte dort einen gewissen Hiskomachos kennen, der ihm erzählte, daß in Athen ein Mann namens Sokrates lebte, der die Jungen mit seinen Reden begeisterte. Als Aristippos das hörte, geriet er anscheinend so in Verzückung, daß »sein Körper verfiel und er blaß und schwach wurde, bis er sich dürstend und glühend nach Athen aufmachte, um an jener Quelle zu trinken und Erkenntnis über den Menschen zu erlangen.«[28]

Bei einigen Geschichtsschreibern ist nachzulesen, daß Aristippos vor seiner Begegnung mit Sokrates schon bei den Sophisten und insbesondere bei Protagoras gehört habe, ja, daß er sogar selber ein sophistischer Experte gewesen sei. Andere dagegen meinen, er sei nur deshalb in diesen Ruf geraten, weil er bezahlten Unterricht erteilt habe. Ich glaube, Aristippos war einfach das, was man in Neapel *'nu signore* nennt: er lebte gern gut und ließ sich seinen Verdiensten entsprechend bezahlen. Dem Vater eines Schülers, der ihm sein jährliches Honorar von 500 Drachmen nicht zahlen wollte und sagte: »500 Drachmen! Aber mit 500 Drachmen kann ich mir einen Sklaven kaufen!«, erklärte er: »Dann kaufe dir ruhig diesen Sklaven, damit hast du dann deren zwei: deinen Sohn und den gekauften.«[29] Er erhob je nach Fähigkeiten der Schüler unterschiedliche Tarife. Den Intelligentesten gewährte er einen Preisnachlaß, während er von den Dümmsten einen Aufschlag verlangte.[30] Eines Tages versuchte er mit allen Mitteln, Sokrates dazu zu bewegen, eine Bezahlung von zwanzig Minen anzunehmen, aber der greise Philosoph erwiderte ihm »diplomatisch«, sein Schutzgeist erlaubte ihm dies nicht.[31]

Seinen Mitmenschen gegenüber verhielt sich Aristippos zweifellos wie ein Snob. Bei einem Sturm auf dem Meer hatte er einmal so große Angst, daß ein Mitreisender ihn verspottete: »Merkwürdig, daß ein Philosoph so um sein Leben fürchtet, wo doch ich, obwohl ich kein Weiser bin, überhaupt keine Angst habe.« Darauf entgegnete er boshafter denn je: »Und du willst dein Leben mit dem meinen vergleichen? Ich fürchte um das Leben des Aristippos und du nur um das eines Niemand!«[32]

Um Aristippos zu verstehen, muß man seine Einstellung zum Geld kennen. Er war keinesfalls geldgierig, sondern er verschaffte sich nur das Nötige, um seine (zahlreichen) Wünsche zu befriedigen. Gewöhnlich sagte er: »Es ist besser, das Geld geht für Aristippos verloren, als Aristippos für das Geld.«[33] Wenn es nötig gewesen wäre, hätte er ohne weiteres auch in Armut leben können. Als er eines Tages die öffentliche Badeanstalt verließ, hatte er sich zum Spaß den schmutzigen und zerrissenen Mantel des Diogenes angezogen. Überflüssig zu sagen, daß Diogenes lieber nackt hinausging, als die purpurne *chlamys* des Kyrenaikers anzulegen. Aristippos besaß wohl doch mehr innere Freiheit als seine Kollegen. Dies wird uns auch von Horaz bestätigt, der sagt: »Aristippos ist mir lieber, der beide Mäntel gleich ungezwungen trägt.«[34]

Ähnliches erfahren wir aus einer Anekdote über ihn und Platon. Die beiden Philosophen befanden sich am Hofe des Dionysios (ob des Jüngeren oder Älteren ist nicht genau bekannt), und der Tyrann forderte sie auf, sich als Frauen zu verkleiden. Platon weigerte sich und sagte, niemals würde er sich Frauenkleider anziehen. Aristippos dagegen ließ sich nicht lange bitten und sagte ganz nonchalant: »Warum nicht? auch auf den Bacchusfesten kann eine, die rein ist, nicht verdorben werden.«[35] Und so können wir uns die zentrale Frage stellen: »Was ist die innere Freiheit?« Aristippos erklärte, innerlich so ausgeglichen zu sein, daß er die Meere des Reichtums, der Macht oder des Eros gefahrlos überqueren könne. Als sie ihm vorwarfen, die Hetäre Laïs zu besuchen, verteidigte er sich mit den Worten: »Ich bin ja Herr über die Laïs und lasse mich von ihr nicht beherrschen.«[36] Oder er sagte auch: »Es ist keine Schande, ihr Haus zu betreten, es ist eine Schande, es nicht mehr verlassen zu können.«[37] Übrigens ließ sich Laïs von Aristippos nicht bezahlen, denn er war für sie gute Werbung[38], vom armen Demosthenes dagegen verlangte sie die ungeheuerliche Summe von 10 000 Drachmen.[39]

Platon konnte ihn nicht leiden, Xenophon haßte ihn. Aischines stritt unablässig mit ihm. Diogenes betrachtete ihn als einen Feind der Tugend, und in den späteren Jahrhunderten, als sich das Christentum ausbreitete, wurde er von den Kirchenvätern und den bigottesten Historikern in Grund und Boden verdammt. Was hatten sie bloß alle gegen Aristippos? Die einen behaupten, er sei getadelt worden, weil er sich seinen Philosophieunterricht bezahlen ließ, andere meinen, weil er ein ausschweifendes Leben führte; meiner Meinung nach wollte ihm einfach keiner verzeihen, daß er sich offenbar wohl fühlte.

Der erste ideologische Gegensatz zwischen den Schülern des Sokrates entsteht zwischen dem Hedonismus Aristippos', der vor allem ein bewußtes Wahrnehmen der sensiblen Wirklichkeit ist, und dem Idealismus Platons. Es ist wohl einleuchtend, daß zwei so verschiedene Philosophen sich nicht mochten. Auf Platon, für den nur der Staat und die Gemeinschaft zählten, konnte ein Individualist wie Aristippos natürlich nur unsympathisch wirken. Nicht umsonst betont er in seinem *Phaidon*-Dialog[40] bei der Aufzählung all jener, die bei Sokrates' Tod anwesend waren, nachdrücklich, daß er fehlte. Hier der platonische Text:

»Waren auch noch Fremde zugegen?« fragt Echekrates.

»Ja, Simmias, der Thebaner, Kebes und Phaidondas, und aus Megara Euklid und Terpsion«, erwidert Phaidon.

»Wie aber, Aristippos und Kleombrotos, waren die da?« fragt Echekrates weiter.

»Nein, es hieß, sie wären in Ägina.«

Ägina nämlich, eine dem Piraeus vorgelagerte kleine Insel, war bekannt als ein Ort der Ausschweifungen und der Lebenslust. Unter anderem lebte auch Laïs, die »Favoritin« Aristippos' auf Ägina.[41] Platon brauchte diese Einzelheiten natürlich nicht besonders zu betonen, eine Anspielung reichte, er wußte ja, daß die Athener zwischen den Zeilen lesen würden. Im Klartext meinte Platon etwa dies: Sokrates mußte sterben, und diese beiden da ließen es sich auf Ägina gut gehen. Wenn stimmt, was Cicero schreibt[42], hat sich der arme Kleombrotos von einem Felsvorsprung ins Meer gestürzt, nachdem er diese boshaften Zeilen gelesen hatte.

Nach Sokrates' Tod reiste Aristippos sehr viel umher. Wir haben Zeugnisse aus Syrakus, Korinth, Ägina, Megara, Scillunte und natürlich aus seiner Heimatstadt Kyrene. Anscheinend wurde er in hohem Alter von dem Satrapen Artaphernes in Kleinasien festgenommen.[43] Mit etwa siebzig Jahren starb er in Italien, in Lipari. Er schrieb viele Dialoge und einige Reiseberichte, darunter drei Bände über Libyen. Von diesem Werk sind nur noch einige Fragmente erhalten.

Aristippos' Denken war vor allem darauf ausgerichtet, »den Augenblick, der entflieht« auszuleben, was dem typisch neapolitanischen Konzept entspricht, das in diesem Vers zum Ausdruck kommt: »*Si 'o munno è 'na rota, pigliammo 'o minuto che sta pe' passà.*«[44] Die meisten Menschen ertragen ihr Dasein nur, indem sie, je nach Lebensalter, in ihren Erinnerungen versinken oder aber auf die Zukunft hoffen. Wenigen (nach Meinung Aristippos') überragenden Personen aber gelingt es zu leben, indem sie sich ganz der Gegenwart hingeben. Häufig hören wir alte Leute seufzend mit versonnener Miene sagen: »Wie glücklich war ich mit zwanzig« (obwohl wir ganz genau wissen, daß sie es nicht waren), und ebensooft erleben wir junge Menschen auf dem Höhepunkt ihrer körperlichen und geistigen Verfassung, die auf ihre ungewisse Zukunft setzen. Aber daß einer zu einer grundlegenden Feststellung dieser Art fähig wäre, hört man selten: »In diesem Augenblick geschieht mir kein Unheil, alle Personen, die ich liebe, sind bei guter Gesundheit, ich bin glücklich!« Durst zu haben, ein Glas Wasser zu trinken und dabei zu denken: »Wie gut schmeckt doch dieses Wasser« wäre ein typisch kyrenäisches Verhalten.

»Das Vergnügen ist eine Brise, der Schmerz ein Sturm, das alltägliche Leben ein Zwischenzustand, der mit Windstille vergleichbar ist.« Diese Seglerprosa Aristippos' läßt uns erkennen, wie notwendig es ist, unser Schiff in jene Zonen zu lenken, wo das Vergnügen winkt.

Um eine noch etwas genauere Vorstellung vom kyrenäischen Denken zu geben, wollen wir hier einmal Heraklit, Aristippos und Pirandello in einen Topf werfen und daraus eine Theorie ableiten: Die Zeit besteht aus Augenblicken, die alle verschieden sind, und auch der Mensch ist im Laufe seines Lebens nicht immer derselbe. Leben heißt also, den richtigen Augenblick mit der richtigen seelischen Einstellung zu erfassen und dabei gleichzeitig überall ein Fremder zu bleiben.

Diese »Philosophie des Gegenwärtigen« hat bei den Intellektuellen nie recht Anklang gefunden. Als Ausdruck der Sorglosigkeit abgestempelt, wurde sie zum Inbegriff unmoralischen und unpolitischen Verhaltens, also unbrauchbar für die Zwecke einer Veränderung der Gesellschaft. Es gibt aber auch Stimmen, die Aristippos, gerade weil er auf diese Weise über den Lebensproblemen stand, den sokratischsten der Sokratiker nennen. Für die Kyniker war »Freiheit« gleichbedeutend mit Genügsamkeit, um nicht der Sklaverei der Vergnügungen zu erliegen. Für die Kyrenaiker bedeutete es »noch größere Freiheit«, wenn man fähig war, die Vergnügungen mitzumachen, ohne sich darin zu verlieren.

Aristippos lebte etwa ein Jahrhundert früher als sein Kollege Epikur, und die beiden unterscheiden sich vor allem darin, daß ersterer sehr viel »epikureischer« war als letzterer. Während Epikur nämlich Unterschiede zwischen den einzelnen Vergnügungen macht und deren Folgen bedenkt, gingen Kyrenaiker dem Vergnügen allein um des Vergnügens willen nach, ohne sich viele Gedanken darüber zu machen.[45]

Die bekanntesten Anhänger des Aristippos waren: seine Tochter Arete, die dazu erzogen worden war, das Vergnügen zu genießen, gleichzeitig aber das Überflüssige zu verachten,

Theodoros, genannt der Gottlose, und Hegesias. Wie so häufig überholten die Schüler ihren Meister von links (oder in diesem Falle, eher von rechts).

Theodoros empfahl, dem Vergnügen nachzugehen, wo immer es sich anbot, ohne sich von falschen Moralvorstellungen leiten zu lassen. Als ein Theoretiker des Egoismus ließ er noch nicht einmal die Freundschaft gelten. »Es ist ein Gefühl der gegenseitigen Hilfe, das nur den Dummen dient. Die Klugen sind sich selbst genug und brauchen es daher nicht.«[46]

Hegesias war der Radikalste von allen: »Da es nicht möglich ist, immerwährendes Vergnügen zu erreichen, und da das Leben mit seinen Emotionen uns vor allem Schmerz bereitet, ist es besser zu sterben.« Er hielt die Leute auf der Straße an und versuchte, sie zum Selbstmord zu überreden. »Hör zu, Bruder: Du weißt mit Sicherheit, daß du sterben mußt, was du aber nicht weißt, ist, welche Art von Tod dich erwartet. Vielleicht hat das Schicksal für dich einen gewalttätigen und schmerzhaften Tod vorgesehen oder aber eine lange und grausame Krankheit. Hör auf den Rat eines Weisen: bringe dich um! In einem Augenblick bist du alle Sorgen los!« Anscheinend hat er auf diese Weise jeden Monat ein paar Athenern hinübergeholfen. Man nannte ihn *peisithánatos*, den »Überzeuger zum Tode«.[47]

Die Megariker

Euklid von Megara (nicht zu verwechseln mit dem Mathematiker gleichen Namens) war der älteste Schüler des Sokrates. Seine genauen Lebensdaten sind uns nicht bekannt, wahrscheinlich aber hat er in der Zeit zwischen 435 und 365 v. Chr. gelebt.[48] Als junger Mann begann er mit dem Philosophiestudium und widmete sich zunächst Parmenides. Offenbar hatte der eleatische Philosoph, als er 450 nach Athen kam, einen starken Eindruck bei den griechischen Philosophen hinterlassen. Nachdem er aber dann Sokrates kennenlernte, versuchte er sein Leben lang, die Lehre des Meisters mit den Theorien des Parmenides zu verbinden. Seine Anhänger wurden Megariker genannt oder auch Dialektiker, weil sie die Gewohnheit hatten, ihre Reden in Form eines Frage- und Antwortspiels zu halten.

Von Parmenides hatte er gelernt, daß alle Dinge dieser Welt einen inneren wirklichen Wert haben, der das Sein genannt wird, sowie andererseits einen Anschein, das Nichtseiende genannt. Wenn wir uns bemühen, ein bestimmtes Ziel zu erreichen, müssen wir darauf achten, daß das Objekt unserer Wünsche eben dieses Sein ist und nicht der Schein. Um ein ganz gewöhnliches Beispiel zu nennen: wenn ich Staatsoberhaupt werden will, weil ich das Bedürfnis habe, das Leben meiner Mitbürger zu verbessern, so bin ich dem *Sein* dieses Berufes eines Staatsoberhauptes schon ziemlich nahe. Wenn mich an dem neuen Amt dagegen nur das Prestige, Ruhm und Macht anziehen, heißt das, daß ich mich vom Schein der Rolle habe verführen lassen und nicht die geringste Chance habe, das Gute zu erreichen.

Philosophiegelehrte sind im allgemeinen nicht geneigt, grundlegende Beispiele für das *Sein* zu geben, so wie ich es gerade getan habe, vielleicht fürchten sie, die Bedeutung damit zu banalisieren (etwa so, wie wenn Mohammedaner Allah bildlich darstellten); ich dagegen versuche, dem Leser ein paar Verständnishilfen zu geben.

Nachdem Sokrates gesagt hatte, das Wichtige im Leben sei, zur Erkenntnis und damit zum Guten zu gelangen, war es für Euklid leicht, das Denken des Meisters in Einklang mit dem Denken des Parmenides zu bringen und daraus zu schließen, daß das Gute das *Sein* oder das ewige und unteilbare Eine sei, während alles übrige nicht zählt, weil es *nicht ist*.

Die Sokratiker interessierten sich vor allem für die Ethik und vernachlässigten im Unterschied zu ihren Vorgängern das Studium der Natur. Das entscheidend Neue bei Sokrates ist, daß der Mensch und seine moralischen Probleme in den Mittelpunkt der Betrachtungen rückten, wodurch die Philosophie eine praktische Dimension bekam, die sie uns sympathischer macht. Versuchen also auch wir, einen nützlichen Rat für unser Leben daraus herzuleiten.

Sokrates meinte, daß einer, der weiß, was das Gute ist, nicht so dumm sein kann, es nicht zu wünschen, denn er würde gegen sein eigenes Interesse handeln. Ziel des Lebens ist also die Erkenntnis des Guten.

Die Kyniker glaubten, das Gute liege in der individuellen Freiheit, und um von der Außenwelt nicht zu sehr bedingt zu werden, schränkten sie ihre primären Bedürfnisse aufs äußerste ein.

Die Kyrenaiker glaubten, das Gute liege in der Lust und das Böse im Schmerz. Das Vergnügen zu erhaschen, sagte Aristippos, ist das Ziel des Lebens, wobei man allerdings darauf achten muß, sich davon nicht versklaven zu lassen.

Die Megariker hatten eine abstraktere Vorstellung vom Guten: das Gute ist für sie das *Sein*, das Böse das *Werden*. Eine im Grunde religiöse Einstellung, denn Euklid glaubte, daß »das höchste Gute ein einziges sei, auch wenn es im allgemeinen mit vielen Namen genannt wurde: Vernunft, Gott, Geist, Weisheit usw«.[49]

---

[1] Diogenes Laertios, *Leben und Meinungen berühmter Philosophen*, op. cit., VI, 2
[2] Aulus Gellius, *Attische Nächte,* op. cit., VII, 10, 1-4
[3] Diogenes Laertios, *a. a. O.*, III, 5
[4] *ebd.*, II, 34
[5] *ebd.*, II, 105
[6] *ebd.*, VI, 19
[7] *ebd.*, IV, 13
[8] Dies Stück ist frei entnommen aus dem *Gastmahl* des Xenophon, IV, 34 ff.
[9] Clemens von Alexandria, *Teppiche* (stromata), II, 406,6

[10] Diogenes Laertios, a. a. O., VI, 3
[11] Stobaeus, *Anthologie*, III, 10,41 (eine Sammlung antiker Texte)
[12] Diogenes Laertius, a. a. O., VI, 8
[13] ebd., VI, 18
[14] Alle Geschichten über Diogenes von Sinope – mit Ausnahme derer, die anderen zugeschrieben werden – sind entnommen aus Diogenes Laertios, a. a. O., VI, II. Kapitel
[15] Eubulides von Milet, Schüler des Euklid, aus der Schule von Megara
[16] Ein Hain und Ringplatz vor Korinth, Lieblingsaufenthalt des Diogenes (vgl. Diogenes Laertios, a. a. O., Anm. S. 368, 22, Anm. d. Hrsg.).
[17] Aelian, *Bunte Geschichten* (Varia Historia), XIV, 33; Aelian wurde bis heute noch nicht vollständig ins Deutsche übertragen.
[18] Brunetto Latini, a. a. O., Kap. VIII, 13
[19] In der Geschichte der griechischen Kultur gab es mindestens elf Dichter, Philosophen und Schriftsteller mit dem Namen Krates.
[20] Suidas, siehe Jacob Burckhardt, *Griechische Kulturgeschichte*, op. cit., II. Bd., 342, (7. Abschn., IV. Kap., 8), und Diogenes Laertios, a. a. O., VI, 86
[21] Die Anekdoten über Krates stammen von Diogenes Laertios, a. a. O., VI, V. Kapitel
[22] ebd., VI, VI. Kapitel
[23] ebd., VI, 96
[24] Erathostenes von Kyrene, siehe Diogenes Laertios, VI, 88
[25] Schon Joël hat in seiner *Geschichte der antiken Philosophie*, I, 1921, S. 942 die Kyniker und Kyrenaiker mit Hunden und Katzen verglichen.
[26] Diogenes Laertios, a. a. O., II, 68
[27] Valerius Maximus, *Denkwürdige Taten und Aussprüche*, IV, 3–4
[28] Plutarch, *Über die Neugier*, 2, 516 c
[29] Plutarch, *Über die Erziehung*, 7, 4 f.
[30] Vgl. Giannantoni, G., *I Cirenaici*, Florenz 1958, S. 217
[31] Diogenes Laertios, a. a. O., II, 65
[32] ebd., II 4; Aulus Gellius, op. cit., XIX, 1,1
[33] Diogenes Laertios, a. a. O., II, 77
[34] Horaz, *Briefe*, I, XVII, 25
[35] Diogenes Laertios, a. a. O., II, 78
[36] Athenaios von Naukratis, *Das Gelehrtengastmahl*, XI. Buch, 544 (Leipzig 1985, erstmals ins Deutsche übertragen); Cicero, *Briefe an Vertraute*, IX, 262; Theodoretus *Graecorum affectionum curatio*, XII, 50; Clemens von Alexandrien, *Teppiche*, II, XX, 118; auch Horaz, I. Brief, I, 1, 19: *Et mihi res, non me rebus subjungere conor* (›Tracht' ich mir selber die Welt, nicht der Welt mich unterzuordnen‹)
[37] Diogenes Laertios, a. a. O., II, 69
[38] G. B. L. Colosio, *Aristippo di Cirene filosofo socratico*, Turin 1925
[39] Aulus Gellius, a. a. O., I, 8
[40] Platon, *Phaidon*, 59 c
[41] ›Aristipp führte meistens auf Ägina ein luxuriöses Leben‹, Athenaios, a. a. O., XII. Buch, 544 d (S. 334)
[42] Cicero, *Tuskulanische Gespräche*, I, 34, 84

[43] Diogenes Laertios, a. a. O., II, 7
[44] »Wenn die Welt sich im Kreise dreht, nutzen wir die Minute, die gerade vergeht« ist ein Vers aus dem Lied *Simme 'e Napule paisà* von Fiorelli Valente.
[45] Diogenes Laertios, a. a. O., II, 87
[46] ebd., II, 98
[47] ebd., II, 86
[48] ebd., II, 106
[49] ebd., II, 106

III

Sciscò

In den fünfziger Jahren habe auch ich einen Kyniker kennengelernt. Er hieß Sciscò Morante und lebte meist an der amalfitanischen Küste: Ein Gammler von feiner Lebensart, gutaussehend, galant den Damen gegenüber, zurückhaltend, ohne festen Wohnsitz, ein wenig snobistisch, stolz wie ein spanischer Edelmann und ohne eine Lira in der Tasche, ja, sagen wir es ruhig, er hatte nicht einmal Taschen, denn die hatte er sich – um zu vermeiden, je etwas hineinzustecken – von Pepito, dem besten Hosenschneider Positanos, zunähen lassen.

Sciscò zeigte sich nur in der schönen Jahreszeit von April bis Oktober. Wenn es dann anfing, kühl zu werden, verschwand er von der Bildfläche, wahrscheinlich fiel er in Winterschlaf. Irgend jemand behauptete dann immer, er sei in Cortina oder Sestrière bei einer Dame zu Gast, die er während des Sommers kennengelernt hatte. Aber solche Nachrichten waren fast immer falsch, denn alle überboten sich gegenseitig, die ›neuesten Abenteuer Sciscòs‹ zu erfinden.

Seine Familie gehörte jener alten neapolitanischen Bourgeoisie an, die ›Arbeit‹ als eine Sache ansah, mit der sich ausschließlich das niedere Volk zu befassen hatte (eine zugegebenermaßen überholte Ansicht, die wir von den Griechen übernommen haben). Da er also aus Familientradition nicht arbeiten konnte, schlug sich Sciscò mit Capuccini, Hefestückchen und Einladungen zum Abendessen durch; trotzdem hat kein Mensch je erlebt, daß er einen Freund um Geld gebeten hätte. Nur ein einziges Mal ließ er sich von Franca Valeri tausend Lire geben, um ein Päckchen

Nazionali zu kaufen, aber er kam sofort mit strahlendem Lächeln zu ihr zurück, brachte die Zigaretten und eine Rose.

»Scisciò, wie geht's?« fragte ich ihn, wenn ich ihm begegnete.

»Bestens«, erwiderte er, »hab sogar n' Kühlschrank.«

Am liebsten hielt er sich in Capri und Positano auf. Selten entschied er sich für Ischia, obwohl er dort größte Gastfreundschaft genossen hätte, denn er hatte dort mehrere steinreiche Verwandte (darunter den Besitzer eines Hotels). Darin war Scisciò eigenwillig: manchmal nahm er die beschwerlichsten Reisen auf sich, nur um irgendwo ein Dach über dem Kopf zu haben, und dann wieder bewies er maßlosen Stolz, so etwa, wenn er seine Verwandten in Ischia besuchte und sich unterwegs den Bauch mit Kaktusfeigen vollschlug, um sich von ihnen nicht zum Essen einladen lassen zu müssen.

Eines Tages wollte ich ihm einen gelben Pullover schenken, der ein wenig auffallend war.

»Danke«, sagte er, »aber Gelb steht mir nicht, das macht mich dick. Außerdem ist hier abends Blau Mode.«

Auch wenn er ihn angenommen hätte, wäre der Pullover nicht lange in seinem Besitz geblieben. Da ihm jeder Sinn für Eigentum fehlte, hätte er ihn unterwegs irgendwo auf einem Mäuerchen abgelegt oder ihn in einer Bar für ein Gläschen Whisky in Zahlung gegeben.

Für die Mahlzeiten hatte er mit den örtlichen Restaurants eine Absprache getroffen.

»Durch einen merkwürdigen Zufall gibt es von euch in Positano genau 61. Wenn ich jeden Tag zu einem andern gehe, kommt jeder von euch einmal alle zwei Monate dran. Und was das Frühstück betrifft, braucht ihr keine Angst zu haben, da gibt es immer Freunde, die sich gegenseitig überbieten und mich einladen.«

Im Restaurant bestellte er dann nur das Nötigste: Einen Teller Spaghetti mit Muscheln und ein Glas Wein. Er wußte, was sich als Gast gehörte und nutzte es nicht aus.

Schließlich richtete er sich bei Sandro Petti in dessen wunderschönem Lokal ›Rancio Fellone‹ in Porto d'Ischia fast auf Dauer ein. Es ging so lange gut, bis ihm Sandro ein kleines Gehalt dafür anbot, daß er ja doch, wenn auch unfreiwillig, Public relations für ihn machte. Er verschwand auf Nimmerwiedersehen.

Er wollte seine Memoiren schreiben und zwar unter dem Titel *Die emsige Zikade*, aber weiter als bis zu diesem Titel kam er damit nicht.

Scisciòs Charakter veränderte sich vollkommen, nachdem er in Vittorio Capriolis Film *Leoni al sole* mitgespielt hatte. Er selber beschuldigte den armen Vittorio, ihn geschädigt zu haben.

»Ich mag dich gern, aber ich hasse dich: du hast mich bezahlt und du hast mich fertiggemacht!«

Leoni al sole war für uns Neapolitaner das Gegenstück zu Fellinis *Vitelloni*. Darin werden unsere sorglosen und oberflächlichen Sommer dargestellt, das Abenteuer mit der Schwedin, die uneingestandene Sehnsucht nach der großen Liebe, das Frühstück, das der durchreisenden Mailänderin abgeluchst wird. Alles geschah im Positano der sechziger Jahre, und die ›Löwen‹ dieser Geschichte, die lässig auf den Klippen herumlagen, hießen damals Giuggiù, Frichì, Scisciò, Sasà, Cocò und Cunfettiello. Scisciò war offenbar der einzige, der seinen Namen nicht zu ändern brauchte. Idee und Drehbuch zu diesem Film stammten (außer von Caprioli) von Dudù La Capria, dem Autor von *Ferito a morte*, einem der wahrsten und schönsten Bücher, das je über das Neapel der Wohlanständigen geschrieben worden ist.

Wie gesagt, das Geld, das er mit diesem Film verdient hatte (fünfhunderttausend Lire), beunruhigte ihn zutiefst. Er versuchte unverzüglich, es wieder loszuwerden, indem er alle, auch solche, die er nicht kannte, zum Abendessen einlud, und als er wieder arm geworden war, hatte er auch jenen lockeren und freundlichen Ton verloren, den man sonst an ihm gewohnt war, und antwortete auch auf die harmlosesten Fragen mit Schroffheit.

»Scisciò, wie geht's?«

»Wie soll's denn gehen? Gut!«

Dabei ging es ihm überhaupt nicht gut. Das ständige Trinken, meist auch noch auf leeren Magen, zerstörte ihn. Er starb mit fünfundfünfzig Jahren, es war gerade Heiligabend, an Leberzirrhose. Es stand niemand an seinem schmalen Krankenhausbett, und der diensttuende Arzt, der vielleicht zu jung oder zu streng war, hatte ihm jenes Gläschen Whisky verwehrt, das sein Leben vielleicht noch um ein paar Tage verlängert hätte.

IV

Platon

Das Leben

Aristokles, genannt Platon[1], Sohn des Ariston und der Periktione, kam um 428 vor Christus im Zeichen des Stieres in Athen zur Welt. Die Legende erzählt, daß seine Eltern ihn, da er am gleichen Tag wie Apollon geboren[2] war, noch in Windeln auf den Berg Hymettos trugen, um dem Gott zu danken, und während sie dort waren und alle aufmerksam dem religiösen Ritus folgten, setzte sich ein Bienenschwarm auf den Mund des Kindes und füllte ihn mit Honig.[3] Diese Anekdote ist mit größter Wahrscheinlichkeit, ja ganz sicher sogar erfunden, aber sie zeigt, wie groß die Bewunderung der antiken Welt für sein Genie war.

Platon war ein Aristokrat. Väterlicherseits stammte er von Kodros ab, dem letzten König Athens und damit von Gott Poseidon persönlich. Mütterlicherseits war der Urgroßvater seines Urgroßvaters Dropides, der Bruder Solons, der ein großer Staatsmann und Gesetzgeber von Athen war. Und schließlich konnte er, ebenfalls von Mutterseite, auf die Unterstützung seiner Onkel Charmides und Kritias bauen, die zwei der Dreißig Tyrannen waren. Bei einer so eindrucksvollen Verwandtschaft (seine Familie stellte so etwas wie den Kennedy-Clan des 5. Jahrhunderts vor Christus dar) war unvermeidlich, daß auch er Lust bekam, sich in die Politik zu begeben.

In seinem siebten Brief an die Syrakusaner[4] bestätigt Platon selber sein Interesse für die Politik: »Als ich noch jung war, ging es mir ebenso wie vielen. Ich war gesonnen, sobald ich zur Selbständigkeit gelangt sein würde, sogleich zur Teilnahme an den öffentlichen Angelegenheiten mich anzuschikken.«[5]

Aber die Enttäuschungen, die er in den ersten Jahren mit der Demokratie erlebte, waren doch so groß, daß er jedes Vertrauen in die Staatsmänner verlor. Wie sollte man ihm dies auch verdenken? Perikles und mit ihm der magische Augenblick der athenischen ›Aufklärung‹ waren längst dahin. Seine Nachfolger, die Demagogen Kleon und Hyperbolos waren zwei Tunichtgute, und Alkibiades war, bei allem Respekt vor seiner Intelligenz, moralisch nicht gerade vertrauenseinflößend. Dies war die Erfahrung, die Platon mit der Demokratie machte. Dann folgte der Peloponnesische Krieg, die Niederlage von Ägospotamoi, eine gewisse Mythisierung der spartanischen Tüchtigkeit und die darauffolgende Restauration durch die Dreißig Tyrannen; während dieser kurzen Periode, die nicht länger als ein Jahr dauerte, forderten ihn seine Onkel Kritias und Charmides zum Mitmachen auf, doch als Platon erkannte, daß auch die Aristokraten nichts anderes taten, als sich für die Ungerechtigkeiten zu rächen, die sie unter der vorhergehenden Regierung erlitten hatten, gab er die Politik auf und widmete sich mit Leib und Seele der Philosophie. Und als dann die Demokratie wieder an die Macht kam, erlebte er, wie ausgerechnet Sokrates zum Tode verurteilt wurde, der einzige Mensch, den er bewunderungswürdig fand. Nach all diesen Erfahrungen dürfen wir uns nicht wundern, daß er sein Leben lang ein überzeugter und aufrechter Antidemokrat blieb.

Als Platon Sokrates begegnete, liebte er ihn auf den ersten Blick. Es heißt, daß er sich als Zwanzigjähriger nur noch mit Dichtung befaßte und eines Tages ins Theater gehen wollte, um an einem Dichterwettbewerb teilzunehmen, als er Sokrates sah, der zu einer Gruppe von Jugendlichen sprach. Er begriff sofort, daß dieser Greis sein neuer geistiger Führer sein würde: er warf seine Gedichte ins Feuer und folgte ihm.[6]

Nach dem Tod des Meisters floh er aus Angst vor Verfolgungen zusammen mit anderen Schülern zu seinem Kollegen Euklid nach Megara, wo er drei Jahre blieb, bis er dann eines Tages seine Wißbegierde nicht mehr bezähmen konnte und eine Art Grundkurs in Philosophie begann. Er besuchte die Mathematiker von Kyrene, die Propheten in Ägypten und die Pythagoreer in Italien. Um die Reise abzurunden, hätte er auch noch die Magier in Kleinasien besuchen sollen, aber die Gegend war (wie im übrigen auch heute) von Kriegen heimgesucht, und so verzichtete er lieber darauf.

Nach Sizilien begab sich Platon offenbar mehr aus touristischen Gründen. Er wollte den Krater des Ätna und die genaue Stelle sehen, an der sich Empedokles umgebracht hatte. Aber dann lernte er jenen Mann kennen, der als zweiter eine bestimmende Rolle in seinem Leben spielen sollte: den jungen Dion.

Dion war der Schwager von Dionysios, dem ersten Mann der Stadt Syrakus.[7] Während der Tyrann ein autoritärer und grausamer Mann war, galt der junge Dion als Idealist: er hatte von Platon und seinen politischen Ideen gehört und wollte ihn nach Syrakus holen, damit er seinen Schwager zu einer aufgeklärten Tyrannei bewege.

Leider entwickelten sich die Dinge nicht so, wie Dion gehofft hatte. Platon fühlte sich sehr schnell abgestoßen von den Zuständen am Hof, und Dionysios wiederum verfolgte diesen Athener, der wie ein Orakel redete, mit Mißtrauen. Um nur einmal eine Vorstellung vom Klima zu geben, das im 4. Jahrhundert vor Christus an einem sizilianischen Hof herrschte, sei erwähnt, daß einmal ein Gastmahl ausgerichtet wurde, das neunzig Tage dauerte.[8] Noch viele Jahre später gestand Platon in einem Bericht über seine sizilianische Erfahrung, daß ihm keinesfalls zusagte, »was man dort bei reichlichen italienischen und sizilianischen Leckereien ein glückliches Leben nennt, indem man zweimal des Tages sich vollpfropft und keine einzige Nacht allein schläft.«[9]

Das Schlimmste geschah, als Platon und Dionysios anfingen, über Philosophie zu diskutieren. Das Thema war die Tugend. Platon begann das Streitgespräch, indem er sagte, daß ein tugendhafter Mann glücklicher sei als ein Tyrann, und Dionysios, der schon den Verdacht hegte, daß ihm nicht die gebührende Ehrerbietung entgegengebracht würde, fragte ihn rundheraus:

»Was suchst du denn hier in Sizilien?«

»Einen tugendhaften Mann.«

»Und du glaubst nicht, ihn gefunden zu haben?«

»Nein, gewiß nicht.«

»Deine Worte schmecken nach Altersschwäche!« rief Dionysios erboster denn je.

»Und deine nach Tyrannenlaune«, erwiderte der Philosoph.

Eine halbe Stunde später wurde Platon gefesselt und auf das Schiff des Spartaners Pollis geschleppt, der den Befehl erhielt, ihn nach Ägina zu bringen und auf dem Sklavenmarkt zu verkaufen.[10] »So viel Wert hat ein Philosoph«, erklärte Dionysios beruhigt, »und er weiß es nicht einmal.«[11]

Zu Platons Glück hielt sich in Ägina gerade einer seiner libyschen Anhänger auf, ein gewisser Annikeris von Kyrene, dem es nicht nur gelang, ihn für zwanzig Minen auszulösen, sondern der ihm auch das entsprechende Geld schenkte, um ein Stück Land zu kaufen, auf dem er eine Schule errichten konnte.

Die Gründung der Akademie war eines der bedeutendsten kulturellen Ereignisse der Antike. Es handelte sich um eine Schule, die etwa zwei Kilometer von Athen entfernt an der Straße der Gräber der bedeutenden Männer ganz versteckt in einem großen Park lag. Auf folgende Weise wird sie in *Phaidros* beschrieben: »Am herrlichsten aber ist das Gras am sanften Abhang in solcher Fülle, daß man hingestreckt das

Haupt gemächlich kann ruhen lassen.«[12] Daneben lag ein Wäldchen, das dem Heroen Akademos gewidmet war. Kein Mensch weiß eigentlich genau, was dieser Akademos so Bedeutendes geleistet hat, daß ihm so große Ehre zuteil wurde. Er kann von Glück sagen! Hätte er sich je träumen lassen, daß sein Name über Jahrhunderte hinweg zur Bezeichnung der heiligen Stätten der Kultur dienen würde? In dieser Akademie nun versammelte sich eine große Gruppe von Schülern (Xenokrates, Speusippos, Aristoteles, Herakleides Pontikos, Kallippos, Erastos, Timolaos und andere) und Schülerinnen (Lastheneia und Axiothea, letztere in Männerkleidern) um Platon.[13] Sie führten ein beschauliches Leben mit Spaziergängen und Gesprächen in einer angenehmen Umgebung mit schattigen Wegen und Bächen, und nichts hätte sich daran geändert, wenn nicht Dion von Syrakus aus weiterhin Druck auf Platon ausgeübt hätte, nach Sizilien zurückzukommen.

Dionysios der Ältere, Friede seiner Asche, war gestorben, und als sein Nachfolger herrschte nun der älteste Sohn, Dionysios der Jüngere. Plutarch erzählt, daß der Vater den Sohn aus Angst vor Konkurrenz von Jugend an hinter Schloß und Riegel hielt und daß der Arme sich in all dieser Zeit mit Basteln beschäftigte und Schemel, kleine Leuchter und Holztische herstellte.[14] Nachdem der neue so fügsame Monarch nun den Thron bestiegen hatte, hielt Dion den Augenblick für gekommen, den platonischen Staat auf die praktische Probe zu stellen.

Nach dem katastrophalen Ausgang seiner ersten Reise hatte Platon natürlich nicht die geringste Lust, noch einmal nach Sizilien zu segeln. Er fürchtete nicht nur die lange Reise, sondern hatte auch, wie er selber sagte, »kein Vertrauen in die jungen Leute«. Schließlich aber entschloß er sich dann doch, vor allem auch, um nicht in seinen eigenen Augen als einer von jenen Männern dazustehen, die immer nur reden und nie etwas tun.[15]

Diesmal wurde er mit vielen Ehren empfangen. Bald aber veränderte sich die Lage durch einige mißgünstige Höflinge, die ihn und Dion des Hochverrats beschuldigten. Der junge Tyrann, der nicht wußte, was er tun sollte, verjagte zunächst einmal seinen Onkel und hinderte Platon daran, ihm zu folgen.

»Ich will nicht«, erklärte der junge Mann, »daß ihr dann in Athen schlecht über mich redet.«

»Ich hoffe, daß es in der Akademie nicht an Gesprächsthemen mangelt und wir gezwungen sein werden, über solche Dinge zu reden«, erwiderte der Philosoph höhnisch.

Genau gesehen war Platon, obwohl er noch als Gast behandelt wurde, in jeder Hinsicht ein Gefangener. Das gespannte Verhältnis zwischen Onkel und Neffe war vor allem deshalb entstanden, weil Dionysios auf die Zuneigung eifersüchtig war, die Platon für Dion empfand. Von einer Änderung der Verfassung konnte natürlich keine Rede mehr sein. Die ganze Liebe des Dionysios zur Philosophie erschöpfte sich in schönen Worten, im Alltag verhielt er sich kaum anders als sein Vater. Immerhin gelang es Platon dann doch noch einmal, von Syrakus zu entfliehen, und als er an die Akademie zurückkam, erwartete ihn dort, zusammen mit den anderen Schülern, bereits sein lieber Dion.

Aber die Geschichte seiner Sizilienreisen ist damit noch nicht beendet. Er unternahm noch eine dritte Reise, von der zu berichten sich lohnt. Von einem gewissen Zeitpunkt an bedrängte Dionysios Platon immer mehr mit Briefen und Bitten, nach Syrakus zurückzukehren. Er wandte sich um Hilfe an die Pythagoreer von Tarent und sagte allen immer wieder, daß er ohne seinen Meister nicht mehr leben könne. Er schickte ihm einen sehr schnellen Dreiruderer, und schließlich erklärte er, daß er Dion überhaupt nichts von seinen Gütern zurückgeben würde, wenn er nicht käme.

Platon war nun schon alt (er hatte das siebenundsiebzigste Lebensjahr vollendet), und Athen-Syrakus auf dem Seewege war zu jener Zeit bestimmt keine Lustreise. Aber die Freundschaft zu Dion war stärker, und so fand er sich damit ab, »noch einmal die tödliche Charybdis« durchqueren zu müssen.[16] Natürlich hielt Dionysios sein Wort nicht, und Platon mußte zum drittenmal seine Haut retten. Dies gelang ihm mit Hilfe seines Freundes Archytas, einem Pythagoreer aus Tarent, der ihn nachts mit einem Dreiruderer abholte. Um die Geschichte zu Ende zu erzählen: ein paar Jahre später unternahm Dion mit achthundert Mann einen bewaffneten Angriff auf Syrakus und entthronte Dionysios. Danach wurde er allerdings von einem gewissen Kallippos, der einer der Schüler Platons war, die ihn von Anfang an begleitet hatten, verraten und umgebracht. Die Geschichte lehrt, daß 8,33 Prozent der Schüler immer ein bißchen zu wünschen übrig lassen.

Platon starb mit einundachtzig Jahren bei einem Hochzeitsbankett[17] und wurde im Hain des Helden Akademos begraben.[18] In seinem ganzen Leben hat ihn kein einziger Mensch je lachen sehen.[19]

Der ideale Staat

Welchen Eindruck müßte wohl ein unvorbereiteter Leser, der Platons *Staat* in die Hand nimmt und sich in die ersten fünf Bücher vertieft, von diesem Autor bekommen? Doch zweifellos den, daß er ein furchtbarer Schurke war, den man nur noch in eine Reihe mit Hitler, Stalin und Pol Pot stellen kann. Wie aber läßt sich dann der Erfolg erklären, den er überall und zu allen Zeiten gehabt hat? Nur ruhig Blut. Nehmen wir uns diesen Dialog doch erst einmal vor.

Der Staat beginnt mit einem Treffen von Freunden im Hause des Kephalos. Da sind Polemarchos, Euthydemos, Glaukon, Thrasymachos, Lysias, Adeimantos und noch weitere Herren versammelt. Thema des Tages: »Was ist Gerechtigkeit?«

Kephalos spricht als erster. Für ihn heißt Gerechtigkeit »jedem zu zahlen, was man schuldig ist.« Für Polemarchos bedeutet es »den Freunden Gutes und den Feinden Böses zu tun«, und für Thrasymachos ist das ›Gerechte‹ das dem Stärkeren ›Zuträgliche‹. Und bis hierher herrscht zum Glück nur eine gewisse Verwirrung. Nun mischt sich aber Sokrates ein, und das ganze Gespräch wird noch widersprüchlicher. Einige Grundkonzepte nämlich wie Gerechtigkeit und Demokratie hatten für die Griechen eine vollkommen andere Bedeutung als für uns heute, daher können gewisse Behauptungen Platons auf uns so reaktionär wirken. So verstehen wir als die Erben der Französischen Revolution zum Beispiel unter Gerechtigkeit vor allem *egalité*, also gleiche Rechte für alle Bürger, während sie für Platon und seine Gefährten Ordnung bedeuteten, und diese konnte nur erreicht werden, wenn »jeder das Seine tut und sich nicht überall zu schaffen macht«.[20]

Versuchen wir nun einige Auszüge aus dem *Staat* zusammenzufassen wie in einem ›Reader's Digest‹:

»Um besser zu verstehen, was Gerechtigkeit ist«, sagt Sokrates, »versuchen wir zu beobachten, wie ein Staat entsteht.«

»Versuchen wir das«, stimmen ihm alle zu.

»Meiner Meinung nach«, fährt der Philosoph fort, »entsteht ein Staat deshalb, weil keiner von uns sich selber genügt. Der Mensch hat viele Bedürfnisse, so viele, daß er gezwungen ist, mit den anderen zusammenzuleben, damit sich alle gegenseitig helfen. Diesem Zusammenleben werden wir den Namen Staat geben.«

»Gewiß«, stimmen die Anwesenden zu, die von nun an vollkommen in Nebenrollen abgedrängt sind.

»Das erste Bedürfnis also ist die Nahrung, das zweite die Wohnung, das dritte die Kleidung und so fort. Unser Staat braucht demnach einen Bauern, einen Maurer, einen Weber und vielleicht auch einen Schuhmacher. Jeder wird sich in seiner Arbeit spezialisieren und für sich und die anderen Waren herstellen, denn um den höchsten Grad an Wirksamkeit zu erreichen, muß jeder einzelne seinem eigenen Handwerk nachgehen und nicht jenem der anderen. In jeder Kategorie wird aber dann auch Werkzeug gebraucht, damit man arbeiten kann: Pflüge, Kellen, Scheren, und dann braucht man Zimmerleute, Schmiede und viele andere Handwerker. Wie ihr seht, wird unser Staat, je länger wir reden, immer mehr bevölkert.«

»In Wahrheit, o Sokrates, ist er schon sehr bevölkert.«

»Aber was im Lande hergestellt wird, reicht vielleicht nicht aus«, fährt Sokrates fort, »und in dem Fall müssen wir Handel mit den Nachbarstaaten treiben, und dazu brauchen wir dann geschickte und erfahrene Kaufleute. Schließlich brauchen wir Seeleute, Steuermänner, Kapitäne für die Transporte auf dem Seeweg. Und da uns dann auch ausländische Kaufleute besuchen werden, brauchen wir Leute, die zwischen ihnen und unseren Bauern vermitteln können.«

Auf diese Weise also läßt Platon seinen Sokrates langsam aber sicher eine emsige Gemeinschaft erfinden. Wie immer holt er offenbar auch hier weit aus, aber wenn es eines in Griechenland gab, so war das Zeit.

Nun kommt Glaukon zu Wort.

»Leider, o Sokrates, hast du, als du die Bedürfnisse des Menschen aufzähltest, nur von Speise, Kleidung und Wohnung gesprochen und dich darauf beschränkt, nur das dringend Notwendige zu wünschen. Wenn ich einen Staat von Schweinen hätte entwerfen sollen, hättest du diese vielleicht auch nicht anders ernährt!«

»Und was rätst du mir?«

»Auch die Gewohnheiten zu bedenken, die anständige Leute haben: schöne Betten, um sich darin auszustrecken, Gebäck aus Feigen...«

»Ich verstehe, Glaukon, du möchtest am liebsten einen Luxusstaat voller Wohlgerüche, Weihrauch und Hetären.

Und sag mal: am liebsten hättest du darin auch Imitatoren, Musiker, Rhapsoden, Dichter, Diener, Schauspieler, Theaterunternehmer, Tänzer und Hersteller von Schmuckstücken und Geräten, vor allem, um unsere Frauen zufriedenzustellen?«

»Und warum nicht?«

»Weil wir in dem Fall ein größeres Gebiet bräuchten, um alle diese Bewohner zu ernähren«, erwiderte Sokrates, »und dann gezwungen wären, dieses unseren Nachbarn wegzunehmen. Und wenn diese ebenso gierig wären wie wir, würden auch sie gewiß uns einen Teil unseres Gebietes wegnehmen wollen.«

»Und wie würde das dann enden?«

»Damit, daß zwischen uns und unseren Nachbarn ein Krieg ausbräche und daß wir gut ausgebildete Soldaten bräuchten, um uns zu verteidigen und die anderen anzugreifen.«

»Könnten dazu nicht die Bewohner selber ausreichen?«

»Nein, nicht wenn das Prinzip gilt, das wir von Anfang an aufgestellt haben: daß ein jeder sein Handwerk betreibt und nicht das der anderen.«

Auf diese Weise hat Platon also, nachdem er den Bauern, den Handwerker und den Händler definierte, auch den Berufssoldaten erfunden.

»Diese Soldaten, die wir Wächter des Staates nennen werden, müssen sanft mit ihren Gefährten umgehen und hart mit den Feinden.«

»Aber wie soll es denn möglich sein, o Sokrates, Männer zu finden, die einen zugleich sanften und mutigen Charakter haben?«

»Indem wir sie mit Musik und Gymnastik erziehen.«

»Zur Musik zählst du auch die dichterischen Werke?«

»Alles, was von den Musen kommt, ist Musik«, erwidert Sokrates, »mit Ausnahme der Lügenmärchen.«

»Welche Lügenmärchen meinst du denn?«

»Diejenigen Homers, Hesiods und anderer Dichter.«
»Was findest du an ihnen denn so tadelnswert, o Sokrates?«
»Die Tatsache, daß sie die Götter und Helden mit allen unseren Schwächen zeigen, daß sie uns von eidbrüchigen Gottheiten sprechen, die sich von Wut hinreißen lassen, von Helden, die weinen, und Göttern, die lachen.«
»Von Göttern, die lachen?«
»Ja, die lachen«, erwidert Sokrates, »denn es ist unziemlich, allzusehr dem Lachen zugeneigt zu sein, und man kann nicht gutheißen, wenn Homer Verse dieser Art schreibt: ›Unauslöschliches Lachen erregt es den Seligen, keuchend / Rund um den Saal den Hephaistos als Schenken watscheln zu sehen.‹ Ich denke, daß solche Dinge, auch wenn sie wahr sind, Kindern oder unreifen Personen nie erzählt werden dürften, sondern es wäre angemessen, sie zu verschweigen oder sie höchstens einer kleinen Zahl von Leuten mitzuteilen, nachdem man den Göttern ein Opfer von seltenem Wert und großen Ausmaßen gebracht hat.« (374a–377a)

Diese Aufforderung zur Zensur beschließt das zweite Buch des *Staates*. Im dritten wird festgelegt, welche Musik und welche Gymnastik für die Erziehung der Wächter nötig sind. Jedenfalls keine ionischen oder lydischen Melodien vom Typ *core n'grato*, die Schlappschwänze hervorbrächten und keine Krieger. Angemessen sind dorische oder phrygische Militärmärsche, die Mut und Vaterlandsliebe wecken. Vorsicht jedoch, auch eine nur auf die Kriegskunst ausgerichtete Erziehung könnte zu gefährlichen Ergebnissen führen: es könnten nämlich dabei nicht denkende Männer, sondern wilde Tiere herauskommen, die nicht fähig wären, die anderen Männer mit der Kraft des Wortes zu überzeugen.

Danach wird die Sache auf den Punkt gebracht: einige der Wächter werden besser zum Befehlen geeignet sein und andere besser dazu, befehligt zu werden. Nachdem die ersteren auserwählt sind, haben wir drei Klassen von Individuen: diejenigen, die befehligen (die Philosophen), diejenigen, die kämpfen (die Soldaten), und diejenigen, die arbeiten (die Bauern und alle übrigen). Platons Republik ist also ein Staat mit Bürgern der Klasse A, Klasse B und Klasse C. Mit größter Wahrscheinlichkeit bleibt jeder sein Leben lang in der Klasse, in der er geboren wurde, es sei denn, er steigt auf Grund außergewöhnlicher Verdienste auf oder er wird wegen eines Vergehens zurückgestuft.

»Wenn es zu einem guten Zweck ist«, führt Sokrates dann aus, »darf auch gelogen werden. Wir werden also unseren Bürgern sagen: ihr seid alle Brüder, aber die Gottheit hat, als sie euch formte, jenen, die dazu bestimmt sind, zu befehlen, Gold beigemischt, Silber den Gehilfen und Erz den Arbeitern.«

»Und wenn ein Bürger einer höheren Klasse eines Tages merkt, daß er einen Sohn hat, der aus Erz gemacht ist, was muß er dann tun?«

»Ihn gnadenlos zu den Arbeitern abschieben, ebenso wie umgekehrt, wenn unter jenen ein Sohn mit klaren Spuren von Gold und Silber geboren würde, es die Aufgabe der Wächter wäre, ihn seinen Eltern zu entziehen, um ihn in den Rang zu erheben, der ihm gebührt.«

»Und würde er dann reich?«

»Keinesfalls«, erwidert Sokrates, »keiner der Wächter, ob Philosoph oder Soldat, darf je persönliche Güter besitzen. Allein das Volk darf weiterhin Land besitzen. Was das Essen betrifft, werden die Wächter alles erhalten, was für ihr Wohlergehen erforderlich ist. Sie werden in Gemeinschaft leben und ihre Mahlzeiten gemeinsam einnehmen, so als lebten sie in der Kaserne.«

»Und du glaubst nicht, daß ein solches Leben sie unglücklich machen würde?« fragt Adeimantos. »Obwohl sie den Staat in der Hand haben, werden sie nie irgendeinen Vorteil daraus ziehen, sie können nicht großzügig zu den Hetären sein oder schöne und geräumige Häuser haben.«

»Es ist so, mein lieber Adeimantos, daß unser Ziel nicht

sein kann, eine Klasse oder ein Individuum glücklich zu machen, sondern den ganzen Staat. Vergiß nicht, daß großer Reichtum und äußerste Armut den Menschen unglücklich machen, da ersterer zu Luxus, Faulheit und revolutionären Bewegungen führt und letztere Engherzigkeit, schlampige Arbeit und revolutionäre Bewegungen zur Folge hat.«

»Aber in allen Staaten, die ich kenne, gibt es Reichtum und Armut!«

»Ja«, erwidert Sokrates, »weil sie keine Einheitsstaaten sind, sondern aus zwei Klassen gebildet, aus den Reichen und den Armen, die sich feindlich gegenüberstehen wie im Spiel der *Poleis*.«[21]

Von der sozialen Gerechtigkeit kommt Sokrates auf die Gerechtigkeit beim einzelnen zu sprechen, der drei Seelen hat, so wie der Staat in drei Klassen von Bürgern eingeteilt ist.

»Jedes Individuum«, sagt Sokrates, »hat drei verschiedene Seelen: die erste dient dem vernünftigen Denken, die zweite (leidenschaftliche) macht ihn furchtlos, und die dritte läßt ihn Liebe, Nahrung und das Wasser begehren. Um euch nun zu zeigen, wie sich diese drei Seelen verhalten, werde ich euch eine Anekdote erzählen: Leontios, Aglaions Sohn, kam eines Tages vom Piraeus herauf, als er auf dem Richtplatz einige gerade vom Henker abgenommene Leichname sah. Der junge Mann verging einerseits vor Lust, hinzuschauen, auf der anderen Seite aber hatte er Angst, es zu tun, bis er sie dann schließlich, von seiner Begierde besiegt, ansah und sagte: ›Da, ihr Unseligen, labt euch an dem schönen Anblick!‹ In diesem Fall hatte sich die unerschrockene Seele mit der begehrlichen gegen die vernünftige vereint. Wenn aber nun Gerechtigkeit sein soll, muß der Mut (die Klasse der Soldaten) immer im Dienste der Vernunft (der Klasse der Philosophen) stehen und niemals in dem der Begierden (des Volkes).« (439 d–440 a)

Hierauf will Sokrates schon aufbrechen, aber Adeimantos hält ihn an der Tunika zurück.

»Du willst uns, glaube ich, einen Teil des Gespräches

vorenthalten, denn du hast versucht, uns damit abzuspeisen, daß du sagtest, die Wächter würden alles gemeinsam haben, auch die Frauen; aber wie soll eine solche Gemeinschaft eigentlich genau verwirklicht werden?«

»Es ist nicht einfach, darüber zu sprechen«, antwortet Sokrates verlegen. »Die Lösung, die ich vorschlage, liebste Freunde, ist ungewöhnlich, und meine Worte könnten euch nach Utopie klingen.«

»Zögere nicht, o Sokrates, deine Zuhörer sind doch weder ungläubig noch feindlich gesinnt.«

»Also dann hört zu: gehen wir einmal davon aus, daß Männer und Frauen gleich sind...«

»Was heißt gleich?«

»Nun, daß die Frauen die Aufgaben der Wächter ebensogut erfüllen können wie die Männer, mit dem einzigen Unterschied, daß sie schwächer sind...«

»Aber das ist doch unmöglich...«

»...also müssen wir sie genauso erziehen wie die Wächter, nämlich mit Musik und Gymnastik.«

»Das wäre doch wirklich lächerlich!«

»Was findest du daran so lächerlich?« fragt Sokrates aufbrausend. »Daß die Frauen nackt mit den Männern Leibesübungen machen? Aber wie sollen sie denn dem Staat dienen, wenn du sie nicht unterrichtest, wie es sich gehört?«

»Gut, aber deine Idee ist wirklich wie eine Sturmflut, die die Schranken aller unserer Gewohnheiten einreißt.«

»Wenn dich die erste Flut schon schreckt, dann höre jetzt weiter.«

»Ich höre, o Sokrates.«

»Diese Frauen werden, wie ich schon sagte, den Männern gegeben: alle für alle und nicht eine nur für einen allein. Auch die Kinder werden gemeinsam erzogen, so daß kein Elternteil seine eigenen Kinder erkennen kann.«

»Und nach welcher Regel werden sich Männer und Frauen paaren?«

»Die Besten mit den Besten und die Schlechtesten mit den Schlechtesten, und damit sich die letzteren nicht beklagen, werden wir geschickt vortäuschen, daß über alles das Los entscheidet, so daß schuld an einer nicht erwünschten Paarung nur das Schicksal ist. Wie ich schon sagte, können Lügen erlaubt sein, wenn sie einem edlen Zweck dienen.«

»Und die Kinder?«

»Die der Besten werden von den Müttern mit den prallsten Brüsten in einem Kinderhort aufgezogen und zwar nach einem System, daß keine ihre eigenen Kinder erkennen kann. Diejenigen der Schlechtesten dagegen werden an einen geheimen und verborgenen Ort gebracht.«[22]

»Und welche Vorteile hat das?«

»Wenn sie ihre eigenen Nachkommen nicht erkennen können, werden die Wächter die Familien nicht über den Staat stellen, und kein Junger wird es je wagen, einen Alten zu schlagen, weil er immer befürchten muß, es könnte sein eigener Vater sein. Und wenn Krieg ist, werden die körperlich begabtesten jungen Männer auf das Schlachtfeld geführt, damit sie dort kämpfen. Sie werden schnelle Pferde reiten, um sich im Falle einer Niederlage in Sicherheit zu bringen. Sie werden es lernen, die mutigen Soldaten zu bewundern und die Feiglinge zu verachten. Wer sich im Kampf auszeichnet, wird von seinen Gefährten bekränzt und darf während des ganzen Feldzugs lieben, wen er will, Frau oder Mann, und keiner darf sich ihm verweigern.« (449 c–468 c)

Damit haben wir etwa die Hälfte des Dialogs bewältigt. Halten wir einen Augenblick ein, bevor wir Platon bezichtigen, eine Lobrede auf den Faschismus geschrieben zu haben, und versetzen wir uns in seine Lage.

Die vielen kleinen Ansiedlungen im bergreichen Griechenland waren zu jener Zeit isoliert und fast immer miteinander verfeindet. Von Fremden überfallen zu werden, bedeutete regelmäßig Tod für die Männer und Sklaverei für Frauen und Kinder. Überleben konnte man in Griechenland nur hinter hohen Stadtmauern, mit einer günstig gelegenen Akropolis und einem tüchtigen Heer.

Als kaum Zwanzigjähriger erlebte Platon die Niederlage Athens gegenüber Sparta. General Lysandros ließ, nachdem er das athenische Heer geschlagen hatte, die Lange Mauer abreißen. Er tötete die Demokraten und setzte an ihrer Stelle die Oligarchen ein, die unverzüglich eine Schreckensherrschaft errichteten. Ganz natürlich, daß der Philosoph in dieser schwierigen Lage ein starkes Bedürfnis nach Ordnung oder, wie er es nannte, nach »Gerechtigkeit« hatte. Und das politische Modell, an dem er sich ausrichtete, konnte ja nur das des Siegers sein. Der mythische Lykurgos, Erfinder des spartanischen Kommunismus, erschien ihm wohl als eine vertrauenserweckende Leitfigur, für die wir in unserem Jahrhundert nur den Vergleich mit Mao Tse-tung haben.

Platon konnte sich also für seinen Entwurf nur einen kleinen, von Feinden umringten und auf die Polis ausgerichteten Staat vorstellen. Der ideale Bürger war für ihn einer, der die Gemeinschaft liebte und nicht das Private. Für seinen Staat stellt er sich daher auch immer nur ein Gebilde von der Größe Athens vor. So umfangreich seine Abhandlung ist, auf keiner Seite wird je ein großflächiges Reich erwogen. Allerdings lebte er noch vor der Zeit Alexanders des Großen, der dann bewies, daß sich auch ein wilder Haufen von Stämmen zu einem einzigen Volk vereinigen ließ.

Eine Frage, die er sich dann allerdings stellt, ist die nach der geographischen Lage eines idealen Staates. Die Nähe des Meeres scheint Platon nicht vertrauenserweckend. In seinen *Gesetzen* sagt er wörtlich: »Das eine Gegend bespülende Meer ist zwar für das tägliche Bedürfnis eine angenehme, in der Tat aber gewiß herbe und bittere Nachbarschaft. Indem es nämlich hier den Handel und vermittels des Kleinverkehrs den Gelderwerb gedeihen läßt und in den Seelen eine veränderliche und unzuverlässige Gesinnung erzeugt, macht es die Bürger unzuverlässig und lieblos gegeneinander.«[23]

Mit anderen Worten: der Bauer ist ein braver Mann, der nur das hervorbringt, was er braucht oder was ihm vielleicht zum Tauschhandel dient, der Händler aber rafft Geld. Die landwirtschaftlichen Erzeugnisse sind leicht verderblich und daher zur Anhäufung nicht geeignet, das Geld dagegen ist sehr wohl zum Horten geeignet und bringt Unzufriedenheit und Unglück mit sich. Und da zu jener Zeit der Handel ausschließlich auf dem Seeweg stattfand, denn in Attika gab es noch keine bequemen Straßen, war eine Stadt am Meer immer auch ein Handelszentrum und als solches ein unerfreulicher Ort.[24] In seinem idealen Plan geht Platon sogar so weit, einen bestimmten Sicherheitsabstand zum Meer festzulegen: er beträgt vierzehn Kilometer und siebenhundert Meter.[25] Warum gerade soviel, frage man mich nun aber nicht.

Sein Dialog *Der Staat* hat Platon in der Geschichte des abendländischen Denkens viel Kritik eingebracht. Vor allem der österreichische Philosoph Karl Popper, der ihn mit Hegel und Marx vergleicht, kommt zu dem Schluß, daß er ein Feind der Freiheit oder, wie er sagt, der »offenen Gesellschaft« sei. Popper beschuldigt den Athener vor allem, der geistige Vater jeder Form von Totalitarismus gewesen zu sein, und zitiert dazu ausführlich jene Stellen, in denen sich Platon gegen die Demokratie ausspricht.[26] Poppers Fehler ist der, daß er Platon mit dem Bewußtsein von heute beurteilt und ihn nicht aus seiner Zeit heraus sieht, aus dem 4. Jahrhundert vor Christus. Platon war nämlich weder für die Diktatur noch für die Demokratie, sondern er fand abwechselnd die eine und die andere Form besser, je nachdem, wer gerade regierte. Er zählt die politischen Regierungsformen der Reihe nach und ihrer Bedeutung entsprechend auf, und an der Spitze der sechs genannten steht bei ihm als Wichtigste die Regierung eines einzigen Mannes (die Monarchie, den Philosophen als König, also praktisch meint er sich selbst, auch wenn er es nicht ausspricht), dann die der Wenigen (die Aristokratie) und schließlich die der Menge (die Demokratie): dies im Falle, daß die Regierenden gut sind. Sind sie hingegen Schufte, kehrt er seine Wertskala um und nennt als Bestes die Regierung der Menge (die Demagogie), an zweiter Stelle die der Wenigen (die Oligarchie) und als letztes die Tyrannei.[27]

Aus den gleichen Gründen, aus denen Platon von den einen kritisiert wird, wird er von anderen geliebt. Oft ist dies allerdings eine recht eigennützige Liebe, wenn nämlich versucht wird, eigene reaktionäre Auffassungen dadurch zu verbrämen, daß man sich auf Platon beruft. Wenn man behaupten kann, »das hat sogar Platon gesagt«, tut das immer seine Wirkung. So habe ich zum Beispiel in den stürmischen Tagen von 68 im Büro eines Firmenleiters folgenden Satz Platons eingerahmt gesehen: »Wenn einer demokratischen, nach Freiheit durstigen Stadt schlechte Mundschenken vorstehen und sie sich über Gebühr an ihrem starken Wein berauscht, so wird sie ihre Obrigkeiten, wenn diese nicht ganz zahm sind und alle Freiheit gewähren, zur Strafe ziehen, indem sie ihnen schuld gibt, bösartig und oligarchisch zu sein. Und die den Obrigkeiten gehorchen, mißhandelt sie als knechtisch Gesinnte und gar nichts Werte. Als wenn ein Vater sich gewöhnt, dem Knaben ähnlich zu werden und sich also vor den erwachsenen Söhnen zu fürchten. Der Lehrer zittert in einem solchen Zustande vor seinen Zuhörern und schmeichelt ihnen; die Zuhörer aber machen sich nichts aus den Lehrern. Und überhaupt stellen sich die Jüngeren den Älteren gleich und treten mit ihnen in die Schranken in Worten und Taten; die Alten aber setzen sich unter die Jugend und suchen es ihr gleichzutun an Fülle des Witzes und lustiger Einfälle, damit es nämlich nicht das Ansehen gewinne, sie seien mürrisch oder herrschsüchtig. Die Summe nun von diesem allen ist, daß sie sich um die Gesetze gar nicht kümmern. Diese jugendliche Wurzel ist es nun eben, aus welcher die Tyrannei hervorwächst.«[28]

Nachdem ich dies gelesen hatte, sagte der Unternehmer zu mir: »Haben Sie gesehen? Schon Platon hat dasselbe gedacht wie wir! Das könnte doch heute geschrieben worden sein!«

Post scriptum: Der Sokrates in Platons *Staat* hat mit Sokrates, wie wir ihn kennen, nicht viel gemein. Meiner Meinung nach ist der *Staat* ein sehr wenig sokratisches Werk. Dazu gibt es die Geschichte, daß Platon eines Tages in Anwesenheit von Sokrates einen seiner Dialoge vorgelesen und der Meister dann die Worte ausgerufen habe: »Hört nur, welche Torheiten dieser junge Mann mir in den Mund legt!«[29]

Das Höhlengleichnis

»Das Nichtsein ist nicht«, darauf könnten wir uns wohl alle einigen, doch das Schlimme ist, daß man es sehen kann.

Platon versuchte das Sein des Parmenides mit dem Werden Heraklits in Einklang zu bringen, und um uns den Unterschied zwischen Wirklichkeit und Schein zu erklären oder vielmehr zwischen »dem Einen, Reinen und Unveränderlichen« und dem »Vielfältigen, Unreinen und Veränderlichen«, erzählt er uns das Höhlengleichnis.

Stellen wir uns eine große Höhle vor und in ihrem Innern einige Männer, die von klein auf dort so gefesselt sind, daß sie zeitlebens nur auf die rückwärtige Wand sehen und ihren Blick nie dem Ausgang zuwenden können. Im Rücken dieser Unglückseligen, gleich außerhalb der Höhle, verläuft eine ansteigende Straße, die von einer kleinen Mauer gesäumt wird, hinter der andere Männer vorübergehen, die auf ihren Schultern Statuen und Gegenstände jeder Art und Form tragen, »ein wenig wie die Gaukler, die den Zuschauern die Puppen zeigen.«[30] Die Träger unterhalten sich lebhaft miteinander, und ihre Stimmen werden durch das Echo in der Höhle verzerrt. Hinter dem Ganzen beleuchtet die Sonne oder, wem das lieber ist, ein großes Feuer die Szene.

Frage: Was werden die gefesselten Männer über die Schatten denken, die sie über die Höhlenwand ziehen sehen, und über das Stimmengewirr, das sie hören? Antwort: Sie werden besten Glaubens sein, daß die Schatten und die Geräusche die einzige bestehende Wirklichkeit sind.[31]

Nehmen wir jetzt einmal an, daß es einem von ihnen gelingt, sich zu befreien, sich umzudrehen und so die Statuen zu sehen. Im ersten Augenblick würde er sie, vom Licht geblendet, sehr undeutlich erkennen und die Schatten, die er vorher gesehen hat, für klarer halten. Sobald er aber dann hinausträte und sich an das Sonnenlicht gewöhnte, würde er bald merken, daß alles, was er bisher gesehen hatte, nur der Schatten der greifbaren Objekte gewesen war. Stellen wir uns einmal vor, was er seinen Gefährten erzählen würde, wenn er wieder in die Höhle zurückkehrte:

»Leute, ihr habt keine Ahnung, da draußen gibt es unglaubliche Dinge! Ein Licht, das ihr euch nicht vorstellen könnt. Dinge, die ich nicht beschreiben kann! Und dann wunderbare, vollkommene, außergewöhnliche Statuen, nicht nur solche ekelhaften Schatten, wie wir sie von morgens bis abends sehen!«

Aber sie würden ihm nicht glauben. Bestenfalls würden sie sich über ihn lustig machen, und wenn er dennoch darauf beharrte, daß er die Wahrheit sage, würde man ihn einfach, wie man ja schon bei Sokrates gesehen hat, zum Tode verurteilen.[32]

Erklärung des Höhlengleichnisses in einfachen Worten: Das Sein ist die Sonne, oder die *Erkenntnis*, das Nichtsein sind die Schatten, oder der *Schein*, dazwischen, zwischen Sonne und den Schatten, ist die *Meinung*, das was wir über die greifbaren Gegenstände denken. Die Erkenntnis unterscheidet sich von der Meinung darin, daß die erstere die Dinge sieht, wie sie wirklich sind, während die letztere sie in blasser und verschwommener Form vorstellt, das heißt, sie ist ein Zwischenstadium zwischen dem Sein und dem Nichtsein.

»Aber was soll das Ganze?« könnte der sogenannte Mann von der Straße fragen. Es dient der Erkenntnis, daß es im Leben einige falsche Ziele gibt wie Geld, Macht und Erfolg, die nur die Schatten einer sehr viel wahreren Wirklichkeit sind, die wir mit den Augen nicht erfassen können. Diese Wirklichkeit können wir vorerst nur intuitiv erfassen, da es eine Lichtquelle (Gott) gibt, die sie für uns projiziert. Wenn also der Philosoph uns erleuchten will, hören wir auf ihn: er ist einer der wenigen, denen es gelungen ist, sich von den Ketten zu befreien und der Wirklichkeit ins Auge zu sehen.

Aus der Höhle herauszukommen, bedeutet für Platon, zur Erkenntnis der unveränderlichen Ideen zu gelangen. Es ist eines, einen schönen Menschen zu schätzen, und ein zweites, zu wissen, was Schönheit wirklich ist. Auch für die Philosophen ist es nicht leicht, dieses Ziel zu erreichen, sie müssen dazu einen langen Weg zurücklegen.

Die Ideenwelt

Das Höhlengleichnis führt in die Ideenlehre ein, die gleichzeitig eine logische und eine metaphysische Theorie ist. Wenn sich mir beim Anblick eines Huhns der Gedanke aufdrängt: »Dies ist ein Huhn«, so habe ich dabei folgende Überlegung angestellt: »Das Tier, das ich sehe, hat etwas gemeinsam mit allen Hühnern, also muß es ein Huhn sein.« Wenn ich dagegen behaupte, daß alle Hühner der Welt die Eigenschaft haben, einem idealen Huhn zu gleichen, das einer übersinnlichen Welt entstammt, dann habe ich ein metaphysisches Konzept ausgesprochen. In der Zwischenzeit scharrt das wirkliche Huhn weiter vor sich hin, ohne die geringste Ahnung davon zu haben, daß es ein häßliches

Abbild der Idee eines Huhns ist, das zu seinem Glück nicht befürchten muß, in einer Bratpfanne zu landen und aufgegessen zu werden.

Dieser Sprung von der logischen zur metaphysischen Theorie ist das Neue an Platon, das ihn von den Philosophen vor ihm unterscheidet. Während wir mit der Logik nur das Konzept des Universalen aufstellen können, haben wir es bei der Ideenlehre zum ersten Mal in der Philosophiegeschichte mit etwas zu tun, das außerhalb des Universalen liegt. Alle Vorsokratiker hatten sich mehr oder weniger mit der Suche nach *arché* beschäftigt, nach dem Anfang der Dinge, und alle waren von einem physikalischen Ursprung ausgegangen: von Wasser, Luft, Feuer usw. Selbst Anaxagoras, der Erfinder des *nous*, des höheren Geistes, hatte sich diesen Geist als eine materielle Substanz vorgestellt, die vielleicht von feiner Struktur und weniger greifbar war als die übrigen, aber dennoch physikalische Gestalt hatte.[33]

Platon dagegen beginnt mit dem, was die griechischen Seefahrer einst die »zweite Navigation« nannten, die Navigation mit Rudern nämlich, da die erste, die nur die Kräfte des Windes ausnutzte, gewissen Bedürfnissen nicht mehr entsprach.

Wenn ich mich bei der Idee vom Huhn vielleicht einigermaßen aus der Schlinge gezogen habe, wird die Sache schon schwieriger, wenn es um die Idee einer abstrakten *Entität* geht. Wenn ich sage »Marina ist schön«, nenne ich nur ein Beispiel für Schönheit. Vor allem, da Marina[34] dies nicht immer gewesen ist, denn ich erinnere mich, als Zwölfjährige war sie eher ein bißchen häßlich, und auch als alte Frau wird sie nicht mehr schön sein, während die Idee Schönheit, das Schöne an sich, eine unveränderliche Entität ist, die sich in diesem Augenblick »in« Marina verkörpert, ebenso wie sie auch »im« Panorama von Rio de Janeiro, in einem Gedicht von Montale oder einer Finte von Maradona enthalten ist. Marina kann man mit Händen berühren (ich sage das nur so), die Schönheit aber nicht.

Eine Idee ist für uns heute ein Gedanke, ein geistiger Vorgang, also etwas, das sich in unserem Gehirn abspielt. Für Platon aber war es eine äußere Entität unter vielen anderen, die man nur mit dem Geist »sehen«[35] kann.

Die Ideen in ihrer Einzigartigkeit, Unveränderlichkeit und Ewigkeit waren für Platon eine Sicherheit, auf die sich bauen ließ, und ein wenig Sicherheit brauchten seine Zeitgenossen wirklich dringend. Das ausgehende 5. Jahrhundert war für die Athener eine Periode großer politischer und moralischer Unsicherheit. Demagogen und Sophisten hatten sich des langen und breiten ausgelassen, und kein Mensch wußte mehr so recht, was das »Gute« und was das »Gerechte« war. Alles schien denkbar. Platon nun brachte mit seiner Ideenlehre ein wenig Ordnung in diese ethisch-politische Verwirrung und erarbeitete drei Ebenen der Erkenntnis:

1. Die *Wissenschaft*, nämlich das vollkommene Verstehen der unveränderlichen Konzepte, über die man sich keinen Spaß erlauben darf: dies sind die Ideen (das Sein);
2. Die *Meinung*, die unterschiedliche Urteile über die sinnlich wahrnehmbare Welt ermöglicht (das Werden);
3. Die *Unwissenheit*, in der jeder verharrt, der in den Tag hinein lebt, ohne sich nach dem Sinn der Dinge zu fragen (das Nichtsein).

Mit dieser Einteilung geht Platon einen philosophischen Kompromiß zwischen dem *Sein* des Parmenides und dem *Werden* Heraklits ein. Das Sein wird von den Ideen gebildet, es ist unveränderlich und ewig, weil auch die Ideen unveränderlich und ewig sind, der Unterschied zum *Einen* des Parmenides besteht darin, daß die Ideen *viele* sind. Das Werden hingegen (das auf halbem Wege zwischen dem Sein und dem Nichtsein ist) betrifft die ganze sinnlich wahrnehmbare Welt, die alltägliche Welt, die sich unablässig verändert und über die wir gegensätzlicher Meinung sein können, ohne dabei aber gegen die heiligen Prinzipien zu verstoßen.

Auch die Ideen sind hierarchisch unterteilt. Die allerwichtigste Idee ist das *Gute an sich*, dann kommen die Ideen der *moralischen Werte* (das Schöne, das Gerechte, die Vaterlandsliebe...), die der *mathematischen Konzepte* (die Gerade, das Dreieck, die Vier, die Größe, die Gleichung...) und schließlich die der in der *Natur vorkommenden Dinge* (der Hund, der Tisch, der Baum, die Frau, die Weintraube, die Kochtöpfe...). In einem der platonischen Dialoge versucht Parmenides, Sokrates mit der Frage in die Enge zu treiben, ob es auch die Ideen der negativen Dinge gäbe, wie zum Beispiel die des Unrats, des Schlamms und der Läuse, und Sokrates wußte nicht so recht, was er antworten sollte, und verneinte deren Existenz. Darauf erwidert dann Parmenides diese klugen Worte: »Du bist eben noch jung, o Sokrates, und noch hat die Philosophie dich nicht so ergriffen, wie ich glaube, daß sie dich noch ergreifen wird, wenn du nichts von diesen Dingen mehr gering achten wirst.«[36]

Außer der unangenehmen Sache mit den abstoßenden Ideen gibt es auch noch das Problem des Verhältnisses zwischen vollkommenen Vorbildern (den Ideen) und mangelhaften Abbildern (den sinnlich wahrnehmbaren Gegenständen). Wenn ich versuche, aus der freien Hand einen Kreis zu zeichnen, wird dieser mit Sicherheit nicht gerade vollkommen, aber keiner wird etwas dagegen einzuwenden haben, schon deshalb nicht, weil ich nach Beendigung der Zeichnung so schlau sein werde zu sagen: »Nehmen wir einmal an, dies sei ein Kreis.« Aber während man einem schlechten Zeichner leicht verzeiht, kann man es der Natur nicht immer nachsehen, wenn sie mangelhafte Ausführungen von Männern, Frauen und Tieren in Umlauf setzt.

Daher führt Platon nun den *Demiurgen* ein. Dieser ist eine Art göttlicher Handwerker, sozusagen ein Zwischenglied zwischen den Ideen und der sinnlichen Welt, und er formt die Materie nach dem göttlichen Vorbild: manchmal gelingt ihm dies gut, manchmal aber auch nicht. Der Demiurg ist also der Schöpfer. Allerdings ein Schöpfer, der weit entfernt ist vom

Gott unserer Vorstellung, denn er war ja den Ideen untergeordnet. Während diese den Demiurgen überhaupt nicht brauchen, um zu sein, braucht er sie sehr wohl, um die Welt aufzubauen.[37] Das Gotteskonzept läßt sich bestenfalls mit der Idee des *Guten an sich* vereinbaren, das die Spitze der Ideenhierarchie bildet und damit auch der Grund für alle anderen ist.

Die platonische Liebe

Die meisten Menschen glauben, platonische Liebe sei eine Liebesbeziehung zwischen zwei Personen, die eben nicht miteinander ins Bett gehen. In Wirklichkeit liegen die Dinge ein wenig anders. Platon war überzeugt, daß das höchste Ziel der Liebe das »Schöne« sei, und um uns zu erklären, was er damit meint, hat er eines der größten Meisterwerke der Literatur aller Zeiten verfaßt: das *Gastmahl*.

Das Gastmahl, nämlich ein Abendessen, fand im Hause Agathons statt, der einen Preis feiern wollte, den er bei einem Wettbewerb der Tragödiendichter gewonnen hatte, und nun eine Reihe von Freunden, darunter Pausanias, Phaidros, Alkibiades, Aristophanes und den Arzt Eryximachos zu sich nach Haus einlud. Auch Sokrates sollte mit von der Partie sein, aber gerade als er die Villa betreten wollte, in der das Fest stattfand, blieb er plötzlich wie angewurzelt auf der Straße stehen, weil ihn wer weiß welcher Gedanke überfallen hatte. Er kommt erst hinzu, als die anderen bereits beim Nachtisch angelangt sind.

Thema des Abends ist Eros. Eryximachos schlägt vor, daß jeder einzelne, von rechts beginnend, das Wort ergreifen und eine Lobrede auf den Gott halten soll. Der erste Redner ist Phaidros und, ehrlich gesagt, gibt er nichts besonders Interessantes zum Besten: der junge Mann beschränkt sich auf die Feststellung, daß Eros der mächtigste aller Götter sei und daß einer, der liebt, immer glücklicher sei, als einer, der geliebt wird, denn er sei als einziger ganz von dem Gott besessen. Die Meinung Pausanias' ist schon ein wenig origineller:

»Ich habe den Eindruck, o Phaidros, daß das Thema noch nicht richtig gestellt worden ist. Du sprichst von Eros, als gäbe es nur einen einzigen, dabei gibt es doch deren zwei: die ›himmlische‹ Liebe und die ›gemeine‹. Die Männer üben gewöhnlich die letztere, laufen hinter den Frauen her, begehren ihre Körper mehr als ihre Seelen, und in ihrer Absicht, ein so armseliges Ziel zu erreichen, ziehen sie am Ende dumme Personen vor. Der wahre Liebhaber dagegen, der himmlische, zieht die Männer vor, weil er ihre stärkere Natur und ihre lebhaftere Intelligenz bewundert. Leider ist bei uns die Regel nicht immer klar. In Elis, in Böotien und in Lakedaimon ist es ehrenhaft, Männer zu lieben, in Jonien und in allen barbarischen Ländern wird Männerliebe, eben weil dort Tyrannen herrschen, als eine schandbare Sache angesehen. In Athen dagegen weiß man nicht genau, wie die Lage ist. Während sie mit Worten alles erlauben, stellen die Väter den begehrtesten Knaben Erzieher an die Seite, verbieten den Jungen, sich mit den Liebhabern zu unterhalten, und versuchen, die Gleichaltrigen dazu zu bewegen, sie zu überwachen und ihnen nachzuspionieren. Dabei glaube ich, daß die Liebe an und für sich weder eine schöne noch eine schlechte Sache ist, und daß alles davon abhängt, wie man mit ihr umgeht: sie ist moralisch, wenn die Beweggründe edel, und schändlich, wenn diese niedrig sind.« (180c–185c)

Nach Pausanias käme der Komödienschreiber Aristophanes an die Reihe, doch er hat gerade Schluckauf und bittet Eryximachos, an seiner Stelle zu reden oder ihn zu kurieren.

»Ich habe beides vor«, erwidert der Arzt, »ich werde an deiner Stelle reden, und du mußt in der Zwischenzeit eine Weile die Luft anhalten, damit dein Schluckauf aufhört. Über Eros habe ich eine Meinung, die mit meinem Beruf zu tun hat, der Medizin. Pausanias hat gesagt, daß es zwei Formen der

Liebe gibt, ich glaube aber, daß es deren sehr viele gibt. Ich sehe Eros bei den Männern, bei den Frauen, bei den Tieren, bei den Pflanzen und in allen Lebewesen. Wo immer es gegensätzliche Eigenschaften wie voll / leer, warm / kalt, bitter / süß, trocken / feucht gibt, sehe ich Eros als einen Vermittler, der eingreift, um die Gegensätze zu mildern und Harmonie herzustellen. Die Medizin ist also auch ein Instrument der Liebe, und dafür muß man Asklepios dankbar sein, der sie begründet hat. Wenn die gemeine Liebe den Menschen dazu treibt, den Lüsten der Tafel zu frönen, so setzt ihm die himmlische Liebe in Form der Medizin die Grenze des richtigen Maßes.« (185d–188d)

Ein heftiges Niesen Aristophanes' unterbricht Eryximachos' Rede. Alle wenden sich dem Komödienschreiber zu, der die Gelegenheit nutzt, nun seine Meinung zu sagen.

»Es ist wirklich wunderbar, o Eryximachos, daß man die Harmonie in einem Körper und damit also die Liebe mit einem kleinen Niesen erreichen kann. Wie du siehst, ging mein Schluckauf durch das Niesen sofort weg.«

»Deine Schwäche, o Aristophanes, ist, daß du immer geistreich sein willst«, erwidert der Arzt. »Wenn du so weitermachst, werde ich sehr aufpassen müssen, während du redest, um immer zu wissen, wann du ernsthaft sprichst und wann du dich lustig machst.«

»Keine Sorge, o Eryximachos«, erwidert Aristophanes. »Was ich zu sagen habe, ist nicht geistreich, sondern einfach zum Lachen. Um die Kraft des Eros wirklich zu verstehen, mußt du wissen, welche Prüfungen der menschlichen Natur auferlegt sind. Am Anfang bestand die Menschheit aus drei Geschlechtern: den Männern, den Frauen und gewissen merkwürdigen Wesen, die Androgyne heißen und gleichzeitig männlich und weiblich waren. Alle diese Menschen waren jedoch mit allem doppelt ausgestattet: sie hatten vier Beine, vier Arme, vier Augen usw. Und jeder hatte auch zwei Geschlechtsorgane, die beide männlich waren bei den Männern, weiblich bei den Frauen, während die Mannweiblichen ein männliches und ein weibliches hatten. Sie gingen auf vier Beinen, konnten sich aber in alle Richtungen bewegen wie Spinnen. Ihr Charakter war furchtbar schlecht. Sie besaßen übermenschliche Kräfte und übermenschlichen Hochmut, so daß sie schließlich die Götter herausforderten, als wären sie ihresgleichen. Vor allem Zeus war entrüstet über die Anmaßung der Menschen. Einerseits wollte er sie nicht töten, um nicht ihrer Opfer verlustig zu gehen, andererseits wollte er etwas unternehmen, um sie zurechtzuweisen. Nachdem er eine Weile nachgedacht hatte, beschloß er eines Tages, sie entzweizuteilen, so daß jeder Teil nur noch zwei Beine und ein Geschlechtsorgan hatte. Und er drohte ihnen, wenn sie weiterhin so gottesfrevlerisch lebten, würde er sie noch einmal in der Mitte durchteilen, so daß sie nur noch auf einem einzigen Bein herumhüpfen könnten. Nach diesem chirurgischen Eingriff wurden die Menschen unglücklich, obwohl Apollon ihre Wunden hatte vernarben lassen. Jeder von ihnen sehnte sich nach seiner anderen Hälfte, die halben Männer suchten die anderen halben Männer, die halben Frauen begehrten die anderen halben Frauen, und die männliche Hälfte der Mannweiblichen suchte verzweifelt nach ihrer weiblichen Hälfte. Um das verlorene Glück wiederzufinden, brannte jeder darauf, sich mit seiner Zwillingsseele wieder zu vereinen. Und dieses heftige Verlangen ist es, was wir Liebe nennen.« (189a–193c)

Nach Aristophanes ergreift Agathon das Wort. Der Dichter hält eine jener endlosen Reden, die inhaltlich nicht viel aussagen. Entsprechend der Mode seiner Zeit achtet Agathon nur darauf, seine Rede mit Floskeln, Übertreibungen und wirkungsvollen Sätzen auszuschmücken, mit denen er sonst wahrscheinlich seine literarischen Wettbewerbe gewann. Dennoch wird der Redner am Schluß mit langem Beifall bedacht. Agathon erhebt sich, um zu danken. Der einzige, der das Haupt schüttelt, ist Sokrates.

»Ich wußte ja, daß mich Agathons glanzvolle Rede in Verlegenheit bringen würde!« ruft der Philosoph aus. »Als ich ihm zuhörte, fühlte ich mich an die Meisterschaft des Gorgias erinnert, und ich war schon drauf und dran, aus Scham von hier zu verschwinden. Ich hatte in meiner Einfalt geglaubt, daß jeder sich darauf beschränken sollte, das Wahre zu sagen, und nicht verpflichtet wäre, eine Apologie des Eros zu halten, ohne darauf zu achten, ob er auch das Richtige behaupte. Erwartet von mir keine solche Lobrede, ich wäre gar nicht fähig dazu. Ich kann nur versuchen, zu diesem Thema das zu sagen, was ich für die Wahrheit halte.«

»Daß Agathon eine erhabene Rede gehalten hat, ist wahr«, erwidert Eryximachos. »Aber daß er dich wirklich in Verlegenheit gebracht hätte, o Sokrates, kann ich nicht glauben. Sprich also und sage uns deine Wahrheit.«

»Es war eine Mantineerin namens Diotima, die mich über Eros unterwies«, fährt Sokrates fort. »Sie erklärte mir, Eros sei ein Dämon, nicht ein Gott, ein Wesen zwischen einem Gott und einem Sterblichen, weder schön noch häßlich, weder weise noch unwissend.«

»Mir scheint, du willst hier freveln!« ruft Agathon aus. »Wie kannst du behaupten, Eros sei kein Gott!«

»Dies sagte Diotima«, entschuldigt sich Sokrates und fährt dann fort: »Es heißt, die Götter hielten an Aphrodites Geburtstag einen großen Schmaus auf dem Olymp, und zu den Gästen zählte auch Poros, der Gott der Hilfsmittel oder der Kunst sich zu arrangieren. Auf diesem Fest geschah so einiges: es kam auch Penia, die Göttin der Armut, aber man ließ sie nicht herein, weil sie so schlecht gekleidet war, so blieb die Ärmste vor dem Speisesaal in der Hoffnung, doch noch etwas abzukriegen. Poros trank zuviel, und als er vollkommen betrunken war, ging er hinaus, fiel aber schon nach zwei Schritten zu Boden. Und als Penia ihn nun da so vor sich ausgestreckt daliegen sah, wollte sie die Gelegenheit nutzen. ›Ich bin die ärmste Göttin des Olymp, und dies ist

Poros, der schlaueste aller Götter: wer weiß, vielleicht kann ich mein Schicksal verbessern, wenn ich mich mit ihm zusammentue!‹ Und aus dieser Verbindung der Armut mit der List wurde Eros geboren.«

Anhaltendes Gemurmel folgt auf die letzten Worte des Philosophen. Die Aufmerksamkeit der Zuhörer steigert sich, sie wollen noch mehr über diesen ungewöhnlichen Eros wissen.

»Eros ist immer arm und bei weitem nicht fein und schön, wie die meisten glauben, vielmehr rauh, unansehnlich, unbeschuht, ohne Behausung, auf dem Boden immer umherliegend und unbedeckt, schläft vor den Türen und auf den Straßen im Freien und ist der Natur seiner Mutter gemäß immer der Dürftigkeit Genosse. Und nach seinem Vater wiederum stellt er dem Guten und Schönen nach, ist tapfer, keck und rüstig, ein gewaltiger Jäger, allezeit irgend Ränke schmiedend, nach Einsicht strebend, sinnreich, sein ganzes Leben lang philosophierend, ein arger Zauberer, Giftmischer und Sophist.«[38]

»Wie soll möglich sein, o Sokrates, daß Eros nicht schön ist?« fragt Phaidros verwundert.

»Du selbst hast es gesagt, o Phaidros. Eros ist, wer liebt, und nicht, wer geliebt wird. Nur wer geliebt wird, braucht die Schönheit, nicht wer sich verliebt, und da sich das Schöne mit dem Guten gleichstellen läßt, will derjenige, der das Schöne wünscht, auch das Gute und kann nur dann glücklich sein, wenn er es gefunden hat. Ziel des Eros ist die Zeugung des Schönen.« (198 b–206 a)

»Willst du damit sagen«, fragte Phaidros, »daß wer das Schöne wünscht, es auch hervorbringen kann?«

»Das Schöne und das Gute!« erwidert Sokrates, der sich nun immer mehr ereifert. »Alle Menschen sind in ihrem Leib und in ihrer Seele fruchtbar und erstreben Unsterblichkeit. Wie sollen sie diese erreichen? Es ist einfach gesagt: indem sie das Schöne und das Gute hervorbringen. Alle versuchen irgendwie Unsterblichkeit zu erlangen. Die einen durch Ruhm, die anderen erliegen der Illusion, sie dadurch zu erreichen, daß sie sich mit den schönsten Frauen paaren, andere, die eine fruchtbare Seele haben, hinterlassen eine Spur von sich in Erfindungen. Und dies ist der richtige Weg: mit den Schönheiten des Leibes zu beginnen und dann stufenweise immer weiter emporzusteigen, bis das Absolute erreicht ist.« (206c–211c)

Schlichter ausgedrückt ist die Liebe für Platon so eine Art Aufzug, mit dem man im ersten Stockwerk die körperliche Liebe erreicht, im zweiten die geistige, im dritten die Kunst und dann, je höher man kommt, die Gerechtigkeit, die Wissenschaft und die wahre Erkenntnis, bis man schließlich in den Dachstock kommt, wo das Gute wohnt.

Es gibt zahllose Interpretationen des *Gastmahls*, manche sind auch so phantasievoll, daß man sich fragt, woher nur all die philosophischen Botschaften aus Diotimas Erzählung genommen werden. Aber keiner, außer vielleicht Enzo Paci, hat auch hinreichend betont, daß Eros von Poros und Penia abstammt. Warum gerade von der List und der Armut? Vielleicht weil der Mensch, wenn er arm ist, seine Mitmenschen mehr braucht? Oder vielleicht, weil in seinem Fall die Kunst, sich zu behelfen, und der Überlebenswille es angelegen sein lassen, mit seinem Nächsten eine Liebesbeziehung einzugehen? Im übrigen haben die großen Propheten immer diese Verbindung von Armut und Liebe hergestellt. Der Reiche aus dem Evangelium, jener, der mit dem Kamel und dem Nadelöhr verglichen wird, ist nur eines der möglichen Beispiele. Reichtum führt zu Egoismus, und man braucht ja nur zu beobachten, wie kalt und schwierig die menschlichen Beziehungen gerade in den reichsten und entwickeltsten Städten sind.

Die Unsterblichkeit der Seele

Platon liefert drei Beweise für die Unsterblichkeit der Seele. Ich werde jetzt versuchen, sie so einfach wie möglich zu beschreiben, dann mag jeder für sich selbst entscheiden.

Erster Beweis: Es gibt die sichtbaren und die unsichtbaren Wirklichkeiten auf der Welt. Es ist logisch, davon auszugehen, daß die ersteren mehr dem Körper verwandt sind (der sichtbar ist) und die letzteren mehr der Seele (die unsichtbar ist), und nachdem das Sichtbare vergeht und stirbt, während das Unsichtbare unveränderlich und ewig ist, muß auch die Seele unveränderlich und ewig sein.[39]

Zweiter Beweis: Gegensätze können in einem Ding nicht gleichzeitig existieren. Ein Körper ist warm, weil die Idee des Warmen in ihn eingedrungen ist; wenn er kalt wird, so hat in ihm die Idee der Kälte die Idee des Warmen abgelöst. Ein Lebewesen lebt, weil es eine Seele hat. Wenn es stirbt, bedeutet dies, daß die Todesidee die Lebensidee, nämlich die Seele, verjagt hat.[40]

Dritter Beweis: Die Eristiker haben eines Tages erklärt, daß es unmöglich sei, nach der Erkenntnis zu suchen. Denn entweder einer hat die Erkenntnis nicht, und dann ist nicht klar, wie er sie wahrnehmen soll, wenn er zu ihr gelangt, oder aber er hat sie, und dann ist unverständlich, warum er sie suchen sollte. Platon erwidert, daß der Mensch zur Erkenntnis gelangt, weil diese schon in seiner Seele schlummert. Die Erkenntnis ist mit anderen Worten eine Anamnese, das heißt eine Art von Erinnerung an Dinge, die wir in früheren Leben gelernt haben.[41]

Aber wie hat sich Platon die Seele vorgestellt? Im *Phaidros* vergleicht er sie mit einem Wagenlenker, der einen Wagen mit zwei feurigen Rossen lenkt, eines dieser Rosse ist edel und von bester Rasse, während das andere ein Klepper der schlechtesten Art ist.[42] Der Wagenlenker möchte die beiden

Pferde am liebsten möglichst hoch hinauf führen. Dort möchte er sie auf der Weide der Wahrheit zusammen mit den Rossen der Götter grasen lassen. Aber eben dies gelingt ihm nicht immer. Der Klepper zieht manchmal nach unten, und das gute Pferd schafft dann den Höhenflug nicht mehr. Um einen furchtbaren Absturz zu vermeiden, krallt sich die Seele am ersten Körper fest, den sie findet, und haucht diesem Leben ein. Der Körper ist nach Platons Vorstellungen also ein vorübergehender Aufenthaltsort der Seele. Bei jedem Tod wechselt die Seele ihre Wohnung, und je nachdem, welches der beiden Rosse gerade die Oberhand hat, steigt oder fällt sie in der Hierarchie des Lebens. Die Rangliste der verschiedenen Lebensformen, wie sie Platon vorschlägt, wollen wir dem Leser nicht vorenthalten:

1. Freund der Weisheit und des Schönen
2. König, der die Gesetze respektiert
3. Staatsmann oder Experte in Geschäften und Finanzen
4. Athlet oder Arzt
5. Seher
6. Dichter oder Künstler
7. Arbeiter oder Bauer
8. Sophist oder Demagoge
9. Tyrann

Im *Timaios* erklärt der Feminist Platon (der sich doch im *Staat*[43] für die Gleichberechtigung von Mann und Frau ausspricht), wer sein Leben verfehlt, »werde bei der zweiten Geburt in die Natur des Weibes übergehen, lasse er jedoch auch dann von seiner Schlechtigkeit noch nicht ab, werde er stets die ähnlich beschaffene tierische Natur annehmen.«[44]

Ein weiteres Beispiel dafür, wie sich die Seele eine Lebensform auswählen kann, schildert uns Platon im letzten Kapitel seines *Staates*, wo er den berühmten Er-Mythos behandelt.[45]

Er ist ein Soldat, der im Kampf verwundet wird. Weil sie annehmen, daß er tot ist, tragen die Götter ihn ins Jenseits, wo er notgedrungen einer Art Jüngstem Gericht beiwohnt. Das Mißverständnis klärt sich schließlich auf, aber die Richter erlauben ihm dazubleiben, unter der Bedingung, daß er anschließend den Sterblichen erzählt, was er gesehen hat.

Folgendes also berichtet er:

»Nachdem meine Seele entflohen, wanderte sie mit vielen anderen gemeinsam nach einem den Menschen nicht zugänglichen Orte. Dort sind nebeneinander zwei Öffnungen, die in die Erde hineinführen, und ihnen gegenüber zwei andere, die in den Himmel führen. Zwischen ihnen sitzen Richter; sie richten über die Toten. Die Gerechten schicken sie in den Himmel, die Ungerechten zur Linken hinab. Durch die eine Öffnung im Himmel und die entsprechende in der Erde sah ich nun die Seelen, denen das Urteil gesprochen war, fortziehen, durch die anderen sah ich andere Seelen zurückkehren. Wer aus der Erde kam, war voller Rauch und Schmutz, wer aus dem Himmel kam, war rein. Sie begrüßten einander, wenn sie sich kannten. Dann begannen wir alle gemeinsam eine lange Reise und kamen an eine Lichtung, in deren Mitten die drei Moiren saßen, Lachesis, Klotho und Atropos. Auf alle Seelen wurden Lose und Lebensbilder geworfen. Es gab da Leben der verschiedensten Art: das von Künstlern, Tieren, Wissenschaftlern, Athleten, Frauen, Sklaven usw. Sobald das Los auf einen gefallen war, sah er sich um und wählte sich aus den Lebensbildern ringsumher jenes aus, das ihm am erstrebenswertesten schien. Ich sah eine Seele, die gierig nach der Rolle des Tyrannen griff, ohne auf die Bitterkeit zu achten, die dieses Leben ihr einbrachte, eine andere raffte das Leben eines Reichen, der keinen einzigen Freund hatte. Ich sah den telamonischen Aias[46], der das Leben eines Löwen wählte, Thamyris das einer Nachtigall[47], Agamemnon das eines Adlers[48]. Ich sah Atalante das Leben eines Siegers in den Wettspielen ergreifen[49] und schließlich Odysseus, auf den das Los als letzten fiel, seine Seele suchte nach dem Leben eines zurückgezogenen einfachen Mannes und nahm es mit Freuden.«

Der Mythos schließt damit, daß alle Seelen mit Ausnahme der seinen gezwungen werden, bevor sie wieder auf die Erde zurückkehren, ein wenig aus dem Fluß Lethe zu trinken, um alle Erfahrungen aus dem früheren Leben zu vergessen.

Die Platonische Schule

Unter den Nachfolgern Platons hat außer Aristoteles keiner besonders auf die Nachwelt eingewirkt. Nach dem Tod des Meisters wurde zunächst sein Neffe Speusippos Leiter der Akademie.

Speusippos, Sohn des Eurymedon und von Platons Schwester Potone, hatte nicht viel gemein mit seinem Onkel. Er war jähzornig (eines Tages warf er seinen kleinen Hund in einen Brunnen, nur weil er ihn während des Unterrichts gestört hatte) und den Freuden des Lebens mehr zugetan als jenen des Lehrens. Am Ende seines Lebens war er gelähmt und ließ sich von seinen Schülern in der Akademie auf einem Wägelchen hin und her fahren. Er hinterließ Abhandlungen mit insgesamt 43 475 Versen, von denen uns nur sehr wenige überliefert sind.[50]

Auf Speusippos folgte Xenokrates, ein braver Mann, der aus Chalkedon stammte, einem Städtchen an der asiatischen Küste des Bosporus, genau gegenüber von Byzanz. Xenokrates hatte Platon schon als Junge kennengelernt und war ihm sein Leben lang gefolgt; er begleitete ihn sogar nach Sizilien. Wohl mehr deshalb, als weil er eine besondere Leuchte gewesen wäre, wurde auch er zum Leiter der Akademie ernannt. Platon selber kannte seine Grenzen genau. Als er einmal über ihn und über Aristoteles sprach, bemerkte er: »Er bedarf des Sporns, Aristoteles dagegen des Zügels!«[51] Zum Ausgleich hatte er etwas Achtunggebietendes und den

»finsteren Ernst« eines alten Weisen. Wenn er einmal in die Stadt ging, wichen ihm alle Schreihälse und Lastträger aus. Er genoß so großes Vertrauen, daß er als einziger Athener unvereidigt Zeugnis ablegen durfte. Frauen gegenüber verhielt er sich ein wenig... wie soll man sagen... lau. Eines Nachts suchte die bildschöne Phryne unter dem Vorwand, sie werde verfolgt, Zuflucht in seinem Haus und legte sich neben ihn in sein Bett. Aber er merkte es nicht einmal und blieb unzugänglich, so daß die Hetäre am nächsten Tag überall herumerzählte, sie habe mit einer Statue geschlafen.[52]

Er starb mit zweiundachtzig Jahren, als er nachts in einen Zuber mit Regenwasser fiel.

---

[1] Der Name Platon wurde ihm wegen seiner breiten Stirn gegeben (platós, breit); siehe Diogenes Laertios, *a.a.O.*, III, 4
[2] Der siebte des Monats Thargelion (Mai–Juni)
[3] Giuseppe Zuccante, *Platone*, Mailand 1924, S.6
[4] Die VII *Epistola* ist praktisch ein autobiographischer Bericht über die Reisen nach Sizilien. Bis vor wenigen Jahren wurde ihre Echtheit von niemandem in Frage gestellt, bis dann plötzlich ein Computer den Verdacht in die Welt gesetzt hat, daß sie vielleicht auch eine zeitgenössische Fälschung von Speusippos sein könnte. Obwohl wir große Verfechter der Informatik sind, gehen wir doch weiterhin davon aus, daß die *Epistola* von Platon stammt.
[5] Platon, VII. *Brief*, 324b
[6] Diogenes Laertios, *a.a.O.*, III, 5
[7] Dionysios d.Ä. heiratete an ein und demselben Tag zwei Frauen: Doris und Aristomache. Dion war der Bruder der letzteren. In der Hochzeitsnacht schlief der Tyrann mit beiden Ehefrauen, vom zweiten Tag an wechselte er dann ab: an ungeraden Tagen schlief er mit Doris, an den geraden mit Aristomache. Vgl. Plutarch, *Leben des Dion*.
[8] Plutarch, *Leben des Dion*, 7
[9] Platon, VII. *Brief*, 326b
[10] Diogenes Laertios, *a.a.O.*, III, 18
[11] Plutarch, *a.a.O.*, 5
[12] Platon, *Phaidros*, 230c
[13] Diogenes Laertios, *a.a.O.*, III, 46
[14] Plutarch, *a.a.O.*, 9
[15] Platon, VII. *Brief*, 328b–c
[16] Der Satz stammt aus Plutarchs *Dion*. Unverständlich dabei bleibt aber, weshalb Platon auf dem Weg von Athen nach Syrakus über die tödliche Charybdis reiste, die viel weiter nördlich liegt!
[17] Hermippos von Smyrna, fr. 33 Müller; siehe Diogenes Laertios, *a.a.O.*, III, 2
[18] Diogenes Laertios, *a.a.O.*, III, 41

[19] Herakleides, fr. 16 Müller; vgl. Diogenes Laertios, *a. a. O.*, III, 26
[20] Platon, *Der Staat*, IV, 433
[21] Hier meint Platon ein volkstümliches Spiel (eine Art Monopoli des 4. Jahrhunderts), bei dem der Spieler auf einem Spielbrett mit sechzig Feldern möglichst viele Felder erobern muß.
[22] Es bedeutete schon viel, daß Platon nicht riet, sie umzubringen. Im alten Griechenland lauerten auf die Neugeborenen an ihren ersten Lebenstagen schlimme Gefahren: oft reichte schon ein Weinkrampf, um das Kind mangelnder Männlichkeit zu bezichtigen. Die Spartaner schafften auch die Schwächlichsten aus der Welt, und die Athener hatten die Gewohnheit, die nicht so gut gelungenen Kinder auf dem öffentlichen Platz »auszusetzen« und jedem zur Verfügung zu stellen, der sie als Sklaven aufziehen wollte.
[23] Platon, *Die Gesetze*, IV, 705a
[24] G. B. Klein, *Platone e il suo concetto politico del mare*, Florenz 1910, S. 11 ff.
[25] Platon, *a. a. O.*, IV, 704b
[26] Als Beispiel führen wir eine der Definitionen von Demokratie an, die Popper in seinem Buch *Die offene Gesellschaft und ihre Feinde* Platon in den Mund legt: Demokratie entsteht, wenn die Armen, nachdem sie gesiegt haben, einige Feinde töten und andere ins Exil schicken und sich mit den Übriggebliebenen die Regierung und die öffentlichen Ämter teilen.
[27] Platon, *Politikos*, 291d
[28] Platon, *Der Staat*, VIII, 562d–563e
[29] Der Dialog war *Lysis*; vgl. Diogenes Laertios, *a. a. O.*, III, 35
[30] Platon, *Der Staat*, 514a. Aus diesem netten Vergleich können wir schließen, daß die neapolitanischen Marionetten auch schon im antiken Griechenland Mode waren.
[31] *ebd.*, 514a–515b
[32] *ebd.*, 515c–517a
[33] Siehe L. de Crescenzo, *Geschichte der griechischen Philosophie*, Bd. 1, *Die Vorsokratiker*, Diogenes Verlag, Zürich 1985, S. 184
[34] Marina ist ein Mädchen aus dem Hause gegenüber.
[35] Idee kommt aus dem Griechischen und hängt mit dem Wort für »sehen« zusammen.
[36] Platon, *Parmenides*, 130e
[37] Platon, *Timaios*, 28a
[38] Schon an anderer Stelle (*oi dialogoi*, Mailand 1985, erschien 1987 unter dem Titel *oi dialogoi, Von der Kunst, miteinander zu reden* im Diogenes Verlag, Zürich) habe ich darauf hingewiesen, daß diese Beschreibung des Sokrates genau auf den neapolitanischen Gassenjungen zu passen scheint, wie er üblicherweise auf bestimmten Ölgemälden dargestellt wird.
[39] Platon, *Phaidon*, 79a–e
[40] *ebd.*, 105b–d
[41] Platon, *Menon*, 80d–81d
[42] Platon, *Phaidros*, 246a–248e
[43] Genaugenommen fragt sich Platon nicht, ob Männer und Frauen gleich sind, sondern nur, ob es für uns von Vorteil ist, daß sie es sind, damit sie so für den Staat arbeiten. (Vgl. *Der Staat*, 451d)

⁴⁴ Platon, *Timaios*, 42 b–d
⁴⁵ Platon, *Der Staat*, x, 614 b–620 d
⁴⁶ Aias hatte sich zu Lebzeiten darum beworben, die Waffen des Achilles zu erben, im letzten Augenblick aber wurde Odysseus vorgezogen: dieses Urteil hatte ihn offenbar schwer beleidigt, und jetzt brannte er darauf, sich zu rächen. (Vgl. Homer, *Odyssee*, XI, 543–65)
⁴⁷ Thamyris war ein Hofsänger: er forderte die Musen heraus, dafür verlor er das Augenlicht, die Stimme und das Gedächtnis. (Vgl. R. Graves, *I miti greci*, Mailand 1963)
⁴⁸ Agamemnon zog es offenbar vor, so weit wie möglich entfernt von den Menschen zu leben, denn er war in seinem vorhergehenden Leben von seiner Frau Klytämnestra und seinem Neffen Aigisthos umgebracht worden. (Vgl. R. Graves, op. cit., 112 k)
⁴⁹ Atalante verlor, obwohl sie das schnellste Wesen der Welt war, gegen Melanion, weil sie angehalten hatte, um drei goldene Äpfel zu pflücken (Vgl. R. Graves, op. cit., 80 k)
⁵⁰ Diogenes Laertios, *a.a.O.*, IV, 5
⁵¹ *ebd.*, IV, 11, 6
⁵² *ebd.*, IV, 11, 7

V

Alfonso Carotenuto

»Das Schlimmste an den Italienern ist ihre Oberflächlichkeit, *Ingegnere*! Beobachten Sie doch nur einmal, wie sich die Kunden verhalten, Sie werden sehen, ich habe recht. Wenn einer vorhat, ein Paar Schuhe zu kaufen, bleibt er erst mal vor dem Schaufenster stehen und sieht sich die Auslage an. Dabei verzieht er aber keine Miene, guckt ganz teilnahmslos und scheint sich überhaupt nicht dafür zu interessieren. Und wenn man dann am wenigsten darauf gefaßt ist, betritt er das Geschäft und sagt: ›Ich möchte die da, Größe 42.‹ Er probiert sie an, zahlt und geht. Ja ist denn das ein Schuhkauf? Wozu bin ich überhaupt da? Dann soll man doch gleich Automaten aufstellen!«

Es ist Alfonso Carotenuto, Ritter des Ordens der Arbeit, Schuhhändler und Inhaber der erstklassigen, 1896 gegründeten Firma ›Carotenuto & Söhne‹, ehemals Hoflieferant, der sich hier so wütend ausläßt. Wir befinden uns in seinem Laden an der Via Toledo. Donn'Alfonso sitzt wie eingeklemmt in einem Korbsesselchen, dessen Armlehnen so eng beieinanderstehen, daß er kaum hineinpaßt. Trotz der Hitze, es ist schon Hochsaison, trägt er, wie es sich für einen gehört, der eine Tradition zu verteidigen hat, Rock und Krawatte. Nur den Kragen hat er ein wenig gelockert. Das Geschäft ist um neun Uhr früh leer. Ein bebrillter Verkäufer in schwarzem Kittel sieht resigniert herüber. Offenbar ist es nicht das erste Mal, daß er die »Lobrede auf den Schuh« zu hören bekommt.

»Manchmal würde ich die Leute auf der Straße am liebsten fragen: ›Entschuldigen Sie, warum gehen Sie denn so schnell?‹«

»Vielleicht, weil sie jung sind«, wage ich seine Frage irgendwie zu beantworten.

»Ja sind Sie denn so sicher, daß sie jung sind?« fragt Donn'Alfonso weiter.

»Wie meinen Sie das?«

»*Ingegnere*, ehrlich, haben Sie schon mal zugesehen, wie die Jungen heute tanzen? Ich weiß es genau, weil ich selber zwei Kinder habe, der Junge ist zweiundzwanzig und das Mädchen achtzehn. Manchmal laden sie Freunde nach Hause ein, um ›das Tanzbein zu schwingen‹, wie sie sagen, und glauben Sie mir, ich habe oft zugesehen, wie sie tanzen, aber sein Tanzbein habe ich noch keinen schwingen sehen. Soll das vielleicht tanzen sein, frage ich da? Alle mit dieser Leichenbittermiene, als hätten sie wer weiß was durchgemacht. Eine todtraurige Atmosphäre herrscht da, das können Sie mir glauben, jeder tanzt für sich allein und sieht sein Gegenüber nicht einmal an. So tanzt man angeblich den harten Rock. Also daß ich nicht lache! Da war unsere Generation doch noch etwas anderes! Walzer, Cha-cha-cha, Charleston, Kotillon! Können Sie sich noch an die Kotillons erinnern? Changez la femme? So etwas gibt es heute nicht mehr. Was haben wir damals gelacht bei den Kotillons! Aber ich habe eine Theorie, eine Theorie, die diese ganze Traurigkeit der heutigen Jugend erklärt: wir sind noch zu Hause geboren, im Schlafzimmer von Mamma und Papa, innerhalb von vier freundlichen Wänden, die dagegen sind alle in der Klinik geboren. *Ingegnere*, das sind Krankenhausmenschen! Die haben doch bei ihrer Geburt bestenfalls das Gesicht eines Arztes oder einen Tropf für Noteingriffe gesehen.«

»Aber die Schuhe...«, sage ich, um ihn wieder aufs Thema zurückzubringen.

»Die Schuhe!« sagt der Cavaliere seufzend. »Heute weiß doch kein Mensch mehr, was Schuhe sind. Früher einmal da waren sie die Visitenkarte, ein soziales Ziel! Wenn ein Kunde die Werkstatt meines Vaters in der Via Alabardieri betrat, wurde er von Papa und Oscarino, der ersten Hilfskraft, wie der Prinz von Savoyen empfangen. Sie boten ihm Kaffee an und unterhielten sich mit ihm. In der Zwischenzeit hatte der Fuß genug Zeit, sich zu erholen und wieder normal zu werden. Dann fing man an zu messen. Zuerst wurde der rechte Fuß bloßgelegt. Papa musterte ihn aufmerksam von allen Seiten und setzte ihn auf ein Nußholzbrettchen, um zu sehen, ob die Sohle in der ganzen Länge auflag oder sich in der Mitte bog. Wenn der Fuß vollkommen war, bekam der Kunde Komplimente von Papa und Oscarino; manchmal wurden auch die Jungen aus der Werkstatt herbeigerufen. In der Zwischenzeit wurde der Gips für den Abdruck vorbereitet...«

»Ich verstehe«, fasse ich zusammen, um ihn zu bremsen, »da wurde ein Gipsabdruck vom Fuß gemacht, so brauchte der Kunde nicht mehr zur Anprobe zu kommen.«

»Oh nein, mein Herr, gar nichts verstehen Sie«, erwidert Donn'Alfonso verstimmt, weil ich ihn unterbrochen habe, »die Sache mit dem Abdruck ist ja nur der Anfang, eines von den vielen Schrittchen, die nötig sind, wenn man das Endziel erreichen will: den perfekten Schuh!«

»Aber ich wollte ja keinesfalls die Verdienste Ihres Vaters bei der Arbeit schmälern«, sage ich. »Ich habe nur versucht, das zusammenzufassen, was Sie gesagt haben, um zu verstehen, worin sich ein Maßschuh von damals von einem Schuh unterscheidet, den heute irgendein Handwerker herstellt.«

»Es ist schon merkwürdig, *Ingegnere*, jung sind Sie nicht mehr und doch verhalten Sie sich genauso wie ein Junger. Auch Sie haben es eilig«, erläuterte der Cavaliere mit einem Anflug von Mißtrauen.

»Das stimmt nicht, ich bin ganz Ohr.«

»Eines sollten Sie vor allem begreifen«, hebt Donn'Alfonso wieder an und lockert dabei seinen Hemdkragen etwas, um sich zwischen Nacken und Kragen ein weißes Pikétaschentuch zu schieben, »die eigentliche soziale Aufgabe der Firma Carotenuto bestand nicht darin, Schuhe zu verkaufen, oder zumindest nicht ausschließlich darin, sondern es mußte der beste Schuh hergestellt werden, den ein Mensch überhaupt hervorbringen kann.«

»Der Schuh schlechthin?«

»Genau das, der Schuh schlechthin! Aber gehen wir der Reihe nach vor. Wenn Sie seinerzeit Kunde meines Vaters gewesen wären, hätten Sie den De Crescenzo rechts und den De Crescenzo links hier bei der Firma ›Carotenuto & Söhne‹ stehen gehabt.«

»Sie haben also die Leisten aller Ihrer Kunden?«

»Die Füße des gesamten Adels und der besten Geschäftsleute von Neapel.«

»Und heute stellen Sie keine Maßschuhe mehr her?«

»Selten. Es gibt heute keine Abnehmer mehr dafür. Stellen Sie sich vor, daß ein Kunde früher, wenn er zum erstenmal kam, immer ein Paar abgelaufene Schuhe mitbrachte, um sie Papa zu zeigen.«

»Ein Paar abgelaufene Schuhe?«

»Ja, damit man sah, wie er sie abgelaufen hatte.«

»Warum, ist dies denn nicht bei allen Schuhen gleich?«

»Du lieber Gott, *Ingegnere,* was Sie da erzählen! Jeder von uns nutzt die Schuhe doch auf eine ganz bestimmte Art ab. Macht einer zu lange Schritte, dann nutzt er zuerst den vorderen Teil des Absatzes ab. Macht einer zu kurze Schritte, dann hat er bald schon keine Sohle mehr unter den Füßen, sondern einen Sepiaknochen. Hat einer krumme Beine, Säbelbeine wie wir sagen, dann nutzen sich zuerst die Außenseiten ab. Wenn ein Kunde den Laden verließ, verfolgte ihn Papa mit den Blicken, bis er in der Via Alabardieri verschwand, nur um seinen Gang genau zu beobachten. Nachdem also die Abnutzung so einberechnet war, lieferte er ein Paar Probeschuhe aus Ziegenleder oder Rindsleder, die der Kunde mindestens einen Monat lang tragen mußte, und erst dann, wenn dies alles gut gegangen war, machte er sich an die Herstellung des endgültigen Schuhs. Aber glauben Sie mir: Wenn Sie in unseren Schuhen einen Spaziergang machten, da blieben Sie nicht unbeobachtet. Auch vom gegenüberliegenden Gehsteig noch sahen die Leute es. Und alle sagten: ›Das sind bestimmt Carotenutos!‹«

»Nun, Ihr Vater war eben mit Leib und Seele bei der Sache.«
»Das können Sie wohl sagen. Manchmal mußte er sich mit den Kunden auch furchtbar herumstreiten!«
»Warum denn das?«
»Zum Beispiel mit dem Conte del Balzo. Sie müssen wissen, Graf Emanuele konnte neue Schuhe nicht ertragen. Was tat er also? Er rief einen seiner Kammerdiener, einen gewissen Antonio, der die gleiche Schuhgröße hatte, und der mußte dann die neuen Schuhe zehn Tage lang tragen. Jetzt stellen Sie sich einmal Papa vor! Alle seine Berechnungen waren doch umsonst gewesen!«

»*Cavaliere*, meinen Sie denn wirklich, daß es so furchtbar wichtig ist, ein Paar schöne Schuhe zu haben?«

»*Ingegnere*, wollen Sie mich jetzt auf den Arm nehmen?«

»Das würde ich mir nie erlauben.«

»...oder interessieren Sie sich tatsächlich für die Kunst der Schuhherstellung? Ich hoffe für Sie, daß das letztere der Fall ist. Wenn ich Ihnen jetzt erklären soll, wie ich bin, muß ich zunächst eines sagen. Das ganze Leben läßt sich auf folgenden Nenner bringen: halb Liebe und halb Arbeit. Und wenn ich Arbeit sage, denke ich dabei nicht an eine Anstrengung, ständige Tortur von morgens bis abends, um sich finanzielle Unabhängigkeit zu verschaffen, sondern an eine Gelegenheit, die Gott uns gegeben hat, um unserem Dasein mehr Sinn zu verleihen. Auch der Tabakwarenhändler, der Bankangestellte und der Metallarbeiter können zufrieden sein, wenn sie ihre Arbeit gern tun. Anderenfalls sind sie verloren. Auch wenn sie noch so sehr kürzere Arbeitszeit fordern! Selbst sechs Stunden nehmen kein Ende, wenn man ungeliebte Arbeit tun muß. Aber vergessen Sie eines nicht: es ist ein Unterschied, ob einer als Tabakwarenhändler arbeitet oder ob er ein solcher ›ist‹. Papa hat mir von klein auf beigebracht, wie ein Schuh sein muß. Er stellte sich mit mir vor den Laden und forderte mich auf, allen Vorübergehenden auf die Füße zu sehen. ›*Peccerì*‹, sagte er dann, ›die da sind gut, die anderen nicht. Die haben eine zu kurze Kappe, bei denen sitzt der Schaft zu eng und der Schuh verzieht sich, die da sind grauenhaft. Das hier ist ein schöner Schuh! Der da ist nicht schlecht. Die da sind Massenware.‹ Und so habe ich langsam aber sicher eine Vorstellung davon bekommen, wie ein Schuh beschaffen sein muß. Und wenn also nun ein Kunde hereinkommt, dann sehe ich ihn im Geiste schon mit den Carotenuto-Schuhen an den Füßen und bin ganz glücklich, wenn es mir gelingt, ein Paar zu finden, die wie für ihn gemacht scheinen. Aber um auf Ihre Frage zurückzukommen, ob es wirklich so wichtig ist, schöne Schuhe zu haben. Ja, glauben Sie mir, es ist sehr wichtig. Wenn Sie abends ins Bett gehen und vor dem Einschlafen noch einen Blick auf die Schuhe werfen, die Sie gerade ausgezogen haben, so werden Sie merken, daß ein schönes Paar vollendeter, klassischer, schmaler, unverwüstlicher sauberer Schuhe ein Gefühl von Sicherheit vermittelt. Als getreue Zeugen Ihres Tageslaufs haben sie Ihnen Gesellschaft geleistet. Aber heute achtet keiner mehr darauf. Heute kommt der Kunde herein und sagt: ›Ich möchte die da, Größe 42‹, probiert sie an, zahlt und geht.«

VI

Aristoteles

Einleitung

Aristoteles war ein Professor und wie viele Professoren ein wenig pedantisch. Auch war er, philosophisch gesprochen, ein ausgeglichener Mensch und also wohl eher etwas langweilig. Er war weder sympathisch wie Sokrates noch ein Schriftsteller wie Platon. Ich habe alles versucht, ihn unterhaltsam vorzustellen, und er wird sich vielleicht gerade deshalb im Grabe umdrehen. Aber ich bitte auch den Leser, nicht gleich bei der ersten Schwierigkeit aufzugeben und wenigstens eine kleine Anstrengung zu machen, ihn zu verstehen. Wenn es dann doch zu schwierig ist, na ja, was soll ich sagen, so überspringe er ihn eben. Ich verzeihe ihm. Aber eines ist klar, wer diese Philosophie nicht kennt, dem fehlt etwas im Leben: zumindest die Geduld zuzuhören.

Das Leben

Aristoteles wurde 384 in Stagira[1] geboren, einem kleinen Dorf im Osten Makedoniens nördlich des Berges Athos. Dennoch ist er kein Makedonier, denn sein Heimatort war eine griechische Siedlung, die Jahre zuvor von Bewohnern der Insel Andros gegründet worden war. Damit will ich zum Beispiel sagen, daß er als Junge bestimmt den gleichen ionischen Dialekt gesprochen hat wie nahezu alle Völker der Ägäis.

Sein Papa, Doktor Nikomachos, war Leibarzt des Königs Amyntas II von Makedonien. Daher kam Aristoteles häufig nach Pella, der Hauptstadt des Königreiches, wo er sich mit Philipp, dem künftigen König und künftigen Vater Alexanders des Großen anfreundete. Auch wenn sie in den Augen der Athener als »Barbaren« galten, gehörten die Makedonier zu einem königlichen Hof, und dieser Umstand sowie der Beruf des Vaters blieben nicht ohne Einfluß auf seine kulturelle Entwicklung. Nachdem seine Eltern gestorben waren, wurde der Junge einem Vetter anvertraut, einem gewissen Proxenos, der ihn in das asiatische Atarneus, ein an der lydischen Küste gelegenes Dorf, mitnahm. Als erst Siebzehnjähriger wurde er dann in Athen Student an der Akademie, der bedeutendsten aller griechischen Schulen. Dies geschah im Jahre 367, als sich Platon noch in Sizilien aufhielt, an seiner Stelle war Eudoxos von Knidos Scholarch, ein großer Mathematiker und Astronom, der von Physik mehr verstand als von der Philosophie. Doch Aristoteles mißfiel das vermutlich nicht, denn er hatte sich von klein auf für die Naturwissenschaften interessiert, Schmetterlinge, Käfer, Steine und exotische Pflanzen gesammelt.

Aristoteles blieb zwanzig Jahre lang an der Akademie, zuerst als Schüler, dann als ständiger Lehrer. Nach der Ansicht der Geschichtsschreiber war er der ergebenste und zugleich kritischste Schüler Platons.

Als der Meister starb, machten sich so ziemlich alle Hoffnungen, sein Nachfolger zu werden. Außer Aristoteles rechneten auch Xenokrates, Philippos der Opuntier, Erastos, Koriskos und Herakleides Pontikos damit, zum Scholarchen ernannt zu werden. Aber wie wir bereits wissen, wurde Platons Neffe Speusippos auserwählt, was die fähigeren Lehrer verärgerte.

Aristoteles und Xenokrates wanderten nach Atarneus aus, in jenes Dorf, in dem der Stagirit in seiner Jugend gelebt hatte, als er noch unter Vormundschaft stand. Dort war in der

Zwischenzeit ein Eunuche namens Hermias Tyrann geworden, der die beiden Philosophen freudig begrüßte. Aristoteles verband sich mit ihm bald auch verwandtschaftlich, denn er heiratete seine Schwester Pythias, in die er sich anscheinend leidenschaftlich verliebt hatte. Ich weiß, es fällt schwer, sich Aristoteles als Verliebten vorzustellen (es klingt fast wie ein Widerspruch in sich selbst), aber – wie Kallimachos sagt – »auch die Kohlen funkeln wie Sterne, wenn sie brennen«. Außer der Liebe widmete sich Aristoteles jedoch auch dem Lehren: er gründete eine zweite Schule in Assos und drei Jahre danach gemeinsam mit Theophrastos eine weitere in Mytilene.

Nachdem Hermias von den Persern gefangengenommen worden war, folgte Aristoteles einem Ruf Philipps nach Makedonien, der ihn zum Erzieher seines Sohnes Alexander machen wollte. Dieser war damals erst vierzehn und noch lange nicht der Große. »Schließlich ist er der Sohn von Papas Leibarzt«, mag der König gedacht haben, »und die Erfahrungen, die er in Athen gesammelt hat, können uns nützlich sein. Ein wenig Bildung kann dem Jungen nicht schaden, zumindest schafft ihm dies einen Ausgleich zu seinen ewigen Handgreiflichkeiten.« Als Honorar forderte Aristoteles den Wiederaufbau von Stagira, das von den makedonischen Truppen so nach und nach dem Erdboden gleichgemacht worden war.

Wenn sich im Laufe der Geschichte zwei so herausragende Persönlichkeiten wie Aristoteles und Alexander begegnen, erhofft man sich immer, daß dabei ein bedeutender Spruch fällt, der in die Geschichte eingeht; aber leider gibt es hier nichts zu erzählen. Mit großer Wahrscheinlichkeit war Alexander einfach ein ungebärdiger Junge wie viele andere, dem Aristoteles als sein Lehrer manchmal am liebsten den Hintern versohlt hätte. Sie lebten acht Jahre zusammen, und man darf sich zurecht fragen, ob Alexanders Eroberungen das aristotelische Denken irgendwie beeinflußt haben oder ob umgekehrt die Theorie der »gerechten Mitte« den Feldherrn in seinem Feuereifer irgendwie gebremst hat. Will man aus den Ergebnissen schließen, scheint dies nicht gerade der Fall zu sein. Die einzigen konkreten Hinweise, die wir haben, sind eine Abhandlung über den Kosmos, die Aristoteles *ad usum Alexandri* (zum Gebrauch des Alexander) verfaßte, sowie ein Zoo, den der Philosoph mit Hilfe seines Schülers einrichtete, der ihm aus allen Teilen der Welt Tiere und exotische Pflanzen schickte.

Im Jahre 340 legte Alexander die Rolle des Schülers ab und wurde König. Aristoteles nahm dies sofort zum Anlaß, als ehemaliger Lehrer des mächtigsten Mannes der Welt nach Athen zurückzukehren. Die Akademie wurde unterdessen von Xenokrates geleitet, der zwar ein Freund des Aristoteles war, bei diesem aber nicht gerade in hohem Ansehen stand. Daher beschloß der Philosoph, eine eigene Schule zu eröffnen. Dafür schien ihm ein öffentliches Gebäude besonders geeignet, das neben einem dem Apollo Lykeios gewidmeten Tempelchen lag und daher Lykeion genannt wurde. In kürzester Zeit gewann seine Schule noch höheres Ansehen als die Akademie. Sie wurde allgemein die »peripatetische« genannt, weil er die Gewohnheit hatte, beim Lehren umherzuwandeln.[2]

Das Lykeion unterschied sich sehr von der Akademie. Es glich eher unserer heutigen Universität mit verschiedenen Disziplinen, Stundenplänen und besonderen Lehrgängen. Die Akademie dagegen hatte etwas Liturgisches, mit heiligen Riten, die den Musen gewidmet waren, und mit dem keineswegs so verheimlichten politischen Ziel, die künftigen Führungskräfte von Athen heranzubilden. Am Lykeion lehrten berühmte Meister wie der bereits genannte Theophrastos von Eresos, Eudemos von Rhodos und Straton. Die Lehrbücher wurden von Aristoteles persönlich verfaßt. Diese Lektionen sind heute als die akroamatischen Schriften bekannt, im Unterschied zu den exoterischen, die leichter zu deuten und für das Volk geschrieben waren. Leider sind gerade alle diese einfacheren Texte verloren gegangen, während uns die schwierigen erhalten blieben.

Nach dem Tod seiner Frau verband sich Aristoteles mit seiner jungen Haushälterin Herpyllis, die ihm seinen ersten Sohn, Nikomachos, gebar.

323 starb Alexander, und gleichzeitig erhob sich Athen gegen die Makedonier und gegen alle, die sie unterstützt hatten. Aristoteles, der nicht Sokrates war, reagierte auf die übliche Anklage wegen Gottesfrevel mit Flucht und kehrte auf seine von der Mutter ererbten Besitztümer in Chalkis zurück. Aber noch bevor er sich dort eingewöhnte, starb er im Alter von dreiundsechzig Jahren an einem Magenleiden.

Zweitausend Jahre lang galt alles, was Aristoteles gesagt hatte, als unanfechtbares Dogma, was bestimmt wenig zum Fortschritt der Menschheit beigetragen hat. Aber es wäre natürlich falsch, ihn selber für diesen Kult verantwortlich zu machen, den die Nachwelt mit ihm getrieben hat.

Aristoteles und die Einteilung des Wissens in Kategorien

Als ich 1984 meinen Film *Also sprach Bellavista* drehte, suchte ich einmal das Filmausstattungs- und Waffenlager Rancati auf. Von außen wirkte es wie ein englisches Gebäude des ausgehenden neunzehnten Jahrhunderts, das man sich leicht als Schauplatz eines Verbrechens à la Edgar Wallace vorstellen konnte. Ein doppelgeschossiger Bau mit abfallendem Dach, der besser an den Londoner Stadtrand als an die Ufer des Tibers paßte. Im Innern aber befindet sich das riesigste Warenlager, das man sich überhaupt nur vorstellen kann. Auf kaum mehr als tausend Quadratmetern sah ich da praktisch fünfzig Jahre des italienischen Films vereint: die Rüstung des *Ettore Fieramosca,* den Sarkophag *Tutanch-*

amuns, das Zweigespann *Ben Hurs,* die Peitsche aus Fellinis *8½,* die Stichwaffe aus *Cena delle beffe,* das Motorrad des *Federale,* den Kontrabaß mit Busen aus *Totò all' inferno* und dann kunterbunt durcheinander mindestens hundert neapolitanische Kaffeemaschinen, Tornister aus der Garibaldizeit, griechische Statuen, weiße Telefone, Panzerfäuste, korinthische Kapitelle, Fahrräder, mittelalterliche Waffen, römische Triklinien und napoleonische Möbel. Einige Männer gingen mit Schubkarren hin und her und legten weitere Gegenstände ab oder transportierten welche weg, andere kletterten Leitern hinauf, um an babylonische Schilder oder Jugendstillampen zu gelangen. Während ich dieses unglaubliche Durcheinander verwundert betrachtete, konnte ich plötzlich Aristoteles verstehen oder vielmehr sein Bedürfnis, ein wenig Ordnung in alles zu bringen, was er in seinem Leben gesehen hatte, sowie in die Theorien der Philosophen, die ihm vorangegangen waren.

Angesichts der gewaltigen Menge an Arbeit hat sich Aristoteles zunächst vielleicht eine Reihe von verhältnismäßig einfachen Fragen gestellt: »Gehört das Ding, das ich vor Augen habe, der mineralischen, pflanzlichen oder tierischen Welt an?« Je mehr er sich aber so fragte, desto klarer erkannte er wohl, daß jede Antwort die Lösung eines philosophischen Kreuzworträtsels voraussetzte. Um nämlich den Unterschied zu verstehen, der etwa zwischen einem Kopfsalat und einem Pferd besteht, muß man doch zunächst einmal klare Vorstellungen von dem haben, was es bedeutet, ›ein Kopfsalat zu sein‹ oder ›ein Pferd zu sein‹.

Aristoteles ist in der ganzen Landschaft der griechischen Philosophiegeschichte bestimmt das schwierigste Gebirge. Oft hat man den Eindruck, daß er tatsächlich alles und gleichzeitig auch das Gegenteil von allem gesagt hat und daß es kein Gebiet der Wissenschaft und keine Disziplin gibt, über die er sich nicht geäußert hat. Aber davon darf man sich nicht entmutigen lassen. Ich versuche jetzt einfach einmal, sein Denken in wenigen Zeilen zusammenzufassen, etwa so wie in den Feuilletons der Tageszeitungen die Handlung eines Films kurz dargestellt wird.

»Aristoteles unterteilte die Dinge der Welt in *nicht lebende, pflanzliche* und *tierische* Objekte. Danach untersuchte er auch den Menschen und erkannte, daß alles, was dieses einzigartige Tier hervorbringt, je nachdem, ob das Objekt seines Denkens in die Welt der *Physik*, der *Ethik* oder der *Metaphysik* gehört als *materiell*, *moralisch* und *theoretisch* eingestuft werden kann. Das wichtigste Werkzeug seiner Ordnungsmethode war die auf den *Syllogismus* gegründete *Logik*.«

Dies ist nicht alles, aber für den Anfang reicht es.

Die Einteilung in »mineralisch, pflanzlich oder tierisch« erscheint einfach, aber das täuscht. Es gibt Grenzfälle, bei denen wir nicht wissen, wie wir uns aus der Affäre ziehen sollen: bei Kristallen, die sich fortpflanzen und wachsen können wie Pflanzen, Korallen, bei denen man nicht genau weiß, ob sie Minerale, Pflanzen oder Tiere sind, Bäumen, die einem Angst einjagen können. In Bordighera habe ich einmal einen solchen Baum *persönlich* kennengelernt, und wenn ich *persönlich* sage, so übertreibe ich damit wohl nicht. Es handelte sich um einen Ficus der Spezies *benjamini:* einen über hundertjährigen riesigen, gewaltigen, bedrohlichen Baum. Seine Wurzeln hatten die Umfassungsmauer des Gartens gesprengt, die Gitterstäbe eines alten Tors verbogen und aus dem Boden gerissen; weitere Wurzeln brachen an der Seite hervor und gruben sich von da tief in den Boden wie verschlafene Schlangen, auch von den Ästen hingen Wurzeln herab, die sich im verzweifelten Versuch, den Boden zu erreichen, nach unten reckten. Etwa dreißig Meter hoch breitete sich dieser Baum in jede Richtung aus und schien die ganze Welt zermalmen zu wollen. Ich hätte nie den Mut gehabt, auch nur zehn Minuten allein neben ihm zu schlafen.

Wer glaubt, Pflanzen und Tiere immer genau unterscheiden zu können, frage sich einmal, wie ein Schwamm oder eine fleischfressende Pflanze einzuordnen sind. Schon wenn man definieren will, was ein Tier ist, tauchen Schwierigkeiten auf. Es als ein Lebewesen zu definieren, das sich allein bewegen kann, reicht nicht aus: es gibt Tiere, die sich überhaupt nicht allein bewegen können und die Hilfe anderer Tiere brauchen, wenn sie ihren Ort verändern wollen. Noch schwieriger ist es, die Grenzlinie zwischen Mensch und Tier zu ziehen. Wenn wir daraus nur eine Intelligenzfrage machen, finden wir uns Seite an Seite mit den Hunden, den Delphinen und den Pavianen wieder.

Um diese gewöhnlichen Probleme zu lösen, schrieb Aristoteles nicht weniger als acht Bücher über die Physik. Danach verfaßte er weitere vierzehn, um zu erklären, was die *Metaphysik* ist, nämlich die Dinge, die über die sinnlich faßbare Welt hinausreichen. Der Begriff *Metaphysik* wurde allerdings nicht von Aristoteles geprägt, sondern von den Herausgebern seiner Werke, die Metaphysik als »alles, das, was nach der Physik kommt«, definierten; möglicherweise geht er auf Andronikos von Rhodos zurück, der die Werke des Meisters im ersten Jahrhundert vor Christus veröffentlichte.

Die Metaphysik

Wenn es schon schwierig ist, zu definieren, was ein Kopfsalat oder ein Pferd ist, kann man sich denken, wie schwierig die Erklärung eines abstrakten Begriffes wie: das Gute, das Denken, die Sünde oder das Mitleid ist. Nun, unter den zigtausend Stichwörtern unseres Wortschatzes gibt es eines, das ganz besonders schwierig zu definieren ist: das Verb *sein*. Von Parmenides bis Heidegger gibt es keinen Philosophen, der nicht versucht hätte, es zu ergründen.

Sagen wir zunächst einmal, daß *sein* nicht immer nur verbal gebraucht wird, sondern manchmal auch als Substantiv. Beispiel: der Mensch ist ein Seiender! In diesem Satz kommt das schreckliche Wörtchen gleich zweimal vor, einmal als Substantiv (Seiender) und einmal als Verb (ist), ja sogar als Kopula. Aber schlimm wird es erst, wenn Aristoteles sagt, die Metaphysik sei die Wissenschaft, die *Das Seiende als Seiendes* erforsche! Doch nur Mut und eines nach dem anderen.

Für Parmenides ist das Seiende einzig, unbeweglich und ewig (ich wiederhole diese Definition hin und wieder, auch wenn ich mir im Klaren darüber bin, daß sie nicht leicht verständlich ist). Für Platon dagegen ist das Seiende vielfältig und aus den Ideen gebildet, also aus transzendenten universalen Wesenheiten, an denen sich der Demiurg inspirierte, als er die Welt schuf. Für Aristoteles schließlich ist das Seiende wohl auch etwas Transzendentes, das aus der übersinnlichen Welt kommt, gleichzeitig ist es aber auch individuell, und daher immanent. Ich kann also zum Beispiel folgende Wahrheiten sagen:

»Renzo Arbore ist aus Foggia.«
»Renzo Arbore ist ein Sänger.«
»Renzo Arbore ist ein Fernsehstar.«
»Renzo Arbore ist mein Freund.«
»Renzo Arbore ist der Präsident der Disc-Jockeys.«
»Renzo Arbore ist der aus der Bier-Reklame.«
»Renzo Arbore ist ein Regisseur.«
»Renzo Arbore ist Journalist und Publizist.«

Jede dieser Behauptungen stimmt, aber keine kann für sich alleinstehend das Wesen von Renzo Arbore ausdrücken. Wenn ich herumginge und die Leute fragte, welche dieser Aussagen der Vorstellung von Renzo Arbore wohl am nächsten kommt, würden die Befragten mir wahrscheinlich antworten: »Er ist ein darstellender Künstler.« Für mich gilt dies aber nicht, denn für mich ist das wichtigste: »Renzo Arbore ist mein Freund«, denn er wäre ja auch mein Freund, wenn er nicht ein darstellender Künstler wäre. Aber welches ist dann das Wesen von Renzo Arbore? Es kann doch nur dieses sein: »Renzo Arbore ist Renzo Arbore.«

Und was soll das nun heißen? Daß alles, was Arbore in seinem ganzen Leben bisher getan hat und weiterhin tut (Sänger, Freund, Touristenführer im Kolosseum), von seiner ganz persönlichen Art geprägt ist, und diese seine besondere Art zu sein ist auch sein Wesen. Und auf diese Weise wird ein universales Konzept (etwas tun auf die Art von Renzo Arbore) schließlich ein individuelles Konzept (Renzo Arbore sein).

Aristoteles hat in seiner Sucht, alles zu archivieren, was sich ehrlich gesagt eher auf administrativer als auf philosophischer Ebene vollzog, festgelegt, daß das Seiende die folgenden Bedeutungen haben kann:

- Das Seiende entsprechend den *zehn Kategorien* (die ich weiter unten aufzählen werde).
- Das Seiende als *Akt* oder *Potenz*.
- Das Seiende als *Wahres* oder *Falsches*.
- Das Seiende als *Substanz* oder als *Akzidenz*.

Beginnen wir mit den Kategorien und bitten wir Minister Spadolini, uns, wie zuvor Arbore, als Beispiel zu dienen: wir begegnen ihm im Senat, wo er soeben mit den Sozialisten gestritten hat.

1. *Substanz:* »Spadolini ist Spadolini.«
2. *Quantität:* »Spadolini wiegt über einen Zentner.«
3. *Qualität:* »Spadolini ist Historiker.«
4. *Relation:* »Spadolini ist größer als Fanfani und kleiner als Craxi.«
5. *Ort:* »Spadolini ist im Senat.«
6. *Zeit:* »Spadolini lebt im zwanzigsten Jahrhundert.«
7. *Position:* »Spadolini sitzt.«
8. *Kondition:* »Spadolini ist dunkel gekleidet.«
9. *Aktion:* »Spadolini kratzt sich.«
10. *Passion:* »Spadolini wird gekratzt.«

Das Seiende ist potentiell dann, wenn es die Möglichkeit hat, etwas zu werden, das es noch nicht ist. Ein kleiner Junge von sechs Jahren kann *potentiell* ein Fußballspieler, Abgeordneter oder Verbrecher werden. Wenn er dies oder etwas anderes geworden ist, sagen wir, daß er es *tatsächlich aktuell* ist. Ein Baum ist *aktuell* ein Baum, gleichzeitig aber *potentiell* ein Tisch. Eine Pistole, die gerade aus der Fabrik kommt, ist ganz sicher *aktuell* ein metallener Gegenstand, *potentiell* aber auch *corpus delicti;* um es von einem potentiellen in ein aktuelles Werkzeug zu verwandeln, braucht man nur den Hahn zu ziehen und auf den erstbesten Unglücklichen zu zielen, der einem vor den Lauf kommt.

Das Seiende kann als *wahr* oder *falsch* definiert werden. Aber diese Unterscheidung ist mehr eine Frage der Logik als der Metaphysik, daher werden wir erst an anderer Stelle darauf eingehen.

Das Seiende wird als *akzidentiell* betrachtet, wenn das Attribut, das wir ihm beigeben, zufällig ist. Irgendein Satz dieser Art: Luigi ist müde, Carmela ist sonnengebräunt, Filippo ist betrunken, bezeichnet eine besondere Situation des Seienden, die in diesem Augenblick wahr ist, es aber später nicht mehr sein könnte. Man sagt mir, ich dürfe das *akzidentielle* Seiende nicht mit den zuvor angeführten Kategorien in Verbindung bringen. Vielleicht ist es so, ich werde es aber mit Ausnahme der ersten Kategorie trotzdem tun.

Wir haben das Seiende von allen möglichen Gesichtspunkten aus analysiert. Was dagegen das Werdende betrifft, empfiehlt uns Aristoteles, uns jedesmal, wenn wir eine Veränderung beobachten, vier Fragen zu stellen:
1. Was hat sich verändert?
2. Wer hat die Veränderung ausgelöst?
3. Mit welchem Ergebnis?
4. Mit welchem Ziel?

Als Antwort auf diese Fragen schlägt uns Aristoteles vier Ursachen vor:

1. Die *materielle* Ursache.
2. Die *effiziente* Ursache.
3. Die *formale* Ursache.
4. Die *finale* Ursache.

Beispiel Nummer 1: Ein Tischler stellt einen Stuhl her:
1. Die materielle Ursache ist das Holz.
2. Die effiziente Ursache ist der Tischler.
3. Die formale Ursache ist der Stuhl, wie er tatsächlich hergestellt worden ist.
4. Die finale Ursache war der Stuhl, wie ihn der Tischler geplant hatte.

Beispiel Nummer 2: Ein Bildhauer macht eine Statue von Marilyn Monroe:
1. Die materielle Ursache ist der Marmor.
2. Die effiziente Ursache ist der Bildhauer.
3. Die formale Ursache ist die Statue.
4. Die finale Ursache ist Marilyn Monroe selig, wie der Bildhauer sie in Erinnerung hatte.

Beispiel Nummer 3, das ganz untypisch ist: Die Regierung stürzt, und es bildet sich eine neue:
1. Die materielle Ursache sind die wählbaren Abgeordneten.
2. Die effiziente Ursache sind der amtierende Ministerpräsident, die Koalitionsparteien und die Heckenschützen, die die Krise herbeigeführt haben.
3. Die formale Ursache ist das neue Kabinett.
4. Die finale Ursache ist der Kompromiß zwischen allen möglichen Kabinetten, die die verschiedenen Parteien gebildet hätten, wenn sie allein zu entscheiden gehabt hätten. Das Volk hat hier, wie man sieht, überhaupt nichts zu sagen, obwohl es auf Verfassungsebene die eigentliche effiziente Ursache sein müßte.

Das aristotelische Konzept der Seele

Wenn Aristoteles von »Seele« spricht, müssen wir genau unterscheiden: er meint nicht die spirituelle und unsterbliche Seele, wie wir sie kennen, sondern für ihn ist sie ein Bestandteil des Individuums, der sich in drei Teile spaltet, in den *vegetativen, sensitiven* und *rationalen* Teil, und mit dem Körper gleichzeitig geboren wird und stirbt.[3] Zwischen Körper und Seele besteht eine Beziehung Materie–Form, als wäre die Seele die wahre Form des Körpers.[4] Die Frage, ob Körper und Geist ein und dasselbe sind, wäre unsinnig: es ist, als stelle man sich die Frage, ob das Wachs und die Form der Kerze ein und dasselbe sind.[5] Aristoteles glaubt nicht wie Pythagoras und Platon an die Seelenwanderung.[6] Ebensowenig glaubt er an die Unsterblichkeit der Seele, und daran haben alle christlichen Philosophen Anstoß genommen, die ihn zum geistigen Führer der griechischen Welt erwählt hatten.

In der aristotelischen Welt befindet sich ganz unten die seelenlose rohe Materie, also der Körper ohne Form, und an der Spitze der Pyramide steht Gott, der nur noch Form ist ohne Materie. Je höher man gelangt, desto mehr entwickelt sich das Universum aus der Materie bis hin zu Gott, und die Form erhält immer anspruchsvollere Merkmale. Daher gibt es auch drei verschiedene Arten von Seelen: die vegetative Seele, die sensitive Seele und die rationale Seele. Pflanzen haben nur die erste, Tiere die erste und die zweite, der Mensch aber hat alle drei Arten.

Die grundlegenden Eigenschaften der vegetativen Seele sind die Fortpflanzung, die Ernährung und das Wachstum. Auch die Kürbisse, die wir in Neapel *cocozzielli* nennen, haben trotz ihrer scheinbaren Unschuld eine Seele, und dafür müßten sie Aristoteles dankbar sein.

Die sensitive Seele verfügt über die Gefühle, die Lüste und die Bewegung. Sinne haben wir bekanntlich fünf, bei Aristoteles aber zählen zu den Sinnen auch die Lüste: die Eßlust, die Trinklust, die Liebeslust usw.

Die rationale Seele besitzt *potentiell* die Fähigkeit, die reinen Formen zu erreichen (potentielle Intelligenz), *aktuell* aber tut sie das, was sie gerade tut (aktuelle Intelligenz): *potentiell* gesprochen könnte sie Gott erreichen, *aktuell* aber gibt sie sich damit zufrieden, *Dallas* zu kapieren. Die rationale Seele verhält sich wie das Licht. Die Farben sind auch im Dunkeln da, wenn man sie nicht sehen kann: es sind also *potentielle* Farben, die im Licht *aktuelle* Farben werden. Diese Verwandlung ist also dem Licht zuzuschreiben, das heißt der rationalen Seele, die die Farben zum Leuchten gebracht hat.

Alle drei Seelentypen sterben mit dem Körper, sind aber am ewigen Leben durch die Fortpflanzung beteiligt. »Bei allen Lebewesen ist dies die natürlichste Tätigkeit, daß sie ein anderes Wesen ihrer Art erzeugen, also das Tier ein Tier, die Pflanze eine Pflanze. Da nun diese Wesen nicht imstande sind, in stetiger Weise an dem Ewigen und Göttlichen teilzunehmen, weil es nichts Vergängliches gibt, was als ein und dasselbe Wesen der Zahl nach fortbestehen kann, so nehmen sie daran teil, wie es dem einzelnen möglich ist, und jedes Wesen dauert nicht im eigentlichen, sondern im uneigentlichen Sinne als dasselbe Wesen fort, als eins nicht der Zahl, aber der Art nach.«[7]

Die Ethik

Im Mittelpunkt von Raffaels berühmtem Gemälde *Die Schule von Athen* sind, umgeben von fast fünfzig auf einer Freitreppe hingeflegelten Philosophen die beiden Giganten des griechischen Denkens, Platon und Aristoteles, stehend dargestellt, wie sie sich gegenseitig mit strengem Blick messen. Bei genauer Betrachtung kann man erkennen, daß ersterer den *Timaios* unterm Arm hält und mit der rechten Hand gen Himmel weist, während letzterer die *Ethik* in der Hand hat und nach unten deutet. Raffael hatte vermutlich nicht viel Ahnung von Philosophie; aber er hatte wohl von den Gelehrten seiner Zeit gehört, daß der eine ein Idealist und der andere ein Realist gewesen sei, daher wählte er diese sinnbildliche Darstellung.

Dem gleichen Irrtum sind auch viele andere erlegen. Es wäre aber ungerecht, das aristotelische Denken darauf einschränken zu wollen, daß der Stagirit eine Art praktischer Enzyklopädie des richtigen Lebens verfaßt hat. In Wirklichkeit hat er das sogenannte *Transzendente* keineswegs vernachlässigt, sondern im Gegenteil alle philosophischen Disziplinen entsprechend ihrer Wichtigkeit pyramidenförmig aufgebaut, und an der Spitze dieser Pyramide stehen bei ihm die Metaphysik und Gott als erster Antrieb aller Dinge. Zutreffend ist nur, was Giovanni Reale[8] sagt, nämlich daß »Platon nicht nur Philosoph, sondern *auch* Mystiker war, während Aristoteles *auch* Wissenschaftler war.« Abgesehen davon scheint mir Aristoteles genau besehen auf dem Gemälde gar nicht zu Boden zu deuten, sondern doch eher auf Platons Aufforderung mit der offenen Handfläche zu antworten, als wollte er sagen: »Langsam, Platon, übertreibe nicht wie gewöhnlich: sehen wir uns die Sache doch zuerst einmal genau an!«

Ethos bedeutet im Griechischen »Verhalten, Gewohnheit, Sitte«, die Ethik ist also die Moral, das heißt die Art und Weise, wie man sich verhalten und wie man handeln muß, was getan werden darf und was nicht, was gut ist und was schlecht.

Was wollen wir im Leben? Das Glück. Dies ist eine Behauptung, die an sich noch nichts aussagt, solange man nicht fähig ist, zu definieren, worin das Glück besteht und was zu tun ist, um es zu erreichen. Für die meisten Menschen bedeutet Glück einfach Wohlleben. Aber ein Leben, das nur aus körperlichen Freuden besteht, warnt Aristoteles, ist das Leben eines Tieres. Manch einer, der etwas mehr erstrebt, glaubt vielleicht, Glück könnte sein, »Ehren« zu genießen, also Reichtum, Macht oder die Symbole der Macht (ein schönes Haus, ein schönes Auto, eine schöne Geliebte usw.) zu besitzen. Doch solche Freuden, wendet Aristoteles ein, sind nur scheinbare Vorteile, denn sie bleiben äußerlich und können den Menschen nicht wirklich »bereichern«.[9]

Für Platon war Glück die Idee des Guten, des »Guten an sich«, wie er es nannte, etwas »Losgetrenntes« also, das eben gerade dadurch, daß es losgetrennt war, auch unerreichbar blieb. Eine solche Definition mag in der Metaphysik noch durchgehen, in der Ethik aber nützt sie, ehrlich gesagt, überhaupt nichts, denn eine Moral, die nicht praktisch ist, ist eben keine Moral, und in dieser Hinsicht war Aristoteles, das muß man schon einräumen, »praktischer« als Platon. Für ihn liegt das Gute darin, die Tätigkeit zu verwirklichen, die uns eigentümlich ist. Was meint er damit? Während das Gute für das Auge ist, zu sehen, und für das Ohr, zu hören, besteht für den Menschen das Gute darin, die Tätigkeiten, die ihm eigen sind, zu erfüllen. Und worin unterscheidet sich denn der Mensch von den anderen Lebewesen? Eben dadurch, daß er eine rationale Seele hat und nicht nur wie die übrigen Tiere eine vegetative und eine sensitive! Daraus also läßt sich folgern, daß das höchste Gute für den Menschen darin besteht, die Vernunft zu gebrauchen.

Hier der Absatz, in dem uns Aristoteles diese seine Moraltheorie kurz erklärt: »Wie für den Flötenkünstler und den Bildhauer und für jeden Handwerker oder Künstler eben in der Leistung der Wert und das Wohlgelungene beschlossen liegt, so ist das auch beim Menschen anzunehmen, wenn es überhaupt eine ihm eigentümliche Leistung gibt. Die bloße Funktion des Lebens ist es nicht, denn die ist auch den Pflanzen eigen. Als nächstes käme das Leben als Sinnesempfindung. Doch teilen wir auch dieses gemeinsam mit Pferd,

Rind und jeglichen Lebewesen. So bleibt schließlich nur das Leben als Wirken des rationalen Seelenteils. Leistung des Kitharaspielers ist das Spielen des Instrumentes, Leistung des hervorragenden Künstlers das vortreffliche Spielen in einem vollen Menschenleben. Denn eine Schwalbe macht noch keinen Frühling. So macht auch nicht ein Tag den Menschen glücklich und selig.«[10]

Versuchen wir jetzt, das Glückskonzept noch mehr auf den einzelnen auszurichten. Was ich weiter vorne über Renzo Arbore sagte, nämlich daß er ein ganz unverwechselbares Wesen habe, ließe sich ebenso auch auf die Ethik übertragen: das höchste Gut für Arbore besteht darin, sich als Renzo Arbore zu verwirklichen. Wenn ich das Prinzip verallgemeinere, heißt das, daß jeder einzelne sich zunächst einmal selbst kennenlernen und sich dann seiner eigenen Natur entsprechend verwirklichen müßte. Beispiel: Nehmen wir an, wir seien Bankdirektoren oder Einbrecher mit Schneidbrenner, dann wird unser Glück vermutlich darin bestehen, eine Filiale gut zu leiten oder in den Safe der Nationalbank einzudringen. Wenn aber der ausgeübte Beruf gar nicht unserer wahren Natur entspricht, sondern wir uns, was weiß ich, in der Vaterrolle viel glücklicher fühlen, dann sollten wir die Bank ein Stündchen Bank sein lassen (im Guten wie im Bösen) und unseren Sohn von der Schule abholen.

Etwas schwieriger sind die Beispiele von Glück bei Menschen, die sich gleichzeitig in mehreren Situationen verwirklichen könnten: sie wollen Schriftsteller, Dirigenten, Väter, Fußballfans und Liebhaber von Isabella Rossellini sein. Ihre Möglichkeiten, glücklich zu werden, sind also erheblich größer; das Entscheidende ist jedoch, sich niemals von der Außenwelt bedingen zu lassen und nur jene Dinge zu erstreben, bei denen man »wirklich« sicher ist, daß man sie erreichen will.

Aristoteles unterscheidet zwischen den *ethischen* und den *dianoetischen* Tugenden.[11] Die ersteren sind Vorzüge des Charakters und mäßigen die Leidenschaften, die letzteren dagegen sind Eigenschaften der rationalen Seele, des Verstandes. Die ethische Tugend ist die richtige Mitte zwischen zwei entgegengesetzten Lastern, nämlich zwischen der übertriebenen Empfindung oder der mangelnden Empfindung.

Dazu hier nun eine Auswahl aus der *Eudemischen Ethik*.[12]

Ethische Tugenden	*Im Übermaß*	*Im Untermaß*
Gelassenheit	Jähzorn	Phlegma
Tapferkeit	Tollkühnheit	Feigheit
Scham	Hemmungslosigkeit	Schüchternheit
Besonnenheit	Zuchtlosigkeit	Stumpfsinn
Recht	Gewinn	Verlust
Großzügigkeit	Verschwendung	Knauserei
Freundschaftlichkeit	Schmeichelei	Widerwärtigkeit
Würde	Unterwürfigkeit	Selbstgefälligkeit
Hochsinn	Aufgeblasenheit	Engsinn
Großartigkeit	Angeberei	Engherzigkeit

Wir könnten uns heute andere ethische Tugenden ausdenken, von denen die athenische Gesellschaft des 4. vorchristlichen Jahrhunderts noch nichts ahnte: etwa einem Fußballspiel mit wirklichem Sportsgeist zuzusehen, und dabei weder ein übertriebener Fan zu sein noch überhaupt nichts davon zu verstehen (so merkwürdig es klingt, aber es gibt fast keinen, der fähig wäre, sich ein Fußballspiel mit einem Minimum an sportlicher Fairneß anzusehen und also auch einem Gegner Beifall zu zollen). Oder für oder gegen die Atomkraftwerke zu sein und dabei auch die Argumente der Gegenseite zu bedenken. In ein Restaurant zu gehen, in dem einfach noch gut gekocht wird, und sich nicht entweder für das Toulà oder für McDonald's zu entscheiden.

Die dianoetischen Tugenden sind jene, die die rationale Seele betreffen, und heißen Einsicht (*phrónesis*) oder Weisheit (*sophía*), je nachdem, ob sie sich auf die zufälligen und veränderlichen Dinge oder auf die notwendigen und unveränderlichen Dinge beziehen. Die Einsicht ist praktisch, die Weisheit ist theoretisch.

Sympathisch ist, daß Aristoteles nach diesen Definitionen, die einen doch vielleicht eher unberührt lassen, bestätigt, daß man ja wohl doch auch ein wenig äußere Güter und ein wenig Glück im Leben brauche. Alle sind sich darin einig, daß Reichtum nicht glücklich macht, aber auch mit der Armut ist es in diesem Punkt nicht weit her.

Aristoteles meint dazu folgendes: »Indes gehören zum Glück doch auch die äußeren Güter. Denn es ist unmöglich, zum mindesten nicht leicht, durch edle Taten zu glänzen, wenn man über keine Hilfsmittel verfügt. Läßt sich doch vieles nur mit Hilfe von Freunden, von Geld und politischem Einfluß, also gleichsam durch Werkzeuge erreichen. Ferner: es gibt gewisse Güter, deren Fehlen die reine Gestalt des Glückes trübt, zum Beispiel edle Geburt, prächtige Kinder, Schönheit. Noch weniger kann man von Glück sprechen, wenn jemand ganz schlechte Kinder oder Freunde besitzt oder gute durch den Tod verloren hat. Wie gesagt gehören also zum Glück doch auch freundliche Umstände.«[13]

Die Logik

Alle schwedischen Mädchen haben lange Beine.
Ulla ist ein schwedisches Mädchen.
Ulla hat lange Beine.

Dies ist der berühmte aristotelische Schluß, oder ehrlich gesagt, nicht gerade dieser ist es, aber er ähnelt ihm sehr. In Wirklichkeit sagte Aristoteles:

> *Alle Menschen sind sterblich.*
> *Sokrates ist ein Mensch.*
> *Sokrates ist sterblich.*

Das griechische Verb *syllogízesthai* bedeutet »versammeln«, und in der Tat versammelt der Syllogismus in einem einzigen Satz, *Sokrates ist sterblich*, was im Obersatz *Alle Menschen sind sterblich* und im Untersatz *Sokrates ist ein Mensch* gesagt worden ist. In unserem Fall hier ist das Wort *Mensch* der Mittelbegriff, das heißt, das gemeinsame Element, durch das sich der Schluß bilden läßt.

Als Kinder im Iacopo Sannazzaro-Gymnasium machten wir uns einen Spaß daraus, unseren Philosophielehrer D'Amore damit bis zur Weißglut zu reizen, daß wir dauernd falsche Schlüsse erfanden. Am meisten haben wir über diesen gelacht:

> *Sokrates pfeift.*
> *Die Lokomotive pfeift.*
> *Sokrates ist eine Lokomotive.*

Und dem armen D'Amore sank der Mut. Ich erinnere mich noch genau, wie er schweißtriefend hinter dem Katheder stand und mit einem Papierfächer gegen die Hitze und die Fliegen ankämpfte:

»Sonne, Fliegen und Eseleien!« Und bei dem Wort Eseleien hob er die Augen zum Himmel, als wollte er ihn zum Zeugen anrufen. »Wie immer habt ihr nichts kapiert. Versteht ihr denn nicht, ihr Lümmel, daß man für einen Syllogismus einen Obersatz und einen Untersatz braucht. Ihr habt aber überhaupt keinen Obersatz aufgestellt. Wenn schon, dann hätte es so lauten müssen:

> *Alles, was pfeift, ist eine Lokomotive.*
> *Sokrates pfeift.*
> *Sokrates ist eine Lokomotive.*

»Dann gibt es also die Möglichkeit, daß Sokrates eine Lokomotive ist?« fragte ich.

»Nein, die gibt es nicht«, antwortete er ungerührt. »Aber es gibt die Möglichkeit, daß du Philosophie im Oktober nachmachen kannst.«

Solche Syllogismen oder Schlüsse lassen sich eine Menge bilden. Aristoteles stellte sie sich in großer Vielfalt vor, denn die Prämissen können je nachdem positiv, negativ, kategorisch, möglich, total oder partiell sein. Der Syllogismus mit den schwedischen Mädchen zum Beispiel ist von der ersten Art, die *Barbara* genannt wird, was natürlich nicht der Name eines schwedischen Mädchens ist, sondern eine von den Scholastikern gefundene Bezeichnung für diese Art von Syllogismus. Ein anderer heißt *Darii*:

> *Alle Ehrlosen nehmen Schmiergeld.*
> *Einige Politiker sind ehrlos.*
> *Einige Politiker nehmen Schmiergeld.*

Bei diesem Beispiel ist der Obersatz total und der Untersatz partiell: also kann der Schlußsatz nur partiell sein.

Dann gibt es den *Ferio*:

> *Kein Fußballfan ist objektiv.*
> *Einige Sportjournalisten sind Fußballfans.*
> *Einige Sportjournalisten sind nicht objektiv.*

Und den *Celarent:*

> *Hier ist keiner dumm.*
> *Alle Neapolitaner leben hier.*
> *Kein Neapolitaner ist dumm.*

Was selbstverständlich nicht stimmt, schon deshalb nicht, weil die Prämissen nicht richtig sind. Wir sind nämlich überzeugt, daß die Dummheit ziemlich gleichmäßig über die ganze Welt verteilt ist.

Geradezu unerläßlich ist es wohl nicht, so ganz genau zu wissen, was ein Syllogismus ist. Im allgemeinen geht es um grundlegende Überlegungen, die auch Analphabeten anstellen, ohne zu wissen, daß sie damit einen Syllogismus gebildet haben. Für Aristoteles hingegen ist es ein so wichtiges Thema, daß er darüber eine Reihe von Werken verfaßt hat: die *Erste Analytik*, in denen es um die verschiedenen Figuren geht; die *Zweite Analytik,* die den wissenschaftlichen Schluß beschreibt; die *Topik,* die den dialektischen Schluß behandelt und schließlich die *Sophistischen Trugschlüsse.* Von ihrer Lektüre wird abgeraten.

Die Poetik

Auch zur Dichtkunst wollte Aristoteles seinen Beitrag leisten, und wie gewohnt, hat er auch hier versucht, die verschiedenen literarischen Gattungen in Kategorien einzuteilen, um alle Autoren auf ewig systematisch zu erfassen. Die Gattung »Verschiedenes«, die heute bei jeder besseren Meinungsumfrage vorgesehen ist, gab es bei ihm nicht. Schade: es wäre ihm wohl doch schwergefallen, Roberto d'Agostino, Giorgio Forattini, Jane Fonda und die Michelin-Führer in einen Topf zu werfen.

In seiner *Poetik* erfaßt Aristoteles so ziemlich alle »produktiven Wissenschaften« des Menschen und sagt: »Das menschliche Herstellen bringt Gebilde der Natur teils zum Abschluß; teils bildet es Gebilde der Natur nach.«[14]
Die Dinge, die die Natur nicht herstellen kann, sind die Gebrauchsgegenstände (Stühle, Autos, Geschirrspülmaschinen), die anderen dagegen sind die »schönen Künste« (Bilder, Skulpturen, Dramen), die aus einer Nachahmung der Natur entstehen.

Bei der Unterscheidung der verschiedenen Arten von dramatischen Werken (Tragödie, Komödie, Epik usw.) nimmt Aristoteles kein Blatt vor den Mund, wenn es um die Komiker geht. Der Philosoph schreibt: »Tragödie (ist) Nachahmung einer Handlung würdig bedeutenden Inhalts in künstlerisch gewürzter Sprache, vorgeführt von gegenwärtig handelnden Personen.«[15] Aber: »Die Komödie ist eine Nachahmung schlechterer Charaktere, von dem hier in Rede kommenden Häßlichen gehört ein Teil in das Gebiet des Lächerlichen.«[16] Mehr wußte er über die Komödie nicht zu sagen.
Diese Abwertung des Komischen beginnt bei Aristoteles und hat seither alle jene betroffen, die irgend etwas Unterhaltendes hervorgebracht haben.
Der Vorwurf ist um so ungerechter, wenn man bedenkt, daß wir das meiste von dem, was wir über die Griechen wissen, Aristophanes und Menander verdanken und ganz gewiß nicht Aischylos, Sophokles und Euripides. Genauso wie unsere Nachfahren im Jahre dreitausend aus den Filmen Sordis gewiß sehr viel mehr über die Gewohnheiten der Italiener im zwanzigsten Jahrhundert würden erfahren können als aus denjenigen Antonionis.
Genau ins Bild dieser komikerfeindlichen Gesinnung paßt auch die Entscheidung, das Totò gewidmete Denkmal in der Villa comunale von Neapel nicht zu errichten, weil es von der

Baukommission nicht abgesegnet worden ist. Trotz der Zustimmung der Bevölkerung und obwohl der Entwurf angenommen worden war, hat die Kommission die Aufstellung des Denkmals jetzt mit folgender Begründung abgelehnt: »Das Werk wirkt störend innerhalb einer historisch gefestigten Landschaft. Vor allem wird die Aufstellung neben den anderen Statuen als unästhetisch empfunden.«[17]

Das Schönste ist, daß der große neapolitanische Komiker dieses Veto schon 1964 vorhergesehen hatte und damals ein sehr schönes Gedicht schrieb, das den Titel trägt 'a livella[18]. Darin streitet der Geist eines Marchese mit dem Geist eines Straßenkehrers. Die beiden Verstorbenen waren von ihren jeweiligen Familien dicht nebeneinander begraben worden, und der Marchese kann diese Gemeinschaft nicht dulden: er fordert das Skelett des Straßenkehrers auf, sich ein paar Meter zu verziehen, damit der soziale Abstand gewahrt bleibt. Der Ärmste bittet zunächst um Entschuldigung für das unbesonnene Verhalten seiner Verwandten, dann verliert er aber die Geduld und ruft aus: »Marchese, überlassen wir diese Narrenpossen doch den Lebenden, wir sind jetzt ernsthafte Leute: wir sind tot!«

Zum Glück entwickelt sich der Komiker mit der Zeit zum Klassiker, während der Dramatiker, wie Flaiano sagt, oft langsam aber sicher, ins Komische abgleitet.[19]

Die Aristoteliker

Ein kurzes Wort über die Nachfolger des Aristoteles: Theophrast, Straton und Lykon. Unter ihnen entwickelt sich das Lykeion in eine regelrechte wissenschaftliche Universität und verliert den Reiz eines Begegnungsortes von peripatetischen Gesprächspartnern: zweitausend Schüler, Lehrprogramm, festangestellte Lehrkräfte und angelerntes Wissen bis zum Äußersten. Es ist jetzt immer mehr von der Natur und immer weniger von der Metaphysik die Rede. Vor allem Theophrast bringt die aristotelische Philosophie teils wegen seiner Leidenschaft für die Botanik, teils aber auch auf Grund eines gewissen Mißtrauens gegenüber allem Theoretischen auf eine vorsokratische Ebene zurück. Es wird jetzt wieder vom *nous* gesprochen, vom Geist als unfaßbare Materie und von mechanistischer Kosmologie. Man braucht nur einen Blick auf die Titel der Werke Theophrasts zu werfen, um zu erkennen, daß Transzendenz nun nicht mehr gefragt ist. Hier einige davon: *Über die Müdigkeit, Über den Schweiß, Über die Haare, Über den Schwindel, Über die Ohnmacht, Über das Ersticken, Über die Steine, Über den Honig, Über das Lächerliche, Über den Wein und das Öl.*

In seinem Buch *Über den Charakter des Abergläubischen* beschreibt uns der Philosoph den Tageslauf eines Atheners: morgens geht er an den Brunnen des Tempels, um sich dort die Hände zu waschen, weil es heißt, daß das Wasser dort reiner sei und Glück bringe; dann nimmt er ein Lorbeerblatt in den Mund, um sich des Wohlwollens Apollos zu vergewissern; wenn eine Maus ihm über Nacht den Brotbeutel durchlöchert hat, geht er nicht zum Schuster, um ihn wieder flicken zu lassen, sondern er begibt sich zu einem Seher, um zu erfahren, welchen Gott er beleidigt hat und wem er ein Opfer bringen muß; wenn er außerhalb der Mauern zu Fuß geht, achtet er darauf, nie auf einen Grabstein zu treten; er kann den Anblick der Karren nicht ertragen, auf denen die Leichen transportiert werden, und wenn er zufällig einem Epileptiker oder einem Verrückten begegnet, gerät er in Panik und spuckt auf sich selber und macht Beschwörungen.

Wie man sieht, ist Theophrasts Beitrag über den Aberglauben auch nach 2400 Jahren noch immer aktuell.

Theophrast, Sohn des Melantas, wurde 370 v. Chr. in Eresos auf Lesbos geboren.[20] Er war zuerst Schüler Platons, dann wandte er sich Aristoteles zu. Er stand bei den Athenern in hohem Ansehen und hatte sehr viele Schüler, darunter auch seinen Sklaven Pompylos, der ebenfalls Philosoph war, sowie den Komödiendichter Menander. Anscheinend hat er sich in fortgeschrittenem Alter in Nikomachos, den Sohn des Aristoteles verliebt. Alle diese Illustrierten-Skandalgeschichten verdanken wir Pseudo-Aristippos, der ein Werk *Über die Wollust der Alten* schrieb. Theophrast leitete das Lykeion gut und gern 35 Jahre lang, von 322 (Flucht des Aristoteles nach Chalkis) bis zu seinem Tod 287. An wirklich Bedeutendem hinterließ er zwei Werke: *Untersuchung über die Pflanzen* in neun Bänden und *Ursachen der Pflanzen* in sechs Bänden. Er starb im Alter von dreiundachtzig Jahren.

Straton, genannt der Physiker, setzte das positivistische Werk Theophrasts fort. Für ihn waren warm und kalt aktive Prinzipien, und alles, was auf der Welt geschah, hatte für ihn einen natürlichen Grund. Die Seele war also nur ein materielles Pneuma. Als junger Mann überredete er gemeinsam mit einem anderen Aristoteliker, einem gewissen Demetrios von Phaleron, König Ptolemaeos, in Alexandria eine Schule zu eröffnen: das Museion. Nach dem Tode Theophrasts kam er nach Athen und übernahm dort die Leitung des Lykeion.

Nach dem Bericht des Diogenes Laertios war er abgezehrt und zwar so sehr, daß er starb »ohne es zu merken«.[21]

Nach Straton ging die Leitung des Lykeion an Lykon, den Sohn des Astyanax, über. Von ihm wissen wir nur, daß er sehr beredt war, die Knaben liebte und sich äußerst sorgfältig kleidete. Es erscheint uns etwas zu wenig, um damit in die Geschichte einzugehen.[22]

---

[1] Das Leben des Aristoteles ist ausführlich erzählt bei Diogenes Laertios, op. cit., v. Buch, 1. Kapitel.
[2] Im Griechischen bedeutet ›perípatos‹ soviel wie ›umhergehen‹.
[3] »Es ist offenbar, daß die Seele untrennbar zum Körper gehört, denn die Tätigkeiten einiger ihrer Teile stellen den *Akt* der entsprechenden Teile des Körpers dar.« (Aristoteles, *Über die Seele*, 413a)
[4] Aristoteles, *a.a.O.*, 414a

⁵ ebd., 412b
⁶ »Das Absurde sowohl der Lehre des *Timaios* (...), als auch jener der Pythagoreer ist, daß die Seele in jedweden Körper eintreten könnte.« *(ebd.,* 407b)
⁷ ebd., 415b.
⁸ Giovanni Reale, *Storia della filosofia antica*, Mailand 1983, Bd. II, S. 257
⁹ Aristoteles, *Nikomachische Ethik*, I, 5, 1095b, 24–26
¹⁰ ebd., I, 7, 1097b–1098a, passim
¹¹ Aristoteles, *Nikomachische Ethik*, I, 13, 1103a 7
¹² ders., *Eudemische Ethik*, II, 3
¹³ ders., *Nikomachische Ethik*, I, 8, 1099a 31–b7
¹⁴ ders., *Physik*, II, 8, 199a
¹⁵ ders., *Poetik*, 6, 2
¹⁶ ebd., 5,1
¹⁷ Siehe *Il Mattino* vom 2.8.1986, S. 19
¹⁸ Totò, *'a livella*, Neapel 1964
¹⁹ Ennio Flaiano, *Frasario essenziale per passare inosservati in società*, Mailand 1986, S. 22 (zu deutsch etwa: »Geflügelte Worte, die man wissen sollte, um nicht aufzufallen«)
²⁰ Diogenes Laertios, *a.a.O.*, V, 36
²¹ ebd., V, 60
²² ebd., V, 65

VII

Salvatore Palumbo

»Mein lieber Di Costanzo...«[1]

»De Crescenzo«.

»Mein lieber De Crescenzo, nehmen Sie es mir nicht übel, aber diese Beispiele für angeblich typisch neapolitanisches Verhalten, die Sie mir da erzählt haben, sagen mir gar nichts. Sie wissen ja, wie ich denke: als Aristoteliker glaube ich an die ›gerechte Mitte‹, an den Mittelwert aus einer großen Zahl von Fällen, an Prozentsätze, an Statistiken. Wenn Sie mir Zahlen zu bieten haben, dann bitte: mit denen kann ich was anfangen. Aber diese Geschichtchen, nein wissen Sie, die will ich gar nicht hören!«

»*Prufessò!*« schreit Tonino mit dem Anker in der Hand vom Bug des Bootes her. »Ist es Ihnen hier recht? Ich lass' das Eisen fallen.«

Wir befinden uns inmitten der Galli-Inseln vor der amalfitanischen Küste. Die Galli sind eigentlich eher drei Klippen als Inseln und nur ein paar Meilen von Positano entfernt. Ein heißer Tag, das Meer ist glatt, der blaue Himmel so hell, daß er fast schon grau wirkt, nicht eine Wolke am Horizont. Nicht der kleinste Windhauch. Professor Palumbo, Mathematiklehrer am Giambattista Vico-Gymnasium, hat ein Boot gemietet, zweihunderttausend Lire für den Tag, Mittagessen inbegriffen. Außer dem Schiffer befinden sich fünf Personen an Bord: Palumbo, seine Frau, die Tochter Michela und ihre Freundin Serena, eine Biologiestudentin, und ich. Zweihunderttausend Lire für einen Tag auf See sind eine ungewöhnlich hohe Ausgabe für einen Gymnasiallehrer.

»Einmal kann man es ja machen«, sagt der Professor seufzend. »Meine Tochter war in Rom drei Monate Gast bei Serenas

Familie. Jetzt bin ich an der Reihe. Schließlich muß ich diesem Mädchen doch auch irgend etwas bieten!«

Wir sind alle in Badehosen, nur Palumbo ist vollständig bekleidet.

»Professore«, fragt Tonino, »ziehen Sie sich denn nicht aus?«

»Nein.«

»Und warum nicht?«

»Weil ich es so will«, antwortet der Professor schlechtgelaunt und bedeckt seinen Schädel mit einem Taschentuch. »Ich hasse die Sonne, das Meer und den Sand. Ich will nicht baden und ich will nicht braun werden. Ich finde es idiotisch, sich auf einem Boot auszustrecken und stundenlang bewegungslos wie ein dürrer Feigenbaum zu verharren. Ich habe nie begriffen, warum die Menschen sich, wenn es heiß ist, in die Sonne legen, und wenn es kalt ist, dahin gehen, wo es Schnee hat. Meiner Meinung nach müßten sie es gerade umgekehrt machen.«

Michela springt ins Wasser, taucht gleich wieder auf und fordert Serena auf, es ihr gleichzutun.

»Spring rein, Serena, das Wasser ist herrlich!«

Das Mädchen ist unentschlossen, sie weiß nicht so recht, ob sie den Sprung wagen soll, und sieht ängstlich ins Wasser.

»Ich habe Angst vor Haien«, gesteht sie. »Bevor wir abgefahren sind, hat ein Junge in Positano zu mir gesagt, daß diese Meeresgegend hier ›Dreieck der Haie‹ genannt wird.«

»Alles Quatsch«, ruft der Professor aus, »es gibt überhaupt keine Haie!«

»Hier bei den Galli-Inseln?« fragt Serena.

»Weder bei den Galli-Inseln noch sonst irgendwo im italienischen Meer«, erwidert Palumbo.

»Was meinen Sie mit ›es gibt keine‹?«

»Ist dir je ein Mensch begegnet, der von einem Hai gebissen wurde? Kannst du mir auch nur einen einzigen Namen nennen? Nein? Also das bedeutet dann doch wohl, daß es überhaupt keine Haie gibt. Dagegen könnte ich mir vorstellen, daß du sehr viele Leute kennst, die einen Autounfall gehabt haben. In Italien gibt es Jahr für Jahr zweihunderttausend Tote und Verletzte. Aber darüber machst du dir keine Gedanken, du fährst mit dem Auto von Rom nach Positano und hast keine Angst. Dann kommst du hierher und legst dich mit einem armen Tier an, das bis zum Beweis des Gegenteils noch keinen einzigen Menschen umgebracht hat. Das zeigt doch nur, daß du keinen Sinn für Statistik hast!«

»Ja, aber der Hai...«, wirft Serena zaghaft ein.

»Der Hai ist ein Film und nicht eine Tatsache«, schreit Palumbo. »Tatsache dagegen ist, daß du diesen Hai in deinem Kopf hast, in deinem tiefsten Unterbewußtsein, genauso wie du dich vor Gespenstern und wer weiß was für Blödsinn sonst noch fürchtest.«

»Was, nicht einmal mehr Gespenster soll es geben?« mischt sich Signora Assunta, die Frau des Professors, ein.

»Ganz richtig. Nicht einmal Gespenster gibt es. Für sie gilt genau das gleiche wie für die Haie. Hast du je einen Menschen kennengelernt, der zu dir gesagt hat: ›Stellen Sie sich vor, heute nacht, als ich schlief, sind zwei Gespenster gekommen und haben mir eine runtergehauen‹?«

»Und was ist dann mit den spiritistischen Sitzungen? Den Möbeln, die verrücken? Den Medien, die mit veränderter Stimme sprechen?« fragt die Signora zurück. »Salvatò, du kannst doch nicht bestreiten, daß es das Jenseits gibt!«

»Daß es das Jenseits gibt, steht auf einem andern Blatt«, erwidert der Professor, »das hat mit den Gespenstern überhaupt nichts zu tun! Wenn es die wirklich gäbe, dann könnte doch kein Mörder mehr ruhig schlafen. Stell dir nur einmal einen Nazi vor, der ein paar tausend Menschen umgebracht hat. Was glaubst du, wieviel Gespenster es dem zeigen würden, wenn sie nur könnten!«

»Was hat das damit zu tun?« widerspricht die Signora. »Das sind eben Geister, die können sich nur zeigen, aber nicht handeln.«

»Und warum soll man dann vor ihnen Angst haben?« fragt der Professor. »Ja, im Gegenteil, es könnte doch sogar interessant sein, einem zu begegnen und so aus erster Hand etwas übers Jenseits zu erfahren. Ich habe aber leider noch keinen einzigen gesehen.«

»Wenn ich also richtig verstanden habe«, mische ich mich ein, um das Thema von vorhin wieder aufzunehmen, »dann verneinen Sie mit dem gleichen Kriterium auch, daß es eine typisch neapolitanische Wesensart gibt. So wie es keine Geister gibt, gibt es für Sie auch keine Neapolitaner.«

»Nein, nein Di Costanzo, das habe ich nicht behauptet...«

»De Crescenzo.«

»Ach ja, De Crescenzo. Entschuldigen Sie, daß ich Ihren Namen immer falsch sage, aber Sie müssen wissen, daß ich einen Schulkameraden hatte, der Di Costanzo hieß, und so...«

»Das macht nichts«, erwidere ich mit heuchlerischer Höflichkeit. »Und überhaupt, wenn Ihnen das besser gefällt, können Sie mich ruhig auch Di Costanzo nennen. Aber sagen Sie mir nun, was ist also für Sie das typisch Neapolitanische?«

»Nehmen Sie's mir nicht übel, De Crescenzo, aber wenn mir eine Frage auf die Nerven geht, dann eben gerade diese: was ist das typisch Neapolitanische? Ich schwöre Ihnen, ich kann's nicht mehr hören! Die einzige brauchbare Antwort war die, die Domenico Rea einmal gegeben hat: ›Ich weiß es nicht.‹ Er hatte recht. Ich kann es Ihnen in zwei Minuten sagen: wenn wir unter typisch neapolitanisch das verstehen, was die neapolitanische Wesensart von der eines anderen Volkes unterscheidet, dann möchte ich doch gerne wissen, wie man eine so vielschichtige und widersprüchliche Wirklichkeit wie die der neapolitanischen Bevölkerung definieren soll! Wenn ich schon diese saublöden Intellektuellen höre...«

»Salvatò, die Mädchen!« protestiert Signora Palumbo.

»Wenn ich schon diese blöden Intellektuellen höre«, fährt der Professor etwas leiser fort, »die von Folklore, Mandolinen und Exzentrikern daherreden, die würde ich mir am liebsten schnappen, glauben Sie mir! Die würde ich zwingen, einmal in einer neapolitanischen Gasse zu leben, damit sie endlich einmal begreifen würden, wie das Volk wirklich ist, wie es aussieht und welches seine moralischen Werte sind. Und dann würde ich sie fragen, ob sie vielleicht irgendwo eine Mandoline zu Gesicht bekommen haben. Ich lebe jetzt schon fünfzig Jahre in Neapel, aber ich habe noch nirgends eine Mandoline gesehen. Gott allein weiß, wer dieses Gerücht mit den Mandolinen aufgebracht hat. Ich sage nur eines: wenn einer noch nie in seinem Leben in einem neapolitanischen Souterrain gegessen hat, wie kann er sich da erlauben, überhaupt den Mund aufzutun! Das Schlimme ist, wenn in Genua, Turin oder Velletri irgend etwas Lustiges passiert, so ist es eben nur etwas Lustiges, in Neapel ist es aber immer gleich etwas typisch Neapolitanisches. Und dann muß man die lustigen Anekdoten ja auch danach unterscheiden, ob sie ironisch sind oder nicht. Naja, denn wenn einer, der darüber urteilen soll, keinen Sinn für Ironie hat, werden sie doch gleich zu Karikaturen. Und so wird alles in einen Topf geworfen: die angebliche Fröhlichkeit, die Kunst, sich zurechtzufinden, der schwach entwickelte Gemeinsinn, die Geselligkeit, der Familienkult, der Fluch, sympathisch zu sein, die Unwissenheit. Von Neapel, mein lieber Di Costanzo, kann man alles und das Gegenteil von allem behaupten. Ich könnte jetzt zum Beispiel behaupten, daß die Neapolitaner zusammenhalten, und man würde mir glauben. Wie oft haben wir schon gehört, daß Neapel nicht wie New York ist, daß, wenn hier einer auf der Straße hinfällt, gleich alle angelaufen kommen, um ihm zu helfen. Das Schlimme ist nur, daß ebenso genau das Gegenteil behauptet wird, daß nämlich heute einer in einer Gasse überfallen wird und dann kein Mensch kommt und ihm beispringt. Wir wollen nicht wahrhaben, daß Neapel groß ist, riesengroß: drei, vier, fünf Millionen Einwohner, ich weiß nicht genau wieviel, weil ich schon gar nicht mehr weiß, wo es anfängt und wo es aufhört: von Pozzuoli bis Castellammare di Stabia haben wir doch ein einziges Häusermeer. Verschiedene Völker, verschiedene Dialekte, verschiedene Kulturen. Etwas Allgemeines läßt sich da doch unmöglich sagen.«

»Ja, aber gerade mit Ihrer These eines Mittelwerts der Meinungen müßte man doch die eine Art herausfinden, die wir als typisch neapolitanische Wesensart definieren könnten.«

»Hören Sie, De Crescenzo...«

»Danke.«

»Es gibt ganz sicher einen Mittelwert, der vielleicht schwierig zu berechnen ist, aber es gibt ihn. Nur besteht bei einer Frage, die so von den Meinungen abhängt, immer die Gefahr, daß derjenige, der sein Urteil abgeben soll, es vielleicht sogar in bester Absicht in die Richtung lenkt, in der er es gern haben möchte. Wie schon Tacitus sagte: *fingunt et credunt*. Wir müssen uns also mit dem Mittelwert der Mittelwerte zufriedengeben.«

»Das verstehe ich nicht.«

»De Crescè, hören Sie zu: Vor zehn Jahren hat Antonio Ghirelli vielleicht zwanzig neapolitanische Intellektuelle gebeten, auf drei Fragen zu antworten: Gibt es die typisch neapolitanische Wesensart, worin besteht sie, und gibt es sie noch.[2] Jeder äußerte seine Meinung, und es kamen die unterschiedlichsten Antworten heraus. Die einen hoben sie in den Himmel, die anderen hatten nur Verachtung für sie übrig, wieder andere zitierten die üblichen: Vico, Croce und wie sie alle heißen, oder hoben vor allem den mangelnden Gemeinsinn der Bevölkerung hervor. Dabei schien, wenn man sie so hörte, jeder ganz aufrichtig zu sein. Da wurde mir klar, daß alle diese Antworten richtig waren, daß das wahre Neapel sowohl die verzweifelte Stadt Luigi Compagnones war, als auch jene ›Unterwasserstadt‹ Raffaelle La Caprias, die ganz an den nautischen Klub und an die Klippen von Donn'Anna gebunden ist, wo er seine schöne Jugend verbracht hatte. Ich konnte nicht verlangen, daß eine verschlossene schwierige Frau wie die Ortese die gleiche Meinung über die Stadt hatte wie ein Giuseppe Marotta, der sie nur durch die nostalgische Brille seiner Erinnerungen sah. Am Ende kam ich zu dem Schluß, daß sowohl die Ortese als auch Marotta das Recht hatten, von ihrem Neapel zu erzählen, denn gerade während sie davon erzählten, wurde ja ›jenes Neapel‹ das wahre Neapel.«

»Wenn ich also richtig verstanden habe, kommt es nicht auf die historische Wirklichkeit an, sondern nur auf die poetische.«

»Genau. Borges bringt einen schönen Vergleich«, fährt Palumbo fort. »Neapel wäre demnach ein Schlegel, wie man ihn zum Gongschlagen benutzt. Der Schlegel bleibt immer derselbe, aber der Ton, der entsteht, ist immer wieder anders, weil immer wieder auf andere Becken eingeschlagen wird.«

»Und diese verschiedenen Becken wären demnach wir?« frage ich. »Mit anderen Worten spielen wir also nicht selber, sondern es wird mit uns gespielt.«

»Ja, und um eine Vorstellung davon zu bekommen, was das neapolitanische Wesen ist, müssen wir uns mit der ›gerechten Mitte‹ der hervorgebrachten Töne zufriedengeben.«

»Was meinen Sie damit?«

»Ingegnere, nehmen wir einmal an, ich kenne Sie nicht und die einzige Möglichkeit, Sie kennenzulernen, wäre die, Ihre engsten Freunde nach ihrer Meinung zu fragen, was käme dabei heraus? Der eine würde sagen: ›Wissen Sie, der Ingenieur ist soundso.‹ Dann käme ein anderer und würde sagen: ›Nein nein, so ist er nicht, er ist vielmehr so.‹ Und am Ende ziehe ich als guter Mathematiklehrer aus all den Meinungen den Mittelwert und sage ›Bitte, also Di Costanzo ist so!‹«

---

[1] Maurizio Costanzo: populärer italienischer Journalist und Showmaster. (A. d. Ü.)
[2] Antonio Ghirelli, *La Napoletanità*, Napoli 1976

VIII

Epikur

Für die einen war er der Beste, für die anderen der Schlimmste. Mal wurde er als ausschweifender gottloser Weiberheld, mal als Heiliger und Prophet dargestellt. Cicero haßte ihn, Lukrez betete ihn an. Selbst der Begriff »Epikureer« ist schon immer falsch gedeutet worden. In den größten Enzyklopädien findet man den Epikureer als einen Menschen definiert, »der ein Leben in Wohlstand führt und sich den Vergnügungen hingibt« oder »ein sinnlicher Schlemmer und Genießer« ist. Für uns aber, die wir seine Schriften gelesen haben, ist er ein sittenstrenger Mensch, der am Abend nur wenig ißt, um nicht mit vollem Magen schlafen zu gehen. In einem Brief an einen Schüler schreibt Epikur: »Mein Körper strömt über vor Leichtigkeit, wenn ich von Brot und Wasser lebe, und ich spucke auf die Freuden des prachtvollen Lebens, nicht ihrethalben wohlgemerkt, sondern wegen der Beschwerden, die sie mit sich bringen.«[1]

In einem anderen Brief bittet er einen Freund: »Schicke mir kythnischen Käse, damit ich, wenn ich Lust dazu habe, einmal recht schwelgen kann.«[2]

Unter diesen Voraussetzungen fühlen wir uns gedrängt, mit der Rehabilitation des Philosophen zu beginnen.

Epikur wurde 341 v. Chr. im Zeichen des Wassermanns nicht in Athen, sondern auf Samos geboren. Er war aber kein Fremder, denn seine Eltern stammten aus Athen (Neokles und Chairestrate kamen aus dem Demos Gargettos, einem der volkstümlichsten Viertel Athens), und er hatte seine ganze Jugend in einer Gemeinde verbracht, in der nur Athener lebten. Elf Jahre vor seiner Geburt nämlich hatten zweitausend Arbeitslose, zu denen auch seine Eltern gehörten, von der Athener Regierung das Recht erhalten, auf der Insel Samos eine Kolonie zu gründen, wozu sie zunächst einmal die bisherigen Bewohner verjagen mußten.[3]

Epikur wurde als zweiter von vier Brüdern geboren. Sein Vater war Schullehrer und hat ihn angeblich immer zum Unterricht mitgenommen. Außerdem wurde er als Vierzehnjähriger oder nach anderen Berichten[4] sogar schon als Zwölfjähriger durch den Platoniker Pamphilos, der auf Samos lebte, in das Studium der Philosophie eingeführt. Anfangs hatte sich der Junge an der öffentlichen Schule eingeschrieben, doch hielt er es dort anscheinend nur wenige Minuten aus. Sextus Empiricus beschreibt uns seinen ersten Schultag so:[5]

»Am Anfang entstand das Chaos«, sprach der Lehrer zu den Schülern.

»Und woraus entstand es?« fragte Epikur.

»Das können wir nicht wissen: dies ist eine Frage, mit der sich die Philosophen beschäftigen.«

»Und wozu soll ich dann hier meine Zeit verlieren?« erwiderte Epikur. »Dann gehe ich doch lieber gleich zu den Philosophen.«

Mit achtzehn wird er nach Athen einberufen, um dort die Ephebie, nämlich den Wehrdienst, abzuleisten. Einer seiner Kameraden ist der Komödiendichter Menander. Wir befinden uns im Jahre 323: Xenokrates lehrt an der Akademie und Aristoteles bringt seine Weisheit und seine Begriffslehre an der peripatetischen Schule unter die Leute. Es ist durchaus denkbar, daß der Soldat Epikur gelegentlich an ihrem Unterricht teilnahm. »Xenocratem audire potuit«, schreibt Cicero (möglicherweise hörte er Xenokrates).[6] Merkwürdigerweise wollte der Philosoph aber diese seine ersten scholastischen

Erfahrungen später nie zugeben: er schätzte seine Kollegen, außer vielleicht Anaxagoras und Demokrit, nicht gerade besonders.

In der Zwischenzeit stirbt Alexander der Große, und es gelingt den Bewohnern von Samos auch mit Hilfe des neuen makedonischen Königs Perdikkas, ihre Insel zurückzuerobern und die Athener, darunter auch Epikurs Eltern, übers Meer zu verjagen. Aus Sorge um seine Angehörigen begibt sich der Philosoph nach Kolophon, wo er sie auch wiedertrifft und dann gemeinsam mit seinen Brüdern Neokles, Chairedemos und Aristobulos und mit seinem Sklaven Mys die erste epikureische Gruppe bildet.

Zu jener Zeit lehrt in Theo, ganz in der Nähe von Kolophon, ein gewisser Nausiphanes, Anhänger Demokrits, Philosophie. Da er sich leidenschaftlich für die Atomismuslehre begeistert hat, beschließt Epikur, zu ihm zu gehen und bei ihm zu hören. Aber genau wie für Pamphilos und Xenokrates findet er auch für Nausiphanes keine anerkennenden Worte: er bezeichnet ihn als »Meerlunge, ungebildeten Gesellen und Hurer«.[7] Wer weiß, warum Epikur, der einfachen Menschen und Frauen gegenüber so sanft und höflich war, Intellektuellen und vor allen Platonikern und Aristotelikern gegenüber einen so giftigen Ton anschlug. Wahrscheinlich wollte er eben als Autodidakt gelten und sich keinem anderen Denker verpflichtet fühlen.[8]

Gemeinsam mit seinen Brüdern und dem Sklaven Mys zieht er als Zweiunddreißigjähriger nach Mytilene und eröffnet offiziell die erste epikureische Schule. Aber der Anfang ist sehr schwierig: die platonischen Sekten sind zu stark, außerdem sind sie politisch zu aktiv, um Schulen zu dulden, die die Jugendlichen von Religion und Politik abbringen könnten. Epikur läßt sich nicht entmutigen. In Lampsakos macht er einen neuen Versuch, und nach fünf Jahren in der Provinz landet er im Jahre 306 in Athen, wo er sich endgültig durchsetzt. Von nun an sind der Verbreitung des Epikureismus keine Grenzen mehr gesetzt. Er findet Anhänger in ganz Griechenland, in Kleinasien, Ägypten und Italien. Diogenes Laertios sagt: »Seine Freundesschar ist so groß, daß selbst ganze Städte sich nicht mit ihr messen können.«[9]

In Athen kauft Epikur für achtzig Minen ein Haus und einen Garten im Grünen, und gerade dieser Garten wurde zum Kennzeichen der Schule und gab ihr den Namen. Die Epikureer wurden von nun an »jene mit dem Garten« genannt, auch wenn in diesem Garten in Wirklichkeit statt Blumen vor allem Kohl, Rüben und Gurken wuchsen.

Eine Schule, die auf Freundschaft gegründet war, mußte natürlich kostenlos sein. Der Garten wurde von Leuten aus allen sozialen Schichten besucht: von Männern und Jungen, Metöken und Sklaven, vornehmen Athener Bürgern und schönen Hetären. Daß auch Frauen Zugang hatten, löste sofort einen Skandal aus. Böse Zungen setzten das Gerücht in Umlauf, daß Epikur und Metrodor mit fünf Hetären zusammenlebten, nämlich Leontion (Leontinchen für den Meister), Mammarion, Hedia, Erotion und Nikidion, mit denen sie das Lager teilten![10] Vor allem Cicero nannte die Schule »einen Garten der Lüste, in dem die Schüler sich erlesenen Genüssen hingeben.«[11]

Epikurs Schicksal verlief wirklich merkwürdig. Die unzähligen Stimmen, die sich in der Antike gegen ihn erhoben, waren ebenso verleumderisch wie absurd. Ein Stoiker, ein gewisser Diotimos, schrieb einmal fünfzig obszöne Briefe, die er alle mit Epikurs Namen zeichnete, nur um ihn in Verruf zu bringen. Poseidonios, ein anderer Stoiker, erzählte, er habe seinen jüngeren Bruder zur Prostitution verleitet. Theodoros beschuldigt ihn im vierten Buch *Gegen Epikur*, sich zusammen mit Themista, der Frau des Leonteos, zu betrinken. Timon bezeichnet ihn als einen »Verehrer des Bauches«.[12]

Timokrates schreibt, er habe sich zweimal am Tag erbrochen, um wieder neu essen zu können.[13] Plutarch erzählt in einem Buch mit dem Titel *Non posse suaviter vivi secundum Epicurum*, daß er ein Tagebuch geführt habe, in dem er genau aufschrieb, wie oft und mit wem er das Lager teilte.[14]

Die Epikureer wurden richtiggehend religiös verfolgt, woran vor allem die Stoiker schuld waren, die mit allen Mitteln versuchten, sie anzuschwärzen. In Messenien erteilten die Timuchen – die Machthaber der Stadt – den Soldaten Befehl, alle Anhänger Epikurs zu verjagen und ihre Häuser auszuräuchern, um sie zu reinigen. In Kreta wurden einige arme Teufel unter der Anklage, eine verweiblichte und götterfeindliche Philosophie zu verbreiten, ins Exil geschickt, nachdem man sie zuerst mit Honig bestrichen hatte und dann den Fliegen und Mücken überließ. Wenn einer von ihnen gewagt hätte, zurückzukehren, wäre er in Frauenkleidern von einem Felsen hinabgestürzt worden.[15]

Was die anderen so gegen den Epikureismus aufbrachte, war seine Verachtung für die Politiker und seine demokratische Haltung den niederen Schichten gegenüber. Epikur übte Freundschaft in einer Welt, in der ein solches Gefühl einzig und allein zwischen Angehörigen der gleichen sozialen Schicht vorstellbar war. Während Platon in seinen *Gesetzen (Nomoi)*[16] Empfehlungen erteilt, wie sich die Sklaven am besten unterwerfen lassen (indem man sie von verschiedener Nationalität wählt, so daß sie sich untereinander nicht verständigen können, und sie vor allem körperlich züchtigt, damit sie nie vergessen, daß sie Sklaven sind), nimmt sie Epikur mit offenen Armen auf und spricht mit ihnen wie ein alter Freund. Drei Jahrhunderte später scheitert Christus aus den gleichen Gründen.

Epikur starb im Alter von einundsiebzig Jahren an einer Nierenkolik. In einem Brief an einen seiner Schüler beschrieb er seinen letzten Lebenstag so: »Es ist der gepriesene Festtag und zugleich der letzte Tag meines Lebens, an dem ich diese Zeilen an euch schreibe. Harnzwang und Dysenterie haben sich bei mir eingestellt mit Schmerzen, die jedes erdenkliche

Maß überschreiten. Als Gegengewicht gegen alles dies dient die freudige Erhebung der Seele bei der Erinnerung an die zwischen uns gepflogenen Gespräche. Du aber sorge, entsprechend deiner von jung auf mir und der Philosophie entgegengebrachten herzlichen Gesinnung, für die Kinder des Metrodoros.«[17]

Hermippos erzählt, vor dem Sterben habe er den Wunsch geäußert, sich in einen Bottich voll heißen Wassers zu setzen, darin trank er Wein und unterhielt sich, bis sein Tod eintrat.[18]

Merkmale des epikureischen Denkens

Die Philosophie ist eine besondere Wissenschaft, die sich nur schwer, ja vielleicht überhaupt nicht definieren läßt. Am Anfang ihrer Entwicklung umfaßte sie alle Gebiete: Physik, Astronomie, Kosmologie, Ethik, Poetik, Politik, Logik, Mathematik, Epistemologie, Ontologie usw., aber im Laufe der Zeit spalteten sich immer mehr Zweige ab, und heute befaßt sie sich im wesentlichen nur noch mit der Ontologie, nämlich der Wissenschaft vom Sein. Um also doch eine Definition zu geben, könnten wir sagen, die Philosophie beschäftigt sich mit der Suche nach der Bedeutung des Seins.

Ein anderer Weg, das Denken der antiken Philosophen zu verstehen, wäre der, einmal zu untersuchen, welches der zahlreichen Gebiete der Philosophie ihr besonderes Interesse fand. Die Vorsokratiker widmeten sich, mit Ausnahme der Eleaten, die sich mit Ontologie beschäftigten, der Kosmologie und der Physik. Sokrates war der Erfinder der Ethik, und Platon und Aristoteles interessierten sich zwar für alles, das Hauptgewicht legten sie aber ebenfalls auf die Ontologie.

Auch für Epikur ist die Ethik wichtiger als die Physik, im Unterschied zu Sokrates und Platon aber, für die der Mensch in erster Linie Staatsbürger und das *Ethos* dessen Pflicht war, sieht er ihn als ein Individuum auf der Suche nach seinem Glück. Er ist also nicht mehr eine »politische Einheit«, die sich in eine Gemeinschaft eingliedern muß, sondern ein Privatmensch, dessen oberstes Gebot lautete: »lebe im Verborgenen« *(láthe biósas)*.[19]

Die Ethik

Wir werden nun also über die Freundschaft, die Wünsche, das Vergnügen und den Tod reden.

Epikur sagt: »Von allem, was die Weisheit für die Glückseligkeit des ganzen Lebens bereitstellt, ist bei weitem das Größte die Gewinnung der Freundschaft.«[20] Und damit haben wir den Schlüssel zum Verständnis seiner Philosophie. Besser eine Gesellschaft, die auf Freundschaft hofft, als eine, die auf Gerechtigkeit aufgebaut ist. Der *Garten* war so gesehen eher ein Stützpunkt für Missionare als eine Schule. Epikur stellte sich vor, daß die Freundschaft sich gewissermaßen wie durch Ansteckung von Mensch zu Mensch weiterverbreiten ließe. Wenn wir das Wort Freundschaft durch das Wort Liebe ersetzen, können wir Epikur als einen Vorläufer des Franz von Assisi ansehen. Von den Massen wurde diese Botschaft nie aufgenommen, und das liegt einfach daran, daß die Freundschaft ein privater Wert ist und nicht wie die Gerechtigkeit ein brauchbares Werkzeug zur Eroberung der Macht.

»Die Freundschaft tanzt den Reigen um die Welt und ruft uns allen zu, aufzuwachen zum Preise des glücklichen Lebens.«[21]

Dieses poetische Bild Epikurs sagt uns alles über sein Denken. Er sieht in der Freundschaft ein Kommunikationsmittel, eine Ideologie, die zwar aus dem Nutzen geboren ist, dann aber ein Vergnügen und schließlich der höchste Zweck des Lebens werden kann.[22]

Die epikureische These ist weniger utopisch, als man vielleicht denkt. Der deutsche Soziologe Ferdinand Tönnies traf im vorigen Jahrhundert die Unterscheidung zwischen den Gesellschaften, die auf Gerechtigkeit gegründet sind, und den Gemeinschaften, deren Basis die Freundschaft ist.[23]

Die Gesellschaften sind horizontal aufgebaut: alle Bürger haben vor dem Gesetz die gleichen Rechte. Das Individuum ist nicht auf Verwandtschaften oder auf Empfehlungen von Freunden angewiesen, um das zu erreichen, was es braucht. Wenn seine Bedürfnisse berechtigt sind, wird niemand es zwingen, vor den anderen auf dem Boden zu kriechen. Ein sehr gutes Beispiel für die Gesellschaft bietet England: dort genießt ein Küchenjunge von Soho unabhängig von seiner gesellschaftlichen Rolle vor dem Gesetz dieselben Rechte wie Königin Elisabeth.

Die Gemeinschaften dagegen sind wie Pyramiden aufgebaut. Alle Beziehungen werden durch Freundschaften geregelt. Es bilden sich Gruppen familiärer, körperschaftlicher, politischer, kultureller Art, und das Gemeinsame all dieser Clans ist der Chef an der Spitze der Pyramide sowie der streng hierarchische Aufbau. Alles wird über Empfehlungen und Verwandtschaftsbeziehungen geregelt. Süditalien ist das erste Beispiel für eine solche Gemeinschaft, das mir einfällt.

Sieht man sie so, scheint die Gemeinschaft eine Gesellschaft mit Mafiastrukturen, die man meiden müßte wie die Pest. Betrachten wir sie aber mit epikureischem Geist, können wir eine Moral daraus ableiten: wer in einer auf Freundschaft gegründeten Gemeinschaft lebt, weiß, daß er nur überleben kann, wenn er so viele Freunde wie möglich hat, und dadurch wird er geselliger und seinem Nächsten gegenüber aufgeschlossener. Ein Bürger der Gesellschaft dagegen, der sich auf seine verfassungsmäßig eingeräumten Rechte berufen kann, wird jeden Kontakt mit den anderen vermeiden und in kürzester Zeit ein außerordentlich ziviles und »distanziertes« Individuum werden. Vergessen wir aber schließlich nicht, daß selbst Platon in seinem *Gastmahl* Eros als Kind der Armut und der Kunst, sich zu arrangieren, sah.

Zur epikureischen Ethik gehört der Versuch, seine Gefühle zu mäßigen: eine gute Mahlzeit steht jedem zu, doch sollte man nicht übertreiben, eine Liebesbeziehung ist auch gut, aber nur innerhalb gewisser Grenzen. Epikur sagte: »Bei den meisten Menschen ist die Ruhe Erstarrung, die Bewegung Tollheit.«[24]

Und die Freundschaft ist eben ein solches mittelstarkes Gefühl auf halbem Wege zwischen Gleichgültigkeit und Liebe.

Für Epikur gab es dreierlei Arten von Wünschen: *natürliche und notwendige, natürliche und nicht notwendige, nicht natürliche und nicht notwendige.*[25]

Die natürlichen und notwendigen Freuden sind diejenigen, die das Überleben sichern: essen, trinken, schlafen und sich kleiden, wenn es kalt ist. Gemeint ist natürlich, nur soviel zu essen, daß man satt wird, nur zu trinken, um seinen Durst zu löschen, und der Jahreszeit entsprechende Kleidung zu tragen. Ein Pelzmantel in Neapel zum Beispiel würde schon nicht mehr ins Bild passen.

Die natürlichen und nicht notwendigen Freuden sind jene, die den Sinnen zwar angenehm sind, aber das Überflüssige darstellen. Dazu gehört zum Beispiel besser zu essen, besser zu trinken usw. Ein schönes Nudelgericht mit dicken Bohnen zu essen, wäre gewiß eine solche natürliche und nicht notwendige Freude. Können wir sie ohne allzu große Anstrengung erleben, soll sie willkommen sein, andernfalls verzichten wir eben. Genau so ist es auf dem Gebiet der Künste oder der schönen Gefühle. Epikur lehrt: »Der Anfang und die Wurzel alles Guten ist die Lust des Bauches. Denn auch die gelehrten und hochgestochenen Dinge beziehen sich auf sie zurück.«[26]

Die nicht natürlichen und nicht notwendigen Wünsche

sind diejenigen, die durch eine Meinung hervorgerufen werden. Nehmen wir das Beispiel einer goldenen Rolexuhr: ganz gewiß ist sie kein notwendiges Gut. Wir möchten sie vor allem deshalb gerne besitzen, weil sie in den Augen aller als Wertgegenstand gilt. Wenn es einfach nur der Anblick wäre, der uns entzückte, müßten wir uns ebensosehr für eine nachgeahmte Rolex begeistern. Die Menschheit läßt sich aber heute mehr vom Firmennamen als von der Qualität eines Produkts beeindrucken, und das ist gewiß weder natürlich noch notwendig.

Wie steht es aber mit dem Sex? Natürlich kann man ihn wohl nennen, aber ist er auch notwendig? Notwendig meine ich jetzt einmal abgesehen von der Fortpflanzung. Epikur hat Zweifel: »Ich habe vernommen, daß bei dir die Bewegung des Fleisches nach dem Genusse der Liebe besonders heftig drängt. Wenn du nun den Gesetzen nicht zuwiderhandelst, die gute gegebene Sitte nicht verletzest, keinen von deinen Nächsten betrübst, das Fleisch nicht aufreibst und das zum Leben Notwendige nicht verbrauchst, dann folge deinem Wunsche, wie du willst. Es ist allerdings undenkbar, daß du nicht an eine der genannten Schwierigkeiten stößt. Denn die Liebesdinge haben noch niemals genützt; man muß zufrieden sein, wenn sie nicht geschadet haben.«[27]

An sich sind die Grundregeln der epikureischen Ethik ganz elementar: die natürlichen und notwendigen Bedürfnisse müssen immer befriedigt werden, sonst ist ja das Überleben nicht gesichert; die nicht natürlichen und nicht notwendigen Bedürfnisse dagegen nie, denn sie lassen leicht Wettbewerbsbedingungen entstehen; bei den dazwischenliegenden sollte man sich immer zuerst fragen: »Ist es vorteilhaft für mich oder nicht?«[28]

Um alles, was wir bisher gesagt haben, zusammenzufassen, führen wir hier einige der goldenen Regeln Epikurs an (woraus sich eine Art Handbuch des »Guten Tons« im Garten ergibt):

- »Wenn du Pythokles reich machen willst, vermehre nicht seine Habe, sondern verringere seine Wünsche.«[29]
- »Wir bauen sehr auf die Mäßigkeit, nicht weil wir immer darben müssen, sondern um weniger Sorgen zu haben.«[30]
- »Befreien muß man sich aus dem Gefängnis des Alltagslebens und der Politik.«[31]
- »Besser ohne Angst auf einem Lager aus Blättern als unruhig in einem goldenen Bett schlafen.«[32]
- »Keine Lust ist an sich ein Übel. Aber das, was bestimmte Lustempfindungen erzeugt, zieht Störungen nach sich, die um ein Vielfaches größer sind als die Lustgefühle.«[33]
- »Man soll nicht das Vorhandene beschmutzen durch die Begierde nach dem Nichtvorhandenen, sondern bedenken, daß auch das Vorhandene zu dem Wünschenswerten gehört.«[34]

Über die Lust pflegte Epikur dieses zu sagen: »Wenn wir erklären, Lust sei das Endziel, so meinen wir nicht die Lüste der Schlemmer und diejenigen, die auf dem Genuß beruhen, wie manche Unwissende, Andersdenkende oder Böswillige glauben, sondern das Freisein von körperlichem Schmerz und seelischer Unruhe.«[35]

Woraus wir schließen können, daß das Verliebtsein, da es die Seele verwirrt, keine Lust ist, sondern eine Art Neurose.

Um nun aber herauszubekommen, welches die wahre Lust ist, brauchen wir nur auf unseren Körper zu hören: »Die Stimme des Fleisches spricht: nicht hungern, nicht dürsten, nicht frieren. Wem das zuteil wird und wer darauf hoffen kann, der könnte sogar mit Zeus an Glückseligkeit wetteifern.«[36]

All dies klingt sehr weise; doch wie soll man es einem vierzehnjährigen Jungen erklären, der unbedingt ein Moped haben möchte?

»Warum sollte man Angst vor dem Tode haben?« fragt der Philosoph. »Denn solange wir sind, ist der Tod nicht da, und sobald er da ist, sind wir nicht mehr.«[37]

Gewiß, möchte ich hinzufügen, aber es gibt auch diejenigen, die nach dem Tode ihrer Lieben weiterleben müssen und furchtbar darunter leiden. Aber Epikur bleibt davon unberührt: er will uns wie immer jede gegenwärtige oder künftige Sorge nehmen, auch was den Tod betrifft. Er meint im Grunde dies: »Was machst du dir so viele Gedanken über den Tod, du kannst ja nichts daran ändern, also lebe besser und denke nicht mehr daran: oft ist die Angst vor dem Tod schlimmer als der Tod selber.«[38]

Also nur Mut, denken wir nicht daran und singen wir alle im Chor:

»Ich habe dich, Zufall, überrumpelt und alle deine heimlichen Schleichwege verrammelt. Wir werden uns weder dir noch irgendeiner anderen äußeren Situation ausliefern. Sondern wenn uns das Geschick hinausführt, werden wir kräftig auf das Leben spucken und auf jene, die sinnlos an ihm kleben; wir werden aus dem Leben heraustreten mit einem schönen Lobgesang, verkündend, daß wir gut gelebt haben.«[39]

Epikur hält zur Lösung jedes Problems eine Arznei für uns bereit: *das vierfache Heilmittel:*
- Fürchte die Götter nicht.
- Fürchte den Tod nicht.
- Wisse, daß die Freuden für alle da sind.
- Wisse, daß der Schmerz, solange er anhält, erträglich ist und, wenn er stark ist, nur kurz dauert; und vergiß nicht, daß der Weise auch glücklich ist, wenn er Qualen leidet.[40]

Die Physik

Epikurs Physik bringt nicht viel Neues. Er folgt den Vorstellungen der Atomisten, und sein Allkonzept ist praktisch ein Abklatsch desjenigen Demokrits. Die wesentlichen Punkte lassen sich wie folgt zusammenfassen:

- Nichts entsteht aus dem Nichts. Das All ist unendlich und wird aus *Körpern* und dem *leeren Raum* gebildet.⁴¹
- Die Existenz der *Körper* wird durch die Sinne bewiesen.
- Die Existenz des *leeren Raums* wird durch die Bewegung bewiesen, wenn es den *leeren Raum* nicht gäbe, wüßten die Körper nicht, wohin sie gehen sollten, wenn sie sich bewegen.
- Der *leere Raum* ist nicht ein »Nichtsein«, das nicht ist, sondern ein »Sein«, das ist, auch wenn es nicht sinnlich faßbar ist.
- Es gibt *zusammengesetzte* und *einfache Körper:* die letzteren sind die *Atome* und unteilbar, wie das Wort selber schon besagt.⁴²

Demokrit hatte gesagt, daß die Atome »am Anfang« alle von oben nach unten fielen wie Regen, bis eines schönen Tages durch den Zusammenprall zweier solcher Atome immer weitere Zusammenpralle und Zusammenballungen ausgelöst wurden, durch die sich schließlich die Welt und die zusammengesetzten Körper bildeten. Aber diese Theorie war natürlich gegen einen Einwand nicht gefeit: wenn die Atome sich alle auf parallelen Bahnen bewegten, wie konnten sie dann überhaupt zusammenprallen? Sie hätten ja wohl höchstens von hinten aufeinanderstoßen können, meinten seine Gegner.

Doch Epikur erwiderte darauf völlig ungerührt, daß das Atom während seines senkrechten Falls »in eine Abweichung« gerate; dadurch käme es zum Anschluß und zu Zusammenballungen.⁴³ »Und warum sind sie ein wenig abgewichen?« können wir da nur fragen. Doch darauf bleibt er die Antwort schuldig. Diese Theorie der von ihrer Bahn abweichenden Atome, auch unter dem Namen *clinamen*⁴⁴ bekannt, ist, ehrlich gesagt, ein Schuß ins Leere und überzeugt keinen. Epikur nahm sie aber wohl sehr ernst: auf der einen Seite konnte er damit seine materialistische Erklärung des Universums retten, und auf der anderen Seite brachte er das Konzept des »freien Willens« mit ein, also die Möglichkeit, sich von einer allzu mechanischen und fatalistischen Weltsicht zu entfernen. Von nun an brauchte man sich vor keinem Zeus, keinem Demiurgen und keinen unbeweglichen Antriebskräften mehr zu verneigen, ebensowenig hatten Schicksal und Notwendigkeit, vorherbestimmtes Leben und unabänderliches Geschick noch Bedeutung. Das Merkwürdige ist nur, daß Epikur, nachdem er so große Anstrengungen gemacht hat, sich vom Transzendenten zu befreien, plötzlich behauptet, daß es die Götter doch gäbe! So unwahrscheinlich es klingen mag, genau das tut er nämlich! Er räumt dann nur ein, daß diese Götter für sich leben und sich um uns nicht kümmern.[45]

Und da frage ich nun: wozu brauchte er in einem so schönen und erläuterten All wie dem demokritischen noch die Götter? Denkbar ist höchstens, daß er diese Zugeständnisse machte, um ruhig leben zu können und sich nicht wie andere der Gefahr auszusetzen, wegen Gottlosigkeit angeklagt zu werden. Auf eine entsprechende Frage soll er geantwortet haben: »Götter nämlich existieren; denn die Gotteserkenntnis hat sichtbare Gewißheit. Sie sind aber nicht so, wie es die Leute meinen. Denn die Leute halten gar nicht die Gedanken über die Götter fest, die sie haben. Gottlos ist nicht der, der die Götter der Menge beseitigt, sondern der, der den Göttern die Ansichten der Menge anhängt.«[46]

Untersuchen wir nun, wie sich nach Epikurs Vorstellung das All entwickelt hat. Die Atome, die sich zufällig und mit sehr hoher Geschwindigkeit bewegten, hatten sich schließlich an verschiedenen Punkten gesammelt und endlose Welten geschaffen, die durch unendliche Räume voneinander getrennt sind, die er *Zwischenwelten*[47] nennt. In jeder dieser Zusammenballungen hatten sich die schwereren Atome in der Mitte gesammelt und so die Erde hervorgebracht, während die leichteren nach außen geschleudert wurden und so den

Himmel bildeten. Einige schwere Atome schließlich hatten sich durch den überstarken Druck in Wasser verwandelt.

In einer so beschaffenen Welt war natürlich auch die Seele aus Atomen gebildet. Selbstverständlich nur aus Atomen erster Wahl: sie waren warm und hauchartig bei der irrationalen Seele und von äußerster Feinteiligkeit bei der rationalen.[48] Ehrlich gesagt scheinen Epikur bei dieser letzteren Definition die Adjektive ausgegangen zu sein: offenbar weiß er nicht, wie er diese unfaßliche Größe beschreiben soll, und behilft sich eben damit, daß er von Feinteiligkeit spricht. Wir brauchen wohl kaum zu erwähnen, daß die Seele, da sie Materie ist, natürlich sterblich ist und sich zusammen mit dem Körper auflöst.[49] Dante Alighieri steckt ihn dafür zur Strafe in den Höllenkreis der Häretiker:

> »Es liegen zwischen diesen Friedhofswänden
> Mit Epikur die Jünger, die geneigt,
> Die Seele mit dem Leibe zu beenden.«[50]

Zum Abschluß noch kurz etwas über die Empfindungen: die Körper strömen Bilder oder Scheinbilder aus *(eídola)*, die zunächst durch den Raum irren und dann auf unsere Sinne und unser Denken treffen.[51] Sie sind also nicht ganz unähnlich den Fernsehwellen, die den Äther durchqueren, um allen Zuschauern die *eídola* ihrer Stars zu überbringen.

Die Gartenfreunde

Der Epikureismus fand Anhänger in der gesamten griechischen und lateinischen Welt: fünf Jahrhunderte lang breitete er sich fast überall aus. Epikureische Gärten entstanden in Griechenland, Kleinasien, Ägypten und natürlich in Italien. Unter den griechischen Schülern erinnern wir an: Metrodoros und Polyaenos von Lampsakos, die noch vor Epikur gestorben waren, dann an Hermarchos von Mytilene, seinen Nachfolger in der Leitung der Schule, und schließlich an alle die anderen: Leonteos mit seiner Frau Themista, Kolotes, Idomeneus, Dionysios, Protarchos, Polystratos, Basilides, Apollodor, genannt der Tyrann des Gartens, Hippoklides, Zenon von Sidon usw.

Zu den treuesten Anhängern Epikurs zählt ein gewisser Diogenes von Oinoanda, ein reicher Herr aus dem zweiten nachchristlichen Jahrhundert, der ein wirklich ungewöhnliches Mittel wählte, um die Lehre des Meisters weiterzuverbreiten: er kaufte einen Hügel in der Nähe seines Dorfes und ließ auf der Anhöhe eine rechteckige Säulenhalle errichten. Auf dem Giebel des Säulengangs ließ er dann eine Inschrift von über hundert Metern Länge einmeißeln, die eine Zusammenfassung des epikureischen Denkens ist. Er begnügte sich also nicht damit, einfach ein Buch zu schreiben, sondern errichtete ein ganzes Monument, um das neue Denken zu verbreiten. Die riesige Inschrift begann etwa so:

Mein Leben neigt sich dem Ende zu, und ich will nicht scheiden, ohne eine Hymne auf Epikur gesungen zu haben für das Glück, das ich durch seine Lehre erfahren habe. Ich möchte der Nachwelt diese Botschaft weitergeben: Durch die Aufteilung der Erde hat jedes Volk ein anderes Vaterland. Aber die bewohnte Welt bietet allen Menschen, die zur Freundschaft fähig sind, ein einziges gemeinsames Zuhause: Die Erde.

Diese Inschrift ist im Jahre 1884 von zwei französischen Archäologen zufällig entdeckt worden und bestimmt die schönste völkerverbindende Botschaft, die uns aus der Antike erreicht hat.

Unter den griechischen Epikureern des ersten Jahrhunderts v. Chr. erinnern wir an Philodemos von Gadara, der unserer Meinung nach die Verbindung zwischen dem Epikureismus und der neapolitanischen Lebensart hergestellt hat. Der Philosoph gründete in Herkulaneum, nur wenige Kilometer von Neapel entfernt, einen Garten, und noch heute werden in der Villa des Calpurnius Piso immer wieder Papyri mit seinen Maximen ans Tageslicht gebracht. Philodemos lehrte und schrieb auf Griechisch und konnte also nur von einem kleinen Kreis von Intellektuellen verstanden werden. Hier zwei seiner wichtigsten Texte:

»Was zerstört die Freundschaft auf der Erde am meisten? Das Handwerk der Politik. Beobachtet den Neid der Politiker auf diejenigen, die versuchen, sich hervorzutun, die Rivalität, die zwangsläufig unter den Konkurrenten entsteht, den Kampf um die Eroberung der Macht und die entschiedene Organisation von Kriegen, die nicht nur das Individuum, sondern ganze Völker zerrütten.[52]

»Die Philosophen unserer Schule haben für Gerechtigkeit, Güte, Schönheit und die Tugenden allgemein die gleiche Neigung wie die gewöhnlichen Menschen, aber im Unterschied zu ihnen sind unsere Ideale nicht gefühlsmäßig begründet, sondern durchdacht.«[53]

Der erste Versuch, den Epikureismus in Rom zu verbreiten, scheiterte kläglich: Im Jahre 155 vor Christus landeten zwei griechische Anhänger des Gartens namens Alkaios und Philiskos in Rom, die nichts zu lachen hatten, wenn sie versuchten, den Mund aufzumachen.[54] Darüber dürfen wir uns nicht besonders wundern: die alten Römer jener Zeit waren in der Mehrzahl gesunde und kräftige junge Männer, denen jene kulturelle Tradition fehlte, die sie befähigt hätte, die Feinheiten der griechischen Philosophie zu begreifen. Einem *civis romanus* des zweiten vorchristlichen Jahrhunderts das Sein zu erklären, war gewiß ebenso schwierig, wie wenn man heute versuchte, Rambo beizubringen, was Zen ist.

Doch nach immer neuen Versuchen verbreitete sich der Epikureismus schließlich auch in Italien: etwa um 50 v. Chr.

übersetzten einige Gelehrte mit seltsamen Namen, Amafinius, Rabirius, Cassius und Safeius die epikureischen Maximen ins Lateinische, was ihnen einen großen verlegerischen Erfolg einbrachte. Ihnen gesellten sich die Dichter Lukrez und Horaz mit ihren eindringlichen Versen hinzu. Letzterer gestand in seinen *Epistolae* unverblümt, ein *Epicuri de grege porcus*, ein Schwein aus der Herde Epikurs, zu sein, womit er nicht wenig zu dem Mißverständnis beitrug, von dem wir oben sprachen.[55]

Von den Texten der ersten Übersetzer ist nichts erhalten geblieben, aber von Cicero erfahren wir, daß es sich dabei um regelrechte Bestseller handelte.

»Als aber dann im Anschluß an Amafinius viele Anhänger seiner Schule zahlreiche Schriften herausgegeben hatten, da zogen diese ganz Italien in ihren Bann. Und den durchschlagenden Beweis dafür, daß ihre Lehre nicht wissenschaftlich exakt dargestellt ist, weil sie nämlich spielend leicht auswendig gelernt und auch von Laien begriffen wird, das halten sie für die Hauptstütze ihrer Schule.«[56]

Darüber sollten wir uns nicht wundern. Auch heute halten es viele Kritiker wie Cicero. Auf die Frage: »Hast du das Buch von Soundso gelesen?« hört man oft die Antwort: »Nein, und es gefällt mir nicht!« Aber versetzen wir uns andererseits auch einmal in ihre Lage. Wer etwas gilt, ist doch meistens so beschäftigt, daß er keine Zeit zum Lesen findet, er kann sich bestenfalls erlauben, ein Buch durchzublättern. Dann lieber gleich ein summarisches Urteil, am besten man sagt etwas, was man vom Hörensagen weiß, und verliert nicht lange Zeit mit einem Buch, das nichts wert ist. Manche geben das auch unumwunden zu. Ein englischer Kritiker hat einmal erklärt: »Ich lese nie das Buch, bevor ich es rezensiere, es könnte mich beeinflussen!«

Zum Glück ging das Lukrezsche Meisterwerk *De rerum natura* nicht verloren, diese Gefahr hatte nämlich durchaus bestanden. Die Dichtung genoß während des Imperiums hohes Ansehen, verschwand aber sofort nach der Bekehrung Konstantins zum Christentum aus dem Verkehr, woraus wir schließen können, daß die höchsten Vertreter der neuen Religion sie nicht gerade schätzten. Erst im Jahre 1417 tauchte sie, dank der Entdeckung des Humanisten Poggio Bracciolini wieder auf, der in einem Schweizer Kloster ein halbvergessenes Exemplar hervorholte. Dieses Werk *De rerum natura* ist deshalb so wichtig, weil es die einzige vollständige Darstellung der atomistischen Theorie Epikurs enthält. Nun könnte manch einer fragen, ob sich eine Philosophie überhaupt in Versen ausdrücken läßt. Warum denn nicht: man braucht nur für die verschiedenen Vergleiche Beispiele aus der Natur zu wählen. So beschreibt Lukrez die Bewegung der Atome auch in jenen Körpern, die scheinbar bewegungslos sind: eine Schafherde scheint aus der Ferne, von der Spitze eines Berges herab betrachtet, ein »verworrener Haufe« zu sein, aus der Nähe hingegen »gleiten über die Hügel die wolletragenden Herden, äsend die frohe Weidung, wo immer ein jeglicher einlädt lieblicher Kräuter Genuß, vom frischen Taue beperlet; Lämmerchen spielen gesättigt umher und stutzen zusammen.«[57]

Gewiß klingt das Ganze auf lateinisch reizvoller, kein Vergleich zwischen »von weitem scheinet uns dies ein verworrener Haufe« (ebd.) und *»longe confusa videntur«*; aber ob lateinisch oder deutsch, es ist stets von besonderem Reiz, wenn Dichtung und Philosophie eine Verbindung eingehen.

Es gibt aber auch Stellen, an denen uns Lukrez in Verwunderung versetzt. Das zweite Buch *De rerum natura* beginnt beispielsweise so: »Süß ist's, anderer Not bei tobendem Kampfe der Winde auf hochwogigem Meer vom fernen Ufer zu schauen.« Wie denn? Es soll schön sein, einem Schiffsuntergang zuzusehen?! Nein, nein Lukrez ist kein Sadist. Er will damit nur ausdrücken, daß man sich im Leben immer mit jenen vergleichen muß, denen es schlechter geht, um so alles Gute, was man selber hat, mehr schätzen zu lernen. Zu seiner

Zeit gab es ja auch gewiß keinen Mangel an Grausamkeiten, zuerst den Bürgerkrieg und den von Spartakus angeführten Aufstand und schließlich das Schauspiel der sechstausend Sklaven, die entlang der Via Appia gekreuzigt wurden.

Trotz all seiner Weisheit nahm Lukrez ein schreckliches Ende: ein zweifelhaftes Frauenzimmer, *improba femina*, verführte ihn zu einem Liebestrank, und er beging in rasender Eifersucht Selbstmord, indem er sich als erst Vierundvierzigjähriger in ein Schwert stürzte. Epikur hätte das kaum gutgeheißen.

[1] Stobaeus, *Anthologie*, XVII, 34
[2] Diogenes Laertios, *Leben und Meinungen berühmter Philosophen*, op. cit., x. Buch, 11
[3] *ebd.*, x, 1
[4] Su(i)da (dies ist nicht der Name eines Historikers, sondern der Name einer Art Enzyklopädie des x. Jahrhunderts), Stichwort »Epikur«.
[5] Sextus Empiricus, *Adversus mathematikos*, x, 18 (bis heute nicht ins Deutsche übertragen)
[6] Cicero, *De natura deorum*, (»Von der Natur der Götter«), 1, 26, 72
[7] Diogenes Laertios, *a.a..O.*, x, 8
[8] Cicero, *a.a.O.*, 1, 26, 72
[9] Diogenes Laertios, *a.a.O.*, x, 9
[10] *ebd.*, x, 7
[11] Benjamin Farrington, *Che cosa ha veramente detto Epicuro* (»Was Epikur wirklich sagte«), Rom 1967, S. 21
[12] Athenaios von Naukratis, *Das Gelehrtengastmahl*, VII, 279 f.
[13] All dies wird berichtet bei Diogenes Laertios, *a.a.O.*, x, 3–7
[14] Plutarch, *Non posse suaviter vivi secundum Epicurum* (»Kein ›Leben in Freude‹ führt, wer Epikur folgt«), 1089c
[15] Jacob Burckhardt, *Griechische Kulturgeschichte*, III. Bd., 478ff.
[16] Platon, *Die Gesetze*, VI, 777–778
[17] Diogenes Laertios, *a.a.O.*, x, 22
[18] Hermippos, fr. 40 Müller
[19] Plutarch, *De latenter vivendo* (»Über das Leben im Verborgenen«), 3, 1128ff.; s.a. fr. 551 Usener
[20] Epikur, *Hauptlehrsätze*, XXVII
[21] ders., *Vatikanische Spruchsammlung*, LII
[22] *ebd.*, XXIII
[23] Ferdinand Tönnies, *Gemeinschaft und Gesellschaft*, 1887
[24] Epikur, *Vatikanische Spruchsammlung*, XI
[25] ders., *Hauptlehrsätze*, XXIX
[26] Athenaios, *a.a.O.*, XII, 546f.

27 Epikur, *Vatikanische Spruchsammlung*, LI
28 *ebd.*, LXXI
29 Stobaeus, *a.a O.*, XVII, 24
30 *ebd.*, XVII, 14
31 Epikur, *a.a. O.*, LVIII
32 Stobaeus, *a.a. O.*, V, 28
33 Epikur, *Hauptlehrsätze*, VIII
34 ders., *Vatikanische Spruchsammlung*, XXXV
35 ders., *Brief an Menoikeus*, 131
36 ders., *Vatikanische Spruchsammlung*, XXXIII
37 ders., *Brief an Menoikeus*, 125
38 *ebd.*
39 ders., *Vatikanische Spruchsammlung*, XLVII
40 Diogenes Laertios, *a.a. O.*, X, 118
41 Die Vorstellungen über Physik bei Epikur findet man in seinem *Brief an Herodot*.
42 Im Griechischen bedeutet a-tom das Unteilbare.
43 Cicero, *De finibus*, I, 6, 18; s.a. fr. 281 Usener
44 Der Begriff »clinamen« ist von dem lateinischen Dichter Lukrez geprägt worden, über den wir später reden werden.
45 Cicero, *De natura deorum*, I, 19, 51; s.a. fr. 352 Usener
46 Epikur, *Brief an Menoikeus*, 123
47 Plutarch, *Placita philosophorum*, I, 4; s.a. fr. 308 Usener
48 Epikur, *Brief an Herodot*, 63
49 *ebd.*, 46
50 Dante Alighieri, *Die Göttliche Komödie*, Abschn. »Die Hölle«, X, 13–15
51 Epikur, *a.a. O.*, 46
52 Benjamin Farrington, *a.a. O.*, S. 158–159
53 Vgl. *ebd.*, S. 254–255
54 Aelian, *Varia historia* (»Bunte Geschichten«), IX, 12
55 Horaz, *Briefe*, I, IV, 16
56 Cicero, *Tuskulanische Gespräche*, IV, 3, 6–7
57 Lukrez, *Von der Natur der Dinge*, II, 318

IX

Die Stoiker

»Geneigter Leser, der du mir bis hierher geduldig und vertrauensvoll gefolgt bist, wisse, daß du unabhängig von deiner Rasse, deinem Geschlecht und deinem Sternzeichen, dem du so große Bedeutung beimißt, im Grunde deiner Seele entweder ein Stoiker oder ein Epikureer bist. Lies weiter, dann wirst du es erfahren!«

Eine solche Einleitung hat noch keiner geschrieben, sie müßte aber von Rechts wegen am Anfang jeder Philosophiegeschichte stehen, denn die charakterlichen Unterschiede zwischen den Anhängern dieser beiden Schulen sind entsprechend groß und vielfältig.

Wenn man den Stoizismus richtig begreifen will, muß man ihn ständig im Vergleich mit dem Epikureismus sehen, denn die beiden Lehren stehen praktisch in Gegensatz zueinander. Dabei war das Ziel beider Schulen das gleiche gewesen: weise zu leben. Der einzige Unterschied bestand darin, daß für die Epikureer diese Weisheit *Lust* bedeutete, während sie sich für die Stoiker mit *Pflicht* verband. Das ist alles.

Vorweg wäre noch zu sagen, daß Epikurs Lehre sich über Jahrhunderte hinweg fast unverändert erhielt, während das stoische Denken einen solchen Wandel vollzog, daß man die ersten Stoiker, diejenigen aus dem 3. vorchristlichen Jahrhundert, mit den letzten, den römischen Stoikern des 1. und 2. nachchristlichen Jahrhunderts schon kaum mehr vergleichen kann. Wir sollten also zunächst einmal drei Perioden unterscheiden:

- Die antiken Stoiker: Zenon, Kleanthes und Chrysippos
- Die mittleren Stoiker: Panaetios und Poseidonios
- Die jüngeren oder römischen Stoiker: Seneca, Epiktet und Marc Aurel

Der antike Stoizismus:
Zenon, Kleanthes und Chrysippos

Der erste Stoiker unserer Geschichte hieß Zenon. Er wurde 333 oder 332 v. Chr. in Kition auf der Insel Zypern geboren und war jüdischer Herkunft. Nach den Schilderungen des Diogenes Laertios war er nicht gerade eine Schönheit: von hagerer Gestalt, mit leicht krummem Hals, dicken Waden, grünlicher Gesichtsfarbe, hatte er allen Grund, der Natur nicht gerade dankbar zu sein und das oberflächliche Leben zu verabscheuen. Sein Vater Mnaseas trieb Handel zwischen Asien und Griechenland und versuchte jedesmal, wenn er nach Athen kam, seinem Sohn philosophische Bücher zu besorgen. Im übrigen scheint sich Zenon als junger Mann einmal zu einem Orakel begeben zu haben, das ihm auf die Frage: »Was soll ich tun?« antwortete: »Paare dich mit den Toten!« Und nachdem ausgeschlossen werden konnte, daß ihm das Orakel empfohlen hatte, tot umzufallen, deutete er die Botschaft als eine Aufforderung, sich mit der Lektüre der toten Philosophen, also der Klassiker zu befassen. Seine Lehrmeister waren die Platoniker Xenokrates und Polemon und der Sokratiker Stilpon, den stärksten Einfluß aber übte der Kyniker Krates auf ihn aus. Wie es zu der Begegnung zwischen den beiden kam, wollen wir hier schildern.[1]

Zenon war gerade nach einem Schiffbruch in Athen gelandet. Er hatte Purpur aus Phönikien transportiert, und sein Schiff war in der Nähe von Piräus gestrandet. Ein schlimmer Tag, an dem sich der Philosoph am Boden zerstört fühlte: das Handwerk seines Vaters widerstrebte ihm, er war jetzt dreißig Jahre alt und fühlte sich zu anderem berufen. Moralisch und körperlich erschöpft, ruhte er sich in einem Buchgeschäft aus, wo er anfing, in den *Denkwürdigkeiten* des Xenophon zu blättern. Gleich von den ersten Seiten an begeisterte er sich für die Gestalt des Sokrates. Er las immer begieriger weiter, bis er schließlich den Ausruf nicht mehr unterdrücken konnte: »Wie gern würde ich einen Menschen dieser Art kennenlernen!« Worauf der Buchhändler auf einen Greis deutete, der gerade vor dem Laden vorüberging, und sagte: »Folge diesem da.« Es war Krates gewesen.

Ein guter Kyniker ist sich selber ein gutes Maß an Unverfrorenheit schuldig, die ging Zenon aber ab, denn er war viel zu anständig. Vergebens versuchte Krates, ihn zu etwas größerer Unabhängigkeit vom Urteil der anderen anzuleiten. Eines Tages gab er ihm einen irdenen Topf voller Linsen in die Hand und bat ihn, ihn durch den Kerameikos, den Töpfermarkt, zu tragen. Der »Phönikier« aber (so nannte ihn Krates) weigerte sich, dies zu tun, er meinte, dies könne nicht die Aufgabe eines Philosophen, sondern nur die eines Sklaven sein, worauf ihm Krates mit einem Schlag seines Stockes den Topf in den Händen zertrümmerte, so daß die Linsen über seine Tunika rannen.

Die Begegnung mit Krates war für ihn jedenfalls sehr einschneidend. Wenn er auf diesen Tag zu sprechen kam, sagte Zenon gewöhnlich: »Ich erlebte eine furchtbare Seereise, die mit einem glücklichen Schiffbruch endete.« Nachdem er ein paar Jahre lang Schüler von Krates und anderen gewesen war, machte er sich selbständig und begann in der mit Gemälden des Polygnotos geschmückten Säulenhalle zu lehren, genau dort, wo die Dreißig Tyrannen einige Jahre zuvor eintausendvierhundert Athener hingerichtet hatten. Säulenhalle heißt auf griechisch *Stoa*, und daher wurden seine Schüler von nun an die Stoiker genannt – mit anderen Worten: die von der Säulenhalle.

Besonders hervorzuheben an Zenon ist seine moralische

Lebensführung, die ernsthaft und untadelig war. Er vermied es sogar, mit den kleinen Jungen zu liebäugeln! Es gab nur eine oder zwei Dirnen in seinem ganzen Leben und die mehr, um seine Normalität unter Beweis zu stellen. Als eines Nachts eine wunderschöne Flötenspielerin nackt sein Schlafzimmer betrat, schickte er sie freundlich zum Lager des jüngsten seiner Schüler, eines gewissen Persaios weiter. In Wirklichkeit war er mürrisch, mißtrauisch und knickerig. Nicht ausgeschlossen, daß er die Flötenspielerin nur deshalb wegschickte, weil er Angst hatte, sie bezahlen zu müssen.

Die Athener bewunderten ihn jedenfalls so sehr, daß sie ihm die Schlüssel der Stadt überreichten, sein Haupt mit einer goldenen Krone bekränzten und ihm nach seinem Tod eine Bronzestatue errichteten.

Auch der makedonische König Antigonos schätzte ihn sehr und versäumte es bei keinem seiner Besuche in Athen, seinem Unterricht zu folgen. Zwischen den beiden entwickelte sich ein lebhafter Briefwechsel. Der König lud ihn an seinen Hof ein, aber der Philosoph lehnte die Einladung unter dem Vorwand ab, daß er zu alt sei. In Wirklichkeit haßte Zenon Feste, mondänes Leben und jede Art von Menschenansammlungen. Bei Gelagen setzte er sich gewöhnlich ganz an den Rand und sagte: »So kann ich mich wenigstens auf einer Seite alleine fühlen.«

Wie viele andere Philosophen auch gab er gern geistreiche Antworten. Einmal ertappte er einen Sklaven beim Stehlen. Er entblößte dessen Rücken und fing an, ihn zu prügeln. Der Ärmste flehte um Milde:

»Es ist nicht meine Schuld, Herr, es stand in meinem Schicksal geschrieben, daß ich stehlen mußte!«

»Ja, das weiß ich«, erwiderte Zenon, »da stand aber auch geschrieben, daß du dafür mit Prügeln bestraft würdest.«

Zu einem Schüler, der unaufhörlich redete, sagte er einmal:

»Wir haben zwei Ohren und einen einzigen Mund, eben deshalb, weil wir mehr zuhören und weniger reden sollen.«

Er war nie krank und starb mit zweiundsiebzig Jahren an den Folgen eines Sturzes: beim Verlassen der Schule fiel er die Treppe der Säulenhalle hinunter. Er hatte noch Zeit für die Worte: »Ich komme, da du mich rufst«, dann verschied er.

Er hatte sehr viele Schüler. Der Komödiendichter Philemon sagte über Zenon: »Welch seltsame Philosophie, bei der ein Meister hungern lehrt und so viele Schüler ihm begeistert zuhören. Das Hungern habe ich doch ganz allein gelernt!«[2] Unter seinen Schülern erinnern wir an die bereits genannten Persaios, der ebenfalls aus Kition stammte, sowie an Ariston, genannt »Sirene«, den Erfinder der »Lehre der Gleichgültigkeit«, an Herillos aus Karthago, Dionysios den Abtrünnigen und die Scholarchen, seine Nachfolger Kleanthes und Chrysippos.

Kleanthes, Sohn des Phanias aus Assos, geboren im Jahre 331 v. Chr. war anfangs Faustkämpfer, was ein wirklich ungewöhnliches Handwerk für einen Philosophen ist, von dem man doch eine gewisse Distanz erwartet.[3] Aber er war eben bettelarm und mußte sich auf irgendeine Weise seinen Lebensunterhalt verdienen. Unter anderem schöpfte er Nacht für Nacht Wasser aus den Brunnen und schleppte es zu den Bäckern. Wie arm Kleanthes war, zeigte sich eines Tages, als bei einem sportlichen Aufmarsch ein Windstoß sein Gewand hochhob und alle sehen konnten, daß er darunter nackt war und also nicht einmal eine Tunika besaß. Doch durch Zwischenfälle dieser Art wuchs seine Beliebtheit bei den Athenern nur noch. Wenn es an seiner Person etwas zu tadeln gab, übernahm er das selber. Fragte man ihn, mit wem er da rede, antwortete er: »Ich tadle einen störrischen Alten, der viele weiße Haare hat und wenig Verstand.«

Nach dem Tod Zenons um das Jahr 262 wurde er, der selber schon fast siebzig war, Scholarch. Er wurde steinalt und starb erst als fast Hundertjähriger. Diogenes Laertios erzählt, daß ihm die Ärzte bei einer Zahnfleischentzündung geraten hatten, zwei Tage lang nichts zu essen. Nachdem diese verstrichen waren, wollte der Greis aber nicht wieder zu essen anfangen: »Ich danke«, erklärte er, »ich habe mich in diesen zwei Tagen so wohl gefühlt, daß ich beschlossen habe, dabei zu bleiben.«

Chrysippos, Sohn des Apollonios, ebenfalls ein Asiate, wurde 281 v. Chr. in Soloi in Kilikien geboren.[4] Er war als Marathonkämpfer nach Athen gekommen, um an Wettspielen teilzunehmen, und blieb dann als Schüler zunächst Zenons und dann des Kleanthes da. Er war von wacher Intelligenz und Auffassungsgabe. Wenn er mit Kleanthes über Philosophie sprach, sagte er gewöhnlich: »Liefere du mir die Lehrsätze, die Beweise werde ich selbst erbringen.« Er stritt sich oft und gern mit Kleanthes, was ihm aber dann sofort wieder leid tat. »Ich habe bei allem Glück gehabt in meinem Leben«, seufzte er, »außer was meinen Meister betrifft!« Er verfaßte siebenhundertfünf Bücher voller Zitate. Apollodoros, der »Tyrann des Gartens«, verachtete sie und sagte darüber: »Wenn wir aus den Werken Chrysipps die Zitate herausnehmen, bleiben nur noch die Satzzeichen übrig.« Im Jahre 232 wurde er Kleanthes' Nachfolger. Er war ein unschlagbarer Dialektiker und trieb die Technik des Syllogismus auf die Spitze. Hier ein Beispiel:

Wenn du etwas nicht verloren hast,
So hast du es noch; du hast aber keine Hörner verloren,
Also hast du Hörner.

Im Alter von dreiundsiebzig Jahren lachte er sich tot: Ein Esel aus seinem Haus hatte einen Korb Feigen leergefressen, und er befahl seiner Dienerin, ihm nun auch noch Wein zu geben. Als er sah, wie der Esel im Hof herumtorkelte, lachte er, bis er tot umfiel.

Die Stoiker sagten gern, daß sich die Philosophie mit einem Obstgarten vergleichen ließe, wobei die Umfassungsmauer die Logik, die Bäume die Physik und die Früchte die Ethik darstellten. Überprüfen wir also nun einmal diesen Vergleich und sehen wir, ob wir innerhalb der Grenzen der Logik die Äste der Physik erklimmen und wirklich die Früchte der Ethik ernten können.

DIE PHYSIK

Für Zenon besteht die Welt einschließlich Gottes und der Seele genauso wie für Epikur aus Materie. Wobei allerdings die Materie, von der Gott gebildet wird, von feinster Qualität ist – ein ewiges Feuer, und die Materie der Seele ist ein nicht näher beschriebener warmer Hauch *(pneúma)*. Der entscheidende Unterschied zwischen den beiden Kosmologien besteht darin, daß sich der stoische Gott nicht *außerhalb* des Alls befindet, sondern mit diesem *übereinstimmt*. Die Schüler Zenons behaupten, Gott sei »ein einziges Wesen, sei Vernunft und Schicksal, das die ganze Wirklichkeit durchdringt und Intelligenz ist, Seele und Natur.«[5] Die Stoiker sind also die ersten wahren Pantheisten der abendländischen Philosophiegeschichte.

Die unmittelbarste Folge dieses Denkens ist die Verneinung des bei Epikur so wichtigen Zufalls und der Glaube an eine intelligente Natur, die *weiß, wohin sie will*. Es gibt in ihr überhaupt nichts Zufälliges: einige Tiere leben, um gefressen zu werden, andere, um uns ein Vorbild zu sein. Sogar die Wanzen sind zu etwas nützlich: sie wecken uns früh am Morgen, um uns daran zu hindern, allzulange im Bett zu bleiben. Jeder Aspekt der Natur enthält eine Kraft, die auf das Gute ausgerichtet ist. Zenon nennt diese antreibende Kraft *logos spermatikós*.[6] Dieser *logos* Zenons darf aber nicht mit dem *logos* Heraklits oder mit dem *nous* des Anaxagoras verwechselt werden: hier geht es nicht um einen Geist, der sich nur um seine eigenen Angelegenheiten kümmert, sondern um einen Impuls zum Handeln. Dieser *logos* fordert die Menschen sozusagen auf: »Nun los, tut was! Euer Wahlspruch soll nicht mehr heißen: ›Das Seiende ist‹, sondern: ›Das Seiende muß sein‹, und wer dem nicht folgt, schadet sich selbst am meisten.« Zenon soll auch das griechische Wort *kathékon* erfunden haben, das ›Pflicht‹ heißt.

Die Stoiker kennen zwei Prinzipien: das Passive und das Aktive, das Erduldende und das Handelnde. Erduldend ist nur die eigenschaftslose Materie, während der Handelnde Gott ist oder, wem das besser gefällt, die Vernunft, die in die Materie eindringt.

Am Anfang der Zeiten gab es nur Gott: ein ewiges Feuer, das immer da war und immer da sein wird; danach wurden allmählich Luft, Wasser und Erde hervorgebracht. In jeder Phase hat sich Gott »auf Grund der vollkommenen Vermischung der Körper« mit den anderen Elementen vereint. Diese vollendete Vereinigung von Gott und Materie wird ermöglicht durch die unendliche Teilbarkeit der Körper. Alles außer Gott, der dann einen neuen Zyklus beginnt, wird eines Tages durch eine ungeheuer große Feuersbrunst enden.[7]

Wie man sieht, läßt Zenon kein gutes Haar an Epikur und behauptet von allem das Gegenteil. Für Epikur ist die Materie nicht unendlich teilbar, für Zenon dagegen doch. Der eine folgt Demokrit, der andere Heraklit. Der eine sagt, alles sei Zufall, der andere glaubt an einen finalistischen Plan. Die Epikureer sprechen von *unendlichen Welten,* die Stoiker von *einer einzigen und endlichen Welt.* Die ersteren gehen von der Idee des Vakuums aus, die letzteren verleugnen diese. Für die einen steht Zeus außerhalb, für die anderen innerhalb der Welt. Es wirkt gerade so, als wäre das stoische Denken nur dazu in die Welt gesetzt worden, um Epikur zu widersprechen.

Der zweite merkwürdige Punkt ist, daß eine ursprünglich

materialistische Philosophie sich gewissermaßen zu einer religiösen Bewegung von hohem ethischem Anspruch entwickeln konnte. In der *Hymne an Zeus* des Stoikers Kleanthes finden wir viele Berührungspunkte mit dem christlichen Vaterunser. Der Anfang lautet so:

O Ruhmreicher mehr denn jeder andere, o Allumfassender,
Ewige Macht, Gott der vielen Namen,
Zeus, Führer und Herr über die Natur,
Du, der du mit dem Gesetz das Weltall lenkst,
Sei gegrüßt.[8]

Weiter unten heißt es dann sogar: »Dir gehorcht das wunderbare Weltall, und es macht deinen Befehl zu seinem Willen«, was doch sehr an unser »Dein Wille geschehe« erinnert.

DIE ETHIK

»Es gibt keinen Unterschied zwischen Lust und Schmerz, das einzige, worauf es ankommt, ist die Tugend.« So könnte man Zenons Ethik in zwei Worten zusammenfassen. Das soll wohl so viel heißen: theoretisch darf ich nicht einmal merken, daß es überhaupt einen Unterschied gibt zwischen Zahnweh und Liebe mit Kim Basinger, jedenfalls darf ich ihn, wenn es ihn gibt, nicht sehr beachten.

Gut und Böse hängen nur vom Geist ab, alle anderen Dinge dagegen haben mit dem Körper zu tun und sind *moralisch neutral*, und zwar sowohl die positiven (Leben, Gesundheit, Schönheit, Reichtum usw.), als auch die negativen Dinge (Tod, Krankheit, Häßlichkeit und Armut). »Die Wesenheiten unterschieden sich in *gute*, *schlechte* und *indifferente*. Die *guten* sind: Intelligenz, Mäßigkeit, Gerechtigkeit, Mut und all das, was Tugend ist. Die *schlechten* sind: Dummheit, Zügellosigkeit, Ungerechtigkeit, Feigheit und all das, was

Laster ist. Die *gleichgültigen* sind: Leben und Tod, Berühmtheit und Unbekanntsein, Schmerz und Vergnügen, Reichtum und Armut, Gesundheit und Krankheit und ähnliche Dinge.«[9]

Was die Neutralen betrifft, sind die Stoiker doch so gütig, uns die Entscheidung darüber zu überlassen, welche Werte *vorzuziehen* sind und welche nicht. Ein Kuß ist zum Beispiel einer Ohrfeige vorzuziehen, allerdings nur, wenn damit nicht ein moralischer Wert verletzt wird. Das Entscheidende ist, spricht Zenon, in jeder Lage Gleichmut *(apátheia)* zu bewahren, mit anderen Worten, sich nicht von Leidenschaften hinreißen zu lassen. »Leidenschaft – die er also pathos nennt – ist eine naturwidrige seelische Erregung, die von der rechten Einsicht abgewandt ist.«[10]

Nur die moralischen Werte, nämlich diejenigen, die sich mit dem *logos* in Einklang bringen lassen, sind die wahren Güter.

Für alle, die es vergessen haben sollten: *logos* ist die der Natur innewohnende Rationalität, die darauf ausgerichtet ist, das All der Vollendung entgegenzuführen.

Unter den Leidenschaften sind vier besonders gefährlich: Lust, Schmerz, Begierde und Angst. Wir könnten da noch weitere siebzig aufzählen, wollen aber angesichts des unbeschwerten Tons dieses Buches vielleicht doch darauf verzichten.

Wie bereits die Kyniker gesagt hatten, sind die von den Leidenschaften beherrschten Menschen töricht, der Weise hingegen ist in jeder Lage glücklich. Der Stoiker spricht: »Du kannst mich gefangennehmen, foltern, töten, na und? Was glaubst du, damit erreicht zu haben? Schlimmstenfalls kannst du mich meines Lebens berauben, meine Seele aber kannst du nicht verändern!«[11] und »Anytos und Meletos können mich wohl töten, aber schaden können sie mir nicht.«[12] Der Weise ist, da er keine Bedürfnisse hat, der einzige wirklich reiche, freie Mann und Herr seiner selbst.

Der Stoiker ist nicht tugendhaft, um Gutes zu tun, sondern er tut Gutes, um tugendhaft zu sein. Ansonsten ist er sich selbst und anderen gegenüber unbeugsam. Mitleid sieht er als ein Manko, eine weibische Schwäche an. »Barmherzigkeit gehört zu den schlechten Angewohnheiten und Lastern der Seele: barmherzig ist der dumme und leichtfertige Mensch. Der Weise läßt sich durch niemanden rühren und verzeiht keinem eine begangene Schuld. Es steht einem starken Menschen nicht an, sich von Bitten überzeugen und von einer gerechten Strenge abbringen zu lassen.«[13]

Einem Stoiker geht man also am besten aus dem Weg. Das Blöde ist nur, daß es so viele von ihnen gibt.

Die mittlere Stoa: Panaetios und Poseidonios

Panaetios wurde um 185 v. Chr. auf Rhodos geboren. Als junger Mann scheint er ein Priester oder Ministrant des Gottes Poseidon gewesen zu sein. Nachdem er nach Athen übergesiedelt war, besuchte er mehrere Schulen, darunter die Akademie und den Peripatos, bis er sich dann unter Führung eines gewissen Diogenes von Babylon mit Leib und Seele dem Stoizismus verschrieb. Als Vierzigjähriger kam er nach Rom, wo er Zugang zu einem Kreis von Intellektuellen fand, die sich mit besonderer Leidenschaft dem Griechentum widmeten. Dank seiner Freundschaft mit dem Geschichtsschreiber Polybios ging er schließlich im Hause des Scipio aus und ein. Zu jener Zeit war es durchaus nichts Ungewöhnliches, auf den Straßen Roms einen griechischen Philosophen umherwandeln und Vorträge halten zu sehen. Mag sein, daß einige Konservative ihm nicht besonders gewogen waren, dafür wurde er aber von der Schickeria umworben, auf deren Festen er ein besonders beliebter Gast war. Panaetios und einige Jahre später auch Poseidonios waren die ersten Botschafter des griechischen Stoizismus in der lateinischen Welt.[14]

Im Gefolge des Scipio Aemilianus reiste Panaetios auch in den Orient, was ihm die Gelegenheit bot, einen Vergleich zwischen den Lehren Zenons und der Philosophie des Mittleren Orients anzustellen. Nachdem er 129 nach Athen zurückgekehrt war, wurde er dort als Nachfolger des Antipater Leiter der Stoa. Er starb im Alter von sechsundsiebzig Jahren. Außer ein paar Fragmenten ist von seinen Werken nichts erhalten geblieben.

Poseidonios stammte, wie fast alle bedeutenden Stoiker, ebenfalls aus Asien: er wurde zwischen 140 und 130 v. Chr. im syrischen Apamea geboren und studierte in Athen, wo er Schüler des Panaetios wurde. Im Jahre 86 schickte ihn die Regierung von Rhodos als Botschafter nach Rom.

Poseidonios ist der wohl weitestgereiste griechische Philosoph: »Er sah mit eignen Augen den Sonnenuntergang über dem Atlantik jenseits der Grenzen der bekannten Welt und die afrikanische Küste, wo die Affen in den Bäumen hängen.«[15] Er war im Grunde ein Alleskönner: er lehrte Meteorologie, Ethnologie, Astronomie, Psychologie, Physik, Geschichte und natürlich Philosophie. Er errichtete seine Schule auf Rhodos, und nach kurzer Zeit wurde diese so berühmt, daß viele Römer sich dorthin begaben, um ihre Studien zu vervollkommnen. Unter ihnen waren auch bedeutende Persönlichkeiten wie Pompejus und Cicero.

Als Pompejus landete, war Poseidonios gerade sehr krank, er litt unter heftiger Arthritis. Als ein aufrechter Stoiker begrüßte er seinen Gast dennoch mit einem Lächeln. »Ich würde es einem körperlichen Schmerz nie erlauben«, sagte er, »mich daran zu hindern, einen Mann kennenzulernen, der eine so lange Reise unternommen hat, um mich zu treffen.« Die Begegnung war Cicero zufolge denkwürdig. Poseidonios ließ sich des langen über das Prinzip aus, daß es das Gute ohne

Tugend nicht geben könne. Immer, wenn der Schmerz besonders bohrend wurde, rief er aus: »Du wirst sie nicht besiegen, Schmerz! So lästig du auch bist, ich werde dir nie die Genugtuung erweisen, dich als ein Übel anzusehen!«[16] Und in der Tat ließ er sich nicht vom Schmerz überwältigen: er starb erst als fast Neunzigjähriger.

Panaetios und Poseidonios, die durch ihre so zahlreichen Reisen, Begegnungen und Erfahrungen aufgeschlossene Menschen waren, milderten die harten Grundsätze der frühen Stoiker ein wenig ab und werteten die Kategorie des *Indifferenten* auf. Was schon Aristoteles seinerzeit in seiner *Nikomachischen Ethik*[17] festgestellt hatte, räumten nun auch sie ein, nämlich daß es mit Tugend allein nicht zu schaffen war, eine gute Existenz zu sichern, sondern daß dazu auch Gesundheit und ein wenig Geld nötig waren.[18]

Als Panaetios nach Rom kam, war er sehr beeindruckt von der hohen Moral des römischen Volkes: im Vergleich zu den lockeren Sitten in Griechenland, an die er gewöhnt war, fühlte er sich durch die Lebensweise des *civis romanus* wie zurückversetzt in die »gute alte Zeit«. Der Römer war damals tatsächlich noch nicht verdorben durch die Eroberungen des Imperiums, und vor allem besaß er einen ausgeprägten praktischen Sinn. Gewisse Feinheiten des griechischen Denkens blieben ihm unverständlich, aber sein Ehrenkodex stimmte mit jenem der stoischen Lehre ziemlich weitgehend überein. Ohne zu übertreiben natürlich: denn einen Unterschied zwischen Lust und Schmerz erkannte er sehr wohl. Was aber die Pflicht betraf, gab es für ihn keinen Zweifel: zuerst kam das Vaterland und die Familie und dann erst, wenn möglich, das persönliche Interesse.

Die wichtigste Neuerung in der mittleren Stoa ist die Aufwertung Gottes. Zeus, die Natur und das Schicksal sind nicht mehr gleichbedeutend, sondern drei verschiedene Wesenheiten: an oberster Stelle steht Zeus, dann folgt die Natur und schließlich als drittes das Schicksal.¹⁹ Durch diese hierarchische Ordnung verlor der neue Stoizismus allmählich seine materialistische Prägung und verwandelte sich in eine regelrechte Religion.

Die jüngere Stoa:
Seneca, Epiktet und Marc Aurel

Der jüngere Stoizismus ist ganz auf italienischem Boden gewachsen. Seine wichtigsten Vertreter waren Seneca, Epiktet und Marc Aurel, die alle drei in Rom lebten. Ein Edelmann, ein Sklave und ein Kaiser: die Stoiker schienen den Klassenunterschieden keine große Bedeutung beizumessen.

Seneca wurde im Jahre 4 v. Chr. in Cordoba geboren und gelangte schon als Kind nach Rom. Eine Zeitlang lebte er auch in Ägypten, wo er bis 32 nach Chr. blieb. Seine Meister waren der Neopythagoreer Sotion und der Stoiker Attalos. Seinen Lebensunterhalt verdiente er sich anfangs als Rechtsanwalt und später als Politiker, und diese seine letztere Tätigkeit brachte ihn dann auch in Schwierigkeiten.

Politik war zu jener Zeit ein gefährliches Geschäft und zwar weniger – wie man meistens glaubt – weil die Imperatoren wahnsinnig, sondern vielmehr weil deren Frauen so ehrgeizig waren. Livia, Agrippina und Messalina waren drei wackere Damen, die bei Tag und Nacht, vor allem aber bei Nacht Ränke schmiedeten und Namen von Politikern einflüsterten, die in Schwierigkeiten gebracht oder ausgeschaltet werden sollten. Seneca ist ein typischer Fall: Unter Caligula rettete er sein Leben mit knapper Not dadurch, daß er das Gerücht in Umlauf setzte, er habe Tuberkulose und werde bald sterben; unter Claudius dann handelte er sich acht Jahre Exil in Korsika ein, weil Messalina Klatsch verbreitete (sie beschuldigte ihn, mit einer Tante des Kaisers intime Beziehungen gehabt zu haben). So feindlich ihm Messalina gesonnen war, so sehr beschützte ihn danach aber Agrippina: nach dem Tod Messalinas rief sie ihn nach Rom zurück, damit er sich dort der Erziehung des damals zwölfjährigen Nero widmete.

Als Agrippina im Jahre 54 Claudius ermordete und Nero auf den Thron setzte, wurde Seneca automatisch der wichtigste Politiker des ganzen Imperiums, und alles ging gut, bis eines Tages wieder eine hohe Dame, nämlich Poppäa, ihm den Krieg erklärte. Abgestoßen von diesen politischen Intrigen zog er sich aufs Land zurück. Aber leider rettete ihn sein Rücktritt nicht vor den Machtspielen derjenigen, die in Rom geblieben waren: zu Unrecht angeklagt, an der Verschwörung Pisos teilgenommen zu haben, wurde er aufgefordert, sich selbst zu töten. Als Neros Bote ihm die Nachricht von diesem Privileg überbrachte, das man ihm eingeräumt hatte, fackelte er nicht lange: er diktierte einem Sklaven einen Abschiedsbrief an die Römer, umarmte seine Frau, leerte den Schierlingsbecher und schnitt sich in seiner Badewanne die Venen auf.[20] Er war siebzig Jahre alt, und der Tod konnte ihn nicht mehr ängstigen. Seine Vorstellung war diese: »Tod ist, nicht zu existieren. Wie das ist, weiß ich bereits: das wird nach mir sein, was vor mir gewesen ist. Wenn darin Qual enthalten ist, muß es sie auch gegeben haben, bevor wir hinaustraten in das Licht der Welt; und doch haben wir damals keine Qual empfunden. Ich frage – nenntest du es nicht überaus töricht, wenn einer meinte, einer Lampe gehe es schlimmer, wenn sie gelöscht ist, als bevor sie angezündet wird? Auch wir werden gelöscht und angezündet: In der Zwischenzeit erdulden wir etwas, vorher und nachher aber ist tiefe Geborgenheit.«[21]

Mein Verdacht war schon immer der, daß Seneca nur wegen dieser seiner Einstellung zum Tod unter die Stoiker eingereiht worden ist. Betrachtet man nämlich sein Leben, so kann einem ein verwirrender Widerspruch zwischen Denken und Handeln bei ihm nicht entgehen. Seneca predigte mit anderen Worten das Gute, hatte aber eine rechte Krämerseele: während er mit der einen Hand an einen Freund schrieb: »Ein Geldbeutel ist soviel wert, wie er enthält. Dasselbe gilt von den Besitzern großer Vermögen: deren Zugabe sind sie und Anhängsel«,[22] raffte er mit der anderen immer mehr zusammen, um sein eigenes Vermögen zu vergrößern. Wenn stimmt, was Tacitus berichtet, wurde er einmal sogar beschuldigt, die Sterbenden am Hofe zu überreden, ihn in ihrem Testament als Erben einzusetzen.[23] Auch sein Interesse an der Politik vertrug sich nicht gerade mit der *apátheia*, der Leidenschaftslosigkeit. Die einzige Erklärung ist die, daß er vielleicht erst in seinen letzten Lebensjahren, als er sich ins Privatleben zurückgezogen hatte, Philosoph auch in der Praxis geworden ist.

Epiktet war der Sklave eines Sklaven, denn sein Herr, Epaphroditos, war ein Freigelassener Neros. Er wurde etwa 50 n. Chr. im phrygischen Hierapolis geboren und, soweit bekannt, schon als Kind versklavt und nach Rom gebracht. Seine Vorliebe für die Philosophie braucht uns nicht zu wundern, denn viele Sklaven haben sich damals mit Philosophie beschäftigt: durch ihre verzweifelte Lage waren sie sehr empfänglich dafür, die menschlichen Dinge ein wenig mit Abstand zu betrachten. Um ein paar Namen zu nennen, erinnern wir an: Pompylos, den Sklaven Theophrasts, Mys, den Sklaven Epikurs, Diagoras, der von Demokrit für 10 000 Drachmen gekauft worden war, Persaios, den Sklaven Zenons, und andere wie Bion, Menippos und Phaidon.[24] Über dieses Thema ist sogar ein zweibändiges Werk unter dem Titel *Die Sklaven und die Philosophie* verfaßt worden.[25]

Über Epiktet waren eine Menge Anekdoten im Umlauf. Darunter eine, die ganz bestimmt erfunden ist, die wir hier aber mit größtem Vergnügen erzählen, weil sie bezeichnend für den Charakter der Stoiker ist.

Epaphroditos, sein Herr, der ihn aus irgendeinem Grund strafen wollte, verdrehte ihm ein Bein.

»Paß auf, es bricht!« warnt ihn der Philosoph, aber sein Herr hört nicht auf ihn.

»Paß auf, es bricht!« sagt der Ärmste noch einmal.

Bis man es dann wirklich knacken hört.

»Ich habe dir doch gesagt, es bricht!« sagt Epiktet dazu mit unveränderter Stimme.

Diese Geschichte ist wie gesagt wohl nicht wahr, schon deshalb nicht, weil sein angeblicher Folterer Epaphroditos ihm nicht nur die Freiheit schenkte, sondern ihn ja auch auf seine Kosten studieren ließ. Wahrscheinlich hat jemand diese Anekdote erfunden, weil der Philosoph tatsächlich hinkte.

Der erste Meister Epiktets war der Ritter Caius Musonius Rufus, der etruskischer Abstammung war, ein Pazifist schon damals, genau besehen ein Wahnsinniger, weil er in einer Zeit, in der die *cives romani* auf nichts so stolz waren, wie eben gerade darauf, Römer zu sein, überall nur herumerzählte, daß alle Völker der Welt gleich seien: nicht selten kehrte er am Abend übel zugerichtet nach Hause, weil man ihn verprügelt hatte. Auch Epiktet fing, nachdem er die Freiheit gewonnen hatte, an, auf öffentlichen Plätzen zu predigen. Doch scheint er die Römer durch seine Redetätigkeit nicht besonders beeindruckt zu haben, die Hauptstadt der Welt wimmelte damals von Wanderpredigern, es war ganz alltäglich, daß sie ausgelacht wurden. »Strebst du nach Weltweisheit?« fragte Epiktet, »so mache dich darauf gefaßt, daß du verlacht werden wirst. Aber denke daran, daß diejenigen dich später hochschätzen werden, die dich früher verlachten.«[26] Kaiser Domitian bewunderte ihn ganz und gar nicht, sondern verjagte ihn im Jahre 89 zusammen mit all den anderen Philosophen, und der arme Epiktet landete in Nikopolis in Epiros, wo er dann seine erste stoische Schule gründete. Im Laufe der Zeit wurde der Philosoph so berühmt, daß ihn selbst Kaiser Hadrian und der römische General Arrianus von Nikomedien aufsuchten. Letzterer gab sogar seine Militärlaufbahn auf und wurde sein Lieblingsschüler.

Diese Begegnung mit Arrianus war von großer Bedeutung: Genau wie Sokrates schrieb auch Epiktet nicht gern (oder er konnte es gar nicht), und wenn da nicht der stenographierende General gewesen wäre, hätten wir vermutlich keine Kenntnis der *Philosophischen Gespräche* und des berühmten *Handbüchleins,* das so viele Jahrhunderte später dann sogar von Giacomo Leopardi ins Italienische übersetzt wurde.

Epiktet ging in seinem Denken vor allem von diesem Prinzip aus: Einige Dinge stehen in unserer Macht, andere nicht. In unserer Macht stehen: die Meinung, das Handeln, der Wunsch und die Abneigung. Nicht in unserer Macht stehen: der Körper, die Reichtümer und die öffentlichen Ämter, es ist also vollkommen sinnlos, sich ihretwegen abzuplagen. Wenn du arm und krank bist, brauchst du dich nicht darüber zu beklagen: es sind Dinge, die nicht von dir abhängen.

Weitere Maximen aus seinem *Handbüchlein* lauten:

»Gefällt dir ein Krug, so bedenke: Ein Krug gefällt mir. Wenn er zerbricht, wirst du nicht die Fassung verlieren. Wenn du dein Kind oder dein Weib herzlich küssest, so bedenke, daß du einen Menschen küssest. Wenn er stirbt, wirst du die Fassung nicht verlieren.«[27]

»Willst du zum Baden gehen, so stelle dir die Vorgänge in einem Bade vor: wie die Leute sich spritzen, balgen, beschimpfen und bestehlen. Und so bei allem Tun.«[28]

»Sage niemals von einer Sache: ›Ich habe sie verloren‹, sondern: ›Ich habe sie zurückgegeben.‹«[29]

»Du hast eine Rolle in einem Stück zu spielen, das der Direktor bestimmt. Setzt er ein kurzes oder ein langes an, du mußt es dir gefallen lassen. Gibt er dir die Rolle eines Bettlers, mußt du sie dem Charakter der Rolle entsprechend durchführen und ebenso, wenn du einen Krüppel, einen Herrscher oder einen Privatmann machen sollst.«[30]

»Es verrät gemeinen Sinn, sich bei den Bedürfnissen des Körpers aufzuhalten.«[31]

Marc Aurel beschloß schon als knapp Zwölfjähriger, wie ein Stoiker zu leben: er verzichtete auf sein Bett und schlief auf dem Boden. Im Jahre 121 als Sohn vornehmer und reicher Eltern in Rom geboren, wurde er von Kaiser Hadrian zum künftigen Imperator bestimmt und für diese Aufgabe von seinem Großvater Antoninus Pius erzogen, der ebenfalls Imperator war. Marcus soll bis zu siebzehn Lehrer um sich gehabt haben, unter ihnen befand sich auch ein Stoiker, ein gewisser Junius Rusticus.

Mit vierzig Jahren an die Macht gelangt, versuchte er soviel wie möglich Gutes zu tun, aber das gelang ihm nicht immer so leicht. Während Epiktet das Kreuz des Sklaventums zu tragen hatte und hinkte, war Marc Aurel mit einer untreuen Frau geschlagen, mit Faustina, die es mit den Gladiatoren trieb, auch hatte er einen Sohn namens Commodus, der wahrscheinlich gar nicht von ihm stammte und ein regelrechter Verbrecher war. Dennoch liebte er beide zärtlich.

Trotz seines friedlichen Charakters war der Philosoph gezwungen, gegen die Jazygen, die Quaden und die Markomannen zu kämpfen, und ehrlich gesagt schlug er sich dabei sehr gut. Während eines solchen Krieges zog er sich im Jahre 181 die Pest zu, machte aber kein Drama daraus: er streckte sich auf einem Bett aus, zog das Leintuch über den Kopf und wartete auf den Tod.

Man kann sich des Eindrucks nicht erwehren, daß Marc Aurel mehr deshalb in die Philosophiegeschichte einging, weil er ein römischer Kaiser war, als weil sein Denken so originell gewesen wäre. Die von ihm hinterlassene Schrift mit dem Titel *Tá eis heauton* (Selbstbetrachtungen) ist eine Sammlung von erbaulichen Gedanken dieser Art: »Alles Begegnende begegnet gerecht«[32] oder »Der Bereich der Götter ist voll der Vorsehung«,[33] gemischt mit Betrachtungen voller melancholischem Pessimismus über die Mißlichkeiten des Lebens: »Wie alles rasch verschwindet, in der Welt die Personen selbst, in der Ewigkeit die Erinnerung an sie.«[34]

Oder: »Asien, Europa, Winkel der Welt. Das ganze Meer ein Tropfen der Welt. Der Athos eine Scholle der Welt. Die ganze gegenwärtige Zeit ein Punkt der Ewigkeit. Alles klein, leicht wandelbar, drinnen verschwindend.«[35]

Er war eben ein trauriger Imperator. Vom eigentlichen Stoizismus hatte er vor allem die moralistische Strenge des Verhaltens übernommen. Überzeugt, daß jedes Geschehen schon von den Göttern vorherbestimmt sei, nimmt der gute Marc Aurel jeden Schicksalsschlag mit christlicher Ergebenheit hin. Welch gewaltiger Unterschied zur moralischen Haltung eines Lukrez, der das Leben vielmehr als ein rein zufälliges Wunder ansah und versuchte, die guten Augenblicke zu nutzen, um es möglichst gut hinter sich zu bringen. Marc Aurel steht nicht nur für das Ende des Stoizismus, sondern auch für jenes des griechischen Denkens überhaupt: das Christentum dringt nun unerbittlich vor und diktiert über viele Jahrhunderte hinweg seine Gesetze.

Einige Betrachtungen über die Stoiker und die Epikureer

Wer sind heute die Stoiker und wer die Epikureer? Woran soll man sie erkennen? Wie sehen sie aus? Eine sehr schwierige Frage. Der Stoiker ist ein Mensch, der felsenfest an seine moralische Aufgabe glaubt: er *muß* sie erfüllen. Er braucht immer ein großes Projekt, das seinem Leben Sinn verleiht. Aus Angst, daß dieses Projekt tatsächlich zu verwirklichen sein könnte, sucht sich der Stoiker aber im allgemeinen eine so schwierige Aufgabe aus, die möglichst sogar unlösbar, zumindest aber von einem normalen Sterblichen nicht zu erfüllen ist. Entscheidend für ihn bleibt, daß er im Namen einer Sache leiden kann, die moralischen Wert hat.

Stoiker sind all jene, die an die einzige, ewige, unauflösbare große Liebe glauben. Die finden sie natürlich nie, was sie aber nicht daran hindert, sie beharrlich zu suchen, ohne je Kompromisse einzugehen. Ihr Motto lautet: ›Alles oder nichts.‹

Stoiker sind auch die Christen, die wahren Christen. Ihr Ziel ist das Paradies, und dieses wollen sie durch Abtötung des Fleisches und Erhebung des Geistes erreichen. Zu ihren Lieblingssprüchen gehören diese: ›Wir sind zum Leiden geboren‹ und ›Die Letzten werden die Ersten sein.‹

Stoiker sind auch die Marxisten: das Ziel ihres Lebens ist Gerechtigkeit für alle, ohne jede Ausnahme. Auch dies ist ein Ziel, das kurzfristig nicht erreicht werden kann: die Sonne der Zukunft ist eben wie gesagt eine Sache der Zukunft. Auf dem Wege dorthin sind Revolutionen, Diktaturen des Proletariats und andere ebenso unangenehme Zwischenphasen vorgesehen.

Stoiker ist der italienische Radikale Marco Pannella: er möchte vor allem das Problem des Hungers in der Welt lösen, in der ganzen Welt. Wollte man ihm ein beschränkteres Programm vorschlagen, etwa die Lösung des Hungerproblems im neapolitanischen Viertel San Carlo all'Arena, würde er das sofort ablehnen und zwar schon deshalb, weil die Gefahr besteht, daß man dieses vielleicht lösen könnte. In der Zwischenzeit muß er, da er in einem Land lebt, in dem es mit der Folter hapert, sich zwangsläufig selber foltern, und also macht er Hungerstreik, knebelt sich selber und leidet.

Der Epikureer ist aus ganz anderem Holz geschnitzt: Im Bewußtsein der Vergänglichkeit des Lebens setzt er sich bescheidene Ziele, die er innerhalb kurzer Frist erreichen kann.

Epikureer ist der Angestellte, der eine Gehaltserhöhung verlangt, um ein bestimmtes Problem innerhalb des laufenden Jahres zu lösen.

Epikureer ist, wer eine Partei wählt, die ihm nicht Gerechtigkeit, Freiheit und Glück verspricht, sondern ihm durch eine Politik der kleinen Schritte eine stufenweise Verbesserung seines Lebens vorschlägt.

Epikureer ist, wer mit einem Partner weiter zusammenlebt, in den er nicht gerade sehr verliebt ist, mit dem er aber doch einen Modus vivendi gefunden hat, der das Zusammenleben erträglich macht.

Beide Denkströmungen haben ebenso viele Vorteile wie Nachteile. Die Epikureer sind im allgemeinen etwas gelassenere, fast immer lächelnde Menschen, die mit der Welt einigermaßen in Einklang sind. Die Stoiker dagegen sind hervorragende Arbeiter: auch wenn sie Karten spielen, geben sie ihr Bestes. Der Epikureer verachtet die aktive Politik und macht selten einmal als Industriekapitän Karriere: er legt mehr Wert auf sein Privatleben als auf Öffentlichkeit. Pirelli muß ein Stoiker gewesen sein, sonst wäre er nicht *der* Pirelli geworden, sondern hätte sich damit zufriedengegeben, ein einfacher Reifenhändler zu sein.

Man möchte künftigen Ehepartnern raten, sich vor der Heirat weniger für das Sternzeichen des andern zu interessieren als vielmehr für seinen jeweiligen Stoizismus- und Epikureismus-Index.

---

[1] Diogenes Laertios, *Leben und Meinungen berühmter Philosophen*, op. cit., VII, 2–3
[2] ebd., VII, 27
[3] ebd., VII, 168–176
[4] ebd., VII, 179–189
[5] ebd., VII, 136
[6] Fr. 158 Arnim
[7] Plutarch, *De communibus notitiis contra stoicos*, 31, 1066a
[8] Fr. 537 Arnim
[9] Stobaeus, *Anthologie*, II, 57, 19
[10] Cicero, *Tuskulanische Gespräche*, IV, 5, 11
[11] Vgl. fr. 544–656 Arnim
[12] Epiktet, *Handbüchlein der Ethik*, LIII, (Diogenes Taschenbuch 21554)
[13] Vgl. fr. 213 ff., Arnim
[14] M. Pohlenz, *Die Stoa*, Göttingen 1984
[15] E. R. Bevan, *Stoics and sceptics*, Oxford 1913, S. 88
[16] Cicero, a. a. O., II, 25, 61
[17] Siehe S. 142–143
[18] Diogenes Laertios, a. a. O., VII, 128
[19] Aetios, *Placita*, I, 28, 5

[20] Tacitus, *Annalen*, 15, 60ff.
[21] Seneca, *Brief an Lucilius*, 54, 4–5
[22] ebd., 87, 18
[23] Tacitus, a.a.O., 13, 42
[24] Aulus Gellius, *Attische Nächte*, op. cit., II, 18
[25] Das Werk soll von Hermippos geschrieben worden sein, siehe Jacob Burckhardt, *Griechische Kulturgeschichte*, a.a.O., II. Bd., S. 429 (VIII. Abschn., IV, »Philosophierende Sklaven und Frauen«)
[26] Epiktet, *a.a.O.*, XXII
[27] ebd., III
[28] ebd., IV
[29] ebd., XI
[30] ebd., XVII
[31] ebd., XLI
[32] Marc Aurel, *Selbstbetrachtungen*, IV, 10
[33] ebd., II, 3
[34] ebd., II, 12
[35] ebd., VI, 36

X

Die Skeptiker

Pyrrhon

Pyrrhon, Sohn des Pleistarchos, wurde zwischen 365 und 360 v. Chr. in Elis geboren, jenem Städtchen, in dem einige Jahre vorher die Schule Phaidons zur Blüte gelangt war.[1] Als junger Mann versuchte er sich seinen Lebensunterhalt als Maler zu verdienen, gab es aber schon bald auf, offenbar vor allem deshalb, weil er damit bei seinen Mitbürgern nicht gerade großen Anklang fand. Antigonos von Karystos berichtet, im Gymnasium von Elis seien noch einige von ihm gemalte Fackelträger von zweifelhaftem Wert erhalten gewesen.[2] Nachdem er dann die Kunst aufgesteckt hatte, widmete sich der Junge der Philosophie: er hörte zunächst Bryson, einen sokratischen Denker, dann Anaxarchos von Abdera, einen Schüler Demokrits.

Im Jahre 334 nahm er an der Seite Anaxarchs am Feldzug Alexanders d. Gr. in den Orient teil. Er reiste zehn Jahre lang kreuz und quer durch die Lande und lernte viele orientalische Lehren kennen. Im Orient gab es damals, wie im übrigen auch heute, ganz merkwürdige Leute, die sich in leidenschaftsloser Betrachtung übten: Schamanen, Gurus und Mönche, die kontemplativen Religionen anhingen. Plutarch erzählt, ein Priester namens Kalanos habe in Persien beim Einzug der makedonischen Soldaten darum gebeten, ihm einen Scheiterhaufen in Form eines Altars zu errichten, und habe sich dann, nachdem er das Trankopfer gebracht und den

Invasoren noch viel Vergnügen für diesen Tag gewünscht hatte, inmitten der Flammen ausgestreckt, das Haupt mit einem Schleier bedeckt und sich so verbrennen lassen, ohne auch nur einen Muskel zu verziehen.[3] Pyrrhon, der noch nie einen Bonzen am Werk gesehen hatte, ließ sich von der Szene tief beeindrucken, verstand aber vor allem, daß es möglich ist, den Schmerz, wenn auch unter Qualen, einzig durch Willenskraft zu beherrschen.

In Indien begegnete er noch anderen Denkern und Philosophen, Gymnosophisten, Taoisten und ähnlichen Personen. Auch hier erkannte er, daß höchste Gelassenheit nur zu erzielen ist, wenn man *wu wei* praktiziert: das Nichthandeln.

Als er nach Hause zurückkehrte, war er schon fast vierzig und gründete in seiner Heimatstadt Elis die erste Skeptiker-Schule. Nun, eine regelrechte Schule wie etwa die Stoa oder der Garten war es wohl nicht. In Wirklichkeit war Pyrrhon nämlich am liebsten allein, nur manchmal, wenn er es nicht mehr aushalten konnte, fing er an, laut zu reden, und da er immer von jungen Leuten und Bewunderern umlagert war, lief es dann darauf hinaus, daß er schließlich doch Unterricht erteilte. Seine Anhänger wurden *Pyrrhoneer, Aporetiker* (Zweifler), *Skeptiker* (Prüfer) oder *Zetetiker* genannt. Letzteres bedeutet: »Untersucher, die untersuchen und nie etwas herausfinden.«[4]

Die Grundpfeiler seines Denkens waren: Die Zurückhaltung des Urteils *(epoché)*, also jener Geisteszustand, der es verhindert, die Gedanken der anderen abzulehnen oder anzunehmen; die Fähigkeit, sich nicht auszudrücken *(Aphasie)* und die Unerschütterlichkeit *(Ataraxie)*, also das Fehlen von Angst. Sein Denken ließe sich in zwei Sätzen so zusammenfassen: es gibt keine Werte oder Wahrheiten, für die man die Hand ins Feuer legen könnte. Von Natur aus läßt sich nichts als häßlich oder schön, als gut oder schlecht, gerecht oder ungerecht, wahr oder falsch ansehen, es ergibt nicht den geringsten Unterschied, ob man sich bester Gesundheit erfreut oder todkrank ist.[5]

Über Pyrrhons Unerschütterlichkeit gibt es zahllose Anekdoten, und wie immer ist Diogenes Laertios unsere bevorzugte Quelle.

Pyrrhon bewahrte bei allem, was um ihn her geschah, vollkommenen Gleichmut, und mit größter Wahrscheinlichkeit war er auch ein wenig langweilig. Wenn er in einer Diskussion war, machte es ihm überhaupt nichts aus, wenn sein Gesprächspartner wegging, er redete einfach beharrlich weiter und stellte Fragen. Während eines Spazierganges mit seinem Meister Anaxarch fiel dieser in einen sumpfigen Graben. Aber Pyrrhon ließ sich nicht aus der Ruhe bringen, er redete weiter, als wäre nichts geschehen. Und als ihn dann Anaxarch kurz darauf völlig schlammbedeckt wieder einholte, machte er etwas ganz anderes, als wir in dem Fall getan hätten, er lobte seinen Schüler nämlich dafür, daß er so gleichgültig und teilnahmslos gewesen war.[6] Es kann natürlich gut sein, daß er nicht nur unerschütterlich, sondern eben auch ein wenig geistesabwesend gewesen war. Diogenes Laertios erzählt, daß er, wenn er das Haus verließ, nicht die geringste Vorsicht übte und ständig in Gefahr war, unter einem Wagen oder in einem Graben zu landen; er brachte es dennoch unbeschadet auf neunzig Jahre,[7] was aber wohl mehr ein Verdienst seiner Schüler war, die ihn (wohl im Schichtwechsel) keinen Augenblick aus den Augen ließen.

Schriften hinterließ er keine; für ihn schrieben seine Schüler Timon, Ainesidem, Numenius und andere.

Es ist ganz natürlich, daß uns die Skeptiker an die Sophisten erinnern, und zwar schon deshalb, weil die einen wie die anderen bezweifelten, daß es *die* Wahrheit gab. Untersuchen wir das Denken beider Schulen aber genauer, bemerken wir schnell, wie verschieden sie sind. Wie soll man es ausdrükken? Die Sophisten waren eher »Staranwälte«, »Freischaffende«, in manchen Fällen leichter »käuflich«, während die

Skeptiker »intellektueller« waren. Die ersteren verneinten die Existenz der Wahrheit, maßen dafür aber dem Wort mehr Bedeutung bei, um ihre eigene Verhandlungsposition zu stärken, die letzteren dagegen wollten die *apátheia* erreichen, die Loslösung von den Leidenschaften. Die Sophisten trauten nicht der Wahrheit, dafür aber den Menschen (»Der Mensch ist das Maß aller Dinge«), die Skeptiker waren radikaler und bauten aus Prinzip auf nichts und niemanden: weder auf die Wahrheit, noch auf den Menschen, noch auf das Wort. Ihr Motto hätte lauten können: »Das Seiende ist nicht, und es ist mir auch völlig gleichgültig!« Oder, wie Timon sagte: »Nicht nur interessiert mich nicht das Warum der Dinge, sondern noch nicht einmal das Warum des Warum.«[8]

Mit den Stoikern hatten die Skeptiker höchstens eines gemeinsam: Die Loslösung vom Körper. Auf Zypern fragte der Tyrann Nikokreon während eines Gelages einmal Anaxarch, ob ihm das Gastmahl geschmeckt habe, worauf dieser in kaum zu überbietender Dreistigkeit erwiderte, es hätte ihm noch besser gemundet, wenn ihm zum Nachtisch auch noch das Haupt eines Tyrannen aufgetragen worden wäre. Nikokreon sagte zuerst nichts, als es aber einige Jahre darauf Anaxarch nach einem Schiffbruch wieder an die Strände von Zypern verschlug, konnte er sich rächen. Er ließ ihn in einen riesigen Mörser werfen und von seinen Henkersknechten mit eisernen Keulen zerstampfen. Während dieser Folter soll der Ärmste geschrien haben: »Zerstampfe nur, zerstampfe des Anaxarchos Ranzen, den Anaxarch zerstampfst du nicht.«[9]

In die gleiche Kategorie gehört der berühmte Gag Totòs, den wir auch als den »Pasquale-Sketch« kennen. Zwei Freunde treffen sich: der eine ist Totò, der andere Mario Castellani, sein erprobter Partner. Totò hat einen furchtbaren Lachanfall.

»Warum lachst du so?« fragt Castellani.

»Weil vor zehn Minuten ein Verrückter gekommen ist«, erwidert Totò, »ein Besessener, der mich anschrie: ›Pasquale, du bist ein Mistkerl!‹ und mich mit der Faust mitten ins Gesicht schlug.«

»Und was hast du gemacht?«

»Nichts! Was sollte ich denn tun? Ich habe gelacht.«

»Und was hat er dann gesagt?«

»Er hat mich angeschrien: ›Pasquale, du bist ein Schuft, ich schlage dich tot!‹ und hat mir noch einmal vier Fausthiebe versetzt.«

»Und was hast du gemacht?«

»Ich habe mich krumm gelacht. Ich dachte bloß: ›Was will dieser Idiot eigentlich von mir?‹«

»Und er?«

»Er hat immer nur weiter auf mich eingeschlagen, mich getreten und geschrien: ›Pasquale, du bist ein Mistkerl, ich schlage dich tot!‹«

»Und warum hast du dich da nicht gewehrt?«

»Ja warum denn, bin ich vielleicht Pasquale?«

Timon

Timon aus Phlius, Sohn des Timarchos, war Chortänzer. Geboren um das Jahr 322, zog er in jungen Jahren nach Megara, wo er bei Stilpon Unterricht nahm.[10] Er war halb blind und ein Freund des Weines. Nachdem er Pyrrhon kennengelernt hatte, wurde er Anhänger des Skeptizismus. Sie waren sich auf der Straße begegnet, als sie sich gerade auf dem Weg zum Stadion befanden. Aristokles, ein Peripatetiker, der ihn haßte, hat über die Episode folgendes zu berichten: »O Timon, o nichtsnutziger Mensch, der du an nichts glaubst, wie willst du behaupten, Pyrrhon kennengelernt zu haben? Und der herrliche Pyrrhon, wußte er an jenem glücklichen Tage, als er sich zu den Pythischen Spielen begab, daß er dorthin ging, oder ging er einfach aufs Geratewohl wie ein Dummkopf?«[11]

Von Timon von Phlius sind uns nur wenige Fragmente überliefert, darunter dieser Satz: »Daß der Honig süß ist, behaupte ich nicht, wohl aber gebe ich zu, daß er süß scheint.«[12] Skeptiker wie Pyrrhon verneinen also nicht, daß es den Anschein, sondern, daß es das Sein gibt, die unanfechtbare Wahrheit. Ein Skeptiker wäre vielleicht sogar vorstellbar als Kämpfer in einer religiösen oder politischen Institution, als Priester, Soldat oder Abgeordneter, er wird dabei aber nur seine Aufgaben erfüllen, ohne dogmatisch an das zu glauben, was er tut. Wir sind vielleicht schnell geneigt, eine solche Einstellung als unmoralisch zu verdammen. Widerstehen wir aber einmal dieser Versuchung und stellen wir uns einen Augenblick lang vor, wie sich unser Leben verändern könnte, wenn wir in bestimmten Situationen nicht gleich zum Angriff übergingen, sondern zuerst einmal einhielten und überlegten: »Das was ich heute für wahr halte, könnte mir morgen schon nur noch wahrscheinlich vorkommen.«

Epoché ist an sich genau dies: sich mit seinem Urteil zurückhalten. Verglichen mit dem Fanatismus der Roten Brigaden, der maoistischen Trunkenheit von 68, den zahlreichen religiösen Verfolgungen, die blutige Geschichte geworden sind, mag diese Einstellung auch etwas für sich haben.

Nach Timon trat mit einem gewissen Arkesilaos, Sohn des Seuthes, der 315 v. Chr. in Pitane geboren war und die mittlere Akademie gründete, eine Wende im Denken der Skeptiker ein.[13] Auf alles konnte man bei der griechischen Philosophie gefaßt sein, aber daß nun ein Platoniker die Schar der Skeptiker anführte, kam wohl doch etwas unerwartet. Es war kaum anders, als wechselte man heute auf die andere Seite der Berliner Mauer über. Arkesilaos führte den Übergang von der übersensiblen Welt Platons in Pyrrhons Welt der vollkommenen Negation herbei. Gewiß hatte Sokrates bereits das »Wissen, nichts zu wissen« gebraucht, doch war dies bei ihm immer ein ironisches Mittel gewesen, das ihm als

Schlüssel zur Entdeckung einer moralischen Wahrheit diente (deren Existenz doch nie in Frage gestellt wurde). Arkesilaos verschmolz beide Lehren, und mit ihm bekam die ganze Akademie ein skeptisches Gepräge.

Unter den akademischen Skeptikern verdient Karneades besondere Erwähnung. Mit Karneades befinden wir uns mitten im zweiten vorchristlichen Jahrhundert: der Philosoph wurde 213 in Kyrene geboren und starb im Jahre 128.[14] Er soll ein sehr gebildeter Mann mit großer Rednerbegabung gewesen sein. Sein Ruhm gründet vor allem auf einer Reise nach Rom, wohin er gemeinsam mit dem Aristoteliker Kritolaos und dem Stoiker Diogenes von Babylon als Botschafter entsandt worden war. Ziel der Reise sollte die Aufhebung einer Geldstrafe von fünfzig Talenten sein, die Athen auferlegt worden war. Nachdem sie sich auf diese Weise in der Hauptstadt der Welt befanden, wollten die drei Philosophen die Gelegenheit nutzen, den Römern einmal zu zeigen, wie hervorragend die Griechen die Kunst der Dialektik beherrschten. Daher begaben sie sich zum Forum und hielten dort eine Reihe von Vorträgen, wobei jeder Redner stets zu Beginn eine bestimmte These aufstellte und sie dann im zweiten Teil seiner Rede selbst widerlegte. Die jungen Römer, die ohnehin für alles schwärmten, was von Hellas kam, und allgemein allem Neuen gegenüber aufgeschlossener waren, klatschten begeistert Beifall. Nicht so die Alten und insbesondere Cato der Ältere, der befürchtete, daß diese Intellektuellen schädigend auf die Republik einwirken könnten. Durch den Erfolg der drei Philosophen alarmiert, wandte sich Cato an den Senat und schrie solange herum, bis er erreichte, daß sie als unerwünschte Personen aus dem Lande ausgewiesen wurden.[15]

Cato war eben so geartet, für ihn war tugendhaft nur derjenige, der in äußerster Sittenstrenge lebte. Allen anderen gegenüber bewies er auch nicht eine Spur von Toleranz:

einmal ließ er einen Senator, Manilius, hinauswerfen, weil er beobachtet hatte, wie dieser seine Frau in der Öffentlichkeit küßte. Sklaven waren für ihn nichts als Arbeitstiere. Er hetzte sie gegeneinander auf, um sie anschließend besser unterdrücken zu können, und wenn sie alt geworden waren, verkaufte er sie einfach, um nicht für ihren Unterhalt aufkommen zu müssen. Wenn einer säumig war, ließ er ihn von seinen Gefährten zum Tode verurteilen und erwürgte ihn dann mit seinen eigenen Händen. Der Philosophie und allen Menschen gegenüber, die irgendwelche Gedanken im Kopf hatten, war er mißtrauisch.[16]

Schließen wir das Kapitel über die Skeptiker mit einer Kuriosität: sie, die ohnehin an nichts glaubten, begegneten natürlich den Sterndeutern nur mit größtem Mißtrauen. Einer der ihren, Favorinus von Arelate (80–160 n. Chr.) sagte in seiner Schmährede gegen die Astrologen:

»... daß ein gewisses Bettler- und Landstreichergesindel diese Art von Schwindel und Blendwerk erfunden habe und nun aus diesem Lügengewebe fleißig seinen Broterwerb ziehe. Es sei aber mehr als albern und abgeschmackt, weil das Fluten des Meeres mit dem Umlauf des Mondes zusammenhängt, nun auch zu glauben, die Entscheidung eines Rechtsfalles, welchen einer mit seinem Nachbar wegen einer Wasserleitung oder einer gemeinschaftlichen Wand vor Gericht hat, sei an die Sterne gekettet und werde vom Himmel herab gelenkt.«[17]

---

[1] Diogenes Laertios, *Leben und Meinungen berühmter Philosophen*, op. cit., IX, 61
[2] *ebd.*, IX, 62
[3] Plutarch, *Leben des Alexander*, 69
[4] Diogenes Laertios, *a.a.O.*, IX, 70
[5] Cicero, *De finibus*, II, XIII, 43
[6] Diogenes Laertios, *a.a.O.*, IX, 63
[7] *ebd.*, IX, 62
[8] Aristokles, *Apud Euseb. Praep. evang.*, XIV, 759c

Die Skeptiker 437

[9] Diogenes Laertios, a.a.O., IX, 59
[10] ebd., IX, 109
[11] Aristokles, a.a.O., XIV, 761a
[12] Diogenes Laertios, a.a.O., IX, 105
[13] ebd., IV, 28
[14] ebd., IV, 62
[15] Plutarch, *Leben des Marcus Cato*, 22–23
[16] ebd., 5; 17; 21
[17] Aulus Gellius, *Attische Nächte*, op. cit., XIV, 1

XI

Der Lehrer Riccardo Colella

Den Lehrer Riccardo Colella habe ich rein zufällig kennengelernt: ich wollte mir in einem Lebensmittelgeschäft im alten Vomero-Viertel gerade eine Mozzarella aus Büffelmilch kaufen, als ich dieses Gespräch mitanhörte:

»Maestro«, sagte Don Carmine, der Lebensmittelhändler, und reichte einem unscheinbaren Mann mit Brille ein Päckchen, »es sind genau dreihundert Gramm, das macht fünftausendvierhundert Lire.«

»Ich verstehe nicht«, antwortete das Männchen. »Wofür soll ich Ihnen fünftausendvierhundert Lire zahlen?«

»Für den Schinken...«

»Welchen Schinken?«

»Den, den Sie in der Hand halten.«

»Don Carmine, es *scheint* Ihnen doch nur so, daß ich den Schinken in der Hand halte, es stimmt aber gar nicht. Also gebe ich Ihnen nicht eine einzige Lira.«

»Na gut, Maestro, Sie machen wieder die üblichen Geschichten«, platzte Don Carmine heraus. »Den Schinken habe ich Ihnen vor fünf Minuten gegeben. Dieser Herr hier kann es ja bezeugen. Was mach ich nur? Soll ich mir künftig vielleicht jedesmal eine Quittung unterschreiben lassen, wenn ich Ihnen etwas aushändige?«

»Don Carmine, es würde mich ja doch interessieren, wie Sie so sicher sein können, mir wirklich dreihundert Gramm Schinken ausgehändigt zu haben. Im besten Fall könnten Sie die Hypothese aufstellen, daß Sie mir *wahrscheinlich* etwas gegeben haben, das *vielleicht* sogar ein wenig Schinken gewesen sein kann.«

»Wahrscheinlich oder nicht wahrscheinlich! Maestro Colella, jetzt nehme ich Ihnen einfach das Päckchen aus der Hand, dann werden wir ja sehen, ob das nun Schinken ist oder nicht!« ruft der Lebensmittelhändler mit gespielter Verzweiflung aus.

»Don Carmine«, erwidert Maestro Colella vollkommen ruhig. »Ich habe es Ihnen vorgestern schon erklärt: es gibt nichts, dessen Sie sicher sein können. Nennen Sie mir eine einzige Sache, die Ihrer Meinung nach sicher ist, dann zahle ich Ihnen für den Schinken gern den doppelten Preis.«

»Ich bin sicher, daß ich Ihnen vor fünf Minuten dreihundert Gramm Schinken gegeben habe«, antwortet Don Carmine, ohne auch nur einen Augenblick nachzudenken.

»Und ich stelle jetzt die Hypothese auf, die Ihnen das Gegenteil beweisen könnte, daß es nämlich nicht wahr ist, daß Sie mir den Schinken übergeben haben, sondern daß Sie *nur dachten, ihn mir gegeben zu haben.*«

»Das möchte ich aber doch gern hören.«

»Glauben Sie an Gott?«

»Ja natürlich! Genau so wie ich glaube, daß ich Ihnen vor fünf Minuten dreihundert Gramm...«

»Und Sie denken zu Recht, daß Er allmächtig ist?« unterbricht ihn der Lehrer.

»Ist ja wohl klar.«

»Also halten sie Ihn für fähig, eine Welt zu erschaffen, wann Er es will und wie Er es will: groß, klein, bewohnt, unbewohnt, unwirtlich, technologisch...«

»Wie Er es will«, schneidet ihm der Händler das Wort ab.

»Also dann nehmen wir einmal an, daß Gott gerade in diesem Augenblick beschließt, eine Welt zu erschaffen, die genau gleich ist wie die unsere, mit all den Dingen, die um uns herum sind: Sterne, Sonne, Planeten, Kontinente, Neapel, der Vomero, unser Lebensmittelgeschäft, Sie, ich und der Schinken. Könnte Er das nun machen oder könnte Er es nicht?«

Der Lehrer Riccardo Colella

»Wie soll Er das nicht können!«

»Bestens«, fährt der Lehrer fort und lächelt schon im vorhinein, weil er an das Gesicht denkt, das der Lebensmittelhändler gleich machen wird, wenn er seine Erklärungen beendet hat. »Nachdem Gott also beschlossen hat, eine bereits funktionierende Welt zu schaffen, müßte Er auch bereits funktionierende Menschen schaffen, die von Anfang an schon ein historisches Gedächtnis hätten...«

»Was heißt das, daß sie ein historisches Gedächtnis hätten?«

»Ein Gedächtnis, das uns den *Eindruck* vermittelt, bereits ein Leben gelebt zu haben, auch wenn wir dieses gar nicht gelebt haben«, erwidert der Lehrer. »Es ist also mit anderen Worten so, daß uns Gott, als Er uns aus dem Nichts schuf, die Erinnerungen an eine Vergangenheit eingegeben hat, obwohl wir diese Vergangenheit also in Wirklichkeit nie erlebt haben, und nur so können wir überhaupt leben, wie wir in diesem Augenblick leben.«

»Ja und?« fragt der Lebensmittelhändler, der jetzt nachdenklich geworden ist.

»Und«, schließt der Lehrer, »Sie haben mir überhaupt keinen Schinken gegeben. Es *scheint* Ihnen nur, daß Sie ihn mir gegeben haben.«

»Aber wenn ich ihn Ihnen doch vor fünf Minuten gegeben habe.«

»Vor fünf Minuten waren Sie überhaupt noch nicht geboren.«

»Was soll's, Maestro, nehmen Sie halt Ihren Schinken mit und lassen Sie ihn sich gut schmecken: ich werde mit Ihrer Frau schon klarkommen. Aber eines müssen Sie wissen, bevor es mir das nächste Mal nicht *scheinen* wird, daß Sie mir fünftausendvierhundert Lire gegeben haben, wird es Ihnen nicht *scheinen*, daß Sie den Schinken bekommen haben.«

Eine so anregende Person wollte ich mir natürlich nicht entgehen lassen. Bevor ich ihn ansprach, ließ ich mir vom Lebensmittelhändler und seiner Frau alles über diesen Mann erzählen.

»Ein grundanständiger Mensch«, sagte Don Carmine, »er

macht das nur zum Spaß und zahlt alles auf Heller und Pfennig. Wenn nur alle so wären wie er! Andere zahlen entweder überhaupt nicht, oder wenn sie zahlen, dann nur, um anschließend noch mehr Schulden zu machen.«

»Was ist er denn von Beruf?« fragte ich.

»Er ist Musiklehrer. Er heißt Riccardo Colella und unterrichtet an der Lehrerbildungsanstalt Pimentel Fonseca, er ist verheiratet und hat einen Sohn.«

»Ja, aber er ist gottlos«, raunte seine Frau und bekreuzigte sich. »Seinen Sohn wollte er nicht taufen lassen. Jetzt ist der Junge achtzehn, und wenn er bei einem Unfall stirbt, kommt er womöglich in die Hölle.«

»Maestro Colella glaubt an die ›Taufe je nach Bilanz‹«, erklärt mir Don Carmine. »Er sagt, wenn einer im Sterben liegt, soll er, je nachdem wie sein Leben verlaufen ist, entscheiden, ob er sich taufen lassen will oder nicht. Und wenn dann der Pfarrer kommt, um ihm die letzte Ölung zu geben, kann er ihn ja gleichzeitig taufen und ölen.«

»Wasser und Öl gleichzeitig: Jesus Christus, steh ihm bei.«

Maestro Colella empfing mich mit ausgesuchter Höflichkeit nachmittags bei sich zu Hause. Signora Amelia, seine Frau, bot mir ein Täßchen Kaffee an und zog sich mit den Worten zurück:

»Ich bitte um Entschuldigung... verzeihen Sie...«

Es war klar, daß sie sich nicht deshalb entschuldigte, weil sie nun wegging, sondern weil sie wußte, was ihr Mann mir alles erzählen würde.

»Mein lieber *Ingegnere*, ich bin ein Soldat des Zweifels«, hob Colella an, sobald wir allein waren. »Ich glaube an den Zweifel als eine Grundregel des zivilen Zusammenlebens. Jeder hat seine persönliche Religion, und die meine ist der Zweifel. Kommen Sie mit, ich möchte Ihnen etwas zeigen.«

Mit diesen Worten betrat er den Flur. Dort begegnete ich noch einmal Signora Amelia, die mir wieder ein »Nehmen Sie's ihm nicht übel« zumurmelte, dann setzten wir uns schließlich in ein halbdunkles Zimmer, wo inmitten eines Wustes von Partituren, Schallplatten, Büchern und nicht ausgeleerten Aschenbechern ein riesiger Flügel stand.

»Sehen Sie hier«, sagte der Maestro und zeigte auf ein mit einem Damastvorhang verhülltes Bild. »Dies ist mein Heiliger!«

Er zog an einem Schnürchen, der Vorhang hob sich und ein großes, aus winzig kleinen Glühlämpchen gebildetes Fragezeichen wurde sichtbar. Der Maestro drehte einen Lichtschalter an, und die Glühlämpchen begannen wie Lichter an einem Weihnachtsbaum abwechselnd aufzublinken und wieder zu verlöschen.

»Seien Sie ihm nicht böse.«

Ich drehte mich um und sah Signora Amelia an der Tür stehen, sie flehte mich mit Blicken um Verständnis an.

»Amè, laß uns jetzt reden«, rief der Meister aus und forderte sie auf, hinauszugehen. Dann zeigte er auf ein Plastiksesselchen und sagte zu mir: »*Ingegnere*, setzen Sie sich und hören Sie mir aufmerksam zu: es gibt auf der Welt Fragezeichen und Ausrufezeichen, die Soldaten des Zweifels und jene der absoluten Gewißheit. Wenn Sie einem Fragezeichen begegnen, haben Sie nichts zu fürchten: es ist mit Sicherheit ein anständiger Mensch, ein Demokrat, jemand mit dem Sie diskutieren und verschiedener Meinung sein können. Die Ausrufezeichen dagegen sind gefährlich. Das sind Menschen mit festem Glauben, Leute, die früher oder später ›unwiderrufliche Entscheidungen‹ treffen. Merken Sie sich gut, was ich Ihnen jetzt sage: Glaube ist Gewalt, jede Art von Glaube, religiöser, politischer ebenso wie der von Sportlern. Bei jedem Krieg gibt es immer einen Menschen mit festem Glauben, der den ersten Schuß abgibt. In Irland, im Libanon, im Iran geht der Glaube mit der Sense in der Hand und mit blutdurchtränkten Kleidern um, und wenn er tötet, tut er dies immer im Namen der Liebe. Mein Vater hat mich gelehrt, daß der Zweifel der Vater der Toleranz und der Neugier ist. Die jungen Menschen sind neugierig, aber sie sind nicht fähig, tolerant zu sein, die Alten sind tolerant, aber sie sind nicht mehr neugierig, große Menschen dagegen sind fähig, sowohl neugierig, als auch tolerant zu sein. Wer aber einen Glauben hat, meint alles schon von vornherein zu wissen, er kennt keine Zweifel, er wundert sich über nichts, und wie Aristoteles sagt: ›Das Wundern ist der Anfang des Forschens‹. Wer einen Glauben hat, ist nicht geneigt, seine eigenen Fehler zu sehen, aber ohne die Hilfe der Fehler sind wir nichts. Glauben heißt blind und uneingeschränkt zu gehorchen. Mein Vater war Philosophielehrer. Wenn ihn jemand zu Hause anrief und fragte: ›Sind Sie Professor Colella?‹ antwortete er immer: ›Kann sein‹, und damit wollte er nicht geistreich tun, sondern er war wirklich nicht sicher, der zu sein.«

»Aber ein wenig Glauben braucht man schon, um überhaupt etwas zu unternehmen. Ohne Glauben hätten wir weder Amerika noch das Penizillin entdeckt.«

»Ja, aber es muß ein Glaube sein, der aus dem Zweifel entsteht«, erwiderte der Maestro. »Bei dem man fähig ist, aus den Fehlern zu lernen: das was ich den ›Glauben mit offenen Augen‹ nenne.«

»Was meinen Sie mit ›offenen Augen‹?«

»Ein Beispiel: nehmen wir an, bei den nächsten Wahlen entscheide ich mich für die kommunistische Partei. Na, und wenn es eine Partei in Italien gibt, für die ein wenig Glauben nötig ist, dann doch bestimmt die kommunistische Partei! Meinen Sie das nicht auch?«

»Na ja, doch, es ist bestimmt eine Glaubenspartei.«

»Gut, also was tue ich dann? Bevor ich zum Wählen gehe, rufe ich den Parteisekretär an und sage: ›Genosse Parteisekretär, ich würde euch gern wählen, aber ich habe Angst, daß ihr, sobald ihr nur an die Macht kommt, antidemokratisch werdet.‹ ›Was erzählen Sie da‹, würde er protestieren. ›Wir sind die demokratische Partei schlechthin! Das haben wir doch in all diesen Jahren bewiesen.‹ ›Ja gewiß‹, würde ich antworten, ›ihr seid demokratisch, aber eben jetzt, da ihr in der Opposition seid, wie soll ich wissen, ob ihr euch nicht verändert, wenn ihr mal an die Macht kommt. Auch Robespierre hat als Student eine Doktorarbeit

Der Lehrer Riccardo Colella

gegen die Todesstrafe geschrieben und nachher alle diese Leute umgebracht.‹ Wahrscheinlich würde der Parteisekretär mich spätestens jetzt zum Kuckuck wünschen und zu mir sagen: ›Mensch, Genosse Colella, mach was du willst, wähl uns, wenn du uns wählen willst, wenn nicht, dann nicht. Vergiß aber nicht, ohne ein bißchen Glauben kannst du keine Schlacht gewinnen.‹«

»Und dann?«

»Und dann würde ich kommunistisch wählen, aber mit offenen Augen: immer aufmerksam alles beobachten, was geschieht. Also ich würde nie gegen die feindlichen Panzer losmarschieren wie die Jungen Chomeinis. Um es zusammenzufassen, der Zweifel ist keine Ideologie, sondern eine Methode. Einer kann seine Zweifel haben, also skeptisch sein, und dennoch für eine Idee kämpfen. Ich bin ein Skeptiker, das bedeutet aber nicht, daß ich nicht gleichzeitig auch Christ, Kommunist und Fan des Napoli wäre. Das entscheidende ist, daß man skeptischer Christ, skeptischer Kommunist und skeptischer Fan bleibt!«

»Aber wenigstens dann, wenn Sie sich an den Flügel setzen«, fragte ich ihn, »geben Sie sich doch der Freude an der Musik hin? Glauben Sie an das, was Sie spielen?«

»Nicht immer«, antwortete der Maestro und sah kurz auf das Fragezeichen, das immer noch aufblinkte, »wenn ich Beethoven spiele zum Beispiel, kommt mir immer der Zweifel, ob die Musik nicht direkt vom Himmel kommt und ich nur im Playback spiele!«

XII

Die Neoplatoniker

Plotin

»Plotin glich einem Manne, welcher sich dessen schämt, daß er im Leibe ist. Aus solcher Gemütsverfassung wollte er sich nicht herbeilassen, etwas über seine Herkunft, seine Eltern oder seine Heimat zu erzählen. Einen Maler aber oder Bildhauer zu dulden, wies er weit von sich, ja er erklärte dem Amelius, der ihn um seine Einwilligung bat, daß ein Bild von ihm verfertigt werde: ›Es soll also nicht genug daran sein, das Abbild zu tragen, mit dem die Natur uns umkleidet hat, nein, ihr fordert, ich soll freiwillig zugeben, daß ein Abbild des Abbildes von mir nachbleibe, ein dauerhafteres, als sei dies Abbild etwas Sehenswertes!‹ Aber Amelius hatte Karterios zum Freunde, den derzeit besten Maler, und den brachte er mit in die Vorlesungen und ließ ihn so mit dem Meister zusammentreffen; so konnte er nach der in seinem Gedächtnis niedergelegten Vorstellung ein Bild malen.«[1]

So beginnt das »Leben des Plotin«, das sein Schüler Porphyrios verfaßte. Auch Plotin ist ein Philosoph aus Afrika. Er wurde 205 v. Chr. im mittelägyptischen Lykopolis geboren und zeigte schon von klein auf eine Neigung zur Askese. Er war ein merkwürdig introvertiertes Kind, das fast nie Lust hatte, mit seinen Freunden zu spielen, und vielleicht war er auch nicht ganz normal, wenn stimmt, daß er noch mit acht Jahren hin und wieder das Bedürfnis hatte, zu seiner Amme zurückzukehren, um an ihren Brüsten zu saugen.[2] Im

Jahre 233 erlebte er eine tiefe mystische Krise: keiner der Philosophen, die er bis dahin kennengelernt hatte, konnte sein Verlangen nach Geistigkeit befriedigen. Eines Tages stellte ihm aber dann ein Freund Ammonios Sakkas vor, und als er den neuen Meister hatte sprechen hören, sagte er zu diesem Freund: »Das ist der, den ich suchte.«

Im Laufe der Jahre verspürte Plotin den übermächtigen Wunsch, genau wie seinerzeit Pyrrhon, die orientalischen Philosophien der Perser, der Magier, der Gymnosophisten, der Inder kennenzulernen. Die Gelegenheit dazu bietet sich ihm, als Kaiser Gordian III beschließt, einen Feldzug gegen die Perser zu führen.[3] Zu Plotins Pech aber war Gordian nicht Alexander. Er war noch kaum in Mesopotamien gelandet, als er auf dem Schlachtfeld geschlagen und von seinen eigenen Soldaten ermordet wurde. Der Philosoph konnte sich mit knapper Not retten und flüchtete zunächst nach Antiochia, dann nach Rom. Er war bereits stolze vierzig Jahre alt und nicht gerade ein Freund handwerklicher Arbeit. Welche Möglichkeiten blieben ihm da? Er gründete schließlich eine Philosophieschule oder besser gesagt eine philosophisch-religiöse Gemeinschaft.

Zu Plotin kamen so ziemlich alle: Freunde der Philosophie, Ärzte, Mädchen und Jungen aus allen Schichten, Witwen, einfache Neugierige und römische Senatoren. Einer von diesen, Rogatianus, verzichtete, um seinem Unterricht folgen zu können, auf all seine Reichtümer, auf seine Regierungsämter und Sklaven.[4] Dank seines Rufes, in dem er bei der Bevölkerung stand, wurden Plotin häufig die Sprößlinge vornehmer Familien anvertraut, damit er sie in das geistige Leben einführte. Die Räume, in denen der Unterricht abgehalten wurde, gehörten einer Schülerin namens Gemina, die später auch seine Frau wurde.

Ziel der neoplatonischen Lehre war die Loslösung von der sinnlichen Befangenheit und das Einswerden mit dem göttlichen Willen, das in ekstatischer Verzückung endet, einer Art geistigem Orgasmus, in dem sich der Eingeweihte als Individuum auflöst, um sich mit dem Ganzen, also mit Gott, zu vereinigen. Porphyrios, der Biograph, gibt zu, daß er selber diese Ekstase ein einziges Mal in seinem Leben im Alter von achtundsechzig Jahren erlebt habe, daß es Plotin aber vier Mal gelungen sei.[5]

Unter seinen Bewunderern sind auch Kaiser Gallienus und seine Frau Solonina zu nennen. Von ihnen erbat sich Plotin die Gunst, eine neue Stadt in Kampanien zu gründen, die Platonopolis heißen und nur für die Philosophen bestimmt sein sollte, die dort nach den Gesetzen Platons leben wollten. Gallienus und Solonina waren auch einverstanden, aber der Plan wurde nie verwirklicht, weil Plotin am Hofe zu viel Eifersucht erregte.[6] Um keine falschen Vorstellungen aufkommen zu lassen: Plotin verfolgte dabei nicht dasselbe Ziel wie einst Platon sechs Jahrhunderte früher in Syrakus. Der göttliche Platon hatte im Ernst vorgehabt, die ganze Gesellschaftsstruktur zu verändern, Plotin dagegen hätte sich mit einer Oase des Friedens für die Philosophen begnügt.

Bis zum Alter von fünfzig Jahren weigerte sich Plotin, auch nur eine Zeile niederzuschreiben, und zwar auch schon deshalb, weil er seinerzeit, genau wie seine beiden Mitschüler Herennius und Origines Ammonios Sakkas versprochen hatte, seine Lehre nie schriftlich niederzulegen. Ich erzähle diese Einzelheiten, um zu zeigen, daß in den mystisch geprägten philosophischen Schulen stets auch ein wenig pythagoreischer Geist wehte, also eine Sucht, geheime Sekten zu bilden. Der erste, der sich über das Verbot hinwegsetzte, war Herennius, dann Origines und schließlich auch Plotin selber, der dann in kaum mehr als fünfzehn Jahren vierundfünfzig Bücher schrieb, die Porphyrios später in sechs Hauptabschnitte einteilte. Sie sind als »Enneaden« in die Geschichte eingegangen (weil jeder dieser Hauptabschnitte wiederum aus neun Schriften bestand; das griechische Wort *ennea* bedeutet neun). Hervorzuheben ist noch, daß Plotin, als er anfing zu schreiben, schon fast blind war, so daß er seine Texte in einem Zuge niederschrieb und keine Möglichkeit mehr hatte, sie noch einmal durchzusehen.[7]

Wegen einer Hautkrankheit, die Wunden an Händen und Füßen hervorrief, beschloß er, Rom zu verlassen und sich nach Minturnae zurückzuziehen, wo er in der Villa eines Schülers lebte. Er starb mit sechsundsechzig Jahren, als er gerade diese Worte aussprach: »Ich versuche das Göttliche in mir hinaufzuheben zum Göttlichen im All.« Gleichzeitig sahen die Anwesenden eine Schlange unter seinem Bett emporzüngeln und durch ein Loch in der Wand verschwinden.[8]

Er war vielleicht mehr ein Dichter oder ein religiöser Führer als ein Philosoph. Augustinus sagte über ihn: »Tauscht nur ein paar Wörter in seinem Denken aus, und ihr habt einen Christen.«

Das System Plotins

Nach Plotins Vorstellung wurde die intelligible Welt von drei *Personen* gebildet: dem Einen, dem Geist und der Seele.[9] Dies ist eine Dreieinigkeit, die uns ein wenig an die christliche erinnert. Im Unterschied zu Vater, Sohn und Heiligem Geist aber haben die drei Personen der Neoplatoniker ein anderes hierarchisches Gewicht: die erste Person, das Eine, hat durch Emanation, also durch Ausströmung, die zweite hervorgebracht, und die zweite, der Geist, hat durch Emanation die dritte hervorgebracht, ebenso wie die dritte, die Seele, die sensible Welt geschaffen hat. Außerdem umfaßt das Eine auch den Geist, der seinerseits die Seele und die sensible Welt umfaßt. Erinnern Sie sich an die Matrioschkas, die russischen Puppen? Also dann stellen Sie sich das Eine als die größte dieser Puppen vor, die in sich alle die anderen Puppen einschließt, der Geist wäre dann die zweite Puppe, die Seele die dritte und die sensible Welt schließlich die kleinste von allen.

Das Eine Plotins hat etwas Vorsokratisches: es ähnelt sehr dem Einen des Parmenides und ist in jedem Aspekt der Natur zu finden, genau wie die Luft des Anaximenes und das *apeiron* Anaximanders: es ist alles und umfaßt alles, da es Alles ist, es kennt keinerlei Grenzen. Sein Hauptmerkmal ist, unendlich zu sein.

Wenn wir hier vom Übersensiblen reden, ist es vielleicht angebracht, Plotins »Weltanschauung« mit derjenigen seiner berühmtesten Vorgänger zu vergleichen: mit jener Platons und Aristoteles'.

Platons Gott ist das *Gute selbst,* oder vielmehr die wichtigste aller Ideen. Es ist aber nicht klar, ob diese Idee des Guten auch ein Schöpfergott des Universums ist; sie scheint sich eher wie die Sonne darauf zu beschränken, die Welt zu erhellen, die bereits da ist, und ihr nur die Möglichkeit zu geben, gesehen zu werden.[10]

Aristoteles dagegen ist ausführlicher: er verneint die Existenz des Unendlichen im Akt, wobei er das Unendliche selbst nicht als einen Vorzug ansieht, sondern als einen Mangel, als etwas Unvollkommenes. Der aristotelische Gott befindet sich außerhalb des Alls, er kümmert sich um seine eigenen Angelegenheiten und hält die Welt wahrscheinlich nicht für wert, in Betracht gezogen zu werden. Das Denken eines solchen Gottes ist also nur auf sich selber gerichtet und reduziert sich darauf »sich selbst zu denken«.[11]

Für Plotin ist die zweite *Person* der Geist *(nous)* oder das Sein oder der Intellekt, wie man will. Sie ist mit anderen Worten die Gesamtheit aller bestehenden intelligiblen Wirklichkeiten, jene, die für Platon die Ideenwelt darstellten. Aber während das Eine einzig ist, ist der Geist vielfältig. Seine Aufgabe ist es, das Eine zu betrachten und die Seele hervorzubringen, die die dritte *Person* ist, »die letzte Göttin«, das heißt, die letzte der intelligiblen Wirklichkeiten.[12] Die Seele bringt, wie wir bereits gesagt haben, die sensible Welt hervor.

Eine Grundgegebenheit des Plotinschen Systems ist die Auf- und Abbewegung zwischen dem Gipfel und der Basis. Jede der drei *Personen* bringt nämlich durch *Emanation* etwas nach unten hervor und gibt sich gleichzeitig (natürlich mit Ausnahme des Einen) der Kontemplation des Höheren hin.[13]

Höchstes Ziel des Lebens ist die Kontemplation des Einen. Wie soll dies gelingen? »Ganz einfach«, erwidert Plotin, »man braucht nur alles übrige auszuschließen!«[14] Und zu dem übrigen gehört, fürchte ich, alles, was uns am Leben gefällt: die Gefühle, die Arbeit, die Frauen, die Kunst, Spiel und Sport usw. Ihm gelang dies bestens. Er beschreibt die Ekstase (*ekstasis* heißt auf Griechisch nämlich »aus sich selbst heraustreten«) auf diese Weise: »Immer wieder wenn ich aus dem Leib aufwache in mich selbst, lasse das andre hinter mir und trete ein in mein Selbst; sehe eine wunderbar gewaltige Schönheit und vertraue in solchem Augenblick ganz eigentlich zum höheren Bereich zu gehören; verwirkliche höchstes Leben, bin in eins mit dem Göttlichen und auf seinem Fundament gegründet; denn ich bin gelangt zur höheren Wirksamkeit und habe meinen Stand errichtet hoch über allem was sonst geistig ist.«[15]

Nicht alle Menschen sind fähig, sich zu erheben. Nur drei Kategorien können es offenbar schaffen: die Musiker, die Liebenden und die Philosophen. Die Musiker haben mit Hilfe der Philosophie die Möglichkeit, von der Süße der wahrnehmbaren Töne zu jener der geistigen Güter zu gelangen; die Liebenden müssen die körperliche Schönheit außer acht lassen und die unkörperliche anstreben; und die Philosophen müssen gar nichts Besonders machen, denn als Philosophen sind sie ja ohnehin voll und ganz auf die Kontemplation eingestimmt.[16]

[1] Porphyrios, *Leben des Plotin*, 1
[2] *ebd.*, 3, 12
[3] *ebd.*, 3
[4] *ebd.*, 7 (39)
[5] *ebd.*, 23
[6] *ebd.*, 7
[7] *ebd.*, 8
[8] *ebd.*, 2
[9] In den Philosophiegeschichten werden diese *Personen* gemeinhin *Hypostasen* oder *Substanzen* genannt: beide Begriffe bedeuten nach dem griech. *hypo stásis*, bzw. dem lat. *sub stantia* »Unterstellung«. Die Substanz liegt in der Tat »unter« dem Anschein. Da wir es aber hier mit Entitäten zu tun haben, die der *übersinnlichen* Welt angehören, ziehen wir, um Mißverständnisse zu vermeiden, den Begriff »Personen« vor.
[10] Platon, *Der Staat*, 508–509b
[11] Aristoteles, *Metaphysik*, XII, 9, 1074b, 28–35
[12] Plotin, *Enneaden*, IV, 8, 5
[13] *ebd.*, V, 3, 17
[14] *ebd.*, V, 3, 17
[15] *ebd.*, IV, 8, 1
[16] *ebd.*, I, 3, 1–3

XIII

Renato Caccioppoli

Wenn ich mal irgendwie angeben will, erzähle ich: »Ich habe Analysis und Kalkulation bei Caccioppoli gemacht!«

1948, Universität von Neapel, zweijähriger Ingenieurkurs. Die Aula in der Via Mezzocannone ist brechend voll. Um einen Sitzplatz zu bekommen, bin ich schon seit einer Stunde da. Es ist zehn Uhr: wir warten auf Renato Caccioppoli. Seine Vorlesungen werden inzwischen von allen möglichen Leuten besucht: von Studenten, die vor der Prüfung stehen, von anderen Studenten, die die Prüfung bereits abgelegt haben, und sogar von solchen, die mit Mathematik überhaupt nichts im Sinn haben: Medizinern, Philologen, Neugierigen und Kulturschaffenden. Wir alle sind seine Schüler.

Caccioppoli kommt herein. Wie immer hochelegant: dunkler Abendanzug, leicht zerknautscht und mit Gipsspuren an den Ärmeln, aber nie ohne Gardenie im Knopfloch. Wahrscheinlich trägt er noch den Anzug vom Vorabend. Der Meister hat wohl in dieser Nacht überhaupt nicht geschlafen: er wird sich über Liebe und Politik unterhalten, Klavier gespielt, getrunken und gesungen haben. Nachts ist er nicht gern allein: er streift durch die Straßen Neapels, sucht die kleinen Bars der spanischen Viertel auf, im Vico Sergente Maggiore trinkt er einen Kognak, in der Via Nardones einen Grappa und erst, wenn wirklich überhaupt niemand mehr da ist, mit dem er reden könnte, geht er nach Hause, wobei er dann die ganze Via Chiaia zu Fuß zurücklegt. Und hier kommt er nun taufrisch herein und wird mit stürmischem

Beifall begrüßt. Er grüßt mit einer weitausholenden Gebärde zurück (Hand eines »Klavierspielers«). Die Haare fallen ihm tief in die Stirn. Daß er ein Genie ist, erkennt man schon an der Art, wie er sich bewegt: er ist ernst, wie es sich für einen Wissenschaftler ziemt, aber seine Augen lachen. Er bleibt stehen und deutet mit dem Zeigefinger auf einen Jungen in der ersten Reihe.

»Du bist in der Küche und willst dir einen Teller Spaghetti kochen. Der Topf mit dem Wasser steht auf dem Küchentisch. Der Herd ist bereits an. Welchen Handgriff machst du als ersten?«

»Ich stelle den Topf auf den Herd«, antwortet der Junge prompt.

»Und wenn der Topf nicht auf dem Tisch steht, sondern auf der Abstellfläche des Küchenbüfetts?«

»Genau gleich: ich stelle den Topf auf den Herd.«

»Nein: wenn du ein Mathematiker bist, stellst du ihn zuerst auf den Küchentisch und kehrst zum Ausgangspunkt des früheren Falls zurück.«

Renato Caccioppoli wurde am 20. Januar 1904 in Neapel geboren. Sein Großvater war der berühmte Michail Bakunin, der russische Anarchist, der mehr an die Bauern als an die Arbeiter glaubte und beschlossen hatte, die Weltrevolution im ländlichen Gebiet um Neapel zu beginnen. Er wußte nicht, daß das Volk hier im Süden immer monarchistisch gewesen ist. Am Ende überzeugte er nur einige junge Aristokraten aus der Gegend, die einzigen, die gewillt waren, gegen die Macht zu kämpfen.

Caccioppoli hatte schon mit sechsundzwanzig Jahren einen Titel für algebraische und Infinitesimalanalyse in Padua. Im Jahre 33 erhielt er den Lehrstuhl in Neapel. Wir verdanken ihm außerordentlich bedeutende Studien auf dem Gebiet der Differentialgleichungen, der variablen Funktionen und der Meßtheorie. Im Jahre 1953 zeichnete ihn die Accademia dei Lincei als eine der größten mathematischen Begabungen unserer Zeit aus. Es sind aber bestimmt nicht seine wissenschaftlichen Verdienste, die ihn bei uns so beliebt machten. Caccioppoli war vor allem ein freier Geist

Renato Caccioppoli
(1939)

und dann erst ein Genie mit goldenem Herzen, ein außergewöhnlicher Pianist, ein Philosoph und Dichter.

An jenem Abend, an dem Hitler in Neapel einzog, befand sich Caccioppoli in einer Gaststätte von Materdei. Nach beendeter Mahlzeit stieg er auf einen Stuhl und verkündete den Anwesenden, was er von Hitler und Mussolini hielt. Danach zog er mit Sara Mancuso, der Frau, die er liebte, und mit zwei Gitarrenspielern durch die Gassen Neapels und sang die Marseillaise. Im Morgengrauen des nächsten Tages holen sie ihn ab, und nur durch das Eingreifen seiner Tante, der Chemieprofessorin Maria Bakunin, blieb ihm die Verschickung an einen Zwangswohnort erspart. Er wurde für geisteskrank erklärt und in die psychiatrische Anstalt Leonardo Bianchi eingewiesen.

Er war mit Eduardo, mit Gide und mit sehr vielen neapolitanischen Intellektuellen befreundet. Er ließe sich vielleicht als ein Kommunist sui generis bezeichnen, Parteimitglied wollte er nie werden. Als ein faszinierender Plauderer und Wanderprediger hielt er aber unvergeßliche Wahlreden für die KPI. Vor allem suchte er sich auch immer die schwierigsten Kampfplätze aus, die Hochburgen der Gutbürgerlichen, und da zog er dann los über die Heuchelei der sogenannten Rechtschaffenen, die Anmaßung der Geistlichen, die Grausamkeit Stalins, er teilte so ziemlich nach allen Seiten aus und zielte nicht nur auf seine Gegner. Er war tolerant, aber auch ein Rebell: eines Tages schoß er mit der Pistole auf alle antiken Möbelstücke in seiner Wohnung.

Wenn er Prüfung abhielt, konnte man gewiß sein, daß es wieder lustig zugehen würde – außer natürlich für denjenigen, der ›dran‹ war. Eines Tages kam ein Junge, der kein Griechisch konnte und daher nichts von der Existenz des Buchstabens Epsilon (ε) wußte. Die Prüfung lief so ab:

»Gegeben ist eine nach Belieben kleine ›Drei‹...« begann der Junge.

»Was heißt, eine ›Drei‹?« fragte Caccioppoli verwundert.

»Eine ›Drei‹«, wiederholte der Student und zeigte auf das Epsilon, das er gerade auf die Tafel gemalt hatte.

»Sie meinen, wenn ich will, kann ich sie auch noch kleiner verlangen?«
»Ja.«
»Also, dann machen Sie sie mir kleiner.«
Der Junge verkleinerte sie um die Hälfte.
»Nein, das reicht mir noch nicht. Ich will sie noch kleiner.«
Der Gag ging so weiter, bis der Ärmste unter dem Hohngelächter von uns ›Humanisten‹ sein Epsilon wirklich nicht mehr kleiner machen konnte.

Auch ich schnitt, ehrlich gesagt, nicht gerade glänzend ab. Er gab mir, was er einen ›Dreier zum Abgewöhnen‹ nannte.

»Sie hätten eigentlich etwas Besseres verdient«, sagte Caccioppoli zum Abschied, »aber ich hoffe, daß dieser Dreier Sie dazu veranlaßt, die Fakultät zu wechseln. Sie haben eine ganz brauchbare Phantasie, mein lieber Junge, vielleicht können Sie sich als Dichter versuchen. Hören Sie auf den Rat eines Experten: Geben Sie das Ingenieurfach auf und werden Sie Wortkünstler.«

Eines Nachts gegen ein Uhr sah ich ihn auf der Treppe der Santa Caterina-Kirche sitzen. Ich dachte zuerst, daß ihm vielleicht übel wäre, und fragte, ob ich ihm behilflich sein könnte. Er forderte mich auf, mich neben ihn zu setzen. Dann sprach er über die therapeutische Kraft des Maßes. Er sagte: »Wenn du vor etwas Angst hast, versuche, es im richtigen Verhältnis zu sehen, dann wirst du merken, daß nicht viel dran ist.« Ich glaube, daß er betrunken war, nicht wegen der Maxime, die ich großartig finde, sondern weil er mich duzte.

Die Frau, die er liebte, verließ ihn von einem Tag auf den anderen. Es hieß, sie sei mit einem Parteigenossen nach Capri abgehauen. Das war am 8. Mai 1959. Am Nachmittag desselben Tages beging Renato Caccioppoli in seiner kleinen Wohnung im Palazzo Cellamare Selbstmord. Tags zuvor hatte er zu einigen Studenten gesagt: »Jede Art von Scheitern kann man verzeihen, außer beim Selbstmord. Wenn einer sich dazu entschlossen hat, darf er keinen Fehler machen!« Er machte keinen Fehler:

Horizontale Lage, Nacken auf dem Kissen, Schuß in die Schläfe. Er war fünfundfünfzig Jahre alt. Als ich die Nachricht las, war ich gar nicht erstaunt, ja ich wunderte mich, daß es nicht schon früher geschehen war. Er war zu russisch, zu ironisch, zu sehr eine Dostojewski-Gestalt, um geduldig auf einen natürlichen Tod zu warten. Die Liebe hat in seinem Leben wohl eine entscheidende Rolle gespielt. Lucio Villari hat mir erzählt, daß Caccioppoli einmal im Hause der Mathematikerin Maria del Re gefragt worden sei, welches seiner Meinung nach der wichtigste Satz der Geschichte sei. Alle erwarteten wer weiß welche große Aussage, aber er sagte einfach: »Dem Herzen läßt sich nicht befehlen«. »Und die nützlichste Entdeckung?« »Die Knaus-Ogino-Methode, wenn sie hinhaut.« »Und die schlimmste?« »Die Knaus-Ogino-Methode, wenn sie nicht hinhaut.«

Warum ich Renato Caccioppoli in meine Geschichte der griechischen Philosophie aufgenommen habe? Welcher Philosophieschule ließe er sich zuschreiben? Jeder und keiner: er war ein Eklektiker.

Zwischen dem zweiten und ersten vorchristlichen Jahrhundert tauchten in der griechisch-römischen Welt die ersten Eklektiker auf. Es handelt sich bei ihnen nicht um eine regelrechte Philosophieschule, sondern um eine Denkungsart, die von jeder Lehre das übernahm, was das Beste an ihr war. Hatten die Skeptiker behauptet, daß nichts wahr sei, begannen die Eklektiker, von den gleichen Voraussetzungen ausgehend, zu behaupten, daß alles ein wenig wahr sein müsse. Und da sich im Laufe der Zeit die Prinzipien der Begründer der verschiedenen Richtungen immer mehr abschliffen, entstand so etwas wie eine Mischung aus verschiedenen Weisheiten, die unter dem Namen Eklektizismus in die Geschichte einging. Zu den berühmtesten Eklektikern gehörten Philon von Larissa, Antiochos von Askalon und der große Cicero.

So wie Renato Caccioppoli die Freiheit, die Genüsse, die Freunde, Wein und gutes Essen liebte, war er zweifellos ein

Epikureer. Seine Solidarität mit den unteren Schichten erinnert an Epikurs Beziehung zu den Entrechteten. Gleichzeitig hatte er aber auch etwas von einem Stoiker an sich. Professor Felice Ippolito erzählt, daß sein Vater, der leidenschaftlich gern Wagner hörte, trotz einer Blinddarmreizung eines Tages nicht auf die Premiere von *Tristan und Isolde* verzichten wollte, die er gemeinsam mit Caccioppoli besuchte. Nach der Aufführung wurde der Ingenieur auf dem schnellsten Weg ins Krankenhaus eingeliefert, und während er dort darauf wartete, in den Operationssaal gebracht zu werden, drückte ihm Caccioppoli die Hand und sagte:

»Wie ich dich beneide! Isoldes Tod zu betrauern und gleichzeitig furchtbare Bauchschmerzen zu haben!«

Aber Caccioppoli war auch ein Kyniker: Als er in Padua bereits den Lehrstuhl für Analysis innehatte, zog er sich eines Tages wie ein Gammler an, rasierte sich nicht und setzte sich ohne einen Pfennig in der Tasche in ein Eisenbahnabteil dritter Klasse nach Mailand. Er wollte ausprobieren, was es hieß, arm zu sein. Nach fünf Tagen wurde er wegen Bettelei aufgegriffen.

Und schließlich darf man auch seinen tiefsitzenden Skeptizismus nicht übersehen. Die Abgeordnete Luciana Viviani erzählt: »In den fünfziger Jahren kämpften wir beide auf der Seite der Friedenspartisanen, nahmen an Märschen, an Abrüstungsdemonstrationen, Wahlveranstaltungen usw. teil. Während wir Jungen aber voller Enthusiasmus und von heiligem Zorn erfüllt waren, war er immer ein wenig ironisch, zweifelnd, enttäuscht. Wenn man ihn fragte, warum er so Abstand hielt, antwortete er: ›Für mich gibt es keine Gewißheiten, bestenfalls Wahrscheinlichkeiten.‹«

Namenregister

Achilles 105, 124ff., 127, 275, 340
Adeimantos 252, 309, 314f.
Adorno, Francesco 64
Aelianus 46, 68, 79, 222, 297, 403
Aesop 261
Aetios 39f., 47, 54f., 427
Agamemnon 105, 336, 340
Agathon 327, 330f.
Agesilaos 234
Aglaion 315
Agrippina die Jüngere 418f.
Aiakes 49
Aias 257f., 275, 336, 340
Aigisthos 340
Ainesidem 431
Aischines 252, 261, 266, 277, 293
Aischylos 163, 177, 371
Aithalides 63, 78
Akademos 307
Akumenos 12
Akusilaos 23
Al-Mubassir 121
Alco 63
Alexander VI., Papst 161
Alexander der Große 174, 282, 348ff., 351, 385, 429, 436, 448
Alkaios 399
Alkibiades 163, 236, 238, 240ff., 304, 327
Alkinoos 105
Alkmenes 163
Alkmeon 72, 74, 79
Amafinius 400
Amasis 65
Ameinias 111f.
Amelius 447
Ammianus Marcellinus 188
Ammonios Sakkas 448f.
Amore, Nicola 224
Amyntas 348
Anacharsis 23
Anakreon 66
Anaxagoras 23, 163, 172, 175, 179ff., 192f., 197, 202, 235, 243, 252, 324, 385, 411
Anaxarchos 429
Anaximander 41ff., 49, 53, 57, 87, 89, 106f., 109, 111, 130, 133, 431ff., 451
Anaximenes 49ff., 57, 87, 179, 451
Anchytos 146
Andokides 272
Androklos 81
Andronikos von Rhodos 354f.
Annikeris 306
Antigonos Karystos 429
Antigonos, König von Makedonien 408
Antiochus von Askalon 460
Antipater 416
Antiphon 163, 206, 208, 248, 252, 254

Namenregister

Antisthenes 127f., 261, 277, 279ff., 282, 284, 288
Antonius Pius 423
Antonioni, Michelangelo 371
Anytos 249ff., 266, 414
Aphrodite 149, 153
Apollo 26, 51, 78, 144, 146, 218
Apollodoros 80, 249, 252, 265f., 398, 410
Apollonios 65, 410
Aratos 54
Arbore, Renzo 355ff., 364
Archelaos 163, 180, 235
Archidamos 172
Archippos 70
Archytas 72, 74ff., 78, 309
Arete 293
Argento, Dario 58
Aristagoras 165
Aristides 163, 238, 270
Aristippos 145, 261, 288ff., 296f.
Aristobulos 385
Aristodemos 23
Aristokles 303, 433
Aristomache 338
Ariston (Vater Platons) 303
Ariston von Keos 409
Aristonoos 135
Aristophanes 163, 249, 274f., 327ff., 330, 371
Aristoteles 13, 36, 40, 47, 54, 67, 72, 79f., 84, 109f., 120, 128ff., 132, 134, 145f., 151ff., 155, 173, 177, 179, 188f., 191, 193, 203, 209, 216, 218f., 222, 233f., 238, 307, 337, 349ff., 388, 417, 444, 451, 453
Arkesilaos 434f.
Armani, Giorgio 229
Arrian von Nikomedien 421f.
Artaphernes 292
Artemon Periphoretos 132
Askondas 285

Aspasia 131, 174ff.
Astyanax 373
Atalante 336, 340
Athenaios 140, 297, 402
Athenokritos 195
Atlas 40
Attalos 418
Aulus Gellius 78f., 189, 204, 296f., 427, 437
Aurilochos 245
Axiothea 307

Bakunin, Maria 458
Bakunin, Michail 456
Basilides 398
Basinger, Kim 413
Baudo, Pippo 96
Beethoven, Ludwig van 445
Bellavista, Gennaro 20, 106, 155ff.
Bergson, Henri 27, 89
Bernini, Gian Lorenzo 61
Bevan, Edwyn R. 426
Bias 23f., 26f., 82
Bignami, Ernesto 38, 40
Bignone, Ettore 153
Bion 420
Bloson (o. Blison) 81
Bocca, Giorgio 184
Bollack, Jean 204
Bonifazius VIII., Papst 161
Borges, Jorge Luis 291f., 381
Bosch, Hieronymus 148
Bracciolini, Poggio 401
Brontinos 142
Bruno, Giordano 61f.
Bryson 429
Burckhardt, Jacob 46, 79, 177, 188, 209f., 274, 402, 427

Caccioppoli, Renato 455ff.
Cagliostro, Alessandro Graf von (eigtl. Giuseppe Balsamo) 141

Caligula 161, 418
Calogero, Guido 134
Calpurnius Piso 399, 419
Cammarano, Alberto 46
Campanella, Thomas 62
Cantarella, Raffaele 209
Capone, Tonino 21, 91 ff.
Caprioli, Vittorio 301
Caravaggio, Michelangelo da 61
Carotenuto, Alfonso 341, 346
Cassius 400
Castellani, Mario 432 f.
Catapano, Alfredo 223 f.
Cato der Ältere 435, 437
Catullo, Antonietta 223
Cavour, Camillo Benso Graf von 64
Cerlone 225 f.
Chairedemos 385
Chairephon 250 f.
Chairestrate 383
Charillos 272 f.
Charmides 303 f.
Chilon 23 ff., 51 f.
Chomeini, Ruholla 445
Chrysippos 406, 409 f.
Cicero 46, 54, 204, 222, 292, 297, 383 f., 386, 400, 402 f., 416, 426, 436, 460
Cimabue 228
Claudius Tiberius 418 f.
Clemens Alexandrinus 110, 128, 196, 204, 296 f.
Colella, Riccardo 439 f.
Colosio, Giovanni Battista Lorenzo 297
Commodus 423
Compagnone, Luigi 380
Craxi, Bettino 357
Croce, Benedetto 96, 226, 380

D'Agostino, Roberto 370
D'Amore, Lehrer 367 f.

Dailochos 236
Damagetes 51
Damasippos 195
Damastes 195
Damon 235, 245
Dante Alighieri 239, 274, 398, 403
Darius 34, 83, 165, 167 f., 198
Darwin, Charles 17, 148
De Crescenzo, Luciano 110, 339, 375 f.
De Filippo, Eduardo 458
De Marsico, Alfredo 225
De Nicola, Enrico 224 f.
De Ruggiero, Ettore 64
Decimus Laberius 199
Del Balzo, Emanuele 345
Del Re, Maria 460
Demetrios der Troizenier 147
Demetrios von Phaleron 373
Demokrit 41, 144, 150, 163, 191 f., 195 ff., 211, 385, 394 f., 412, 420, 429
Demonax 287
Demosthenes 248, 290
Dexios 106
Diagoras 141, 153, 243, 420
Dikäarchos 71, 79
Dike 114
Diodoros Siculus 79, 128, 139 f., 217, 222
Diogenes von Appollonia 179, 243
Diogenes von Babylon 435
Diogenes Laertios 25, 29, 38, 40, 46 f., 54, 78 f., 90, 110 f., 118, 120, 128, 134, 153, 188 f., 193, 195, 199, 204, 216, 235, 238, 266, 270, 274 f., 287 f., 296 f., 338 f., 375, 386, 402 f., 406, 409, 426 f., 431, 436 f.
Diogenes Oinoanda 398
Diogenes von Seleukia 415

Diogenes von Sinope 279, 281 ff., 284, 288, 290 f., 297
Diokles von Magnesia 279
Dion 305, 307 f., 338
Dionekes 169
Dionysios der Ältere (Tyrann von Syrakus) 75, 122, 290, 305 f., 338
Dionysios von Syrakus (der Jüngere) 290, 307 f.
Dionysios Metathemenos 398, 409
Dionysos 52, 71
Diopeithes 183
Diotima 331, 333
Diotimos 386
Disney, Walt 17
Domitian 421
Doris 338
Dostojewskij, Fjodor 460
Dropides 303
Dürer, Albrecht 80

Echekrates 291
Einstein, Albert 109, 126, 157, 184, 202
Elisabeth II. von England 390
Empedokles 112, 120, 135, 141 ff., 153 ff., 157, 184 f., 192 f., 200, 217, 305
Epaphroditos 420 f.
Epicharm 23, 142
Epigenes 261
Epiktet 406, 418, 420 ff., 426 f.
Epikur 59, 155, 191, 193, 201, 209, 293, 383 ff., 411, 461
Epimenides 23, 105
Erastos 307, 349
Erathostenes 20, 208, 297
Erotion 386
Eryximachos 327 f.
Eteokles 104
Euathlos 211 f.

Eubulides 281, 297
Eudemos 351
Eudoxos von Knidos 348
Euklid (Mathematiker) 294
Euklid von Megara 261, 277, 291, 294 ff., 305
Euphorbos 63
Eupolis 212
Euripides 163, 180, 183 f., 212, 371
Eurymedon 337
Eurytos 74
Eussenippos 208
Eustathios 216
Euthydemos 309
Euthymachos 243 ff., 246 f., 248 ff., 251, 253

Fabius Maximus 176
Fanfani, Amintore 357
Farrington, Benjamin 402 f.
Faustina die Jüngere 423
Favorinus von Arelate 46, 436
Fellini, Federico 301
Fiorante, Carlo 225
Fiorelli Valente 298
Flacelière, Robert 274
Flaiano, Ennio 371, 374
Flavius Josephus 188
Fonda, Jane 370
Forattini, Giorgio 370
Franz von Assisi 233
Freud, Sigmund 86

Galdieri, Rocco 223, 230
Galilei, Galileo 215
Gallienus 449
Gandhi, Mohandas Karamchand, genannt Mahatma 233, 242
Gelon 139
Gemina 448
Ghirelli, Antonio 380 f.
Giannantoni, Gabriele 47, 79,

118, 188f., 204, 209f., 216, 222, 297
Gide, André 458
Giotto (di Bondone) 222
Glaukon 309ff.
Gomperz, Heinrich 222
Gordianus III. 448
Gorgias von Leontinoi 134, 145, 163, 208ff., 217ff., 331
Grillo, Francesco 79
Gurgo, Camillo 225, 230

Hadrian 421, 423
Harpagos 101, 107
Hedia 386
Hegel, Georg Wilhelm Friedrich 89, 319
Hegesias 293f.
Hegesistratos 195
Heidegger, Martin 89, 355
Hekateios Milesius 7, 52ff., 82
Helena 209, 218f.
Helios 152
Hera 149, 174
Herakleides Pontikos 147, 153, 307, 338, 349
Heraklit 81ff., 144, 149ff., 203, 293, 325, 411f.
Herennius 449
Herillos von Chalkedon 409
Herkules 42, 101
Hermarchos 398
Hermes 63
Hermias 349
Hermippos 176, 338, 388, 402, 427
Hermodor 83
Hermogenes 261, 275
Hermotimos 63
Herodikos 217
Herodot 31, 34, 40, 46, 64, 78, 101ff., 163, 165, 167ff., 177, 195, 403

Herpyllis 351
Hesiod 63, 82, 105, 108, 257, 313
Hexamias 52
Hieron, Tyrann von Syrakus 106, 139, 236
Hikesias 281
Hipparchia 279, 284, 286f.
Hippasos 69, 77
Hippias 163, 207, 209
Hippodamos 163, 179
Hippoklides 398
Hippokrates 143, 163, 179, 198
Hippolytos von Rom 47, 54f., 78, 110, 154, 189
Hiskomachos 288
Histaios 165
Hitler, Adolf 161, 309
Hobbes, Thomas 27, 89
Homer 19, 63, 88, 105, 108, 110, 257, 263, 313
Horaz 61, 195, 204, 290, 297, 400, 403
Hyperbolos 304
Hyperides 163, 208

Iamblichos 64, 79, 153
Iason 218
Ibykos 66, 119
Idomeneus 398
Iktinos 163
Ippolito, Felice 461
Isokrates 163, 207, 217, 222
Ithagenes 130
Iulianus 204

Jacoby, Felix 153
Jacovitti, Benito Franco Giuseppe 148
Jahwe 19
Jesaja 66
Jesus Christus 233, 270, 387
Joël, Karl 297
Johannes XXIII., Papst 160

Kadmos 104
Kalanos 429
Kallias 120
Kallikrates 163
Kallimachos 37, 40, 349
Kallios 243, 245 ff., 249 f., 253
Kallippos 307, 309
Karmantidias 217
Karneades 435
Karterios 447
Kebes 259, 261, 291
Kephalos 12, 120, 249, 308 f.
Kimon 163
Kios 26
Kleanthes 406, 409 f. 413
Klee, Paul 116
Klein, G. B. 339
Kleisthenes 246
Kleobulina 35
Kleobulos 23 f., 26
Kleombrotos 291
Kleon 182, 208, 304
Klytämnestra 340
Kodros 81, 303
Kolaios 42, 101
Kolotes 398
Konfuzius 66
Konstantin 401
Koriskos 349
Krates 279, 284 ff., 297, 406 f.
Kratylos 89
Kresilas 163
Kritias 215, 242, 303 f.
Kritobulos 252, 261
Kritolaos 435
Kriton 235, 252, 255 ff., 258 ff., 261, 264 ff., 267, 278
Krösos 36, 107
Kthesippos 261
Kylon 70
Kyros der Ältere 101
Kyros der Jüngere 234

La Capria, Raffaele 301, 380
Lais 290 f.
Lamprokles 239
Lao Tse 233
Lasos 23
Lastheneia 307
Latini, Brunetto 239, 274, 297
Laughton, Charles 235
Lemaître, Georges Henri 157
Leon, Tyrann von Phlius 71
Leon von Salamis 242
Leonidas 169
Leonteos 386, 398
Leontion (Leonziuccia) 386
Leontios (Sohn Aglaions) 315
Leopardi, Giacomo 422
Leophantos 23
Leukipp 120, 150, 191 ff.
Livia Drusilla 418
Lukian 209, 222
Lukrez 189, 204, 383, 400 f., 424
Lykon 249 ff., 267, 372
Lykurgos 318
Lypourlis, D. 204
Lysandros 318
Lysanias 252
Lysias 12, 163, 208, 210, 248, 309
Lysis 70

Maddalari 226
Mammarion 386
Mancuso, Sara 458
Manfredi, Gaetano 225
Manilius 436
Manzoni, Piero 229
Mao Tse Tung 318
Maradona, Diego Armando 324
Marc Aurel 418, 423 f., 427
Marciano, Gennaro 223 f.
Marotta, Giuseppe 380
Martell, Karl 20
Marx, Karl 319
Masaccio 228

Namenregister

Mascioni, Grytzko 171, 177
Mausolos 208
Meandrios 211
Melantas 372
Melanthios 218
Melantos 52
Melesias 188
Meletos 243, 247 ff., 251 f., 257, 266, 414
Melissos 120, 129 ff., 163, 220
Menander 371, 373, 384
Menelaos 63
Menexenos 239, 261
Menippos 174, 420
Menon 271 f.
Messalina, Valeria 418 f.
Metrodoros 386, 388, 397
Metrokles 279, 284 ff.
Michelangelo Buonarotti 61, 118
Milon 70
Miltiades 163, 167
Mnaseus 406
Mnesarchos 65
Mnesikles 163
Mohammed 66
Monroe, Marilyn 358
Montale, Eugenio 324
Morante, Sciscio 299 ff.
Moravia, Alberto 184
Musaios 257
Mussolini, Benito 161, 458
Muti, Ornella 115
Myron 163
Myrto 248 f., 265
Mys 385
Myson 23

Napoli, Mario 104
Nausiphanes 385
Neanth von Kyzikos 85, 147
Nearchos 122
Neleus 32
Neokles 383, 385

Nero 419 f.
Nestis 149
Newton, Isaac 141
Nietzsche, Friedrich 89, 93
Nikidion 386
Nikokreon 482
Nikomachos (Sohn des Aristoteles) 351, 373
Nikomachos (Vater des Aristoteles) 348
Nikostratos 252
Numa Pompilius 66
Numenios 431

Odysseus 219, 336, 340
Ödipus 104
Orestades 107
Origenes 449
Orpheus 23, 256
Ortese, Anna Maria 380
Orthomenes 106
Owens, Jesse 195

Paci, Enzo 333
Palamedes 218 f., 257, 275
Palumbo, Salvatore 375, 381
Pamphilos 23, 384 f.
Panaetios von Rhodos 406, 415 f.
Pannella, Marco 425
Paralios 252
Paris 209
Parmenides 103, 108, 111 ff., 118 ff., 123, 130, 132 f., 142, 149 ff., 163, 192, 203, 220, 294 f., 321, 325 f., 355, 451
Parmeniskos 107
Pasikles 287
Paulus von Tarsus 66
Pausanias 20, 145, 170, 222, 327 f.
Peirethos 111
Peisistratos 23
Perdikkas, König von Makedonien 385

Namenregister

Periandros 23, 26, 63
Perikles 112, 120, 129ff., 163, 170ff., 181ff., 205, 244, 304
Periktione 303
Persaios 408f., 420
Pessina, Enrico 224
Petti, Sandro 300
Phaidon 257, 261, 266, 277f., 420, 429
Phaidros 12, 327f., 332
Phainarete 235
Phanias 409
Pherekydes 23, 65
Phidias 163, 174f., 212
Philemon 408
Philipp von Makedonien 174, 348f.
Philipp der Opuntier 349
Philiskos 399
Philodemos von Gadara 398f.
Philolaos 72, 74, 76, 79, 147
Philomela 218, 222
Philon von Larissa 460
Philonides 243, 245
Philostratus 128, 188, 209, 211, 216f., 222
Phokos von Samos 37
Phryne 338
Phrynichos 34
Pindar 137, 140, 288
Pirandello, Luigi 216, 293
Pirelli, Leopoldo 426
Pissuthnes 131
Pistyllos 135
Pittakos 23, 25f.
Platon 12f., 35f., 40, 75, 111f., 118, 120f., 128, 130, 142, 163, 186, 188f., 193, 196, 199, 203f., 207, 209, 212, 216, 219, 233f., 242f., 252, 257f., 261, 266, 269, 272, 274f., 277, 283, 290f., 303ff., 359, 361f., 373, 387f., 391, 402, 434, 449, 451, 453

Plebe, Armando 79
Pleistarchos 429
Plinius der Ältere 40, 104, 143, 188, 222
Plinius der Jüngere 210
Plotin 447ff.
Plutarch 43, 90, 110, 118, 129, 134, 153, 173, 176f., 182, 188f., 204, 210, 222, 236, 238, 244, 247, 270, 273ff., 307, 338, 386, 402f., 426, 429, 436f.
Pohlenz, Max 426
Polemarchos 309f.
Polemon 406
Pollis 306
Pol Pot 309
Polyaenus aus Lampsakos 397
Polybios 415
Polygnotos 407
Polyklet 163, 174
Polykrates 65f.
Polyneikes 104
Polystratos 398
Pompejus Magnus 416
Pompylos 373, 420
Poppaea Sabina 419
Popper, Karl 214, 319, 339
Porphyrios 64, 70, 78f., 204, 447, 449ff.
Porzio, Giovanni 223f.
Poseidon 32, 303
Poseidonios 386, 406, 415ff.
Potone 337
Praxiteles 163
Prodikos von Keos 163, 208, 248
Prokne 222
Protagoras 163, 175, 208, 211ff., 243, 289
Protarch 398
Proxenos 348
Pseudo-Aristipp 236, 274, 373
Pseudo-Aristoteles 110
Pseudo-Plutarch 47, 54, 118

Pseudo-Xenophon 29
Ptolemaeus 373
Pyrrhon 429, 431, 433 f., 448
Pyrrhos 63
Pythagoras 23, 35, 49, 63 ff., 85, 89, 105, 120, 142, 144, 359
Pythia 26, 102, 218, 250, 349
Pythodoros 119 f., 212
Pythokles 393

Quintilianus 216

Rabirius 400
Raffaele Sanzio 361
Ranke-Graves, Robert von 222, 340
Rea, Domenico 378
Reale, Giovanni 361, 374
Renan, Ernest 141, 153
Robespierre, Maximilien 444 f.
Robin, Léon 79
Rogatianus 448
Rosenthal, Franz 128
Rossellini, Isabella 365
Rousseau, Jean-Jacques 27
Rufus, Caius Musonius 421
Russell, Bertrand 14, 78 f., 163, 177, 184, 204
Russo, Peppino 21, 57 ff.
Rusticus, Junius 423

Safeius 400
Saint-Exupéry, Antoine de 118
Satyros 145
Sciascia, Leonardo 184
Scinà, Domenico 137, 140, 146, 153
Scipio Aemilianus 415 f.
Seneca der Jüngere 40, 406, 418 ff., 427
Seuthes 434
Sextus Empiricus 118, 222, 384, 402

Shakespeare, William 73, 79
Simmias 259, 261 ff., 264, 291
Simon, Michel 235
Simplicius 47, 54, 80
Sinatra, Frank 179
Skirpalos 284
Sokrates 12, 84, 86, 112 f., 119, 124, 144, 163, 175, 181, 196, 203, 207, 212 f., 233 ff., 277 f., 280 f., 288 ff., 294 ff., 304 f., 310 ff., 321 f., 326 f., 330 ff., 388, 408, 434
Solon 23 f., 27, 303
Solonina 449
Sophokles 163, 371
Sophroniskos (Sohn des Sokrates) 239
Sophroniskos (Vater des Sokrates) 235, 247, 250 f.
Sordi, Alberto 371
Sotion 111, 418
Spadolini, Giovanni 357
Spartacus 403
Spencer, Herbert 89
Speusippos 73, 76, 79, 307, 337 f., 349
Spinoza, Baruch de 62
Stalin, Jossif Wissarionowitsch 161, 309, 458
Stesimbrotos von Tharsos 174
Stilpon 406, 433
Stobaeus, Joannes 297, 402 f., 426
Strabon 62, 90, 104
Straton 62, 351, 372 ff.
Suidas 217

Tacitus 380, 420, 427
Talexia 243
Tannery, Paul 55, 191
Tanucci, Annibale 223 ff.
Tarantini, Leopoldo 224
Teisias 217
Telesio, Bernardino 62

Tereus 219, 222
Terpsion 261, 291
Tertullianus 128, 198, 204
Teuthamos 26
Thales 19, 23, 26, 29, 35 ff., 41 f., 49, 51 f., 57, 87, 105, 108 f.
Thamyris 336, 340
Thargelia 174
Thelauges 142, 147
Themista 386, 398
Themistokles 163, 168, 170, 177, 274
Theodoretus 297
Theodoros Atheos 293 f.
Theodoros (Historiker) 326
Theokrit 273
Theon von Smyrna 54
Theophrast 86, 351, 372 f., 420
Theron 135, 139, 142
Theseus 275
Thrasydeios 140, 142
Thrasymachos 309 f.
Thukydides (Geschichtsschreiber) 134, 163
Thukydides (Politiker) 172, 181 f., 188
Timaios 137, 139
Timarchos 433
Timokrates 386
Timolaos 307
Timon von Phlius 199, 213, 216, 386, 431 ff.
Tönnies, Ferdinand 390, 402
Toledo, Pedro von 224
Totò (eigtl. Antonio de Curtis) 115, 371, 432 f.
Trasymachos 163

Untersteiner, Mario 128

Valentino 229
Valeri, Franca 299
Valerius Maximus 297
Vico, Giambattista 380
Villari, Lucio 460
Viviani, Luciana 461
Vuitton, Louis 227 ff.

Wallace, Edgar 352
Wilhelm II. 224
Woityla, Karol (Papst Johannes Paul II.) 160

Xanthippe 237 f., 261, 265
Xanthippos 181
Xeniasdes 284
Xenokrates 307, 337, 349 f., 384 f., 406
Xenophanes 41, 73, 79, 82, 103, 105 ff., 111, 134, 142
Xenophon 29, 163, 207, 209, 233 f., 243, 274, 277, 279, 291, 296, 307
Xerxes 146, 168 ff., 177, 181, 196

Zamolxis 64
Zarathustra 66, 214
Zenon von Elea 103, 111 f., 119 ff., 130, 134 f., 142, 163, 172, 192, 220
Zenon der Kitier 406 ff., 416
Zenon von Sidon 398
Zeus 18, 86, 105, 149, 167, 174, 181, 200
Zeuxis 163
Zoilos 65

*Bitte beachten Sie auch
die folgenden Seiten*

Luciano De Crescenzo
im Diogenes Verlag

Geschichte der griechischen Philosophie
Band 1: Die Vorsokratiker
Band 2: Von Sokrates bis Plotin
Aus dem Italienischen von Linde Birk

Diese Bücher beweisen, daß nicht die Philosophie langweilig ist, sondern höchstens die, die darüber schreiben.

»Philosophen wie du und ich – ein italienischer Ex-Manager hat die ›Geschichte der griechischen Philosophie‹ so unterhaltsam aufbereitet, daß sie ein Bestseller wurde. Das Erfolgsrezept ist einfach: Er schreibt verständlich.« *Stern, Hamburg*

Also sprach Bellavista
Neapel, Liebe und Freiheit
Deutsch von Linde Birk

»Zum Greifen dicht geschriebene Alltagsgeschichten, denen Bellavista immer eine philosophische Quintessenz zu entlocken weiß.« *Die Zeit, Hamburg*

»De Crescenzo ist Dichter, Sänger, Regisseur, Schauspieler, Talkmaster, Zeichner. ›Für mich ist das alles dasselbe. Ich bin Erzähler.‹« *Die Weltwoche, Zürich*

oi dialogoi
Von der Kunst, miteinander zu reden
Deutsch von Jürgen Bauer

Kurze, humoristisch angehauchte Erzählungen über die Schönen Künste, Feuerwerke und Silvester, über Auto- und Heiligenkult, Eigentumswohnungen und Gespenster, Atomschutzanlagen, Maradona, die Madonna und grüne Männchen...

»Klar, schnörkellos, mit Witz geschrieben – wie eine geistige Blutauffrischung.« *Neue Zürcher Zeitung*

Zio Cardellino
Der Onkel mit dem Vogel
Roman. Deutsch von Ina von Puttkamer

Luca Perrella, Neapolitaner, lebt in Mailand und arbeitet als leitender Angestellter in einem multinationalen Konzern. Eines schönen Tages bringt er in einer Besprechung mit seinem Vorgesetzten Töne hervor, die stark an Vogelgezwitscher erinnern. Was ist mit ihm geschehen? Ist er durchgedreht? Hat er beschlossen, seinen Chef zum Narren zu halten, oder ist er tatsächlich dabei, sich in einen Vogel zu verwandeln? Wie wird seine Firma auf diese Metamorphose reagieren?

»De Crescenzo versteht, diese schlichte Parabel inspiriert, witzig und gescheit zu erzählen. Und das ist keine geringe Tugend. Wer kann das noch: einfach erzählen? Eigentlich ist das Buch ein Märchen.«
Basler Zeitung

»*Zio Cardellino* ist ein delikates, liebenswürdiges Buch, ein Märchen voller subtiler, scharfer Gedanken, die Form ist leicht und flink wie der Flügelschlag eines zarten Vogels beim ersten Flug.«
Il Corriere di Roma

»Ein feines Buch mit einem Hauch surrealer Poesie.«
Il Tempo, Mailand

Sokrates
Sein Leben und Denken
Deutsch von Linde Birk

Dieses Kleine Diogenes Taschenbuch umfaßt ein Kapitel aus dem zweiten Band der ›Geschichte der griechischen Philosophie, Von Sokrates bis Plotin‹.

»Eine solche Verbindung von Gescheitheit, nein: philosophischer Gabe mit Lustigkeit und Anmut ist einmalig. Wahrhaftig: mal ein Stück fröhlicher Wissenschaft.« *Günther Anders*

Epiktet
Handbüchlein der Moral und Unterredungen

Herausgegeben, mit einem Vorwort und
einer Schlußbemerkung von Wolfgang Kraus
Deutsche Übertragung nach J.G. Schultheß und K. Enk

»Man weiß nicht viel vom Leben des Epiktet, der etwa 50 n. Chr. zu Hieropolis in Phrygien geboren wurde und 120 starb. Er kam als Sklave nach Rom und wurde von seinem Herrn, der ihn sehr schätzte, freigelassen.
Der Stoizismus entfaltete seit dem Jahre 310 v. Chr. eine durch die Jahrhunderte sich steigernde Wirksamkeit. In dieser Philosophie stand von Beginn an die Ethik an der Spitze. Wie für ihre Vorgänger, die Zyniker, wie auch für die Schule Epikurs stand im Mittelpunkt der moralphilosophischen Bemühungen das Problem: Wie werde ich glücklich? Die Lösung, auf die einfachste Formel gebracht, lautet: Mach dich unabhängig! Stell dich auf dich selbst, das heißt: auf das, was in deiner Macht ist! Um alles andere mache dir keine Sorgen, da du sowieso nichts tun kannst.
Eine der Praktiken der Stoiker war nun, auf alles, was nicht in der Macht des einzelnen steht, zu verzichten; oder besser: den Verzicht darauf einzuüben. Diese Lehre klingt nach Askese; aber es ist keine Askese aus Sinnen-Feindschaft, kein Verzicht um des Verzichtes willen, sondern um der Vermeidung des Unglücks willen. Das muß der Leser im Sinn behalten, wenn er die Lebensweisheit des Epiktet liest.«
Ludwig Marcuse

»Zu den Stoikern hatte ich schon früher einige Zuneigung gefühlt und schaffte mir nun Epiktet herbei, den ich mit voller Teilnahme studierte.«
Johann Wolfgang Goethe

Homer
Ilias
Odyssee

Beide Bände in der Übersetzung von
Johann Heinrich Voss,
Edition von Peter Von der Mühll,
mit einem Nachwort von Egon Friedell

»Das schönste, alles umfassende Thema ist die *Odyssee*. Es ist größer, menschlicher als *Hamlet, Don Quixote, Faust*.« *James Joyce*

»Man hat den Autor für einen Bücherwurm und Absonderling gehalten. Das erste mit Unrecht. Zwar liest er unter anderem die Bibel, die großen Dramatiker, die *Bekenntnisse* des Augustin, die *Pickwickier* und *Don Quixote* und hält die *Odyssee* für das schönste der Märchenbücher, aber ein Bücherwurm ist doch ein Tierchen mit ganz anderen Manierchen.«
Wilhelm Busch, Von mir über mich

»Homer ist die Enzyklopädie. Er wußte alles.«
Gustave Flaubert

»In Schlegels Shakespeare und in Vossens Übersetzungen läßt die Sprache ihre Wasserkünste spielen, und *beider* Meisterstück geben dem Wunsche des Verfassers Gewicht: daß überhaupt die Übersetzer wissen möchten, wie viel sie für Klang, Fülle, Reinheit der Sprache, oft sogar mehr als der Urschriftsteller, zu leisten vermögen, da ihnen, wenn dieser über die Sache zuweilen die Sprache vergißt, die Sprache eben die Sache ist.« *Jean Paul*

Wie soll man leben?
Anton Čechov liest Marc Aurel

Herausgegeben, aus dem Russischen übersetzt
und mit einem Vorwort von Peter Urban

Die *Selbstbetrachtungen* Marc Aurels – des römischen Kaisers und Stoikers – gehören seit annähernd zwei Jahrtausenden zu den meistgelesenen Werken der Menschheit. Philosophen, Staatsmänner und Literaten aller Zeiten fanden durch die Lektüre dieser Maximen zu mehr Gelassenheit und Seelenfrieden.
Bis heute wurde kaum erkannt, von welcher Wichtigkeit Marc Aurels *Selbstbetrachtungen* für das Werk von Anton Čechov sind: Das Buch machte sämtliche Umzüge mit und mußte jederzeit zur Hand sein. Peter Urban, Herausgeber und Übersetzer, hat in Jalta Čechovs Handexemplar der *Selbstbetrachtungen* studiert, das zahlreiche Randbemerkungen und Anstreichungen enthält, und stieß dabei auf Stellen, die Čechov mehr oder weniger wörtlich in sein Werk – seine Erzählungen, Theaterstücke und Briefe – integriert hat. Dieser Band bringt den Teil der *Selbstbetrachtungen*, den Anton Čechov für sich als Künstler wie als Mensch für wichtig hielt, den er, wäre er Herausgeber einer Marc-Aurel-Edition gewesen, ausgewählt hätte.

»Čechov hat sich in einer Phase der Krise die *Selbstbetrachtungen* regelrecht erarbeitet und zu eigen gemacht. Als für ihn die Frage nach dem Sinn seiner Existenz immer bedrängender wurde, suchte er bei Marc Aurel Rat – und fand ihn.« *Peter Urban*

»Ich wünsche Dir reinen Himmel, heiteres Gemüt und empfehle als mein Stärkungsmittel den Marc Aurel. Man wird so ruhig dabei.«
Friedrich Nietzsche an seinen Freund Erwin Rohde

Ovid
Metamorphosen
Aus dem Lateinischen von Thassilo von Scheffer

Diese virtuos verknüpfte Reihe von Götter- und Heldensagen gehört zu den fesselndsten und wichtigsten Werken der antiken Literatur – eine Dichtung, die an Bewegtheit, Farbigkeit und Stil ihresgleichen sucht, und ein Quellenwerk, das uns, vielfach als einziges, weltberühmte Sagen wie die von *Philemon und Baucis, Venus und Adonis, Perseus und Andromeda, Niobe* und unzählige andere erhalten hat.

Neben den grausigen Mythen der Vorzeit schildert das Werk in strahlenden Bildern Schönheitsrausch und Eros der Antike, dazu lehrt es die Furcht vor den allmächtigen Göttern, die bald lieben, bald hassen, dem Tugendhaften helfen, den Frevler ins Verderben stürzen.

»Da ich bald die Ovidischen *Metamorphosen* gewahr wurde und fleißig studierte: so war mein junges Gehirn schnell genug mit einer Masse von Bildern und Begebenheiten, von bedeutenden und wunderbaren Gestalten angefüllt, und ich konnte niemals Langeweile haben, indem ich mich immerfort beschäftigte, diesen Erwerb zu verarbeiten, zu wiederholen, wieder hervorzubringen.« *Johann Wolfgang Goethe*

»Eine Universaldichtung, die in kühnem Unterfangen die maßgebliche antike Epik von Hesiod und Homer bis Vergil und Lukrez in sich zusammenfaßt.«
Kindlers Literaturlexikon

Ludwig Marcuse
im Diogenes Verlag

»Ludwig Marcuse: ein milder Professor für deutsche Literatur, ein Querkopf, beredt, witzig und human, ein polemischer Pazifist, ein aufsässiges Original – ein blitzgescheiter Autor.« *Hermann Kesten*

»Ludwig Marcuse ist nach Schopenhauer und Nietzsche der beste Schreiber unter den deutschen Philosophen.« *Rudolf Walter Leonhardt*

Philosophie des Glücks
Von Hiob bis Freud. Vom Autor revidierter und erweiterter Text nach der Erstausgabe von 1948. Mit Register

Sigmund Freud
Sein Bild vom Menschen. Mit Register und Literaturverzeichnis

Ignatius von Loyola
Ein Soldat der Kirche. Mit Zeittafel

Briefe von und an Ludwig Marcuse
Herausgegeben und eingeleitet von Harold von Hofe

Mein zwanzigstes Jahrhundert
Auf dem Weg zu einer Autobiographie. Mit Personenregister

Nachruf auf Ludwig Marcuse
Autobiographie II

Heinrich Heine
Melancholiker, Streiter in Marx, Epikureer

Ludwig Börne
Aus der Frühzeit der deutschen Demokratie

Philosophie des Un-Glücks
Pessimismus – ein Stadium der Reife

Meine Geschichte der Philosophie
Aus den Papieren eines bejahrten Philosophiestudenten

Richard Wagner
Ein denkwürdiges Leben. Mit einem Register

Obszön
Geschichte einer Entrüstung

Der Philosoph und der Diktator
Plato und Dionys. Geschichte einer Demokratie und einer Diktatur

Wie alt kann Aktuelles sein?
Literarische Porträts und Kritiken. Herausgegeben, mit einem Nachwort und einer Auswahlbibliographie von Dieter Lamping

Die Welt der Tragödie

Amerikanisches Philosophieren
Pragmatisten, Polytheisten, Tragiker